I0814999

XÉNOPHON

CYROPÉDIE

LIVRES VI - VIII

COLLECTION DES UNIVERSITÉS DE FRANCE
publiée sous le patronage de l'ASSOCIATION GUILLAUME BUDÉ

XÉNOPHON

CYROPÉDIE

TOME III

LIVRES VI - VIII

TEXTE ÉTABLI ET TRADUIT
PAR
ÉDOUARD DELEBECQUE
Professeur à l'Université de Provence

Sixième tirage

PARIS
LES BELLES LETTRES
2023

Conformément aux statuts de l'Association Guillaume Budé, ce volume a été soumis à l'approbation de la commission technique, qui a chargé M. Ch. Mugler d'en faire la révision et d'en surveiller la correction en collaboration avec M. Éd. Delebecque.

95 boulevard Raspail, 75006 Paris
www.lesbelleslettres.com

Premier tirage 1978

ISBN : 978-2-251-00342-9
ISSN : 0184-7155

AVANT-PROPOS

Je ne puis livrer ce troisième et dernier tome de la Cyropédie *sans exprimer ma gratitude aux collègues et amis qui m'ont aidé tout au long de mon travail : M. Charles Mugler, mon réviseur patient et compétent entre tous, M. Jean Irigoin, dont la science en codicologie et critique de textes a été tant de fois mise à contribution, et M. Lucien Pernée, assistant à l'Université de Provence, dont les nombreuses et fines suggestions ont rendu la présente édition moins imparfaite.*

E. D.

SIGLA

y consensus codicum WDF :
W Vaticanus gr. 129, saec. XI.
D Oxoniensis Bodleianus Canonicianus gr. 39, saec. XIII-XIV.
F Erlangensis 88, saec. XIV (uel XIII secundum Irmischer).

z consensus codicum VHAG :
V Vaticanus gr. 1335, saec. X.
H Scorialensis T-III-14, saec. X.
A Parisinus gr. 1635, saec. XIV.
G Guelferbytanus Aug. fol. 71, 19, saec. XV.

Aliquando adhibentur CE, quorum consensum indicat x :
C Parisinus 1640, saec. XIV.
E Etonensis, saec. XV.

Papyrus.
Π_4 P. Ryl. 549 (Pack² 1547) [VII, 2, 6-8 et 12-15], saec. III.

CYROPÉDIE

LIVRE VI

I

Cyrus s'amuse à faire peur à Gadatas.

1 Ayant ainsi passé le jour et soûpé, ils s'abandonnaient au sommeil*. Le lendemain, de bonne heure, tous les alliés étaient venus à la porte de Cyaxare. Tandis que Cyaxare se faisait parer tout en apprenant [1] qu'il y avait une foule nombreuse à sa porte*, les amis de Cyrus, pendant ce temps-là, lui amenaient les uns des Cadusiens, les autres des Hyrcaniens, un tel des Saces, tel autre Gobryas lui-même qui, tous, lui demandaient de rester ; Hystaspe, de son côté, amenait Gadatas l'eunuque, lequel demandait à Cyrus de rester.

2 Alors Cyrus, qui se rendait compte que Gadatas était depuis longtemps mort de peur que l'armée ne fût licenciée, dit avec un sourire : « On voit bien, Gadatas, que c'est Hystaspe ici présent qui t'a mis cette idée* dans la tête. » **3** Gadatas, levant les mains vers le ciel, jura ses grands dieux que ce n'était pas Hystaspe qui lui avait mis cette idée dans la tête ; « mais je sais, dit-il, que, si vous partez, c'est pour moi une vraie catastrophe ; c'est pourquoi, de moi-même, je suis allé aussi le trouver, pour lui demander s'il connaissait tes intentions ». **4** Cyrus dit : « J'ai donc tort, moi, d'incriminer Hys-

1. Le participe présent ἀκούων, temporel ou concessif et non causal, montre que la venue d'une foule à sa porte n'empêche pas Cyaxare de prendre tout son temps à se faire maquiller et somptueusement habiller (cf. σεμνῶς au § 6, et le v. κοσμεῖν en VIII, 2, 8 ; 3, 3). Lui, dont l'orgueil a été blessé, n'est pas mécontent de faire attendre, tandis que Cyrus est vite prêt pour la guerre.

ΞΕΝΟΦΩΝΤΟΣ

ΚΥΡΟΥ ΠΑΙΔΕΙΑ ς′

I

1 Ταύτην μὲν δὴ τὴν ἡμέραν οὕτω διαγαγόντες καὶ δειπνήσαντες ἀνεπαύοντο. Τῇ δ' ὑστεραίᾳ πρῷ ἧκον ἐπὶ τὰς Κυαξάρου θύρας πάντες οἱ σύμμαχοι. Ἕως οὖν ὁ Κυαξάρης ἐκοσμεῖτο, ἀκούων ὅτι πολὺς ὄχλος ἐπὶ ταῖς θύραις εἴη, ἐν τούτῳ οἱ φίλοι τῷ Κύρῳ προσῆγον οἱ μὲν Καδουσίους δεομένους αὐτοῦ μένειν, οἱ δὲ Ὑρκανίους, ὁ δέ τις Σάκας, ὁ δέ τις καὶ Γωβρύαν· Ὑστάσπας δὲ Γαδάταν τὸν εὐνοῦχον προσῆγε, δεόμενον τοῦ Κύρου μένειν.

2 Ἔνθα δὴ ὁ Κῦρος γιγνώσκων ὅτι Γαδάτας πάλαι ἀπωλώλει τῷ φόβῳ μὴ λυθείη ἡ στρατιά, ἐπιγελάστας εἶπεν· Ὦ Γαδάτα, δῆλος εἶ, ἔφη, ὑπὸ Ὑστάσπου τοῦδε πεπεισμένος ταῦτα γιγνώσκειν ἃ λέγεις. **3** Καὶ ὁ Γαδάτας ἀνατείνας τὰς χεῖρας πρὸς τὸν οὐρανὸν ἀπώμοσεν ἦ μὴν μὴ ὑπὸ τοῦ Ὑστάσπου πεισθεὶς ταῦτα γιγνώσκειν· ἀλλ' οἶδα, ἔφη, ὅτι ἂν ὑμεῖς ἀπέλθητε, ἔρρει τἀμὰ παντελῶς· διὰ τοῦτ', ἔφη, καὶ τούτῳ ἐγὼ αὐτὸς προσῆλθον, ἐρωτῶν εἰ εἰδείη τί ἐν νῷ ἔχεις [ὑπὲρ τῆς διαλύσεως τοῦ στρατεύματος] ποιεῖν. **4** Καὶ ὁ Κῦρος εἶπεν·

I 1 3 ἕως z : ἐν ᾧ y ‖ 5 ταῖς θύραις yV² : τὰς θύρας V ut uid. HAG ‖ 7 ὁ δέ τις Σάκας post Γωβρύαν transp. y ‖ καὶ om. y A ‖ 2 3 εἶ post ἔφη transp. y ‖ ὑπὸ y : ὑπὸ τοῦ z ‖ τοῦδε y : τούτου z ‖ 3 3 πεισθεὶς ταῦτα γιγνώσκειν z : ταῦτα πεπεῖσθαι ἃ γιγνώσκοι y ‖ 4 ἂν z : ἦν y ‖ ἔρρει y : ἐκρεῖ z ‖ 5 τοῦτ' V : ταῦτα y HAG ‖ προσῆλθον y : διελεγόμην z ‖ 6 τί — ὑπὲρ z : τίνα γνώμην ἔχοις περὶ y ‖ νῷ edd. : νόφ z ‖ ὑπὲρ — στρατεύματος del. Hug ‖ 7 ποιεῖν om. DF.

taspe ici présent ! — Oui parfaitement, Cyrus, tu as tort, par Zeus, dit Hystaspe ; car à Gadatas ici présent je disais tout bonnement[1] qu'il ne t'est pas possible de continuer la campagne, que ton père te rappelle. »
5 Et Cyrus : « Qu'est-ce que tu dis ? C'est toi qui as osé faire courir ce bruit, que je le voulusse ou non ? — Parfaitement, car je vois que tu as une envie folle de te pavaner[2] à l'admiration des Perses et d'étaler devant ton père chacun de tes succès. » Cyrus dit : « Mais toi, tu n'as pas envie de revenir au pays ? — Non par Zeus, dit Hystaspe ; et même je refuse de partir. Je resterai, et je garderai mon commandement jusqu'à ce que je fasse de Gadatas ici présent le maître[3] de l'Assyrien. »

Cyaxare ouvre le débat sur la poursuite de la campagne : opinion de l'Hyrcanien et du Cadusien.

6 Or, pendant qu'ils faisaient un tel assaut d'esprit sur un fond grave, Cyaxare sortit, pompeusement paré, et s'asseyait sur un trône de Médie. Quand furent rassemblés au complet ceux que voulait l'étiquette, le silence une fois établi, Cyaxare s'exprima en ces termes : « Messieurs les alliés, considérant que je me trouve présent* et que je suis l'aîné de Cyrus, peut-être est-il naturel que je prenne le premier la parole. Or donc, le moment me semble venu de nous entretenir en premier lieu de cette question : le moment vous semble-t-il venu de poursuivre la campagne, ou bien de donner maintenant congé à l'armée ? Que l'on dise donc sa façon de voir sur cette question même. »

7 Alors l'Hyrcanien, le premier, dit : « Messieurs les alliés, je ne vois pas, pour ma part, qu'il y ait besoin

1. Hystaspe, qui sait fort bien que Cambyse ne rappelle pas Cyrus, a saisi la balle au bond et continue la plaisanterie commencée par Cyrus pour faire peur — sans méchanceté — à l'ami Gadatas. Tout le dialogue est ironique sur un sujet grave (ἔπαιζον σπουδῇ, § 6).

2. Hystaspe dirige maintenant son ironie sur Cyrus qui, en fait, aime la simplicité.

3. L'eunuque est généralement l'esclave ; cf. V, 2, 28.

Ἀδίκως ἄρα ἐγὼ Ὑστάσπου τοῦδε καταιτιῶμαι. Ἀδίκως μέντοι νὴ Δί', ἔφη ὁ Ὑστάσπας, ὦ Κῦρε· ἐγὼ γὰρ ἔλεγον τῷ Γαδάτᾳ τῷδε τοσοῦτον μόνον ὡς οὐχ οἷόν τέ σοι εἴη στρατεύεσθαι, λέγων ὅτι ὁ πατήρ σε μεταπέμπεται. **5** Καὶ ὁ Κῦρος· Τί λέγεις; ἔφη· καὶ σὺ τοῦτο ἐτόλμησας ἐξενεγκεῖν, εἴτ' ἐγὼ ἐβουλόμην εἴτε μή; Ναὶ μὰ Δί', ἔφη· ὁρῶ γάρ σε ὑπερεπιθυμοῦντα ἐν Πέρσαις περίβλεπτον περιελθεῖν καὶ τῷ πατρὶ ἐπιδείξασθαι ᾗ ἕκαστα διεπράξω. Ὁ δὲ Κῦρος ἔφη· Σὺ δ' οὐκ ἐπιθυμεῖς οἴκαδε ἀπελθεῖν; Οὐ μὰ Δι', ἔφη ὁ Ὑστάσπας, οὐδ' ἄπειμί γε, ἀλλὰ μένων στρατηγήσω, ἕως ἂν ποιήσω Γαδάταν τουτονὶ τοῦ Ἀσσυρίου δεσπότην.

6 Οἱ μὲν δὴ τοιαῦτ' ἔπαιζον σπουδῇ πρὸς ἀλλήλους. Ἐν δὲ τούτῳ Κυαξάρης σεμνῶς κεκοσμημένος ἐξῆλθε καὶ ἐπὶ θρόνου Μηδικοῦ ἐκαθέζετο. Ὡς δὲ πάντες συνῆλθον οὓς ἔδει καὶ σιωπὴ ἐγένετο, ὁ Κυαξάρης ἔλεξεν ὧδε· Ἄνδρες σύμμαχοι, ἴσως, ἐπειδὴ παρὼν τυγχάνω καὶ πρεσβύτερός εἰμι Κύρου, εἰκὸς ἄρχειν με λόγου. Νῦν οὖν δοκεῖ μοι εἶναι καιρὸς περὶ τούτου πρῶτον διαλέγεσθαι πότερον στρατεύεσθαι ἔτι καιρὸς δοκεῖ εἶναι ἢ διαλύειν ἤδη τὴν στρατιάν· λεγέτω οὖν τις, ἔφη, περὶ αὐτοῦ τούτου ᾗ γιγνώσκει.

7 Ἐκ τούτου πρῶτος μὲν εἶπεν ὁ Ὑρκάνιος· Ἄνδρες σύμμαχοι, οὐκ οἶδα μὲν ἔγωγε εἴ τι δεῖ λόγων ὅπου

I 4 2 ἄρα z DF : γὰρ W ‖ post ἐγὼ add. ὡς ἔοικεν y ‖ Ὑστάσπου τοῦδε z : ὑστάσπην y ‖ καταιτιῶμαι z : αἰτιῶμαι y ‖ Ἀδίκως — στρατεύεσθαι z : καὶ ὁ ὑστάσπης εἶπεν, ναὶ μὰ δί' ἔφη ὦ κῦρε ἀδίκως μὲν δή, ἐπεὶ δ' [δ' om. F] ἔγωγε καὶ ἀντέλεγον γαδάτῃ ὡς οὐχ οἷόν τέ σοι μένειν y ‖ 5 μεταπέμπεται z : -πέμποιτο y ‖ **5** 1 σὺ τοῦτο z : τοῦτο σὺ y ‖ 2 εἴτ' y : ἐπεὶ z ‖ 3 ναὶ om. WD ‖ 6 ἀπελθεῖν yV² : διελθεῖν z ‖ οὐ om. y ‖ 7 ἕως z : ἔστ' y ‖ 8 τοῦ Ἀσσυρίου δεσπότην z : δ. τ. ἀ. y ‖ **6** 2 Κυαξάρης z : ὁ κ. y ‖ 4 ὁ Κυαξάρης z : ὁ om. y ‖ ἔλεξεν z : εἶπεν y ‖ 5 ἴσως om. z ‖ 6 ἄρχειν με z : με ἄρχειν y ‖ 7 δοκεῖ μοι εἶναι καιρὸς z : μοι δοκεῖ καιρὸς ἔφη εἶναι y ‖ 8 διαλέγεσθαι y : λέγεσθαι z ‖ 8 ἔτι post εἶναι transp. y ‖ **7** 1 πρῶτος yV² : πρῶτον z ‖ 2 λόγων y : λόγου z.

de discours là où la solution est indiquée par les seuls faits. Nous savons tous que lorsque nous restons ensemble, nous infligeons à l'ennemi plus de mal que nous n'en subissons, mais que, quand nous étions séparés, cet ennemi nous traitait avec une égale perfection pour son plaisir et pour notre préjudice. »

8 Après celui-là, le Cadusien dit : « Comment pourrions-nous qualifier un retour de chacun de nous chez soi pour nous trouver séparés puisque, même en campagne apparemment[1], on n'a jamais avantage à se séparer? Nous, en tous les cas, pour avoir fait campagne un rien de temps à l'écart de la masse que vous êtes, nous l'avons payé cher, comme vous savez.

Opinions d'Artabaze et de Gobryas.

9 Après lui, Artabaze, celui qui, un jour, s'était donné pour le parent de Cyrus[2], dit en substance : « Pour moi, Cyaxare, j'ai juste un petit désaccord avec les précédents orateurs : ils soutiennent qu'il faut faire campagne en restant encore ; moi je dis que c'est quand j'étais au pays que je faisait campagne. **10** En effet, lors des fréquents brigandages contre nos biens, j'accourais au secours ; nos[3] forts, à l'idée qu'ils allaient être l'objet d'entreprises ennemies, ils me causaient souvent les tourments de la peur et de la garde ; et je m'y ruinais. Aujourd'hui, leurs forts, je les possède[4] ; d'eux, je n'ai pas peur ; je fais ripaille à leurs dépens et je vide la cave de l'ennemi. Vu qu'à la maison c'était la vie sous les armes et qu'ici c'est la vie de château, je vote, moi, de ne pas donner congé[5] à notre carnaval. »

1. Comme l'orateur va le rappeler, les Cadusiens (ἡμεῖς) en ont fait la triste expérience ; cf. V, 4, 15-23.

2. Voir I, 4, 27 ; IV, 1, 22 ; V, 1, 24 et la note en VII, 5, 48.

3. Le texte des manuscrits (σφετέρων, signifiant « nos ») est à conserver ; cf. Kuehner-Gerth, I, 573.

4. Artabaze exagère sensiblement, car les forts, du moins les principaux, ne sont que trois et ce n'est pas lui qui les possède.

5. Xénophon emploie à dessein le verbe employé plus haut (§ 6) quand il s'agissait de « donner congé » à l'armée.

αὐτὰ τὰ ἔργα δεικνύει τὸ κράτιστον. Πάντες γὰρ ἐπιστάμεθα ὅτι ὁμοῦ μὲν μένοντες πλείω κακὰ τοὺς πολεμίους ποιοῦμεν ἢ πάσχομεν· ὅτε δὲ χωρὶς ἦμεν ἀλλήλων, ἐκεῖνοι ἡμῖν ἐχρῶντο ὡς ἐκείνοις ἦν ἥδιστον, ἡμῖν γε μὴν ὡς χαλεπώτατον.

8 Ἐπὶ τούτῳ ὁ Καδούσιος εἶπεν· Ἡμεῖς δὲ τί ἂν λέγοιμεν, ἔφη, περὶ τοῦ οἴκαδε ἀπελθόντες ἕκαστοι χωρὶς εἶναι, ὁπότε γε οὐδὲ στρατευομένοις, ὡς ἔοικε, χωρίζεσθαι συμφέρει; Ἡμεῖς γοῦν οὐ πολὺν χρόνον δίχα τοῦ ὑμετέρου πλήθους στρατευσάμενοι δίκην ἔδομεν ὡς καὶ ὑμεῖς ἐπίστασθε.

9 Ἐπὶ τούτῳ Ἀρτάβαζος, ὅ ποτε φήσας εἶναι Κύρου συγγενής, ἔλεξε τοιάδε· Ἐγὼ δ', ἔφη, ὦ Κυαξάρη, τοσοῦτον διαφέρομαι τοῖς πρόσθεν λέγουσιν· οὗτοι μὲν γάρ φασιν ἔτι δεῖν μένοντας στρατεύεσθαι, ἐγὼ δὲ λέγω ὅτι ὅτε μὲν οἴκοι ἦν, ἐστρατευόμην. **10** Καὶ γὰρ ἐβοήθουν πολλάκις τῶν ἡμετέρων ἀγομένων καὶ περὶ τῶν σφετέρων φρουρίων ὡς ἐπιβουλευσομένων πολλάκις πράγματα εἶχον φοβούμενός τε καὶ φρουρῶν· καὶ ταῦτ' ἔπραττον τὰ οἰκεῖα δαπανῶν. Νῦν δ' ἔχω μὲν τὰ ἐκείνων φρούρια, καὶ οὐ φοβοῦμαι ἐκείνους, εὐωχοῦμαι δὲ τὰ ἐκείνων καὶ πίνω τὰ τῶν πολεμίων. Ὡς οὖν τὰ μὲν οἴκοι στρατείαν οὖσαν, τάδε δὲ ἑορτήν, ἐμοὶ μὲν οὐ δοκεῖ, ἔφη, διαλύειν τήνδε τὴν πανήγυριν.

I 7 4 μὲν μένοντες WD² : μένοντες cett. μὲν ὄντες coni. Jacobs ‖ τοὺς πολεμίους ποιοῦμεν z : ποιοῦμεν τ. π. y ‖ κακὰ om. z ‖ 8 1 τούτῳ yV : τοῦτο HAG ‖ 3 ὁπότε zD : ὅπου WF ‖ 5 δίχα y V² : διὰ z ‖ ὑμετέρου y V² : ἡμ- z ‖ 9 1 ὅ ποτε φήσας εἶναι Κύρου συγγενὴς ἔλεξε τοιάδε z : ὁ συγγενὴς εἶναί ποτε φήσας κύρῳ εἶπε τάδε y ‖ 4 ἔτι δεῖν VHA : ἔτι δεῖ G ὅτι δεῖ y ‖ 5 μὲν om. z ‖ ἦν y : ἤμην z ‖ 10 2 ἀγομένων — σφετέρων yV² mg. : om. z ‖ 3 ἐπιβουλευσομένων z : -ευομένων y ‖ 4 πράγματα yV² : γράμματα z ‖ καὶ om. z ‖ 6 post φοβοῦμαι add. δ' z ‖ 7 καὶ πίνω z : πίνω τε WF πίνω δὲ D ‖ 8 στρατείαν z : στρατιὰν y ‖ τάδε y V : τὰ HAG.

11 Après lui, Gobryas dit : « Moi, Messieurs les alliés, je ne puis que louer jusqu'ici la parole de Cyrus : il n'a trahi aucune de ses promesses[1]. Mais s'il doit quitter le pays, l'Assyrien, évidemment, va s'abandonner au repos, sans porter la peine des torts qu'il a voulu vous causer, ni de ce qu'il m'a fait[2] ; et moi, à mon tour, je serai encore châtié par cet homme pour être devenu votre ami. »

Plan proposé par Cyrus pour la campagne d'hiver.

12 Après eux tous, Cyrus dit : « Mes amis, moi aussi je me rends compte que, si maintenant nous donnons congé à l'armée, nos affaires ont des chances de péricliter, tandis que celles des ennemis se rétabliront ; tous ceux d'entre eux qu'on a dépouillés de leurs armes vont vite en fabriquer d'autres ; tous ceux qu'on a dépossédés de leurs chevaux vont vite s'en procurer d'autres. A la place des morts il y aura une nouvelle floraison de jeunesse et de naissances[3]. Aussi n'y aura-t-il pas à s'étonner de les revoir très vite en état de nous donner de nouveaux tourments. **13** Pourquoi, dès lors, ai-je invité Cyaxare[4] à ouvrir un débat sur un licenciement de l'armée ? Sachez-le bien : c'est parce que l'avenir me fait peur. Je vois en effet venir sur nous des adversaires contre lesquels, si nous devons continuer sur notre lancée[5] la campagne, nous serons incapables de lutter. **14** Il avance, l'hiver*, et à supposer que nous trouvions du couvert, en tous les cas, par Zeus ! les chevaux, non plus que les gens de service ni non plus le peuple des combattants n'en trouveront pas ; et le moyen, sans eux, de continuer la campagne ?

1. En IV, 6, 8, Cyrus a promis à Gobryas de punir le meurtrier de son enfant ; mais la punition n'est pas encore complète.

2. Il a tué son fils : cf. IV, 6, 1 et suiv. ; V, 51 ; « à mon tour » signifie que les rôles de Gobryas et du roi d'Assyrie seront alors inversés.

3. Malgré la légère contradiction avec ce qui suit, il n'est pas indispensable de supprimer le verbe ; cf. app. crit.

4. Voir V, 5, 43.

5. Le présent ὧδε sera repris par le οὕτω du § 15.

11 Ἐπὶ τούτῳ ὁ Γωβρύας εἶπεν · Ἐγὼ δ', ὦ ἄνδρες σύμμαχοι, μέχρι μὲν τοῦδε ἐπαινῶ τὴν Κύρου δεξιάν · οὐδὲν γὰρ ψεύδεται ὧν ὑπέσχετο. Εἰ δ' ἄπεισιν ἐκ τῆς χώρας, δῆλον ὅτι ὁ μὲν Ἀσσύριος ἀναπαύσεται, οὐ τίνων ποινὰς ὧν τε ὑμᾶς ἐπεχείρησεν ἀδικεῖν καὶ ὧν ἐμὲ ἐποίησεν · ἐγὼ δὲ ἐν τῷ μέρει ἐκείνῳ πάλιν δώσω δίκην ὅτι ὑμῖν φίλος ἐγενόμην.

12 Ἐπὶ τούτοις πᾶσι Κῦρος εἶπεν · Ὦ ἄνδρες, οὐδ' ἐμὲ λανθάνει ὅτι ἢν νῦν διαλύωμεν τὸ στράτευμα, τὰ μὲν ἡμέτερα ἀσθενέστερα γίγνοιτ' ἄν, τὰ δὲ τῶν πολεμίων πάλιν αὐξήσεται · ὅσοι τε γὰρ αὐτῶν ὅπλα ἀφῄρηνται, ταχὺ ἄλλα ποιήσονται · ὅσοι τε ἵππους ἀπεστέρηνται, ταχὺ πάλιν ἄλλους κτήσονται · ἀντὶ δὲ τῶν ἀποθανόντων ἕτεροι ἐφηβήσουσιν καὶ ἐπιγενήσονται. Ὥστε οὐδὲν θαυμαστὸν εἰ πάνυ ἐν τάχει πάλιν ἡμῖν πράγματα παρέχειν δυνήσονται. **13** Τί δῆτα ἐγὼ Κυαξάρην ἐκέλευσα λόγον ἐμβαλεῖν περὶ καταλύσεως τῆς στρατιᾶς ; Εὖ ἴστε ὅτι φοβούμενος τὸ μέλλον. Ὁρῶ γὰρ ἡμῖν ἀντιπάλους προσιόντας οἷς ἡμεῖς, εἰ ὧδε στρατευσόμεθα, οὐ δυνησόμεθα μάχεσθαι. **14** Προσέρχεται μὲν γὰρ δήπου χειμών, στέγαι δὲ εἰ καὶ ἡμῖν αὐτοῖς εἰσιν, ἀλλὰ μὰ Δί' οὐχ ἵπποις οὐδὲ θεράπουσιν οὐδὲ τῷ δήμῳ τῶν στρατιωτῶν, ὧν ἄνευ ἡμεῖς οὐκ ἂν δυναίμεθα στρατεύεσθαι. Τὰ δ' ἐπιτήδεια ὅπου μὲν ἡμεῖς ἐληλύθαμεν

I **11** 1 δ' om. z ‖ 3 ἄπεισιν z : ἄπιτε y ‖ 4 ἀναπαύσεται codd. : ἀναπνεύσεται coni. Hertlein ‖ 6 ἐκείνῳ πάλιν z : πάλιν ἐκείνῳ y ‖ **12** 1 τούτοις y V² : τουτοισὶ z ‖ 2 ἢν νῦν y : ἐὰν μὲν z ‖ 3 γίγνοιτ' ἂν VAG : γίγνοιντ' ἂν H γίγνεται y ‖ 4 τε z : μὲν y ‖ 6 ἄλλους W : ἄλλους ἵππους cett. κτήσονται y HAG : κεκτήσονται V ‖ 7 ἐφηβήσουσι z : καὶ ἐφηβήσουσι D καὶ ἐφηβήσονται WF ‖ καὶ ἐπιγενήσοται del. Schneider fort. recte ‖ 8 πάνυ om. y ‖ **13** 1 δῆτα ἐγὼ Κυαξάρην z DF : δὴ ταῦτα ἐγὼ κυαξάρει W ‖ 1 ἐκέλευσα λόγον z : λόγον ἐκέλευσα y ‖ 2 ἐμβαλεῖν y V² : ἐμβάλλειν z ‖ στρατιᾶς y : στρατείας z ‖ 3 post ἴστε add. ἔφη y ‖ 4 προσιόντας z DF : προϊόντας W ‖ **14** 2 δήπου χειμὼν yG : χειμὼν δήπου VHA.

Les approvisionnements, notre passage les a taris ; hors de nos voies, la terreur qu'ils[1] avaient de nous les leur a fait mettre à l'abri en des lieux retranchés, avec ce résultat qu'ils les tiennent, eux, sans que nous puissions, nous, nous en emparer. **15** Qui, dans ces conditions, est assez valeureux, ou assez vigoureux, pour pouvoir faire campagne en combattant contre la faim et le froid ? Alors, si nous devons continuer la campagne sur notre lancée[2], je déclare, moi, qu'il nous faut de nous-mêmes congédier l'armée, plutôt que d'être expulsés malgré nous par la détresse. Mais si nous voulons malgré tout poursuivre la campagne, je soutiens, moi, que nous sommes dans l'obligation que voici : nous efforcer d'enlever au plus vite le plus grand nombre possible de leurs positions fortes, et d'en constituer pour nous le plus grand nombre possible ; il suffit d'y parvenir pour que, si l'armée qui pourra prendre et emmagasiner davantage d'approvisionnements doit en garder davantage, la supériorité soit pour l'armée assiégée[3]. **16** Actuellement, nous sommes l'image exacte de ceux qui naviguent sur la mer : ils peuvent cheminer sans relâche, la route couverte qu'ils laissent dans leur sillage n'est pas plus leur bien que la route à couvrir. Mais si nous venons à posséder des forts, c'est bien par eux que le pays se détachera de l'ennemi, et pour nous la mer sera belle.

17 Quant à la peur que certains de vous peuvent éprouver*, s'il va falloir assurer la garde loin de votre pays, n'ayez là aucune inquiétude : c'est nous, puisque pratiquement nous sommes déjà expatriés, qui nous chargeons à votre place de la garde sur les contrées les plus rapprochées de l'ennemi ; vous n'avez, vous, qu'à occuper et cultiver ces parties de l'Assyrie* qui vous

1. « ils », c'est-à-dire les ennemis, retranchés.

2. C'est-à-dire en essayant de combattre comme jusqu'ici, pendant la belle saison ; cf. le ὧδε du § 13.

3. En été la supériorité va à la guerre de mouvement. En hiver, c'est l'inverse : elle va à ceux qui, grâce à la constitution de dépôts de vivres, peuvent maintenir une longue résistance en se laissant assiéger et en usant ainsi les forces et les approvisionnements de l'adversaire.

ὑφ' ἡμῶν ἀνήλωται· ὅποι δὲ μὴ ἀφίγμεθα, διὰ τὸ ἡμᾶς φοβεῖσθαι ἀνακεκομισμένοι εἰσὶν εἰς ἐρύματα, ὥστε αὐτοὶ μὲν ἔχειν, ἡμᾶς δὲ ταῦτα μὴ δύνασθαι λαμβάνειν. **15** Τίς οὖν οὕτως ἀγαθὸς ἢ τίς οὕτως ἰσχυρὸς ὃς λιμῷ καὶ ῥίγει δύναιτ' ἂν μαχόμενος στρατεύεσθαι; Εἰ μὲν οὖν οὕτω στρατευσόμεθα, ἐγὼ μέν φημι χρῆναι ἑκόντας ἡμᾶς καταλῦσαι τὴν στρατιὰν μᾶλλον ἢ ἄκοντας ὑπ' ἀμηχανίας ἐξελαθῆναι. Εἰ δὲ βουλόμεθα ἔτι στρατεύεσθαι, τόδ' ἐγώ φημι χρῆναι ποιεῖν, ὡς τάχιστα πειρᾶσθαι τῶν μὲν ἐκείνων ὀχυρῶν ὡς πλεῖστα παραιρεῖν, ἡμῖν δ' αὐτοῖς ὡς πλεῖστα ὀχυρὰ ποιεῖσθαι· ἐὰν γὰρ ταῦτα γένηται, τὰ μὲν ἐπιτήδεια πλείω ἕξουσιν ὁπότεροι ἂν πλείω δύνωνται λαβόντες ἀποτίθεσθαι, πολιορκήσονται δὲ ὁπότεροι ἂν κρείττους ὦσι. **16** Νῦν δ' οὐδὲν διαφέρομεν τῶν ἐν τῷ πελάγει πλεόντων· καὶ γὰρ ἐκεῖνοι πλέουσι μὲν ἀεί, τὸ δὲ πεπλευσμένον οὐδὲν οἰκειότερον τοῦ ἀπλεύστου καταλείπουσιν. Ἐὰν δὲ φρούρια ἡμῖν γένηται, ταῦτα δὴ τοῖς μὲν πολεμίοις ἀλλοτριώσει, τὴν χώραν, ἡμῖν δ' ὑπ' εὐδίαν μᾶλλον πάντ' ἔσται.

17 Ὃ δ' ἴσως ἄν τινες ὑμῶν φοβηθεῖεν, εἰ δεήσει πόρρω τῆς ἑαυτῶν φρουρεῖν, μηδὲν τοῦτο ὀκνήσητε· ἡμεῖς μὲν γὰρ ἐπείπερ καὶ ὣς οἴκοθεν ἀποδημοῦμεν, φρουρήσειν ὑμῖν ἀναδεχόμεθα τὰ ἐγγύτατα χωρία τῶν πολεμίων, ὑμεῖς δὲ τὰ πρόσορα ὑμῖν αὐτοῖς τῆς Ἀσσυ-

I **15** 1 ἰσχυρὸς zW : -ρῶς DF ‖ 2 ὃς yV² : om. z ‖ 3-6 χρῆναι — φημι om. z ‖ 3-6 ἑκόντας — φημι V² mg. ‖ 5 ἐξελαθῆναι z : ἐξελασθῆναι y ‖ 6 ante χρῆναι add. ἔτι V² mg.H ‖ ὡς τάχιστα πειρᾶσθαι z : π. ὡ. τ. y ‖ 7 post ὀχυρῶν add. ἡμᾶς yV² mg. ‖ 8 ὀχυρὰ z : ἰσχυρὰ y ‖ ἐὰν z : εἰ y ‖ 10 λαβόντες z : λαμβάνοντες y ‖ 11 κρείττους z : ἥττους y ‖ **16** 2 τῷ om. V ‖ 5 δὴ z : ἤδη y ‖ 6 ὑπ' εὐδίαν z : ὑπ' εὐδίᾳ D ὑπεύδια WF ‖ 7 παντ' ἔσται z : ἔσται πάντα y ‖ **17** 1 ὑμῶν y : ἡμῶν z ‖ δεήσει yG : δεήσοι VHA ‖ 2 ὀκνήσητε VW : ὀκνήσετε DFHAG ‖ 3 ἐπείπερ y : εἴπερ z ‖ καὶ om. W ‖ 4 ἀναδεχόμεθα yV² : -δεχοίμεθα z ‖ 5 πρόσορα z : προσόρια y ‖ τῆς Ἀσσυρίας z : τῆς δὲ συρίας y.

sont limitrophes. **18** Car si nous sommes capables d'assurer la garde sur le terrain rapproché de l'ennemi sans y laisser la vie, vous jouirez d'une paix parfaite, vous qui aurez les moyens de vivre en tenant le terrain loin de lui ; il ne pourrait pas, je le crois, méditer un coup contre des gens éloignés comme vous sans tenir compte de ses voisins[1]. »

Le plan de Cyrus accepté, on construit des machines de siège.

19 Après ces paroles, tous, debout, affirmèrent leur commun enthousiasme pour ce plan, Cyaxare aussi. Gadatas et Gobryas déclarèrent qu'ils allaient chacun, si les alliés le permettaient, construire un fortin, de manière à créer par là aussi, pour les alliés, des zones amies. **20** Alors Cyrus, voyant l'enthousiasme général pour exécuter intégralement son plan, finit par dire : « Eh ! bien, si nous voulons mener à bonne fin tout ce que nous déclarons nécessaire, il faudrait qu'au plus vite il y eût des machines[2] pour démolir les fortins ennemis, et des charpentiers pour munir de tours nos positions fortes. »

21 Là-dessus, Cyaxare prit l'engagement de faire et d'offrir lui-même une machine, Gadatas et Gobryas une autre, Tigrane une troisième ; lui-même, Cyrus, déclara qu'il tâcherait d'en faire deux. **22** Ces décisions prises, ils fournissaient chacun des machinistes* et préparaient le nécessaire pour les machines ; la responsabilité fut confiée à un personnel jugé tout désigné pour l'ouvrage.

Cyrus prévoit l'hivernage et améliore cavalerie et charrerie.

23 Lorsque Cyrus se fut rendu compte que l'ouvrage voudrait du temps, il installa l'armée à l'emplacement qu'il estimait fournir les conditions les plus salubres et les

1. C'est-à-dire nous, les Perses, qui serons à leur contact.
2. Xénophon va montrer en Cyrus un novateur de génie en matière de stratégie, de tactique et d'armement. Il peut lui prêter de ses idées personnelles.

ρίας ἐκεῖνα κτᾶσθε καὶ ἐργάζεσθε. **18** Ἐὰν γὰρ ἡμεῖς τὰ πλησίον αὐτῶν φρουροῦντες δυνώμεθα σῴζεσθαι ἐν πολλῇ ὑμεῖς εἰρήνῃ ἔσεσθε οἳ τὰ πρόσω αὐτῶν ἔχοντες βιοτεύσεσθε· οὐ γὰρ οἶμαι δυνήσονται τῶν ἐγγὺς ἑαυτῶν ὄντων ἀμελοῦντες τοῖς πρόσω ὑμῖν ἐπιβουλεύειν.

19 Ὡς δὲ ταῦτ' ἐρρήθη, οἵ τε ἄλλοι πάντες ἀνιστάμενοι συμπροθυμήσεσθαι ταῦτ' ἔφασαν καὶ Κυαξάρης. Γαδάτας δὲ καὶ Γωβρύας καὶ τεῖχος ἑκάτερος αὐτῶν, ἣν ἐπιτρέψωσιν οἱ σύμμαχοι, τειχιεῖσθαι ἔφασαν, ὥστε καὶ ταῦτα φίλια τοῖς συμμάχοις ὑπάρχειν. **20** Ὁ οὖν Κῦρος ἐπεὶ πάντας ἑώρα προθύμους ὄντας πράττειν ὅσα ἔλεξε, τέλος εἶπεν· Εἰ τοίνυν περαίνειν βουλόμεθα ὅσα φαμὲν χρῆναι ποιεῖν, ὡς τάχιστ' ἂν δέοι γενέσθαι μηχανὰς μὲν εἰς τὸ καθαιρεῖν τὰ τῶν πολεμίων τείχη, τέκτονας δὲ εἰς τὸ ἡμῖν ὀχυρὰ πυργοῦσθαι.

21 Ἐκ τούτου ὑπέσχετο ὁ μὲν Κυαξάρης μηχανὴν αὐτὸς ποιησάμενος παρέξειν, ἄλλην δὲ Γαδάτας καὶ Γωβρύας, ἄλλην δὲ Τιγράνης· αὐτὸς δὲ Κῦρος ἔφη δύο πειράσεσθαι ποιήσασθαι. **22** Ἐπεὶ δὲ ταῦτ' ἔδοξεν, ἐπορίζοντο μὲν μηχανοποιούς, παρεσκευάζοντο δ' ἕκαστοι εἰς τὰς μηχανὰς ὧν ἔδει· ἄνδρας δ' ἐπέστησαν οἳ ἐδόκουν ἐπιτηδειότατοι εἶναι ἀμφὶ ταῦτ' ἔχειν.

23 Κῦρος δ' ἐπεὶ ἔγνω ὅτι διατριβὴ ἔσται ἀμφὶ ταῦτα,

I 18 1 ἐὰν z : ἢν y ‖ 2 πλησίον y : πλείω z ‖ φρουροῦντες δυνώμεθα : δυνώμεθα φρουροῦντες y ‖ 3 ἔσεσθε om. y ‖ οἳ ego : οἱ codd. ‖ 4 βιοτεύσεσθε W : βιοτεύσετε D βιοτεύσεται F om. z ‖ ἑαυτῶν z : αὐτοῖς y ‖ 5 ὄντων z : κακῶν y del. V^2 : ὄντων κακῶν coni. H. Stephanus ‖ **19** 1 τε om. G ‖ 4 τειχιεῖσθαι yV^2 : τειχίσασθαι z ‖ **20** 2 πάντας ἑώρα z : ἑώρα πάντας y ‖ 3 εἶπεν z : ἔφη y ‖ περαίνειν yG : παραινεῖν VHA ‖ 6 ὀχυρὰ z : ἐχυρὰ y ‖ **21** 1 ὁ om. y ‖ 2 ante καὶ add. τε y ‖ 3 pr. δὲ om. y ‖ αὐτὸς δὲ Κῦρος ἔφη δύο z : ἄλλην δὲ ὁ κ. ἔφατο W ἄλλην δὲ αὐτὸς κ. ἔφατο DF ‖ 4 πειράσεσθαι V^2 : πειρᾶσθαι V cett. ‖ ποιήσασθαι y : ποιῆσαι V corr. ποιήσειν HAG ‖ **22** 2 ἐπορίζοντο z : ἐπόριζον y ‖ 3 ἔδει yV^2 : δεῖ z ‖ **23** 1 διατριβὴ ἔσται [ἔστιν G] z : διατριβήσεται y.

meilleurs accès pour tout le matériel attendu ; et il prit des dispositions, partout où l'on avait besoin d'un complément de fortification [1], pour assurer la sûreté de ceux dont c'était le tour de rester quand il arrivait qu'on allât camper au loin avec le gros des forces. **24** En outre, en interrogeant ceux à qui il prêtait la meilleure connaissance du pays sur les endroits les mieux fournis en avantages [2] pour ses soldats, il opérait des sorties constantes pour les corvées de fourrage, afin, tout à la fois, de se procurer des approvisionnements aussi abondants que possible pour les soldats, d'améliorer leur force et leur santé par la fatigue des marches et, pendant les déplacements, de leur faire répéter les formations [3].

25 Telles étaient les occupations de Cyrus au moment où les transfuges et les hommes que l'on capturait donnaient cette même nouvelle de Babylone que l'Assyrien était parti pour la Lydie en emportant une quantité de talents d'or et d'argent, des objets précieux également, et toutes sortes de parures. **26** La foule des soldats disait que, dans sa frayeur, il mettait déjà sa fortune en lieu sûr ; mais Cyrus, se rendant compte que l'Assyrien était parti pour coaliser contre lui tout ce qu'il pouvait de forces adverses, préparait vigoureusement la parade, avec l'idée qu'il allait falloir encore en découdre ; aussi complétait-il les effectifs de la cavalerie perse*, en recevant des chevaux, les uns, des prisonniers, tels autres également des amis ; car ces dons, il les recueillait de tous et n'en repoussait aucun, que ce fût une belle arme ou un cheval.

1. Sur les points encore faibles — non encore fortifiés — du grand camp définitif, Cyrus laissait des forces quand il s'en allait pour plusieurs jours avec le gros de l'armée.

2. Le v. ὠφελεῖσθαι (passif) est dans une certaine mesure un euphémisme, ici et en VII, 2, 11, car il s'applique souvent au profit matériel (cf. I, 1, 2 ; III, 2, 20 ; V, 4, 34) et notamment, dans le grec tardif, au butin du soldat. De même ὠφέλεια, surtout au pluriel, a souvent un sens concret et désigne, également dans le grec tardif, le butin ; ce sens peut se défendre chez Xénophon, dans *Chasse*, VI, 4.

3. Soucieux d'un entraînement perpétuel de son armée, Cyrus profite des marches pour exercer les soldats à prendre les formations réglementaires nécessitées par le terrain et par la distance de l'ennemi.

ἐκάθισε τὸ στράτευμα ἔνθα ᾤετο ὑγιεινότατον εἶναι καὶ εὐπροσοδώτατον ὅσα ἔδει προσκομίζεσθαι· ὅσα τε ἐρυμνότητος προσεδεῖτο, ἐποιήσατο, ὡς ἐν ἀσφαλεῖ οἱ αἰεὶ μένοντες εἶεν, εἴ ποτε καὶ πρόσω τῇ ἰσχύι ἀποστρατοπεδεύοιντο. **24** Πρὸς δὲ τούτοις ἐρωτῶν οὓς ᾤετο μάλιστα εἰδέναι τὴν χώραν ὁπόθεν ἂν ὡς πλεῖστα ὠφελοῖτο τὸ στράτευμα, ἐξῆγεν ἀεὶ εἰς προνομάς, ἅμα μὲν ὅπως ὅτι πλεῖστα λαμβάνοι τῇ στρατιᾷ τὰ ἐπιτήδεια, ἅμα δ' ὅπως μᾶλλον ὑγιαίνοιεν καὶ ἰσχύοιεν διαπονούμενοι ταῖς πορείαις, ἅμα δ' ὅπως ἐν ταῖς ἀγωγαῖς τὰς τάξεις ὑπομιμνῄσκοιντο.

25 Ὁ μὲν δὴ Κῦρος ἐν τούτοις ἦν. Ἐκ δὲ Βαβυλῶνος οἱ αὐτόμολοι καὶ οἱ ἁλισκόμενοι ταὔτ' ἔλεγον ὅτι ὁ Ἀσσύριος οἴχοιτο ἐπὶ Λυδίας, πολλὰ τάλαντα χρυσίου καὶ ἀργυρίου ἄγων καὶ ἄλλα κτήματα καὶ κόσμον παντοδαπόν. **26** Ὁ μὲν οὖν ὄχλος τῶν στρατιωτῶν ἔλεγεν ὡς ὑπεκτίθοιτο ἤδη τὰ χρήματα φοβούμενος· ὁ δὲ Κῦρος γιγνώσκων ὅτι οἴχοιτο συστήσων εἴ τι δύναιτο ἀντίπαλον ἑαυτῷ, ἀντιπαρεσκευάζετο ἐρρωμένως, ὡς μάχης ἔτι δεῆσον· καὶ οὕτως ἐξεπίμπλη μὲν τὸ τῶν Περσῶν ἱππικόν, τοὺς μὲν ἐκ τῶν αἰχμαλώτων, τοὺς δέ τινας καὶ παρὰ τῶν φίλων λαμβάνων ἵππους· ταῦτα γὰρ παρὰ πάντων ἐδέχετο καὶ ἀπεωθεῖτο οὐδέν, οὔτε εἴ τις ὅπλον διδοίη καλὸν οὔτ' εἴ τις ἵππον.

I 23 2 post ἐκάθισε add. μὲν y ‖ 3 ἔδει y : δεῖ z ‖ ὅσα τε ἐρυμνότητος z : ἐρυμνὸν δ' εἴ πῃ y ‖ 5 ἀποστρατοπεδεύοιντο z : -δεύσαιντο WD -δεύοιτο F ‖ 24 2 ὡς z : τὰ y ‖ ὠφελοῖτο zDF : -λοῖντο W ‖ 4 ὅπως z : ὡς y ‖ post πλεῖστα add. μὲν VHG del. V² ‖ 5 διαπονούμενοι yV² : διαπορευόμενοι z ‖ δ' yV² : θ' z ‖ 25 2 pr. οἱ yV² s. l. : om. z ‖ καὶ om. HAG ‖ post. οἱ om. H ‖ ταὔτ' Bothe : ταῦτ' codd. ‖ 3 χρυσίου καὶ ἀργυρίου z : ἀργ. καὶ χρ. y ‖ 4 tert. καὶ yV² s. l. : om. z ‖ 26 2 ἔλεγεν z : ὑπελάμβανεν WD -λάμβανον F ‖ 3 εἴ z : ὃ y ‖ 4 ἑαυτῷ z : ἑαυτοῦ y ‖ 5 δεῆσον z : δεήσοι y ‖ καὶ οὕτως V² mg. : καὶ y ὡς δ' z ὥστ' coni. Poppo ‖ ἐξεπίμπλη HAG : -πίμπλα yV ‖ 8 οὔτε εἴ τις yV² : οὐδὲ ἂν z ‖ 9 διδοίη z : ἐδίδου y ‖ οὔτ' εἴ τις V corr. : οὐδ' εἴ τις HAG οὔτε y.

27 Il équipait encore une charrerie, provenant des chars des prisonniers et de toute autre origine possible. Et ce qui était auparavant le type troyen de la caisse et ce qui est aujourd'hui encore le mode d'emploi cyrénéen des chars, il l'abolit* : avant lui, en effet, les peuples de Médie, de Syrie, d'Arabie, et d'une manière générale* ceux d'Asie, employaient le char selon la pratique cyrénéenne d'aujourd'hui[1]. **28** Il jugea que ce qui — normalement — constituait l'élément le plus efficace de sa force, puisque les hommes d'élite sont montés en char, jouait un rôle de harcèlement et n'apportait à la victoire qu'une contribution réduite[2] : car trois cents chars donnent trois cents combattants, pour lesquels il faut douze cents chevaux ; et comme conducteurs ils ont, naturellement, ceux qui leur inspirent le plus de confiance, les hommes d'élite : ce qui en donne encore environ trois cents qui ne causent pas le plus petit dommage à l'ennemi. **29** Il abolit donc ce modèle de char ; à la place, il munit les chars de guerre de roues assez solides pour qu'elles ne fussent pas facilement brisées, et d'essieux longs, parce que tout ce qui est à large base chavire moins. Pour les conducteurs, il fit de la caisse du char une sorte de tour en bois dur, dont le haut venait au niveau des coudes de façon que les guides pussent exercer leur action sur l'attelage par dessus la caisse ; et il cuirassa les conducteurs jusqu'aux yeux exclusivement. **30** Il adapta encore des faux de fer d'environ deux coudées aux essieux, de part et d'autre

1. Les Cyrénéens étaient célèbres par leur charrerie : voir Pindare, IVe *Pythique* ; Sophocle, *Él.*, 702 ; Arrien, *Tact.*, 19, 4-5 ; Énée le Tact., *Poliorc.*, XIV, 14-15 ; cf. F. Chamoux, *Cyrène...*, p. 234-237 ; J. K. Anderson, *Homeric, British and Cyrenaic Chariots*, in *Am. Journ. Arch.*, 1965, p. 349-352, article excellent, prolongé dans *ibid.*, 1975, p. 175-187, *Greek Chariot-Horse and Mounted Infantery.*

2. Peu importe qu'il s'agisse de biges ou de quadriges. Le harcèlement ne permet pas d'occuper le terrain, signe de la victoire (cf. ἀκροβολίσεις, VI, 2, 15) ; seule l'infanterie peut apporter la décision. A la tactique du harcèlement s'oppose celle de la rupture ; voir P. Vigneron, *Le cheval dans l'Antiquité*, I, p. 254 et suiv. ; 277 et suiv. Pour le texte, cf. l'app. crit. : la leçon μέρος est à préférer car, avec le v. συμβάλλεσθαι, le mot forme une expression signifiant « aider à ».

27 Κατεσκευάζετο δὲ καὶ ἅρματα ἔκ τε τῶν αἰχμαλώτων ἁρμάτων καὶ ἄλλοθεν ὁπόθεν ἐδύνατο. Καὶ τὴν μὲν Τρωικὴν διφρείαν πρόσθεν οὖσαν καὶ τὴν Κυρηναίων ἔτι καὶ νῦν ἁρματηλασίαν κατέλυσε· τὸν γὰρ πρόσθεν χρόνον καὶ οἱ ἐν τῇ Μηδίᾳ καὶ Συρίᾳ καὶ Ἀραβίᾳ καί πάντες οἱ ἐν τῇ Ἀσίᾳ τοῖς ἅρμασιν οὕτως ἐχρῶντο ὥσπερ νῦν οἱ Κυρηναῖοι. **28** Ἔδοξε δ' αὐτῷ, ὃ κράτιστον εἰκὸς ἦν εἶναι τῆς δυνάμεως, ὄντων τῶν βελτίστων ἐπὶ τοῖς ἅρμασι, τοῦτο ἐν ἀκροβολιστῶν μέρει εἶναι καὶ εἰς τὸ κρατεῖν οὐδὲν μέγα μέρος συμβάλλεσθαι· ἅρματα γὰρ τριακόσια τοὺς μὲν μαχομένους παρέχεται τριακοσίους, ἵπποις δ' οὗτοι χρῶνται διακοσίοις καὶ χιλίοις· ἡνίοχοι δ' αὐτοῖς εἰσι μὲν ὡς εἰκὸς οἷς μάλιστα πιστεύουσιν, οἱ βέλτιστοι· ἄλλοι δὲ εἰς τριακοσίους οὗτοί εἰσιν, οἳ οὐδ' ὁτιοῦν τοὺς πολεμίους βλάπτουσι. **29** Ταύτην μὲν οὖν τὴν διφρείαν κατέλυσεν· ἀντὶ δὲ τούτου πολεμιστήρια κατεσκευάσατο ἅρματα τροχοῖς τε ἰσχυροῖς, ὡς μὴ ῥᾳδίως συντρίβηται, ἄξοσί τε μακροῖς· ἧττον γὰρ ἀνατρέπεται πάντα τὰ πλατέα. Τὸν δὲ δίφρον τοῖς ἡνιόχοις ἐποίησεν ὥσπερ πύργον ἰσχυρῶν ξύλων· ὕψος δὲ τούτων ἐστὶ μέχρι τῶν ἀγκώνων, ὡς δύνωνται ἡνιοχεῖσθαι οἱ ἵπποι ὑπὲρ τῶν δίφρων· τοὺς δ' ἡνιόχους ἐθωράκισε πάντα πλὴν τῶν ὀφθαλμῶν. **30** Προσέθηκε δὲ καὶ δρέπανα σιδηρᾶ ὡς διπήχη πρὸς τοὺς ἄξονας ἔνθεν

I **27** 1 τε om. y ‖ 2 ἐδύνατο z : δύναιτο y ‖ 3 Τρωικὴν om. z ‖ 4 ἔτι καὶ νῦν z : ἔτι νῦν οὖσαν y ‖ **28** 1 ἔδοξε δ' y : ἔδοξεν z ‖ 2 εἰκὸς ἦν VHG : ἦν εἰκὸς y εἰκὸς A ‖ ὄντων τῶν y : ὂν τῶν z ‖ 3 ante ἐν add. μὴ yV² s. l. ‖ 4 μέρος yV² : βάρος z ‖ συμβάλλεσθαι yV : -βαλέσθαι HAG ‖ 6 ἵπποις yV² : ἵππους z ‖ 8 πιστεύουσιν yVA : πιστεύσουσιν HG ‖ ἄλλοι δὲ om. y ‖ 9 εἰς τριακοσίους οὗτοί εἰσιν z : εἰς τριακοσίους δέ εἰσιν y εἰσὶ τριακόσιοι οὗτοι Schneider ‖ **29** 2 κατεσκευάσατο z : -εσκεύασε τὰ F -εσκεύασεν WD ‖ 7 post ἀγκώνων add. τοῦ ἡνιόχου y ‖ **30** 2 σιδηρᾶ... διπήχη z : σιδήρεα... διπήχεα y.

des roues, d'autres encore par dessous, sous l'essieu[1], pointant vers le sol, le but étant de charger l'ennemi avec les chars[2]; et aujourd'hui encore les peuples du Roi ont leurs chars conformes au modèle alors institué par Cyrus*. Il avait aussi une quantité de chameaux, rassemblés par* les amis, d'autres capturés, formant tous un même corps.

Passion d'Araspas.

31 Telles étaient les dispositions qu'il menait à leur fin. Comme il voulait d'autre part détacher un espion vers la Lydie* pour être renseigné sur les activités de l'Assyrien, il jugea qu'Araspas, celui qui avait la garde de la belle captive*, était tout désigné pour cette mission; car voici à peu près quelle avait été son aventure. Saisi de passion pour cette beauté, une force* irrésistible lui fit faire des propositions. **32** Elle dit non, et demeura fidèle à son mari, bien qu'il fût absent* — car elle avait pour lui un rare amour — sans toutefois porter d'accusation devant Cyrus, parce qu'elle hésitait à mettre la discorde entre deux amis. **33** Mais lorsqu'Araspas, croyant mettre un atout dans son jeu, eut recours à des menaces : si elle ne consentait pas, il le ferait contre son gré, alors, elle, par crainte de la violence, renonce au silence et envoie son eunuque* à Cyrus avec l'ordre de dire tout. **34** Lui, ayant entendu, et se mettant à rire de l'homme qui se prétendait plus fort que l'amour*, envoie Artabaze avec l'eunuque en le chargeant de dire à Araspas qu'il lui défendait de faire violence à une pareille femme, mais que, s'il était capable de la persuader, il ne ferait pas obstacle. **35** Arrivé près d'Aras-

1. Xénophon emploie ἄξων au singulier quand l'essieu est considéré dans son ensemble, au pluriel quand il l'est dans ses deux moitiés.

2. C'est la tactique de la rupture, qui supplante celle du harcèlement. Il ressort du contexte que le char ne porte pas de combattant, mais le seul conducteur. Auparavant, comme on voit dans l'*Iliade*, le combattant, laissant le conducteur sur le char, mettait pied à terre pour se battre; il n'était guère plus qu'un fantassin porté. Dans la *Cyropédie* on voit des cas exceptionnels de combats « du haut du char », ἀπὸ ἁρμάτων, par exemple en III, 3, 60.

καὶ ἔνθεν τῶν τροχῶν καὶ ἄλλα κάτω ὑπὸ τῷ ἄξονι εἰς τὴν γῆν βλέποντα, ὡς ἐμβαλούντων εἰς τοὺς ἐναντίους τοῖς ἅρμασιν· ὡς δὲ τότε Κῦρος ταῦτα κατεσκεύασεν, οὕτως ἔτι καὶ νῦν τοῖς ἅρμασι χρῶνται οἱ ἐν τῇ βασιλέως χώρᾳ. Ἦσαν δὲ αὐτῷ καὶ κάμηλοι πολλαὶ παρά τε τῶν φίλων συνειλεγμέναι καὶ αἰχμάλωτοι πᾶσαι συνηθροισμέναι.

31 Καὶ ταῦτα μὲν οὕτω συνεπεραίνετο. Βουλόμενος δὲ κατάσκοπόν τινα πέμψαι ἐπὶ Λυδίας καὶ μαθεῖν ὅ τι πράττοι ὁ Ἀσσύριος, ἔδοξεν αὐτῷ ἐπιτήδειος εἶναι Ἀράσπας ἐλθεῖν ἐπὶ τοῦτο ὁ φυλάττων τὴν καλὴν γυναῖκα· συνεβεβήκει γὰρ τῷ Ἀράσπᾳ τοιάδε. Ληφθεὶς ἔρωτι τῆς γυναικὸς ἠναγκάσθη προσενεγκεῖν λόγους αὐτῇ περὶ συνουσίας. **32** Ἡ δὲ ἀπέφησε μὲν καὶ ἦν πιστὴ τῷ ἀνδρὶ καίπερ ἀπόντι· ἐφίλει γὰρ αὐτὸν ἰσχυρῶς· οὐ μέντοι κατηγόρησε τοῦ Ἀράσπου πρὸς τὸν Κῦρον, ὀκνοῦσα συμβαλεῖν φίλους ἄνδρας. **33** Ἐπεὶ δὲ ὁ Ἀράσπας δοκῶν ὑπηρετήσειν τῷ τυχεῖν ἃ ἐβούλετο ἠπείλησε τῇ γυναικὶ ὅτι εἰ μὴ βούλοιτο ἑκοῦσα, ἄκουσα ποιήσοι ταῦτα, ἐκ τούτου ἡ γυνή, ὡς ἔδεισε τὴν βίαν, οὐκέτι κρύπτει, ἀλλὰ πέμπει τὸν εὐνοῦχον πρὸς τὸν Κῦρον καὶ κελεύει λέξαι πάντα. **34** Ὁ δ' ὡς ἤκουσεν, ἀναγελάσας ἐπὶ τῷ κρείττονι τοῦ ἔρωτος φάσκοντι εἶναι, πέμπει Ἀρτάβαζον σὺν τῷ εὐνούχῳ καὶ κελεύει αὐτῷ εἰπεῖν βιάζεσθαι μὲν μὴ τοιαύτην γυναῖκα, πείθειν δὲ εἰ δύναιτο, οὐκ ἔφη κωλύειν. **35** Ἐλθὼν

I **30** 3 τῶν yV² s. l. : om. z || 4 τὴν om. y || ἐμβαλούντων yV² : εἰσβαλούντων z || 5 κατεσκεύασεν y : -εσκεύαζεν z || 6 post χρῶνται add. καὶ y || 7 post καὶ add. αἱ Dindorf fort. recte || **31** 1 οὕτω [-ς VHA] συνεπεραίνετο z : οὕτως ἐπεραίνετο y || 2 κατάσκοπόν τινα z : τινα κατάσκοπον y || 3 πράττοι zDF : πράσσει W || 7 συνουσίας y : συνηθείας z || **32** 4 συμβαλεῖν z : βάλλειν y || **33** 2 ὑπηρετήσειν z : ὑπηρετεῖν y || τῷ τυχεῖν z : ἀπετύγχανεν y || 4 ποιήσοι z : ποιήσοιτο y || 6 πάντα z : ἅπαντα y.

pas, Artabaze lui fit une semonce, le qualifiant de gardien d'un dépôt, l'accusant de sacrilège, de crime, de libertinage, à tel point qu'Araspas versait des torrents de larmes, rentrait, de honte, sous terre et mourait de peur d'avoir un compte à régler avec Cyrus.

36 Or Cyrus, lorsqu'on l'eut informé, le fit venir et, tête à tête, lui dit : « Je vois, Araspas, que tu as peur de moi et qu'une honte affreuse t'enveloppe. Quitte donc ces sentiments ; j'entends dire qu'il y a des dieux vaincus par l'amour et je sais quels malheurs l'amour fait subir aux hommes, même à ceux qui avaient une réputation de parfaite sagesse. Moi, je me connaissais assez pour savoir [1] que je n'aurais pas pu posséder la force d'âme de rester insensible à une beauté en vivant à côté d'elle ; et envers toi je suis, en pareil sujet, moi, le responsable : car c'est moi qui t'ai emprisonné avec l'irrésistible objet [2]. » **37** Araspas répondit : « Eh ! bien, Cyrus, tu fais ici preuve exactement des mêmes qualités que toujours ailleurs, aménité, indulgence aux faiblesses humaines ; mais moi, ce sont les autres [3] qui, de mortification, me font rentrer sous terre. Car depuis l'heure où s'est répandu le bruit de mon épreuve, mon cas enchante mes ennemis, et mes amis viennent me donner le conseil de prendre du large si je veux éviter que tu ne règles son compte au criminel que je suis à leurs yeux. »

38 Cyrus dit : « Alors, Araspas, sache-le bien : ce conseil te donne le moyen de me faire un rare plaisir et de rendre aux alliés un service capital. — Ah ! s'il se

1. Sur le tour καταγιγνώσκω suivi du génitif du pronom personnel, en général réfléchi, suivi lui-même d'un infinitif, ou d'une complétive introduite par ὅτι, qui indique la raison pour laquelle on « avoue que... », on « se condamne pour... », ou on « a une triste opinion de soi » (ou « d'un autre » si le pronom n'est pas réfléchi), voir Xénophon, *Éc.*, II, 1 ; Thuc., III, 45, 1 ; Andoc., *Myst.*, 49 ; Plat., *Tim.*, 19 d ; Lyc., *C. Léocr.*, 35 ; 56.

2. Cyrus joue spirituellement sur le mot πρᾶγμα, qui désigne à la fois une affaire et une femme (cf. Arist., *Ach.*, 767 ; *Ois.*, 906 ; 1375), et sur l'idée du gardien mis en prsion.

3. « Les autres », c'est-à-dire pas seulement moi-même, ni toi.

δ' ὁ Ἀρτάβαζος πρὸς τὸν Ἀράσπαν ἐλοιδόρησεν αὐτόν, παρακαταθήκην ὀνομάζων τὴν γυναῖκα, ἀσέβειάν τε αὐτοῦ λέγων ἀδικίαν τε καὶ ἀκράτειαν, ὥστε τὸν Ἀράσπαν πολλὰ μὲν δακρύειν ὑπὸ λύπης, καταδύεσθαι δ' ὑπὸ τῆς αἰσχύνης, ἀπολωλέναι δὲ τῷ φόβῳ μή τι καὶ πάθοι ὑπὸ Κύρου.

36 Ὁ οὖν Κῦρος καταμαθὼν ταῦτα ἐκάλεσεν αὐτὸν καὶ μόνος μόνῳ ἔλεξεν · Ὁρῶ σε, ἔφη, ὦ Ἀράσπα, φοβούμενόν τε ἐμὲ καὶ ἐν αἰσχύνῃ δεινῶς ἔχοντα. Παῦσαι οὖν τούτων · ἐγὼ γὰρ θεούς τε ἀκούω ἔρωτος ἡττᾶσθαι, ἀνθρώπους τε οἶδα καὶ μάλα δοκοῦντας φρονίμους εἶναι οἷα πεπόνθασιν ὑπ' ἔρωτος. Καὶ αὐτὸς δ' ἐμαυτοῦ κατέγνων μὴ ἂν καρτερῆσαι ὥστε συνὼν καλοῖς ἀμελεῖν αὐτῶν · καὶ σοὶ δὲ τούτου τοῦ πράγματος ἐγὼ αἴτιός εἰμι · ἐγὼ γάρ σε συγκαθεῖρξα τούτῳ τῷ ἀμάχῳ πράγματι. **37** Καὶ ὁ Ἀράσπας ὑπολαβὼν εἶπεν · Ἀλλὰ σὺ μέν, ὦ Κῦρε, καὶ ταῦτα ὅμοιος εἶ οἷόσπερ καὶ τἆλλα, πρᾷός τε καὶ συγγνώμων τῶν ἀνθρωπίνων ἁμαρτημάτων · ἐμὲ δ', ἔφη, καὶ οἱ ἄλλοι ἄνθρωποι καταδύουσι τῷ ἄχει. Ὡς γὰρ ὁ θροῦς διῆλθε τῆς ἐμῆς συμφορᾶς, οἱ μὲν ἐχθροὶ ἐφήδονταί μοι, οἱ δὲ φίλοι προσιόντες συμβουλεύουσιν ἐκποδὼν ἔχειν ἐμαυτόν, μή τι καὶ πάθω ὑπὸ σοῦ, ὡς ἠδικηκότος ἐμοῦ μεγάλα.

38 Καὶ ὁ Κῦρος εἶπεν · Εὖ τοίνυν ἴσθι, ὦ Ἀράσπα, ὅτι ταύτῃ τῇ δόξῃ οἷός τ' εἶ ἐμοί τε ἰσχυρῶς χαρίσασθαι καὶ τοὺς συμμάχους μεγάλα ὠφελῆσαι. Εἰ γὰρ γένοιτο,

I **35** 2 ἐλοιδόρησεν αὐτὸν παρακαταθήκην z : ἐλοιδόρησε [-ν F] παρακαταθήκην τε y ‖ 4 καὶ codd. : τὴν coni. Hartman ‖ ἀκράτειαν z : ἀκρασίαν y ‖ 7 καὶ z : om. y ‖ πάθοι zDF : πάθῃ W ‖ **36** 1 ἐκάλεσεν z : ἐκάλεσέ [-ν F] τε y ‖ 4 ἡττᾶσθαι z : ἡσσῆσθαι y ‖ 5 δοκοῦντας post φρονίμους transp. W ‖ 8 ἀμελεῖν z : ἀμελῆσαι y ‖ 9 συγκαθεῖρξα yV² : συγκατῆρξα z ‖ **37** 2 οἷόσπερ yA : ὥσπερ VHG ‖ 4 καταδύουσι z : -λύουσι y ‖ 7 συμβουλεύουσιν yV² : συμβουλεύειν z ‖ **38** 2 οἷός τ' εἶ y : οἷος εἶ V² mg. om. z ‖ ἰσχυρῶς yV²AG : ἐχυρῶς VH.

pouvait, dit Araspas, que je puisse faire ton affaire et te repayer de mon dévouement[1] ! **39** — Alors, dit Cyrus, je crois que, si tu voulais bien faire semblant de me fuir et passer dans le camp adverse, tu trouverais créance auprès des ennemis. — Parbleu, dit Araspas, mais même auprès des amis ; je suis sûr que je pourrais leur donner comme raison que je t'ai fui[2]. **40** — Alors, tu nous reviendrais, parfaitement renseigné sur les dispositions de l'ennemi ; vu leur confiance ils t'admettraient, je crois, à leurs entretiens et délibérations, au point qu'absolument rien ne t'échapperait de tout ce que nous voulons savoir. — Sache, dit Araspas, que je me mets en route immédiatement ; car l'idée que j'ai pris la fuite parce que tu avais un compte à régler avec moi sera peut-être un des éléments de la conviction. **41** — Seras-tu capable aussi, dit Cyrus, d'abandonner la belle Panthée ? — Oui, Cyrus, car je possède certainement deux âmes ; je tiens cette doctrine maintenant d'avoir philosophé avec ce coquin de sophiste qu'est Éros[3]. Il faut bien que l'âme ne soit pas une pour être à la fois bonne et mauvaise, pour aimer à la fois une conduite généreuse et coupable, pour à la fois vouloir et ne pas vouloir les mêmes actes ; non, il est clair qu'il y a deux âmes, que, quand la bonne l'emporte, elle accomplit le beau, mais que, quand c'est la méchante, elle entreprend le laid. Mais à cette heure, comme elle t'a pris pour allié, c'est la bonne qui l'emporte, et de beaucoup.

42 — Alors si tu choisis, toi aussi[4], de prendre la route, dit Cyrus, voici comment il faut agir, pour accroître la confiance de ces gens-là : sur la situation de chez nous tu vas leur livrer un rapport de nature à contre-

1. Voir l'app. crit. : avec Weiske les éditeurs suppriment αὖ χρήσιμος comme pléonastique après ἐν καιρῷ ; mais la répétition traduit bien la confusion d'Araspas, comme celle de γένοιτο /γενοίμην.

2. Ils croiraient facilement qu'Araspas a suivi leur conseil, exposé au § 37.

3. Voir *Mém.*, I, 2, 23 ; Xénophon se souvient probablement de Platon, *Banq.*, 203 d, et sa théorie des deux âmes n'est pas sans rapport avec *Phèdre*, 237 d ; *Rép.*, 439 d ; *Lois*, 896 d.

4. C'est-à-dire dans le même sens que l'âme du bien.

ἔφη ὁ Ἀράσπας, ὅ τι ἐγώ σοι ἐν καιρῷ ἂν γενοίμην αὖ χρήσιμος. **39** Εἰ τοίνυν, ἔφη, προσποιησάμενος ἐμὲ φεύγειν ἐθέλοις εἰς τοὺς πολεμίους ἐλθεῖν, οἶμαι ἄν σε πιστευθῆναι ὑπὸ τῶν πολεμίων. Ἐγὼ μέν, ναὶ μὰ Δί', ἔφη ὁ Ἀράσπας, καὶ ὑπὸ τῶν φίλων · οἶδα ὅτι ὡς σὲ πεφευγὼς λόγον ἂν παρέχοιμι. **40** Ἔλθοις ἂν τοίνυν, ἔφη, ἡμῖν πάντα εἰδὼς τὰ τῶν πολεμίων · οἶμαι δὲ καὶ λόγων καὶ βουλευμάτων κοινωνὸν ἄν σε ποιοῖντο διὰ τὸ πιστεύειν, ὥστε μηδὲ ἓν σε λεληθέναι ὧν βουλόμεθα εἰδέναι. Ὡς πορευσομένου, ἔφη, ἤδη νυνί · καὶ γὰρ τοῦτο ἴσως ἓν τῶν πιστῶν ἔσται τὸ δοκεῖν με ὑπὸ σοῦ μελλήσαντά τι παθεῖν ἐκπεφευγέναι. **41** Ἦ καὶ δυνήσῃ ἀπολιπεῖν, ἔφη, τὴν καλὴν Πάνθειαν; Δύο γάρ, ἔφη, ὦ Κῦρε, σαφῶς ἔχω ψυχάς · νῦν τοῦτο πεφιλοσόφηκα μετὰ τοῦ ἀδίκου σοφιστοῦ τοῦ Ἔρωτος. Οὐ γὰρ δὴ μία γε οὖσα ἅμα ἀγαθή τέ ἐστι καὶ κακή, οὐδ' ἅμα καλῶν τε καὶ αἰσχρῶν ἔργων ἐρᾷ καὶ ταὐτὰ ἅμα βούλεταί τε καὶ οὐ βούλεται πράττειν, ἀλλὰ δῆλον ὅτι δύο ἐστὸν ψυχά, καὶ ὅταν μὲν ἡ ἀγαθὴ κρατῇ, τὰ καλὰ πράττεται, ὅταν δὲ ἡ πονηρά, τὰ αἰσχρὰ ἐπιχειρεῖται. Νῦν δὲ ὡς σὲ σύμμαχον ἔλαβε, κρατεῖ ἡ ἀγαθὴ καὶ πάνυ πολύ.

42 Εἰ τοίνυν καὶ σοὶ πορεύεσθαι, ἔφη ὁ Κῦρος, ὧδε χρὴ ποιεῖν, ἵνα κἀκείνοις πιστότερος ἧς · ἐξάγγελλέ τε αὐτοῖς τὰ παρ' ἡμῶν, οὕτω τε ἐξάγγελλε ὡς ἂν αὐτοῖς τὰ παρὰ σοῦ λεγόμενα ἐμποδὼν μάλιστ' ἂν εἴη

I **38** 4 ἂν codd. : αὖ coni. Weiske ‖ αὖ χρήσιμος codd. : del. Weiske ‖ **39** 2 οἶμαι y : οἴομαι z ‖ 3 Ἐγὼ μὲν y : ἔγωγε z ‖ 4 post φίλων interpunxi ‖ **40** 4 μηδὲ ἓν σε z : μηδὲν WF μηδὲ D ‖ 5 ὡς πορευσομένου z : ὡς πορεύσομαι οὖν y uoluit V² ‖ 6 τὸ δοκεῖν με yV² : δοκοῦν με VHG δοκοῦμεν A ‖ 7 μελλήσαντά z D : μελήσοντά WF ‖ **41** 6 ταὐτὰ Stephanus : ταῦτα codd. ‖ 7 δῆλον ὅτι om. G ‖ 8 ψυχά y : ψυχαί z ‖ πράττεται zDF : πράττει W ‖ 9 ἐπιχειρεῖται yHA : -χειρῆται VG ‖ **42** 2 ἧς zW : ᾖ D εἶ F ‖ 3 αὐτοῖς z : αὐτῷ y.

carrer au mieux leurs projets. Et le moyen de contrecarrer serait d'affirmer que nous nous préparons à nous jeter sur quelque point de leur pays. La nouvelle mettrait un frein à un rassemblement général de leurs forces, car chacun, ou peu s'en faut, éprouverait des craintes pour ce qu'il possède chez soi. **43** Et puis, séjourne chez eux jusqu'au dernier moment ; car plus immédiate sera leur proximité, plus aura de valeur pour nous un renseignement sur leur conduite. Conseille leur aussi la formation paraissant la meilleure ; car lorsque tu partiras, même réputé connaître cette formation, ils seront obligés de la conserver ; ils hésiteront, en effet, à la modifier et, s'ils l'abandonnent pour une autre, le désordre se mettra instantanément dans leurs rangs. » **44** Là-dessus Araspas sortit [1], rassembla ses écuyers les plus sûrs, dit à certains ce qu'il croyait seconder l'entreprise, et partit.

Ralliement d'Abradatas. **45** Lorsque Panthée apprit qu'Araspas était parti, elle envoya dire à Cyrus : « Ne sois pas peiné, Cyrus, qu'Araspas soit allé chez l'ennemi ; car si tu me permets un message à mon mari, je te garantis, moi, l'arrivée d'un ami bien plus sûr qu'Araspas ; et tu le verras à tes côtés, je le sais, avec le maximum de ses forces. Car si le père du roi aujourd'hui régnant était son ami, le roi qui règne aujourd'hui a été jusqu'à tenter un jour de nous séparer, mon mari et moi, l'un de l'autre ; alors, comme il voit en lui un brutal, je sais bien qu'il sera sans doute [2] ravi de passer dans le camp d'un homme tel que toi. » **46** A ces

1. Cyrus l'a probablement appelé, pour ce tête à tête, dans sa tente ; cf. § 36.

2. Comme en II, 1, 3 et VII, 5, 21, la leçon du verbe à l'indicatif futur avec ἄν est à préférer car ce tour, qui a passé d'Homère quelquefois chez les Attiques, donne au futur une nuance d'incertitude. S'il semble ici contredire le « je sais bien » qui précède, c'est que, dans son cœur délicat, Panthée est certaine des sentiments de son mari mais qu'elle hésite à les révéler à Cyrus. Elle a, de plus, l'art de remplacer un transfuge par un autre.

ὧν βούλονται πράττειν. Εἴη δ' ἂν ἐμποδών, εἰ ἡμᾶς φαίης παρασκευάζεσθαι ἐμβαλεῖν ποι τῆς ἐκείνων χώρας. Ταῦτα γὰρ ἀκούοντες ἧττον ἂν παντὶ σθένει ἁθροίζοιντο, ἕκαστός τις φοβούμενος καὶ περὶ τῶν οἴκοι. **43** Καὶ μένε, ἔφη, παρ' ἐκείνοις ὅτι πλεῖστον χρόνον· ἃ γὰρ ἂν ποιῶσιν ὅταν ἐγγύτατα ἡμῶν ὦσι, ταῦτα μάλιστα καιρὸς ἡμῖν εἰδέναι ἔσται. Συμβούλευε δ' αὐτοῖς καὶ ἐκτάττεσθαι ὅπῃ ἂν δοκῇ κράτιστον εἶναι· ὅταν γὰρ σὺ ἀπέλθῃς εἰδέναι δοκῶν τὴν τάξιν αὐτῶν, ἀναγκαῖον οὕτω τετάχθαι αὐτοῖς· μετατάττεσθαι γὰρ ὀκνήσουσι, καὶ ἤν πῃ ἄλλῃ μετατάττωνται, ἐξ ὑπογύου ταράξονται. **44** 'Αράσπας μὲν δὴ οὕτως ἐξελθὼν καὶ συλλαβὼν τοὺς πιστοτάτους θεράποντας καὶ εἰπὼν πρός τινας ἃ ᾤετο συμφέρειν τῷ πράγματι ᾤχετο.

45 Ἡ δὲ Πάνθεια ὡς ᾔσθετο οἰχόμενον τὸν 'Αράσπαν, πέμψασα πρὸς τὸν Κῦρον εἶπε· Μὴ λυποῦ, ὦ Κῦρε, ὅτι 'Αράσπας οἴχεται εἰς τοὺς πολεμίους· ἐὰν γὰρ ἐμὲ ἐάσῃς πέμψαι πρὸς τὸν ἐμὸν ἄνδρα, ἐγώ σοι ἀναδέχομαι ἥξειν πολὺ 'Αράσπου πιστότερον φίλον· καὶ δύναμιν δὲ οἶδ' ὅτι ὁπόσην ἂν δύνηται ἔχων παρέσται σοι. Καὶ γὰρ ὁ μὲν πατὴρ τοῦ νῦν βασιλεύοντος φίλος ἦν αὐτῷ· ὁ δὲ νῦν βασιλεύων καὶ ἐπεχείρησέ ποτε ἐμὲ καὶ τὸν ἄνδρα διασπάσαι ἀπ' ἀλλήλων· ὑβριστὴν οὖν νομίζων αὐτὸν εὖ οἶδ' ὅτι ἄσμενος ἂν πρὸς ἄνδρα οἷος σὺ εἶ ἀπαλλαγήσεται. **46** 'Ακούσας ταῦτα ὁ Κῦρος

I **42** 5 βούλονται HAG : βούλωνται V βούλοιτο F om. WD ‖ εἴη δ' ἂν ἐμποδών yV² mg. : om. z ‖ 6 ποι Kappeyne : που codd. ‖ **43** 3 καιρὸς ἡμῖν z : ἡμῖν καιρὸς y ‖ 4 ἂν δοκῇ iter. W ‖ 6 αὐτοῖς· μετατάττεσθαι γὰρ yV² mg. : om. z ‖ 7 ὀκνήσουσι yV² : ὀκνήσωσι z ‖ post μετατάττωνται interpunxit Gemoll : post ὑπογύου codd. ‖ **44** 1 καὶ om. y ‖ 3 ἃ z : οἷα y ‖ **45** 3 ἐὰν y : ἢν z ‖ 5 'Αράσπου yV²HAG : ἀράσπα V ‖ 6 οἶδ' ὅτι om. W ‖ δύνηται yV² : δύναιτο z ‖ 7 μὲν yV² s. l. : om. z ‖ 8 βασιλεύων z : βασιλεὺς ὢν y ‖ 10 εὖ om. y ‖ ἄσμενος zDF : ἀσμένως W ‖ 11 ἀπαλλαγήσεται z uide adn. : -γείη yV².

mots, Cyrus la priait d'envoyer un message à son mari ; ce qu'elle fit.

Lorsqu'Abradatas eut reconnu les signes de créance[1] venant de sa femme, lorsqu'il eut appris, de surcroît, la situation générale, il se rend, ravi, auprès de Cyrus, avec environ un millier de chevaux. Arrivé à proximité des observateurs des Perses, il envoie dire à Cyrus qui il était*. Cyrus le fait immédiatement conduire auprès de sa femme. **47** En se voyant, Abradatas et Panthée s'embrassèrent, comme il est naturel dans un dénouement inespéré. Après quoi Panthée relate la pieuse vertu, la continence[2] et la compassion de Cyrus à son égard. Après l'avoir entendue, Abradatas dit : « Que pourrais-je donc faire, Panthée, afin de payer à Cyrus, pour nous deux, la dette de reconnaissance que nous avons envers lui ? — Rien d'autre, dit Panthée, que de tâcher d'égaler, par ta conduite envers lui, sa conduite envers toi. »

48 Abradatas, alors, se rend auprès de Cyrus. Quand il le vit, le prenant par la main droite, il lui dit : « En échange des bienfaits que nous te devons, Cyrus, je ne puis rien te dire de plus solennel que ceci : je te fais don de moi-même, comme ami, homme lige et allié[3] ; et dans toutes les affaires où je te verrai t'engager, je m'efforcerai de t'apporter mon concours du meilleur de mes forces. » **49** Cyrus dit : « Et moi j'accepte. Pour l'instant va, tu es libre de souper avec ta femme ; il te faudra t'asseoir un autre jour à ma table[4] avec tes amis et les miens. »

1. Xénophon ne précise pas quel est ce certificat d'origine qui garantit l'authenticité du message. Le « symbole » est en principe un objet coupé en deux dont deux personnes liées par l'hospitalité conservent chacune la moitié et qui passe à leurs descendants. Les deux moitiés rapprochées constituent un signe de reconnaissance. Les enfants exposés recevaient aussi de ces « symboles » pour être reconnus plus tard. Voir l'image de Platon, *Banq.*, 191 d.

2. Cyrus n'a pas usé du droit du vainqueur. Il n'est pas impossible que sa conduite ait servi d'exemple à Alexandre — qui avait certainement lu la *Cyropédie* — lorsqu'il eut capturé les femmes de Darios après la bataille d'Issos en 333.

3. Engagement solennel analogue de la part de Gobryas en IV, 6, 2.

4. Dans la tente royale.

ἐκέλευε πέμπειν πρὸς τὸν ἄνδρα· ἡ δ' ἔπεμψεν. Ὡς δ' ἔγνω ὁ Ἀβραδάτας τὰ παρὰ τῆς γυναικὸς σύμβολα, καὶ τἆλλα δὲ ᾔσθετο ὡς εἶχεν, ἄσμενος πορεύεται πρὸς τὸν Κῦρον ἵππους ἔχων ἀμφὶ τοὺς χιλίους. Ὡς δ' ἦν πρὸς τοῖς τῶν Περσῶν σκοποῖς, πέμπει πρὸς τὸν Κῦρον εἰπὼν ὃς ἦν. Ὁ δὲ Κῦρος εὐθὺς ἄγειν κελεύει αὐτὸν πρὸς τὴν γυναῖκα. **47** Ὡς δ' εἰδέτην ἀλλήλω ἡ γυνὴ καὶ ὁ Ἀβραδάτας, ἠσπάζοντο ἀλλήλους ὡς εἰκὸς ἐκ δυσελπίστων. Ἐκ τούτου δὴ λέγει ἡ Πάνθεια τοῦ Κύρου τὴν ὁσιότητα καὶ τὴν σωφροσύνην καὶ τὴν πρὸς αὑτὴν κατοίκτισιν. Ὁ δὲ Ἀβραδάτας ἀκούσας εἶπε· Τί ἂν οὖν ἐγὼ ποιῶν, ὦ Πάνθεια, χάριν Κύρῳ ὑπέρ τε σοῦ καὶ ἐμαυτοῦ ἀποδοίην; Τί δὲ ἄλλο, ἔφη ἡ Πάνθεια, ἢ πειρώμενος ὅμοιος εἶναι περὶ ἐκεῖνον οἷόσπερ ἐκεῖνος περὶ σέ;

48 Ἐκ τούτου δὴ ἔρχεται πρὸς τὸν Κῦρον ὁ Ἀβραδάτας. Καὶ ὡς εἶδεν αὐτόν, λαβόμενος τῆς δεξιᾶς εἶπεν· Ἀνθ' ὧν σὺ εὖ πεποίηκας ἡμᾶς, ὦ Κῦρε, οὐκ ἔχω τί μεῖζον εἴπω ἢ ὅτι φίλον σοι ἐμαυτὸν δίδωμι καὶ θεράποντα καὶ σύμμαχον· καὶ ὅσα ἂν ὁρῶ σε σπουδάζοντα, συνεργὸς πειράσομαι γίγνεσθαι ὡς ἂν δύνωμαι κράτιστος. **49** Καὶ ὁ Κῦρος εἶπεν· Ἐγὼ δὲ δέχομαι. Καὶ νῦν μέν σε ἀφίημι, ἔφη, σὺν τῇ γυναικὶ δειπνεῖν· αὖθις δὲ καὶ παρ' ἐμοὶ δεήσει σε σκηνοῦν σὺν τοῖς σοῖς τε καὶ ἐμοῖς φίλοις.

I **46** 2 ἐκέλευε z : κελεύει y || 3 τὰ παρὰ [V cp. scr.] codd. || 5 τὸν om. W || χιλίους z : δισχιλίους y || 6 τῶν om. y || 7 εὐθὺς om. z || **47** 1 εἰδέτην FV : ἰδέτην WDHAG || ἀλλήλω yV corr. : ἀλλήλοιν HA ἀλλήλους G || 2 ἠσπάζοντο z : ἠσπάσαντο y || 3 δυσελπίστων zDF : -έλπιστον W || 6 ὑπέρ τε σοῦ z : καὶ ὑπὲρ σοῦ WD ὑπὲρ σοῦ F || 7 ἐμαυτοῦ z : ὑπὲρ ἐμοῦ y || ἀποδοίην z : -διδοίην y || 8 εἶναι περὶ ἐκεῖνον z : περὶ ἐκεῖνον εἶναι y || post οἷόσπερ add. καὶ y || **48** 2 post δεξιᾶς add. αὐτοῦ W || 6 post συνεργὸς add. σοι y || γίγνεσθαι WFVHA : γενέσθαι DG || **49** 1 Ἐγὼ δὲ δέχομαι z : ἐγὼ δὲ δέχομαί τε W ἐγὼ δέχομαί τε DF.

50 Après cela, Abradatas, voyant Cyrus engagé dans l'affaire des chars à faux et celle des chevaux et cavaliers cuirassés, s'efforçait[1] de lui apporter en contribution, prélevés sur sa propre cavalerie, jusqu'à cent chars[2] du même type que les siens ; il se préparait à en prendre lui-même la tête sur son char ; **51** ce char, il le fit à quatre timons, et huit chevaux sous le joug[3] ; et il en équipa les chevaux d'un caparaçon tout de bronze.

Fabrication de tours mobiles.

52 Tandis qu'Abradatas faisait ce travail, Cyrus, ayant vu son char à quatre timons, s'avisa qu'il était possible d'en fabriquer un à huit timons, ce qui permettrait de déplacer avec huit paires de bœufs la plate-forme révolutionnaire[4] des machines ; celle-ci s'élevait à peu près à dix-huit pieds au-dessus du sol, roues du char incluses. **53** Cette espèce de tour, accompagnant une unité[5], lui semblait pouvoir être un appui de grande valeur pour sa ligne de bataille et causer de lourdes pertes aux formations ennemies. Sur les plates-formes[6] il fit aménager des passerelles circulaires et des créneaux, et sur chaque tour il mit vingt hommes. **54** Une fois organisé par lui tout le système des tours, il procédait à un essai de traction ; et les huit attelages emmenaient la tour, avec son far-

1. La répétition des verbes σπουδάζειν du côté de Cyrus et πειρᾶσθαι du côté d'Abradatas (cf. § 48) montre que les engagements pris sont exactement tenus.

2. C'est l'escadron de VI, 3, 34.

3. Xénophon ne dit pas si ce joug est unique ou non. Ce char peut être surtout le produit de l'imagination de Xénophon, épris de réformes ou d'idées neuves. Il y a deux chevaux par timon : en l'absence, peut-être inévitable, de documents figurés, voir Vigneron, *op. cit.*, t. I, p. 123, et t. II, planches 51 et 52.

4. Le texte des manuscrits est difficile à admettre, car ce n'est évidemment pas seulement le *pied* de la charpente que l'attelage fait rouler, sans la tour qui fait corps avec elle.

5. Les engins en question ne forment donc pas une unité particulière indépendante mais sont normalement mis à la disposition d'une unité quelconque d'infanterie.

6. Le pluriel οἰκήματα désigne les étages de la tour, haute probablement d'environ six mètres.

50 Ἐκ τούτου ὁρῶν ὁ Ἀβραδάτας σπουδάζοντα τὸν Κῦρον περὶ τὰ δρεπανηφόρα ἅρματα καὶ περὶ τοὺς τεθωρακισμένους ἵππους τε καὶ ἱππέας, ἐπειρᾶτο συντελεῖν αὐτῷ εἰς τὰ ἑκατὸν ἅρματα ἐκ τοῦ ἱππικοῦ τοῦ ἑαυτοῦ ὅμοια ἐκείνῳ· αὐτὸς δὲ ὡς ἡγησόμενος αὐτῶν ἐπὶ τοῦ ἅρματος παρεσκευάζετο· **51** συνεζεύξατο δὲ τὸ ἑαυτοῦ ἅρμα τετράρρυμόν τε καὶ ἵππων ὀκτώ· [ἡ δὲ Πάνθεια ἡ γυνὴ αὐτοῦ ἐκ τῶν ἑαυτῆς χρημάτων χρυσοῦν τε αὐτῷ θώρακα ἐποιήσατο καὶ χρυσοῦν κράνος, ὡσαύτως δὲ καὶ περιβραχιόνια.] τοὺς δὲ ἵππους τοῦ ἅρματος χαλκοῖς πᾶσι προβλήμασι κατεσκευάσατο.

52 Ἀβραδάτας μὲν ταῦτα ἔπραττε· Κῦρος δὲ ἰδὼν τὸ τετράρρυμον αὐτοῦ ἅρμα κατενόησεν ὅτι οἷόν τε εἴη καὶ ὀκτάρρυμον ποιήσασθαι, ὥστε ὀκτὼ ζεύγεσι βοῶν ἄγειν τῶν μηχανῶν τὸ καινότατον οἴκημα· ἦν δὲ τοῦτο τριώρυγον μάλιστα ἀπὸ τῆς γῆς σὺν τοῖς τροχοῖς. **53** Τοιοῦτοι δὲ πύργοι σὺν τάξει ἀκολουθοῦντες ἐδόκουν ἂν αὐτῷ μεγάλη μὲν ἐπικουρία γενέσθαι τῇ ἑαυτοῦ φάλαγγι, μεγάλη δὲ βλάβη τῇ τῶν πολεμίων τάξει. Ἐποίησε δὲ ἐπὶ τῶν οἰκημάτων καὶ περιδρόμους καὶ ἐπάλξεις· ἀνεβίβαζε δ' ἐπὶ τὸν πύργον ἕκαστον ἄνδρας εἴκοσιν. **54** Ἐπεὶ δὲ πάντα συνειστήκει αὐτῷ τὰ περὶ τοὺς πύργους, ἐλάμβανε τοῦ ἀγωγίου πεῖραν· καὶ πολὺ ῥᾷον ἦγε τὰ ὀκτὼ ζεύγη τὸν πύργον καὶ τοὺς

I **50** 5 ἐκείνῳ codd. : ἐκείνοις coni. Hug ex 6, 2, 7 || **51** 2 τετράρρυμόν V² : τετράρυμόν yVHA τετράριθμον G || 2-5 ἡ δὲ — περιβραχιόνια ut ex 6, 4, 2 illata del. Bornemann || **52** 2 τετράρρυμον V² : τετράρυμον yVHA τετράριθμον G || ὅτι VHA : ὡς y om. G || 3 ὀκτάρρυμον V² : ὀκτάρυμον yz || 4 καινότατον ego : κατώτατον codd. κατωτάτω coni. Buttmann καρτερώτατον Naber del. Herwerden || 5 τριώρυγον L. Dindorf : τὸ τριώρυον VHA τὸ τριόργυιον V² τριόργυιον D τριόργυον WF τὸ τριώρων G. || **53** 2 ἂν add. Richards || γενέσθαι codd. : γενήσεσθαι coni. Marchant || ἑαυτοῦ zWD : ἑαυτῶν F || 5 τὸν πύργον z : τῶν πύργων y || **54** 2 ἀγωγίου z : ἀγωγί [-ή- F] μου y || πεῖραν post πύργους transp. W.

deau d'hommes, plus facilement qu'un attelage individuel son chargement de bagages. En effet, pour un attelage la charge de bagages représentait près d'une tonne, tandis que la tour, avec son épaisseur de bois analogue à celle d'une estrade de théâtre* et ses vingt hommes et leurs armes, exigeait une traction d'à peine une demi-tonne par attelage*. **55** Après avoir constaté la facilité du déplacement, il se préparait à emmener les tours, en même temps que l'armée, estimant que la possession d'une supériorité à la guerre* signifiait à la fois le salut, l'équité, la félicité.

II

Mission donnée aux envoyés indiens.

1 En ce temps-là l'on vint aussi de la part du roi des Indes* avec une charge d'argent, et l'on communiquait à Cyrus le message du roi des Indes dont voici la substance : « Je me réjouis, Cyrus, que tu m'aies fait connaître tes besoins ; je veux être lié d'hospitalité avec toi et je t'envoie une somme ; s'il te faut davantage, envoie-le chercher. Mes envoyés ont reçu la consigne d'obéir à tes ordres. » **2** A ces mots, Cyrus dit : « Eh ! bien, les ordres sont que vous assuriez la garde de la somme en restant dans la tente* qui est la vôtre et que vous y meniez la vie pour vous la plus agréable, tous, sauf trois ; que ces trois-là me rendent le service d'aller chez l'ennemi[1] en alléguant une mission du roi des Indes aux fins d'alliance ; et, une fois informés de ce qui se passe là-bas, paroles et actes, revenez à toute vitesse m'en faire un rapport, à moi et au roi des Indes. Si vous m'accomplissez avec bonheur cet office, je vous en serai encore plus obligé que pour la somme qui me vaut votre présence. En effet les espions, cette espèce d'esclaves, n'ont pas les moyens de connaître et de rapporter autre chose que ce que tout le monde

1. Cyrus a toujours la sage préoccupation du renseignement ; voir *Comm. Cav.*, IV, 7-8 ; 16 ; on se rappelle l'envoi d'Araspas chez l'ennemi au chapitre précédent ; voir aussi § 11 ci-dessous.

επ᾽ αὐτῷ ἄνδρας ἢ τὸ σκευοφορικὸν βάρος ἕκαστον τὸ ζεῦγος. Σκευῶν μὲν γὰρ βάρος ἀμφὶ τὰ πέντε καὶ εἴκοσι τάλαντα ἦν ζεύγει · τοῦ δὲ πύργου, ὥσπερ τραγικῆς σκηνῆς τῶν ξύλων πάχος ὄντων, καὶ εἴκοσιν ἀνδρῶν καὶ ὅπλων, τούτοις ἐγένετο ἔλαττον ἢ πεντεκαίδεκα τάλαντα ἑκάστῳ ζεύγει τὸ ἀγώγιον. **55** Ὡς δ᾽ ἔγνω εὔπορον οὖσαν τὴν ἀγωγήν, παρεσκευάζετο ὡς ἅμα ἄξων τοὺς πύργους σὺν τῷ στρατεύματι, νομίζων τὴν ἐν πολέμῳ πλεονεξίαν ἅμα σωτηρίαν τε καὶ δικαιοσύνην εἶναι καὶ εὐδαιμονίαν.

II

1 Ἦλθον δ᾽ ἐν τούτῳ τῷ χρόνῳ καὶ παρὰ τοῦ Ἰνδοῦ χρήματα ἄγοντες καὶ ἀπήγγελλον αὐτῷ ὅτι ὁ Ἰνδὸς ἐπιστέλλει τοιάδε. Ἐγώ, ὦ Κῦρε, ἥδομαι ὅτι μοι ἐπήγγειλας ὧν ἐδέου, καὶ βούλομαί σοι ξένος εἶναι καὶ πέμπω σοι χρήματα · κἂν ἄλλων δέῃ, μεταπέμπου. Ἐπέσταλται δὲ τοῖς παρ᾽ ἐμοῦ ποιεῖν ὅ τι ἂν σὺ κελεύῃς. **2** Ἀκούσας δὲ ὁ Κῦρος εἶπε · Κελεύω τοίνυν ὑμᾶς τοὺς μὲν ἄλλους μένοντας ἔνθα κατεσκηνώκατε φυλάττειν τὰ χρήματα καὶ ζῆν ὅπως ὑμῖν ἥδιστον · τρεῖς δέ μοι ἐλθόντες ὑμῶν ἐς τοὺς πολεμίους ὡς παρὰ τοῦ Ἰνδοῦ περὶ συμμαχίας, καὶ τὰ ἐκεῖ μαθόντες ὅ τι ἂν λέγωσί τε καὶ ποιῶσιν, ὡς τάχιστα ἀπαγγείλατε ἐμοί τε καὶ τῷ Ἰνδῷ. Κἂν ταῦτά μοι καλῶς ὑπηρετήσητε, ἔτι μᾶλλον ὑμῖν χάριν εἴσομαι τούτου ἢ ὅτι χρήματα πάρεστε ἄγοντες. Καὶ γὰρ οἱ μὲν δούλοις ἐοικότες κατάσκοποι οὐδὲν ἄλλο

I **54** 5 πέντε καὶ εἴκοσι z : εἴκοσι καὶ πέντε y ‖ 6 ζεύγει y : ζεύγηι V ζεύγῃ H corr. AG ‖ 7 πάχος y : πάχους z ‖ ὄντων zF : ἐχόντων WD ‖ 8 τούτοις codd. : τούτων coni. Hutchinson e Philelpho qui *harum turrium* uertit ‖ **55** 2 ἅμα om. z ‖ 5 εἶναι post τε transp. y.

II 1 2 ἀπήγγελλον DVHA : -ήγγελον WF qui habent λ unum ut plerumque -ήγγειλον G ‖ 3 μοι om. z ‖ 3 ἐπήγγειλας y : ἀπ- z ‖ 4 σοι zDF : σου W ‖ **2** 2 δὲ om. y ‖ 4 ἐστι post ἥδιστον add. W ‖ 6 ποιῶσιν yV p. c. : ποιήσωσιν z ‖ 10 δούλοις yV²AG : δοῦλοι VH.

connaît ; mais les hommes de votre qualité réussissent à découvrir, souvent, jusqu'aux délibérations en cours. » **3** Les Indiens écoutèrent avec satisfaction, et furent alors reçus en hôtes par Cyrus ; le lendemain, ils pliaient bagage et prenaient la route en jurant leurs grands dieux qu'ils recueilleraient chez l'ennemi tout ce qu'ils pourraient d'informations avant d'en revenir au plus tôt[1].

Entraînement pour la guerre.

4 En vue de la guerre, Cyrus faisait avec magnificence tous les préparatifs, en homme qui n'avait certes pas l'intention de ne pas voir grand, mais il s'occupait notamment[2] des décisions des alliés sans oublier d'inspirer à ses amis l'envie de rivaliser chacun à qui montrerait sur les autres sa propre supériorité en matière d'armement, de pratique du cheval, de tir au javelot, de tir à l'arc et d'amour de l'effort[3]. **5** Il parvenait à ces résultats en leur faisant faire des sorties de chasse et en honorant les champions de la spécialité. Les officiers qu'il voyait attentifs à développer en leurs hommes des champions, il les stimulait eux aussi par des compliments et par des faveurs à foison. **6** Et chaque fois qu'il lui arrivait de faire un sacrifice ou de célébrer une fête, là encore, de tous les exercices pratiqués par des hommes en vue de la guerre il organisait des championnats et s'entourait de faste pour donner des prix aux vainqueurs[4] : dans l'armée régnait l'enthousiasme.

7 Déjà Cyrus avait à peu près terminé tout ce dont il voulait disposer pour la campagne, sauf les machines ;

1. Xénophon ne dit pas si tous les Indiens ou les trois seulement désignés par Cyrus se sont mis en route ; tous probablement, comme semble l'indiquer le § 9 ci-dessous. Ils vont donc au-delà de ce que Cyrus a demandé.

2. La particule δέ, en corrélation avec un τε qui précède, introduit, quelquefois même en attique, une idée qui s'oppose assez fortement à une première ; voir II, 1, 22 ; III, 3, 64 après κατά, leçon de z) ; *Anab.*, V, 5, 8 ; *Hell.*, IV, 5, 15 ; VI, 5, 30 ; VII, 1, 24.

3. On sait l'importance de la notion de πόνος pour Xénophon.

4. L'émulation est pour Xénophon un des grands moyens propres à inspirer l'ardeur et le sens de la discipline au soldat ; cf. II, 1, 22-24 ; VIII, 2, 26. Il le doit à l'exemple d'Agésilas ; cf. *Hell.*, III, 4, 16.

δύνανται εἰδότες ἀπαγγέλλειν ἢ ὅσα πάντες ἴσασιν· οἱ δὲ οἷοίπερ ὑμεῖς ἄνδρες πολλάκις καὶ τὰ βουλευόμενα καταμανθάνουσιν. 3 Οἱ μὲν δὴ Ἰνδοὶ ἡδέως ἀκούσαντες καὶ ξενισθέντες τότε παρὰ Κύρῳ, συσκευασάμενοι τῇ ὑστεραίᾳ ἐπορεύοντο, ὑποσχόμενοι ἦ μὴν μαθόντες ὅσα ἂν δύνωνται πλεῖστα ἐκ τῶν πολεμίων ἥξειν ὡς δυνατὸν τάχιστα.

4 Ὁ δὲ Κῦρος τά τε ἄλλα εἰς τὸν πόλεμον παρεσκευάζετο μεγαλοπρεπῶς, ὡς δὴ ἀνὴρ οὐδὲν μικρὸν ἐπινοῶν πράττειν, ἐπεμελεῖτο δὲ οὐ μόνον ὧν ἔδοξε τοῖς συμμάχοις, ἀλλὰ καὶ ἔριν ἐνέβαλλε πρὸς ἀλλήλους τοῖς φίλοις ὅπως αὐτοὶ ἕκαστοι φανοῦνται καὶ εὐοπλότατοι καὶ ἱππικώτατοι καὶ ἀκοντιστικώτατοι καὶ τοξικώτατοι καὶ φιλοπονώτατοι. 5 Ταῦτα δὲ ἐξειργάζετο ἐπὶ τὰς θήρας ἐξάγων καὶ τιμῶν τοὺς κρατίστους ἕκαστα. Καὶ τοὺς ἄρχοντας δὲ οὓς ἑώρα ἐπιμελομένους τούτου ὅπως οἱ αὑτῶν κράτιστοι ἔσονται στρατιῶται, καὶ τούτους ἐπαινῶν τε παρώξυνε και χαριζόμενος αὐτοῖς ὅ τι δύναιτο. 6 Εἰ δέ ποτε θυσίαν ποιοῖτο καὶ ἑορτὴν ἄγοι, καὶ ἐν ταύτῃ ὅσα πολέμου ἕνεκα μελετῶσιν ἄνθρωποι πάντων τούτων ἀγῶνας ἐποίει καὶ ἆθλα τοῖς νικῶσι μεγαλοπρεπῶς ἐδίδου· καὶ ἦν πολλὴ εὐθυμία ἐν τῷ στρατεύματι.

7 Τῷ δὲ Κύρῳ σχεδόν τι ἤδη ἀποτετελεσμένα ἦν ὅσα ἐβούλετο ἔχων στρατεύεσθαι πλὴν τῶν μηχανῶν·

II 2 12 τοιοῦτοι ante οἷοίπερ [οἷπερ W] add. y ‖ 12 βουλευόμενα zWD : βουλεύματα F ‖ 3 1 δὴ om. H ‖ ἡδέως ἀκούσαντες z : ἀκούσαντες ἡδέως y ‖ 5 δυνατὸν z : ἂν δύνωνται y ‖ 4 1 εἰς z : πρὸς y ‖ 2 ὡς δὴ y : ὥστε z ‖ 3 ἐπινοῶν y : ὑπονοῶν z ‖ ἐπεμελεῖτο yG : ἐπιμελεῖσθαι VHA ‖ ὧν om. z ‖ 5 τοῖς φίλοις yV² mg. : om. z ‖ 6-7 ἀκοντιστικώτατοι — τοξικώτατοι om. W ‖ 5 1 δὲ om. z ‖ 2 post ἐπὶ add. τε y ‖ 3 ἕκαστα z : ἑκασταχῆ [-κῆ W] V²y ‖ 3 ἐπιμελομένους z : -μελουμένους y ‖ 4 τούτου yV²G : τούτους VHA ‖ αὑτῶν Stephanus : αὐτῶν V corr. αὐτοὶ HAG αὐτοῦ y ‖ 6 3 ante ἄνθρωποι add. οἱ W ‖ 7 2 ὅσα z : ὁπόσα y.

déjà en effet les cavaliers perses avaient leurs effectifs complets à dix mille, déjà les chars porte-faux, ceux qu'il aménageait lui-même, avaient leurs effectifs complets à cent [1], et ceux qu'Abradatas de Suse avait entrepris de fabriquer sur le modèle de ceux de Cyrus avaient eux aussi leurs effectifs complets encore à cent. **8** Quant aux chars de Médie, Cyrus avait persuadé Cyaxare d'en unifier le modèle par une transformation du type troyen et libyen de la caisse [2]; ceux-là aussi avaient leurs effectifs complets encore à cent [3]. Les chameaux fournissaient un poste de combat à deux hommes par animal, des archers. La grosse masse des soldats s'imaginait déjà qu'ils tenaient la victoire totale et que l'ennemi avait perdu la partie.

Renseignements inquiétants sur l'armée ennemie.

9 Mais lorsque*, tel étant leur état d'esprit, de chez l'ennemi revinrent les Indiens que Cyrus avait envoyés en mission d'espionnage, annonçant que le choix était fait de Crésus comme commandant en chef de l'armée entière des ennemis, que la totalité des rois leurs alliés avaient pris la décision de lui apporter chacun le soutien de toutes ses forces, de verser une énorme contribution financière et de l'employer à enrôler ceux que l'on pouvait comme à gratifier ceux qu'il fallait, **10** que déjà étaient enrôlés une foule de Thraces armés du coutelas, que des Égyptiens* arrivaient par mer, annonçant encore que leur nombre s'élevait à cent vingt mille hommes armés de boucliers, de ces boucliers* qui descendent jusqu'aux pieds, de ces longues lances qu'ils ont encore aujourd'hui ainsi que de cimeterres, qu'il y avait encore une armée de Chypre, que déjà étaient là

1. Voir VI, 1, 50 ; 3, 34.

2. Voir VI, 1, 27. « Libyen » est ici synonyme de « cyrénéen ».

3. Comme en 6, 1, 50, εἰς doit signifier « atteignant », ou « jusqu'à », et non « environ », car Xénophon a trop souffert de voir Athènes incapable de réunir l'effectif légal complet de mille cavaliers ; voir *Comm. Cav.*, notice, p. 23-24. En ce sens, la langue militaire moderne dit « à ».

καὶ γὰρ οἱ Πέρσαι ἱππεῖς ἔκπλεω ἤδη ἦσαν εἰς τοὺς μυρίους, καὶ τὰ ἅρματα τὰ δρεπανηφόρα, ἅ τε αὐτὸς κατεσκεύαζεν, ἔκπλεω ἤδη ἦν εἰς τὰ ἑκατόν, ἅ τε Ἀβραδάτας ὁ Σούσιος ἐπεχείρησε κατασκευάζειν ὅμοια τοῖς Κύρου, καὶ ταῦτα ἔκπλεω ἦν εἰς ἄλλα ἑκατόν. **8** Καὶ τὰ Μηδικὰ δὲ ἅρματα ἐπεπείκει Κῦρος Κυαξάρην εἰς τὸν αὐτὸν τρόπον τοῦτον μετασκευάσαι ἐκ τῆς Τρωικῆς καὶ Λιβυκῆς διφρείας· καὶ ἔκπλεω καὶ ταῦτα ἦν εἰς ἄλλα ἑκατόν. Καὶ ἐπὶ τὰς καμήλους δὲ τεταγμένοι ἦσαν ἄνδρες δύο ἐφ' ἑκάστην τοξόται. Καὶ ὁ μὲν πλεῖστος στρατὸς οὕτως εἶχε τὴν γνώμην ὡς ἤδη παντελῶς κεκρατηκὼς καὶ οὐδὲν ὄντα τὰ τῶν πολεμίων.

9 Ἐπεὶ δὲ οὕτω διακειμένων ἦλθον οἱ Ἰνδοὶ ἐκ τῶν πολεμίων οὓς ἐπεπόμφει Κῦρος ἐπὶ κατασκοπήν, καὶ ἔλεγον ὅτι Κροῖσος μὲν ἡγεμὼν καὶ στρατηγὸς πάντων ᾑρημένος εἴη τῶν πολεμίων, δεδογμένον δ' εἴη πᾶσι τοῖς συμμάχοις βασιλεῦσι πάσῃ τῇ δυνάμει ἕκαστον παρεῖναι, χρήματα δὲ εἰσφέρειν πάμπολλα, ταῦτα δὲ τελεῖν καὶ μισθουμένους οὓς δύναιντο καὶ δωρουμένους οἷς δέοι, **10** ἤδη δὲ καὶ μεμισθωμένους εἶναι πολλοὺς μὲν Θρᾳκῶν μαχαιροφόρους, Αἰγυπτίους δὲ προσπλεῖν, καὶ ἀριθμὸν ἔλεγον εἰς δώδεκα μυριάδας σὺν ἀσπίσι ταῖς ποδήρεσι καὶ δόρασι μεγάλοις, οἷάπερ καὶ νῦν ἔχουσι, καὶ κοπίσι, προσέτι δὲ καὶ Κυπρίων στράτευμα, παρεῖναι δ' ἤδη Κίλικας πάντας καὶ Φρύγας ἀμφοτέρους καὶ Λυκάονας καὶ Παφλαγόνας καὶ Καππαδόκας καὶ Ἀραβίους καὶ Φοίνικας καὶ σὺν τῷ

II 7 3 ἔκπλεω V α supra ω V² : ἔκπλεα cett. || 4 ἅ yV²AG : ὃ VH || 8 5 τεταγμένοι zDF : ἐκτεταγμένοι W || 9 4 pr. εἴη yV² : ἐπὶ z || 5 τῇ om. y || 10 2 Θρᾳκῶν yHAG : θώρακα V p. c. θώρακας V a. c. || 4 σὺν ἀσπίσι ταῖς yV : συνασπισταῖς H a. c. σὺν ἀσπίσι H p. c. AG || καὶ δόρασι om. HAG || 5 προσέτι z : προσπλεῖν y || 6 post στράτευμα add. V² mg. προσπλεῖν || post ἤδη add. καὶ y || 8 Ἀραβίους zDF : ἀρραβίους W.

tous les Ciliciens, les Phrygiens des deux Phrygies[1], les Lycaoniens[2], Paphlagoniens, Cappadociens, Arabes, Phéniciens et les Assyriens avec le commandant de Babylone, que les Ioniens, les Éoliens et à peu près tous les Grecs établis en Asie s'étaient vus contraints de marcher avec Crésus[3] et que Crésus avait envoyé jusqu'à Lacédémone aux fins d'alliance, **11** que l'armée se rassemblait dans la région du Pactole[4], mais qu'ils devaient faire mouvement jusqu'à Thymbrara — qui est aujourd'hui encore[5] le lieu de rassemblement des Barbares du bas pays sujets du Roi[6] — et qu'on avait fait passer à tous l'ordre d'y livrer des approvisionnements, — tous dires à peu près exactement confirmés par les prisonniers, car Cyrus avait soin de s'emparer de ceux dont il avait quelque chance de tirer quelque information et il envoyait aussi des espions, sous figure d'esclaves[7], en prétendus transfuges — **12** lors donc que l'armée de Cyrus apprit ces nouvelles, l'inquiétude — et cela se comprend — l'envahit, on voyait dans les allées et venues moins d'entrain que d'habitude, les mines sans plus rien de réjoui, des rassemblements se formaient, et ce n'était partout qu'échanges de questions sur les nouvelles ainsi que discussions.

13 Quand Cyrus eut constaté que la peur se propageait dans l'armée, il réunit les officiers des armées* et tous ceux dont il estimait le découragement préjudiciable et la ferveur avantageuse. A ses aides de camp* il avait au préalable donné l'ordre de n'écarter aucun fantassin lourd* désireux de se tenir à portée d'entendre sa parole. Lorsqu'on fut rassemblé, il dit à peu près ceci :

1. C'est-à-dire la Grande-Phrygie, entre Lydie et Cappadoce, la Petite-Phrygie, au sud de la Propontide ; voir la note en I, 5, 2.
2. Xénophon a connu ce peuple sauvage, qui vivait de pillage ; voir *Anab.*, III, 2, 23.
3. Sur l'histoire de Crésus, voir Hérodote, I, 26 et suiv. ; 71-91.
4. Rivière célèbre par ses paillettes d'or, qui coule au pied de l'acropole de Sardes, capitale de la Lydie, dont Crésus est le roi.
5. Voir *Anab.*, I, 9, 7 ; *Éc.*, IV, 6.
6. Voir ci-dessus I, 5, 3 ; III, 3, 6.
7. Voir VI, 2, 2.

Βαβυλῶνος ἄρχοντι τοὺς Ἀσσυρίους, καὶ Ἴωνας δὲ καὶ Αἰολέας καὶ σχεδὸν πάντας τοὺς Ἕλληνας τοὺς ἐν τῇ Ἀσίᾳ ἐποικοῦντας σὺν Κροίσῳ ἠναγκάσθαι ἕπεσθαι, πεπομφέναι δὲ Κροῖσον καὶ εἰς Λακεδαίμονα περὶ συμμαχίας, **11** συλλέγεσθαι δὲ τὸ στράτευμα ἀμφὶ τὸν Πακτωλὸν ποταμόν, προϊέναι δὲ μέλλειν αὐτοὺς εἰς Θύμβραρα, ἔνθα καὶ νῦν ὁ σύλλογος τῶν ὑπὸ βασιλέα βαρβάρων τῶν κάτω [Συρίας], καὶ ἀγορὰν πᾶσι παρηγγέλθαι ἐνταῦθα κομίζειν — σχεδὸν δὲ τούτοις ταὐτὰ ἔλεγον καὶ οἱ αἰχμάλωτοι, ἐπεμελεῖτο γὰρ καὶ τούτου ὁ Κῦρος ὅπως ἁλίσκοιντο παρ' ὧν ἔμελλε πεύσεσθαί τι, ἔπεμπε δὲ καὶ δούλοις ἐοικότας κατασκόπους ὡς αὐτομόλους — **12** ὡς οὖν ταῦτα ἤκουσεν ὁ στρατὸς τοῦ Κύρου, ἐν φροντίδι τε ἐγένετο, ὥσπερ εἰκός, ἡσυχαίτεροί τε ἢ ὡς εἰώθεσαν διεφοίτων, φαιδροί τε οὐ πάνυ ἐφαίνοντο, ἐκυκλοῦντό τε καὶ μεστὰ ἦν πάντα ἀλλήλους ἐρωτώντων περὶ τούτων καὶ διαλεγομένων.

13 Ὡς δὲ ᾔσθετο ὁ Κῦρος φόβον διαθέοντα ἐν τῇ στρατιᾷ, συγκαλεῖ τούς τε ἄρχοντας τῶν στρατευμάτων καὶ πάντας ὁπόσων ἀθυμούντων ἐδόκει βλάβη τις γίγνεσθαι καὶ προθυμουμένων ὠφέλεια. Προεῖπε δὲ τοῖς ὑπηρέταις, καὶ ἄλλος εἴ τις βούλοιτο τῶν ὁπλοφόρων προσίστασθαι ἀκουσόμενος τῶν λόγων, μὴ κωλύειν. Ἐπεὶ δὲ συνῆλθον, ἔλεξε τοιάδε.

II **10** 11 ἐποικοῦντας y : ἀπ- VHA κατ- G ‖ σὺν Κροίσῳ post ἐποικοῦντας transp. W² ‖ **11** 2 μέλλειν zDF : μέλλει W ‖ 3 Θύμβραρα F : θυμβραιὰ VHA θυμβραία G θύβραρα WD ‖ 4 Συρίας del. Lincke ‖ 5 τούτοις ταὐτὰ VWD : τούτοις ταῦτα HAG ταῦτα τούτοις F ‖ 6 καὶ τούτου om. W ‖ 7 παρ' om. yG ‖ **12** 1 ταῦτα ἤκουσεν z : ἤκουσε ταῦτα y ‖ 2 τοῦ Κύρου y : τῷ κύρῳ z ‖ τε om. AG ‖ ἐγένετο z : ἕκαστος ἐγίγνετο y ‖ 3 εἰώθεσαν F edd. : ἐώθεσαν z εἰώθασι WD ‖ ante οὐ add. οἱ πολλοὶ y ‖ 4 ἐκυκλοῦντό y : ἐλυποῦντό z ‖ 5 περὶ τούτων y : περὶ πάντων VHA post διαλεγομένων transp. G ‖ **13** 3 ὁπόσων zDF : ὁπόσον W ‖ ἐδόκει βλάβη τίς VHA : βλάβη ἐδόκει τις [τισὶ W] y ἐδόκει τις βλάβη G ‖ 6 προσίστασθαι Stephanus : προΐστασθαι codd.

Discours rassurant de Cyrus; explications de Chrysantas.

14 « Messieurs les alliés, si je vous ai réunis, eh ! bien, c'est pour avoir vu en certains d'entre vous, lorsque du camp ennemi sont arrivées les informations [1], l'image même de la terreur. Je trouve inconcevable d'en voir trembler parmi vous parce que l'ennemi se rassemble, tandis que, à l'heure où nous voici, nous, rassemblés, infiniment plus nombreux à présent que le jour où nous les écrasions, à l'heure où, à présent, grâce aux dieux, nous sommes infiniment mieux organisés qu'auparavant, alors ce spectacle ne vous rassure pas [2]? **15** Ah ! au nom des dieux, qu'auriez-vous fait, dès lors, vous qui tremblez aujourd'hui, si je ne sais qui avait apporté la nouvelle* que ce sont les forces que nous possédons aujourd'hui qui avancent pour nous tenir tête, si vous appreniez, en premier lieu, que l'armée qui nous a hier écrasés revient, l'esprit tout plein de victoire qu'elle a remportée ce jour-là, ensuite que les soldats qui ont hier arrêté net les harcèlements* de nos tireurs d'arc et de javelot arrivent aujourd'hui avec d'autres soldats d'égale valeur* mais vingt fois plus nombreux, **16** ensuite que, à la façon dont, avec la lourde armure de l'infanterie, ils écrasaient hier nos fantassins, ainsi équipée aujourd'hui leur cavalerie marche contre notre cavalerie, et qu'ils ont éliminé arcs et javelots mais avec l'intention bien arrêtée d'attaquer, armés chacun d'une solide javeline en vue du corps à corps*, **17** et encore que les chars arrivent, qui ne resteront pas au point mort, comme auparavant, dos tourné*, prêts à la fuite, mais que les chevaux de leur attelage sont cuirassés, que les conducteurs sont installés dans des tours de bois, tout ce qui,

1. Inutile de préciser : celles dont tous les soldats parlent.

2. Xénophon semble sous-entendre un μέν au début de la phrase, entre εἰ et τις. Nous sommes apparemment en présence de l'hellénisme constitué par une parataxe après négation, ou mot de sens négatif (ici θαυμαστόν), le second membre, introduit par δέ, faisant anacoluthe ; cf. Lysias, *C. Erat.*, 36 et 87 ; Arist., *Gren.*, 693 et suiv., etc. Xénophon emploie le tour plus haut, en IV, 2, 46.

14 Ἄνδρες σύμμαχοι, ἐγὼ τοίνυν ὑμᾶς συνεκάλεσα ἰδών τινας ὑμῶν, ἐπεὶ αἱ ἀγγελίαι ἦλθον ἐκ τῶν πολεμίων, πάνυ ἐοικότας πεφοβημένοις ἀνθρώποις. Δοκεῖ γάρ μοι θαυμαστὸν εἶναι εἴ τις ὑμῶν ὅτι μὲν οἱ πολέμιοι συλλέγονται δέδοικεν, ὅτι δὲ ἡμεῖς πολὺ πλείους συνειλέγμεθα νῦν ἢ ὅτε ἐνικῶμεν ἐκείνους, πολὺ δὲ ἄμεινον σὺν θεοῖς παρεσκευάσμεθα νῦν ἢ πρόσθεν, ταῦτα δὲ ὁρῶντες οὐ θαρρεῖτε; **15** Ὦ πρὸς θεῶν, ἔφη, τί δῆτα ἂν ἐποιήσατε οἱ νῦν δεδοικότες, εἰ ἤγγελλόν τινες τὰ παρ' ἡμῖν νῦν ὄντα ταῦτα ἀντίπαλα ἡμῖν προσιόντα, καὶ πρῶτον μὲν ἠκούετε, ἔφη, ὅτι οἱ πρότεροι νικήσαντες ἡμᾶς οὗτοι πάλιν ἔρχονται ἔχοντες ἐν ταῖς ψυχαῖς ἣν τότε νίκην ἐκτήσαντο, ἔπειτα δὲ οἱ τότε ἐκκόψαντες τῶν τοξοτῶν καὶ ἀκοντιστῶν τὰς ἀκροβολίσεις νῦν οὗτοι ἔρχονται καὶ ἄλλοι ὅμοιοι τούτοις πολλαπλάσιοι, **16** ἔπειτα δὲ ὥσπερ οὗτοι ὁπλισάμενοι τοὺς πεζοὺς τότ' ἐνίκων, νῦν οὕτω καὶ οἱ ἱππεῖς αὐτῶν παρεσκευασμένοι πρὸς τοὺς ἱππέας προσέρχονται, καὶ τὰ μὲν τόξα καὶ ἀκόντια ἀποδεδοκιμάκασι, παλτὸν δὲ ἓν ἰσχυρὸν ἕκαστος λαβὼν προσελαύνειν διανενόηται ὡς ἐκ χειρὸς τὴν μάχην ποιησόμενος, **17** ἔτι δὲ ἅρματα ἔρχεται, ἃ οὐχ οὕτως ἑστήξει ὥσπερ πρόσθεν ἀπεστραμμένα ὡς εἰς φυγήν, ἀλλ' οἵ τε ἵπποι εἰσὶ κατατεθωρακισμένοι οἱ ἐν τοῖς ἅρμασιν, οἵ τε ἡνίοχοι ἐν πύργοις ἑστᾶσι ξυλίνοις τὰ ὑπερέχοντα ἅπαντα συνεστεγασμένοι θώραξι

II **14** 1 τοίνυν z : τοι yV² τοι νῦν coni. Pantazides ‖ συνεκάλεσα z : συνέλεξα y ‖ 5 συλλέγονται z : συλλέγεσθαι λέγονται WFG² λέγονται συλλέγεσθαι D ‖ post πολὺ add. μὲν y ‖ 7 σὺν θεοῖς zD : σὺν θεῷ WF ‖ παρεσκευάσμεθα zDF : -εσκευασάμεθα W ‖ **15** 3 ἡμῖν y : ὑμῖν z ‖ 4 ὅτι yV² s. l. G : om. VHA ‖ πρότεροι z : πρότερον E πρόσθεν WD πρόσθεν μὲν F ‖ 5 ἡμᾶς yH : ὑμᾶς VH²AG ‖ ἐν ταῖς ψυχαῖς om. W ‖ ἣν τότε DF : ἥν ποτε z τὴν τότε W ‖ 6 post νίκην add. ἣν W ‖ δὲ om. W ‖ 7 ἀκροβολίσεις y : ἀκροπόλεις z ‖ **16** 2 παρεσκευασμένοι zDF : παρασκευασάμενοι W ‖ 4 ἰσχυρὸν z : -ρότερον y ‖ **17** 2 ἑστήξει Elmsley : ἑστήξεται codd. ‖ ἀπεστραμμένα z : ἀποστραφέντα y ‖ 3 ὡς y : ὥσπερ z ‖ 4 οἱ om. y.

de leur corps, dépasse, étant couvert de cuirasses et de casques — et des faux de fer sont ajustées aux essieux — avec l'idée de charger immédiatement, eux aussi [1], contre les rangs ennemis, **18** que, de surcroît, ils ont des chameaux qu'ils vont monter pour foncer quand cent chevaux ne pourraient supporter la vue d'un seul, que, par dessus le marché, ils avancent avec des tours du haut desquelles ils vont, d'un côté, protéger les leurs et, de l'autre, vous empêcher en tirant de vous battre contre l'adversaire au sol [2], **19** eh ! bien, si l'on était venu vous rapporter que telle est la situation de l'ennemi, qu'auriez-vous fait, vous qui frémissez aujourd'hui, puisque tel est votre état quand on vous apporte que, pour le général commandant les forces ennemies, le choix s'est porté sur Crésus, un homme qui fut plus lâche que les Syriens [3] et d'autant plus lâche que, si les Syriens ont pris la fuite après avoir été battus en combattant, lui, Crésus, au lieu de voler au secours de ses alliés tournait les talons en pleine fuite* quand il les vit battus ; **20** et que l'on vient ensuite, n'est-ce pas ? vous apporter le message que les ennemis ne se jugent pas assez forts à eux seuls pour se battre contre vous, mais qu'ils enrôlent des mercenaires dans l'idée qu'ils se battront mieux qu'eux-mêmes pour les défendre ? Alors, s'il en est qui trouvent que cette situation, telle qu'elle est, a de quoi faire peur, et que nos affaires sont mal en point, ces gens-là, je déclare, Messieurs, qu'il faut les expédier chez l'adversaire : ils nous rendraient étant là beaucoup plus de services qu'ici présents*. »

21 Quand Cyrus eut prononcé ce discours, le Perse Chrysantas se leva et parla ainsi : « Ne sois pas étonné, Cyrus, que certains aient pris l'air sombre à entendre les nouvelles annoncées ; leurs dispositions n'ont pas eu

1. Le char cuirassé ne porte plus qu'un homme ; il est devenu force de rupture. Le conducteur, devenu combattant, reste à bord et attaque au même titre que le fantassin et le cavalier.

2. Bien observé : l'ennemi — supposé — tire par-dessus les troupes amies que ne peut menacer l'adversaire.

3. C'est-à-dire les Assyriens ; cf. V, 4, 51, et VII, 3, 16.

καὶ κράνεσι, δρέπανά τε σιδηρᾶ περὶ τοῖς ἄξοσι προσήρμοσται, ὡς ἐλῶντες καὶ οὗτοι εὐθὺς εἰς τὰς τάξεις τῶν ἐναντίων, **18** πρὸς δ' ἔτι κάμηλοί εἰσιν αὐτοῖς ἐφ' ὧν προσελῶσιν, ὧν μίαν ἑκάστην ἑκατὸν ἵπποι οὐκ ἂν ἀνάσχοιντο ἰδόντες, ἔτι δὲ πύργους προσίασιν ἔχοντες ἀφ' ὧν τοῖς μὲν ἑαυτῶν ἀρήξουσιν, ὑμᾶς δὲ βάλλοντες κωλύσουσι τοῖς ἐν τῷ ἰσοπέδῳ μάχεσθαι, **19** εἰ δὴ ταῦτα ἀπήγγελλέ τις ὑμῖν ἐν τοῖς πολεμίοις ὄντα, οἱ νῦν φοβούμενοι τί ἂν ἐποιήσατε, ὁπότε ἀπαγγελλομένων ὑμῖν ὅτι Κροῖσος μὲν ᾕρηται τῶν πολεμίων στρατηγός, ὃς τοσούτῳ Σύρων κακίων ἐγένετο ὅσῳ Σύροι μὲν μάχῃ ἡττηθέντες ἔφυγον, Κροῖσος δὲ ἰδὼν ἡττημένους ἀντὶ τοῦ ἀρήγειν τοῖς συμμάχοις φεύγων ᾤχετο· **20** ἔπειτα δὲ διαγγέλλεται δήπου ὅτι αὐτοὶ μὲν οἱ πολέμιοι οὐχ ἱκανοὶ ἡγοῦνται ὑμῖν εἶναι μάχεσθαι, ἄλλους δὲ μισθοῦνται, ὡς ἄμεινον μαχουμένους ὑπὲρ σφῶν ἢ αὐτοί; Εἰ μέντοι τισὶ ταῦτα μὲν τοιαῦτα ὄντα δεινὰ δοκεῖ εἶναι, τὰ δὲ ἡμέτερα φαῦλα, τούτους ἐγώ φημι χρῆναι, ὦ ἄνδρες, ἀφεῖναι εἰς τοὺς ἐναντίους· πολὺ γὰρ ἐκεῖ ὄντες πλείω ἂν ἡμᾶς ἢ παρόντες ὠφελοῖεν.

21 Ἐπεὶ δὲ ταῦτα εἶπεν ὁ Κῦρος, ἀνέστη Χρυσάντας ὁ Πέρσης καὶ ἔλεξεν ὧδε· Ὦ Κῦρε, μὴ θαύμαζε εἴ τινες ἐσκυθρώπασαν ἀκούσαντες τῶν ἀγγελλομένων· οὐ γὰρ φοβηθέντες οὕτω διετέθησαν, ἀλλ' ἀχθεσθέντες· ὥσπερ

II **17** 6 περὶ z : πρὸς y ‖ προσήρμοσται zWD : προσήλωται W mg. F ‖ 7 ἐλῶντες yV²A : ἑλόντες VG ἐλῶτες H ut uid. ‖ **18** 1 εἰσιν y : ἐν VHA om. G ‖ 2 ἂν y V² s. l. : om. z ‖ 3 προσίασιν ἔχοντες z : ἔχοντες προσίασιν y ‖ 5 κωλύσουσι y : κωλύουσι z ‖ τοῖς om. y ‖ **19** 1 δὴ om. WF ‖ 2 ἀπήγγελλέ zD : ἤγγειλέ WF ‖ ὑμῖν y : ἡμῖν z ‖ ἐν τοῖς yVH : αὐτοῖς AG ‖ 4 ὑμῖν om. y ‖ τῶν πολεμίων z : τοῖς πολεμίοις y ‖ 6 ἡττημένους γ : συνηττημένους z σύρους ἡττημένους coni. Hug. ‖ **20** 1 δὲ yV² : δὲ δὴ z ‖ 2 ὑμῖν HAG : ἡμῖν yV ‖ 3 μαχουμένους WVH : μαχομένους DFAG ‖ 4 εἰ om. z ‖ τοιαῦτα ὄντα zDF : δοκεῖ τοιαῦτα W ‖ 7 ἂν om. z ‖ ἡμᾶς zDF : ὑμᾶς W ‖ ἢ παρόντες ὠφελοῖεν z : ὠ. ἢ π. y ‖ **21** 1 δὲ om. y ‖ 4 ἀχθεσθέντες zDF : ἀχθέντες W.

l'effroi pour origine, mais le mécontentement : si, quand des hommes ont envie de la soupe et pensent que l'heure en a sonné, on venait annoncer l'obligation d'un travail à terminer avant la soupe, la nouvelle, j'imagine, ne ravirait personne ; eh ! bien, nous aussi*, exactement comme eux, au moment où nous nous voyions à deux doigts de la fortune, quand nous avons appris qu'il restait encore une besogne à terminer, l'air sombre nous est venu à tous, non que nous fussions effrayés mais parce que nous aurions voulu que ce fût déjà, là aussi, chose faite. **22** Mais c'est fini car, du moment que l'enjeu de notre lutte ne va pas être uniquement la Syrie, où il y a du blé à profusion[1] et des moutons et des palmiers, de ceux qui donnent des fruits*, mais aussi la Lydie* où il y a profusion de vin, profusion de figues, profusion d'huile d'olive* et que baigne une mer par laquelle pénètrent plus de produits merveilleux qu'on n'en a jamais vu, avec une telle pensée en tête, au lieu de rester sur notre mécontentement, dépêchons-nous de reprendre courage, pour jouir plus vite de ces merveilleux produits de la terre lydienne. » Telles furent les paroles de Chrysantas et tous les alliés, ravis, les approuvèrent.

Deux discours de Cyrus sur la campagne imminente et son organisation.

23 « Eh ! bien oui, Messieurs, dit Cyrus, je crois bon de marcher au plus tôt contre eux : ainsi, d'abord, nous arriverons avant eux, si possible, au point de concentration de leurs approvisionnements ; ensuite, plus nous irons vite et moins grosses nous en trouverons les forces déjà constituées, plus grosses les forces encore absentes. **24** Tel est donc mon sentiment ; mais si quelqu'un connaît une autre méthode, pour nous plus sûre ou plus rapide, qu'il nous en instruise. »

Comme beaucoup donnaient leur accord en disant qu'il fallait au plus vite marcher contre l'ennemi et que

1. Hérodote, I, 193, décrit les richesses de l'Assyrie ; mais les Dix-mille y ont manqué de vivres, *Anab.*, I, 5, 5-6.

γε, ἔφη, εἴ τινων βουλομένων τε καὶ οἰομένων ἤδη ἀριστήσειν ἐξαγγελθείη τι ἔργον ὃ ἀνάγκη εἴη πρὸ τοῦ ἀρίστου ἐξεργάσασθαι, οὐδεὶς ἂν οἶμαι ἡσθείη ἀκούσας· οὕτω τοίνυν καὶ ἡμεῖς ἤδη οἰόμενοι πλουτήσειν, ἐπεὶ ἠκούσαμεν ὅτι ἐστὶ περίλοιπον ἔργον ὃ δεῖ ἐξεργάσασθαι, συνεσκυθρωπάσαμεν, οὐ φοβούμενοι, ἀλλὰ πεποιῆσθαι ἂν ἤδη καὶ τοῦτο βουλόμενοι. **22** Ἀλλὰ γὰρ ἐπειδὴ οὐ περὶ Συρίας μόνον ἀγωνιούμεθα, ὅπου σῖτος πολὺς καὶ πρόβατά ἐστι καὶ φοίνικες οἱ καρποφόροι, ἀλλὰ καὶ περὶ Λυδίας, ἔνθα πολὺς μὲν οἶνος, πολλὰ δὲ σῦκα, πολὺ δὲ ἔλαιον, θάλαττα δὲ προσκλύζει καθ' ἣν πλείω ἔρχεται ἢ ὅσα τις ἑώρακεν ἀγαθά, ταῦτα, ἔφη, ἐννοούμενοι οὐκέτι ἀχθόμεθα, ἀλλὰ θαρρῶμεν ὡς τάχιστα, ἵνα θᾶττον καὶ τούτων τῶν Λυδίων ἀγαθῶν ἀπολαύωμεν. Ὁ μὲν οὕτως εἶπεν· οἱ δὲ σύμμαχοι πάντες ἥσθησάν τε τῷ λόγῳ καὶ ἐπῄνεσαν.

23 Καὶ μὲν δή, ἔφη ὁ Κῦρος, ὦ ἄνδρες, δοκεῖ μοι ἰέναι ἐπ' αὐτοὺς ὡς τάχιστα, ἵνα πρῶτον μὲν αὐτοὺς φθάσωμεν ἀφικόμενοι, ἢν δυνώμεθα, ὅπου τὰ ἐπιτήδεια αὐτοῖς συλλέγεται· ἔπειτα δὲ ὅσῳ ἂν θᾶττον ἴωμεν, τοσούτῳ μείω μὲν τὰ παρόντα αὐτοῖς εὑρήσομεν, πλείω δὲ τὰ ἀπόντα. **24** Ἐγὼ μὲν δὴ οὕτω λέγω· εἰ δέ τις ἄλλῃ πῃ γιγνώσκει ἢ ἀσφαλέστερον εἶναι ἢ ῥᾷον ἡμῖν, διδασκέτω.

Ἐπεὶ δὲ συνηγόρευον μὲν πολλοὶ ὡς χρεὼν εἴη ὅτι τάχιστα πορεύεσθαι ἐπὶ τοὺς πολεμίους, ἀντέλεγε δὲ

II 21 5 ἤδη yV²: τε z ‖ 6 ἐξαγγελθείη τι ἔργον z : ἀπαγγελθείη ἔργον y ‖ 7 ἀκούσας z : τοῦτο ἀκούσας WD ἀκούσας τοῦτο F ‖ 9 περίλοιπον HAG : περίλυπον V τι λοιπὸν y ‖ 22 1 ἐπειδὴ zD : ἐπεὶ WF ‖ 7 post ἀλλὰ add. γε y ‖ θαρρῶμεν HAG : θαρροῦμεν V θαρροῦντες y ‖ τάχιστα codd. : μάλιστα coni. Dindorf ‖ 8 τούτων om. y ‖ 8 ἀπολαύωμεν z : -λαύσωμεν y ‖ 23 1 ante ἰέναι add. καὶ y ‖ 4 ἂν yV² : om. z ‖ 5 μείω μὲν VF : μείονα μὲν WD μειούμενα HAG ‖ αὐτοῖς εὑρήσο [-ω- WV] μεν yH : εὑρήσομεν αὐτοῖς AG ‖ 24 2 ἄλλῃ πῃ z : ἄλλως πως y ‖ 4 μὲν yV²A : ἡμῖν VHG ut uid.

personne ne parlait en sens contraire, Cyrus commençait le discours à peu près que voici : **25** « Messieurs les alliés, les âmes, les corps, les armes dont l'emploi nous attend, il y a longtemps que, avec l'aide du ciel, nous les avons forgés. Maintenant c'est l'heure des vivres de route et d'en rassembler dans nos sacs au moins vingt jours pour nous-mêmes et pour tous nos serviteurs à quatre pattes ; je trouve, en calculant, que la durée du trajet pendant lequel, en fait de vivres, nous ne trouverons rien, dépassera quinze jours ; car si peut-être nous avons mis à sac une partie du pays, l'ennemi y a mis le reste à la limite du possible. **26** Il convient donc de mettre dans nos sacs [1] une quantité suffisante de ravitaillement ; car le moyen, sans ravitaillement, et de se battre et de vivre ? Pour le vin, il convient que chacun en ait juste la quantité qui permette de nous accoutumer à boire de l'eau ; il faudra, en effet, faire sans vin une grande partie du trajet, car pour ce trajet ne suffiront pas toutes les quantités mêmes que nous pourrons en mettre dans nos sacs. **27** Voici donc la méthode à suivre pour que la brusque suppression du vin ne nous fasse pas tomber malades : mettons-nous dès maintenant à boire de l'eau pendant les repas ; le faire tout de suite ne changera guère notre alimentation ; **28** car avec une nourriture à base de farine d'orge, le biscuit que l'on mange a toujours été pétri [2] avec de l'eau ; avec une nourriture à base de froment, le pain a toujours été mouillé d'eau, et de leur côté tous les aliments bouillis se préparent avec la plus grande quantité d'eau. Un verre de vin après le repas nous mettra dans l'âme, sans aucune frustration, une impression d'euphorie. **29** Ensuite, il faut réduire la dose d'après-souper jusqu'à ce que, sans nous

1. Il est difficile de rendre les finesses du discours grec : Cyrus achève de rassurer ses soldats en jouant sur les mots pour les dérider : il oppose les « quadrupèdes » aux hommes en marche ; il répète le verbe εὑρίσκω, rapproche ἀνασκευάζεσθαι de συσκευάζεσθαι et peut maintenant aborder plus franchement le sujet épineux des restrictions.

2. Le texte des manuscrits peut se défendre ; mais la comparaison avec *Éc.*, X, 11, où Xénophon emploie conjointement les verbes δεύω et μάττω rend presque sûre la correction de Hemsterhuys.

οὐδείς, ἐκ τούτου δὴ ὁ Κῦρος ἤρχετο λόγου τοιοῦδε· **25** Ἄνδρες σύμμαχοι, αἱ μὲν ψυχαὶ καὶ τὰ σώματα καὶ τὰ ὅπλα οἷς δεήσει χρῆσθαι ἐκ πολλοῦ ἡμῖν σὺν θεῷ παρεσκεύασται. Νῦν δὲ τὰ ἐπιτήδεια δεῖ εἰς τὴν ὁδὸν συσκευάζεσθαι αὐτοῖς τε ἡμῖν καὶ ὁπόσοις τετράποσι χρώμεθα μὴ μεῖον ἢ εἴκοσιν ἡμερῶν· ἐγὼ γὰρ λογιζόμενος εὑρίσκω πλέον ἢ πεντεκαίδεκα ἡμερῶν ἐσομένην ὁδόν, ἐν ᾗ οὐδὲν εὑρήσομεν τῶν ἐπιτηδείων· ἀνεσκεύασται γὰρ τὰ μὲν ὑφ' ἡμῶν, τὰ δ' ὑπὸ τῶν πολεμίων ὅσα ἐδύναντο. **26** Συσκευάζεσθαι οὖν χρὴ σῖτον μὲν ἱκανόν· ἄνευ γὰρ τούτου οὔτε μάχεσθαι οὔτε ζῆν δυναίμεθ' ἄν. Οἶνον δὲ τοσοῦτον ἕκαστον ἔχειν χρὴ ὅσος ἱκανὸς ἔσται ἐθίσαι ἡμᾶς αὐτοὺς ὑδροποτεῖν· πολλὴ γὰρ ἔσται τῆς ὁδοῦ ἄοινος, εἰς ἣν οὐδ' ἂν πάνυ πολὺν οἶνον συσκευασώμεθα, διαρκέσει. **27** Ὡς οὖν μὴ ἐξαπίνης ἄοινοι γενόμενοι νοσήμασι περιπίπτωμεν, ὧδε χρὴ ποιεῖν· ἐπὶ μὲν τῷ σίτῳ νῦν εὐθὺς ἀρχώμεθα πίνειν ὕδωρ· τοῦτο γὰρ ἤδη ποιοῦντες οὐ πολὺ μεταβαλοῦμεν. **28** Καὶ γὰρ ὅστις ἀλφιτοσιτεῖ, ὕδατι μεμαγμένην ἀεὶ τὴν μᾶζαν ἐσθίει, καὶ ὅστις ἀρτοσιτεῖ, ὕδατι δεδευμένον τὸν ἄρτον, καὶ τὰ ἑφθὰ δὲ πάντα, μεθ' ὕδατος τοῦ πλείστου ἐσκεύασται. Μετὰ δὲ τὸν σῖτον ἐὰν οἶνον ἐπιπίνωμεν, οὐδὲν μεῖον ἔχουσα ἡ ψυχὴ ἀναπαύσεται. **29** Ἔπειτα δὲ καὶ τοῦ μετὰ δεῖπνον ἀφαιρεῖν χρή, ἕως ἂν λάθωμεν ὑδροπόται γενόμενοι· ἡ γὰρ

II **25** 5 post ἡμερῶν iam ἐσομένην ὁδὸν habet V || 5-6 ἐγὼ — ἡμερῶν yV² mg. : om. z || 6 πλέον Dindorf : πλέον ὂν V² mg. WD πλεόνων F || **26** 1 συσκευάζεσθαι οὖν y : σκευάζεσθαι γὰρ [οὖν G²] z συσκευάζεσθαι γὰρ V² || χρὴ σῖτον μὲν ἱκανόν y : σῖτον μὲν χρὴ ἱκανόν V² χρὴ ἱκανὸν V σῖτον [in ras.] ἱκανὸν χρὴ G χρὴ τὸ [τὸν H] ἱκανὸν H²A || 3 ἕκαστον ἔχειν χρὴ ὅσος ἱκανὸς ἔσται z : χρὴ ἔχειν ἕκαστον ἐν ὅσῳ ἱκανὸν ἔσται [ἔστιν F] y || 5 ἔσται z : ἐστι y || **27** 2 περιπίπτωμεν y HAG : -πίπτομεν V || 3 νῦν om. z || **28** 1 μεμαγμένην Hemsterhuys uide adn. : μεμιγμένην codd. || 5 ἐὰν WD : ἂν F εἰ z || ἐπιπίνωμεν yHAG : -πίνοιμεν V corr. || ἀναπαύσεται zDF : ἀμαπαύσεται W || **29** 1 ante δεῖπνον add. τὸ yV² || 2 ἕως z : ἔστ' y || λάθωμεν y : μάθωμεν z.

en apercevoir, nous soyons devenus buveurs d'eau ; conduite en effet par étapes, une innovation donne à toute nature la faculté de subir les changements. Le ciel aussi l'enseigne quand, à partir de l'hiver, il nous amène par étapes à supporter de fortes chaleurs, et de la chaleur nous amène au fort de l'hiver ; c'est sur lui qu'il convient de prendre modèle pour avoir l'accoutumance quand nous touchons au but requis.

30 Sacrifiez, au profit des vivres, le poids de vos tapis de tente*, car un surplus de vivres n'aura rien de superflu ; et n'ayez pas peur de mal dormir faute d'un tapis ; en cas d'insomnie, prenez-vous en à moi. Pour les couvertures, au contraire, quiconque en a plus à foison avec lui y trouvera les plus grands avantages, aussi bien valide que mal portant.

31 Ayez mis, de plus, dans vos sacs tout ce qu'il y a de condiments piquants, amers, salés, car ils aiguisent l'appétit [1] et se conservent très longtemps. En prévision de notre entrée sur des terres intactes [2], où nous avons toutes les chances de nous procurer alors du blé, il convient d'avoir préparé avant de partir des moulins à main* pour faire le pain avec : c'est le plus léger des instruments de boulangerie.

32 Ayez mis encore dans vos sacs le nécessaire des malades ; le volume en est on ne peut plus réduit, et si le sort est mauvais ce sera on ne peut plus utile. N'oubliez pas non plus les courroies* ; car pour les hommes comme pour les chevaux une infinité de choses en dépendent* ; qu'elles s'usent et cassent, c'est l'inaction forcée, sauf si l'on en a de rechange. Il est bon aussi que tout homme

1. Xénophon, dans son *Hiéron*, I, 22, donne un conseil opposé à celui de Cyrus, mais il s'adresse au tyran et non à des soldats. Quant à Socrate, *Mém.*, I, 3, 6, il estime que les condiments nuisent à l'estomac, à la tête et à l'âme. — La conjecture de Pantazides peut se défendre : si on l'admet, Cyrus veut dire que les condiments ne pèsent presque rien (dans le sac).

2. C'est-à-dire des contrées qui n'ont été saccagées ni par l'armée amie ni par l'ennemi ; voir ci-dessus, § 25.

κατὰ μικρὸν παράλλαξις πᾶσαν ποιεῖ φύσιν ὑποφέρειν τὰς μεταβολάς. Διδάσκει δὲ καὶ ὁ θεός, ἀπάγων ἡμᾶς κατὰ μικρὸν ἔκ τε τοῦ χειμῶνος εἰς τὸ ἀνέχεσθαι ἰσχυρὰ θάλπη ἔκ τε τοῦ θάλπους εἰς τὸν ἰσχυρὸν χειμῶνα· ὃν χρὴ μιμουμένους εἰς ὃ δεῖ ἐλθεῖν προειθισμένους ἡμᾶς ἀφικνεῖσθαι.

30 Καὶ τὸ τῶν στρωμάτων δὲ βάρος εἰς τἀπιτήδεια καταδαπανᾶτε· τὰ μὲν γὰρ ἐπιτήδεια περιττεύοντα οὐκ ἄχρηστα ἔσται· στρωμάτων δὲ ἐνδεηθέντες μὴ δείσητε ὡς οὐχ ἡδέως καθευδήσετε· εἰ δὲ μή, ἐμὲ αἰτιᾶσθε. Ἐσθὴς μέντοι ὅτῳ ἐστὶν ἀφθονωτέρα παροῦσα, πολλὰ καὶ ὑγιαίνοντι καὶ κάμνοντι ἐπικουρεῖ.

31 Ὄψα δὲ χρὴ συνεσκευάσθαι ὅσα ἐστὶν ὀξέα καὶ δριμέα καὶ ἁλμυρά· ταῦτα γὰρ ἐπὶ σῖτόν τε ἄγει καὶ ἐπὶ πλεῖστον ἀρκεῖ. Ὅταν δ' ἐκβαίνωμεν εἰς ἀκέραια, ὅπου ἤδη εἰκὸς ἡμᾶς σῖτον λαμβάνειν, χειρομύλας χρὴ αὐτόθεν παρασκευάσασθαι αἷς σιτοποιησόμεθα· τοῦτο γὰρ κουφότατον τῶν σιτοποιικῶν ὀργάνων.

32 Συνεσκευάσθαι δὲ χρὴ καὶ ὧν ἀσθενοῦντες δέονται ἄνθρωποι· τούτων γὰρ ὁ μὲν ὄγκος μικρότατος, ἢν δὲ τύχη τοιαύτη γένηται, μάλιστα δεήσει. Ἔχειν δὲ χρὴ καὶ ἱμάντας· τὰ γὰρ πλεῖστα καὶ ἀνθρώποις καὶ ἵπποις ἱμᾶσιν ἤρτηται· ὧν κατατριβομένων καὶ ῥηγνυμένων ἀνάγκη ἀργεῖν, ἢν μή τις ἔχῃ περίζυγα. Ὅστις δὲ πεπαίδευται καὶ παλτὸν ξύσασθαι, ἀγαθὸν

II 29 3 παράλλαξις z : μετάλλαξις y ‖ 4 ἀπάγων z : ἀπαγαγὼν y ‖ 5 ἔκ τε yV² : ἐκ z ‖ 6 ἔκ τε z : καὶ ἐκ y ‖ **30** 4 καθευδήσετε yVAG : -ευδήσητε H ‖ 5 ἐσθὴς z F : εὐθὺς V² mg. WD ‖ παροῦσα om. W ‖ **31** 1 χρὴ yV²G : ἃ χρὴ VHA ‖ post ὀξέα add. ἐπὶ πλεῖστον y ‖ 2 ἐπὶ σῖτόν codd. : ἐλάχιστον coni. Pantazides uide adn. ‖ 4 ἤδη εἰκὸς ἡμᾶς zD : ἡ. εἰ. ἤ. WF ‖ χειρομύλας VHA : χειρομύλους G μύλας yV² mg. ‖ 5 χρὴ om. z ‖ παρασκευάσασθαι y : -άσασθε z ‖ **32** 3 τοιαύτη zDF : τοιάδε W ‖ δεήσει z : ἐδέησεν y ‖ 5 κατατριβομένων z : τριβομένων y ‖ 6 ῥηγνυμένων z : καταρρηγνυμένων y.

instruit à polir une javeline pense à une râpe ; **33** il n'est pas moins bon d'emporter une lime : aiguiser le fer aiguise parallèlement le courage[1], parce qu'aiguiser le fer entraîne la honte d'être lâche. Ayez encore des chevrons de secours pour les chars et les chariots ; car à force de servir il est forcé que beaucoup rendent l'âme. **34** Ayez encore, pour toutes ces besognes, les outils[2] les plus indispensables, car on n'a pas partout les hommes de métier sous la main, mais il y a toujours des gens capables de faire une réparation qui tienne un jour. Il convient aussi d'avoir une pelle et une pioche par char, avec une hache et une serpe par bête de somme ; ces instruments, utiles pour chacun en particulier, le deviennent souvent aussi pour la collectivité.

35 Sur ce qu'exige le ravitaillement, vous, les commandants des fantassins lourds, sondez vos subordonnés[3], car il ne faut rien négliger des besoins de personne ; c'est en effet sur nous que le défaut s'en répercutera. Sur ce que je vous prie d'avoir pour les bêtes de somme, c'est à vous, les commandants des équipages, de faire les sondages et de contraindre à s'équiper quiconque est démuni.

36 Quant à vous, les commandants des pionniers, vous avez ma liste des hommes rayés[4] des corps de tireurs, d'archers, de frondeurs ; que ceux qui viennent des tireurs soient tenus de faire la campagne en ayant une hache à couper le bois, des archers une pioche, des frondeurs une pelle ; que, munis de ces outils, ils marchent

1. Xénophon emploie la même image dans l'*Éc.*, XXI, 3.

2. Cyrus adopte les usages des Lacédémoniens en campagne.

3. Dans tout ce passage Xénophon parle d'expérience : il sait que l'officier doit être près de ses hommes et connaître leurs besoins.

4. Il s'agit probablement des hommes qui ont cessé d'être bons pour le service armé, et que Cyrus fait verser dans le génie. Au § 37, il constitue un autre corps, par prélèvement sur les unités combattantes et crée progressivement, pour tous les besoins d'une campagne d'hiver, des unités spécialisées ; il adapte ses troupes à toutes les exigences d'une armée moderne et d'une campagne lointaine.

καὶ ξυήλης μὴ ἐπιλαθέσθαι· **33** ἀγαθὸν δὲ καὶ ῥίνην φέρεσθαι· ὁ γὰρ λόγχην ἀκονῶν ἐκεῖνος καὶ τὴν ψυχήν τι παρακονᾷ· ἔπεστι γάρ τις αἰσχύνη λόγχην ἀκονῶντα κακὸν εἶναι. Ἔχειν δὲ χρὴ καὶ ξύλα περίπλεα καὶ ἅρμασι καὶ ἁμάξαις· ἐν γὰρ πολλαῖς πράξεσι πολλὰ ἀνάγκη καὶ τὰ ἀπαγορεύοντα εἶναι. **34** Ἔχειν δὲ δεῖ καὶ τὰ ἀναγκαιότατα ὄργανα ἐπὶ ταῦτα πάντα· οὐ γὰρ πανταχοῦ χειροτέχναι παραγίγνονται· τὸ δ' ἐφ' ἡμέραν ἀρκέσον ὀλίγοι τινὲς οἳ οὐχ ἱκανοὶ ποιῆσαι. Ἔχειν δὲ χρὴ καὶ ἄμην καὶ σμινύην κατὰ ἅμαξαν ἑκάστην, καὶ κατὰ τὸν νωτοφόρον δὲ ἀξίνην καὶ δρέπανον· ταῦτα γὰρ καὶ ἰδίᾳ ἑκάστῳ χρήσιμα καὶ ὑπὲρ τοῦ κοινοῦ πολλάκις ὠφέλιμα γίγνεται.

35 Τὰ μὲν οὖν εἰς τροφὴν δέοντα οἱ ἡγεμόνες τῶν ὁπλοφόρων ἐξετάζετε τοὺς ὑφ' ὑμῖν αὐτοῖς· οὐ γὰρ δεῖ παριέναι ὅτου ἄν τις τούτων ἐνδέηται· ἡμεῖς γὰρ τούτων ἐνδεεῖς ἐσόμεθα. Ἃ δὲ κατὰ τὰ ὑποζύγια κελεύω ἔχειν, ὑμεῖς οἱ τῶν σκευοφόρων ἄρχοντες ἐξετάζετε, καὶ τὸν μὴ ἔχοντα κατασκευάζεσθαι ἀναγκάζετε.

36 Ὑμεῖς δ' αὖ οἱ τῶν ὁδοποιῶν ἄρχοντες ἔχετε μὲν ἀπογεγραμμένους παρ' ἐμοῦ τοὺς ἀποδεδοκιμασμένους καὶ τοὺς ἐκ τῶν ἀκοντιστῶν καὶ τοὺς ἐκ τῶν τοξοτῶν καὶ τοὺς ἐκ τῶν σφενδονητῶν· τούτων δὲ χρὴ τοὺς μὲν ἀπὸ τῶν ἀκοντιστῶν πέλεκυν ἔχοντας ξυλοκόπον ἀναγκάζειν στρατεύεσθαι, τοὺς δ' ἀπὸ τῶν τοξοτῶν

II **33** 5 πολλὰ zWD : πολλὴ F ‖ **34** 2 πανταχοῦ z : ἁπανταχοῦ y ‖ 4 οἳ zF : ἢ WD ‖ ἱκανοὶ yVA : ἱκανὸν GH ‖ 6 τὸν z : τὸ WD om. F ‖ 7 ἑκάστῳ χρήσιμα z : χρήσιμα ἑκάστῳ y ‖ **35** 2 ὑφ' VGWF : ἐφ' HAD ‖ ὑμῖν zDF : ἡμῖν W ‖ οὐ yV corr. HG : εἰ H² A ‖ 3 παριέναι yV corr. G : παρεῖναι HA ‖ ἐνδέηται y : δέηται z ‖ γὰρ yV² : om. z ‖ 4 ἐνδεεῖς yHAG : ἐνδέης V ‖ ἃ δὲ κατὰ zV : ὅσα δὲ καὶ V² mg. WDF ‖ **36** 4 ἐκ z : ἀπὸ y ‖ τούτων zDF : τούτους W ‖ δὲ VHADF : οὖν WG ‖ χρὴ om. H ante πέλεκυν transp. V² ‖ 5 τῶν yV² s. l. : om. z ‖ ἀκοντιστῶν zW²DF : τοξοστῶν W ‖ ξυλοκόπον y : -τόμον z. ‖ 6 ἀπὸ V² s. l. G : ἐκ y om. VHA.

par compagnies en avant des chariots pour que, s'il est besoin d'un travail de pionniers, vous soyez immédiatement à l'œuvre et que, si c'est moi qui ai besoin d'eux, je sache où les prendre pour les employer.

37 J'emmènerai encore, avec leurs outils, les forgerons, les charpentiers, les cordonniers en âge de servir, pour subvenir à tout besoin qu'on aura dans l'armée de ces corps de métier ; détachés de leur unité combattante[1], ils seront, avec une solde, à leur poste, au service de tous.

38 Tout commerçant désireux de suivre parce qu'il désire vendre une marchandise[2], et surpris en train de vendre pendant les jours d'approvisionnement interdit[3], se verra confisquer le tout ; passée la date, la vente sera libre. Le commerçant que l'on verra offrir le marché le mieux fourni recevra des alliés et de moi présents et honneurs. **39** Si l'un d'eux estime qu'il a besoin, pour ses achats, de fonds supplémentaires, qu'il m'amène des répondants, avec des garants jurant qu'il accompagne l'armée, et il recevra une avance de nos fonds personnels.

Telles sont mes instructions préalables. Si quelqu'un voit autre chose qui s'impose, qu'il le fasse savoir. **40** Vous, allez-vous en plier bagage, moi, je sacrifierai pour assurer le départ[4] ; quand tout sera en règle du côté des dieux, je donnerai le signal. Il convient que chacun soit rendu à son poste auprès de son comman-

1. Littéralement : unité de fantassins lourds.

2. Voir IV, 5, 42 et la note ; voir aussi Thucydide, VI, 31, 5 ; 44, 1 ; VII, 24, 2.

3. Cyrus veut obliger ses soldats à vivre le plus longtemps possible sur leurs propres réserves, selon les ordres donnés aux §§ 30 et suiv. De leur côté, les marchands ont intérêt à épuiser leurs stocks le plus vite possible avant de s'écarter des zones de combat.

4. Sur le sens de ἐπί après le verbe θύεσθαι, « sacrifier pour savoir si... », voir J. Casabona, *Vocab. sacr.*, p. 89-90. D'autres exemples sont donnés : *Anab.*, VI, 4, 12-17 ; 5, 2 ; 6, 35 ; *Hell.*, VI, 4, 19 ; *Mém.*, I, 2, 56 ; ils établissent que le sens de « sacrifier pour pouvoir... » est devenu « sacrifier pour savoir si l'on peut... »

σμινύην, τοὺς δ᾽ ἀπὸ τῶν σφενδονητῶν ἄμην· τούτους δὲ ἔχοντας ταῦτα πρὸ τῶν ἁμαξῶν κατ᾽ ἴλας πορεύεσθαι, ὅπως ἥν τι δέῃ ὁδοποιίας, εὐθὺς ἐνεργοὶ ἦτε, καὶ ἐγὼ ἤν τι δέωμαι, ὅπως εἰδῶ ὅθεν δεῖ λαβόντα τούτοις χρῆσθαι.

37 Ἄξω δὲ καὶ τοὺς ἐν τῇ στρατιωτικῇ ἡλικίᾳ σὺν τοῖς ὀργάνοις χαλκέας τε καὶ τέκτονας καὶ σκυτοτόμους, ὅπως ἄν τι δέῃ καὶ τοιούτων τεχνῶν ἐν τῇ στρατιᾷ μηδὲν ἐλλείπηται· οὗτοι δὲ ὁπλοφόρου μὲν τάξεως ἀπολελύσονται, ἃ δὲ ἐπίστανται, τῷ βουλομένῳ μισθοῦ ὑπηρετοῦντες ἐν τῷ τεταγμένῳ ἔσονται.

38 Ἢν δέ τις καὶ ἔμπορος βούληται ἕπεσθαι πωλεῖν τι βουλόμενος, τῶν μὲν προειρημένων ἡμερῶν τὰ ἐπιτήδεια ἔχειν ἤν τι πωλῶν ἁλίσκηται, πάντων στερήσεται· ἐπειδὰν δ᾽ αὗται παρέλθωσιν αἱ ἡμέραι, πωλήσει ὅπως ἂν βούληται. Ὅστις δ᾽ ἂν τῶν ἐμπόρων πλείστην ἀγορὰν παρέχων φαίνηται, οὗτος καὶ παρὰ τῶν συμμάχων καὶ παρ᾽ ἐμοῦ δώρων καὶ τιμῆς τεύξεται. **39** Εἰ δέ τις χρημάτων προσδεῖσθαι νομίζει εἰς ἐμπολήν, γνωστῆρας ἐμοὶ προσαγαγὼν καὶ ἐγγυητὰς ἦ μὴν πορεύεσθαι σὺν τῇ στρατιᾷ, λαμβανέτω ὧν ἡμεῖς ἔχομεν.

Ἐγὼ μὲν δὴ ταῦτα προαγορεύω· εἰ δέ τίς τι καὶ ἄλλο δέον ἐνορᾷ, πρὸς ἐμὲ σημαινέτω. **40** Καὶ ὑμεῖς μὲν ἀπιόντες συσκευάζεσθε, ἐγὼ δὲ θύσομαι ἐπὶ τῇ ὁρμῇ· ὅταν δὲ τὰ τῶν θεῶν καλῶς ἔχῃ, σημανοῦμεν. Παρεῖναι δὲ χρὴ ἅπαντας τὰ προειρημένα ἔχοντας εἰς τὴν

II **36** 7 τῶν om. z ‖ 8 ἴλας yV corr. : ἴλλας HAG ‖ 10 ὅθεν zD : ὁπόθεν WF ‖ **37** 2 τε om. y ‖ 3 ἄν τι δέῃ z : ὁπόσα ἂν δέηται y ‖ 4 ἐλλείπηται WDVH² : ἐλλίπηται HAG λίπηται F ‖ 5 ἀπολελύσονται yV²H : ἀπολύσονται [λύσονται in ras.] G² ἀπολελαύσονται VH²AG ‖ **38** 3 ἥν τι Camerarius : ἢν δέ τι yV²A ἢν δέ τις VHG ‖ 4 δ᾽ yV² : om. z ‖ αἱ ἡμέραι om. y ‖ 5 ante ὅπως add. δ᾽ HAE ‖ 7 δώρων zDF : δῶρον W ‖ καὶ τιμῆς om. y ‖ **39** 3 προσαγαγὼν z : -άγων y ‖ ἐγγυητὰς z : ἐγγύους y ‖ πορεύεσθαι codd. : πορεύσεσθαι Stephanus ‖ 4 στρατιᾷ yV : -τείᾳ HAG ‖ 5 προαγορεύω V²WD : προσ- zF ‖ 6 ἐνορᾷ z : ὁρᾷ y.

dant. **41** Vous, les commandants, quand vous aurez chacun votre unité prête, rassemblez-vous tous à mes côtés, pour apprendre chacun vos emplacements[1]. »

III

Départ de l'armée; l'ordre de marche.

1 Ces paroles entendues, ils pliaient bagage tandis que Cyrus, de son côté, sacrifiait. Une fois vus les signes favorables, il se mettait en route, avec l'armée. Le premier jour, il choisit l'étape la plus rapprochée possible, pour qu'en cas de quelque oubli l'on allât chercher l'objet et qu'en cas de pénurie constatée l'on se procurât le complément.

2 Cyaxare restait, avec le tiers des Mèdes, pour assurer la protection du sol national ; Cyrus, lui, marchait à la plus vive allure possible ; tenant sa cavalerie en tête, précédée par des éclaireurs[2], il envoyait sans arrêt des observateurs sur les hauteurs qui offraient les meilleures vues sur l'avant. Derrière la cavalerie il plaçait les bêtes de trait, mettant, en terrain plat, les chariots et les bêtes sur plusieurs colonnes[3], l'infanterie marchant derrière et les officiers sur place ayant soin que la marche ne fût pas entravée par un équipage éventuellement à la traîne. **3** Sur route plus étroite[4], les fantassins lourds marchaient de part et d'autre des équipages qu'ils encadraient ; en cas d'obstacle, c'était

1. Xénophon a connu toutes les formes du désordre dans l'armée des Dix-mille.

2. Principe subsistant dans le règlement moderne de la cavalerie à cheval. On se protège de la surprise par des éclaireurs détachés en avant, qui progressent librement, de bond en bond ; certains, s'il y a lieu, font demi-tour pour donner un renseignement sur l'ennemi aperçu.

3. Les colonnes sont accolées de manière que les bêtes de somme et l'armée ne s'étirent pas sur une longueur exposant aux coups de main.

4. Sur les formations à prendre quand les chemins sont étroits, voir *Comm. Cav.*, IV, 3.

τεταγμένην χώραν πρὸς τοὺς ἡγεμόνας αὐτῶν. **41** Ὑμεῖς δὲ οἱ ἡγεμόνες τὴν ἑαυτοῦ ἕκαστος τάξιν εὐτρεπισάμενος πρὸς ἐμὲ πάντες συμβάλλετε, ἵνα τὰς ἑαυτῶν ἕκαστοι χώρας καταμάθητε.

III

1 Ἀκούσαντες δὲ ταῦτα οἱ μὲν συνεσκευάζοντο, ὁ δὲ Κῦρος ἐθύετο. Ἐπεὶ δὲ καλὰ τὰ ἱερὰ ἦν, ὡρμᾶτο σὺν τῷ στρατεύματι. Καὶ τῇ μὲν πρώτῃ ἡμέρᾳ ἐξεστρατοπεδεύσατο ὡς δυνατὸν ἐγγύτατα, ὅπως εἴ τίς τι ἐπιλελησμένος εἴη, μετέλθοι, καὶ εἴ τίς τι ἐνδεόμενος γνοίη, τοῦτο ἐπιπαρασκευάσαιτο.

2 Κυαξάρης μὲν οὖν τῶν Μήδων ἔχων τὸ τρίτον μέρος κατέμενεν, ὡς μηδὲ τὰ οἴκοι ἔρημα εἴη· ὁ δὲ Κῦρος ἐπορεύετο ὡς ἐδύνατο τάχιστα, τοὺς ἱππέας μὲν πρώτους ἔχων, καὶ πρὸ τούτων διερευνητὰς καὶ σκοποὺς αἰεὶ ἀναβιβάζων ἐπὶ τὰ πρόσθεν εὐσκοπώτατα. Μετὰ δὲ τούτους ἦγε τὰ σκευοφόρα, ὅπου μὲν πεδινὸν εἴη, πολλοὺς ὁρμαθοὺς ποιούμενος τῶν ἁμαξῶν καὶ τῶν σκευοφόρων· ὄπισθεν δὲ ἡ φάλαγξ ἐφεπομένη, εἴ τι τῶν σκευοφόρων ὑπολείποιτο, οἱ προστυγχάνοντες τῶν ἀρχόντων ἐπεμέλοντο ὡς μὴ κωλύοιντο πορεύεσθαι. **3** Ὅπου δὲ στενοτέρα εἴη ἡ ὁδός, διὰ μέσου ποιούμενοι τὰ σκευοφόρα ἔνθεν καὶ ἔνθεν ἐπορεύοντο οἱ ὁπλοφόροι· καὶ εἴ τι ἐμποδίζοι, οἱ κατὰ ταῦτα ἀεὶ γιγνό-

II 40 5 χώραν codd. : ὥραν coni. Gemoll || αὐτῶν Marchant : ἑαυτῶν codd. || **41** 2 οἱ zDF : ὦ W || 3 συμβάλλετε z : συμβα[-βο- W]λεῖτε y || 4 καταμάθητε zDF : λάβητε W.

III **1** 2 δὲ Κῦρος z : ὁ δ' y || 4 δυνατὸν z : ἐδύνατο y || **2** 2 κατέμενεν z : -έμεινεν y || 3 ἐπορεύετο ὡς ἐ[ἠ-H]δύνατο yVHA : ὡς ἐδύνατο ἐπορεύετο G || 6 πεδινὸν VAG : πεδεινὸν H πεδίον y || 7 εἴη zDF : ᾗ W || 8-9 ὄπισθεν — τῶν yV² mg. : om. VG εἴ τῳ AH || 9 post τῶν praua iteratione add. σκευοφόρων V² || 10 κωλύοιντο z : κωλύοιεν y || **3** 1 ὅπου y : ὅποι z || στενοτέρα zF : -ωτέρα WD. || 3 ἀεὶ Gemoll : αὖ y om. cett.

chaque fois l'affaire des soldats qui se trouvaient à proximité. Les compagnies marchaient en général accompagnées de leurs équipages, les conducteurs ayant tous reçu l'ordre d'aller chacun avec leur compagnie sauf cas de force majeure. **4** Le responsable des équipages auprès du capitaine était en tête avec un étendard connu des hommes de sa compagnie, si bien qu'on marchait en ordre serré, chacun prenant bien garde que les siens ne fussent pas à la traîne [1]. De telles dispositions faisaient non seulement qu'on n'avait pas à se chercher les uns les autres, mais que l'on avait, en même temps, tout à sa portée, en plus grande sûreté, et que les soldats trouvaient plus vite ce qu'il leur fallait.

Indices de la proximité de l'ennemi.

5 Comme les observateurs de l'avant crurent voir dans la plaine des hommes en train de prendre du fourrage et du bois, et voyaient des bêtes de somme les unes emportant de leur côté de pareilles charges, les autres en train de pâturer, et comme, portant encore leurs regards vers l'avant, ils croyaient parvenir à distinguer, s'élevant en l'air, une fumée ou un nuage de poussière [2], tous ces indices leur faisaient assez bien comprendre que l'armée ennemie n'était plus très éloignée. **6** Aussitôt, l'officier-observateur envoie un homme en porter le rapport à Cyrus. Lui, l'ayant écouté, leur donna l'ordre de lui rapporter chaque fois, en restant sur ces observatoires, tout ce qu'ils verraient de nouveau ; puis il envoya vers l'avant un détachement de cavaliers, avec l'ordre d'essayer de capturer quelques-uns de ces hommes dispersés dans la plaine, afin que l'on sût plus exactement ce qui se passait [3].

7 Pendant que s'exécutait la mission, Cyrus arrêtait

1. Le risque est que, dans chaque unité, le train, qui se déplace moins aisément et craint les obstacles naturels, ne prenne du retard sur les fantassins qui, de leur côté, ont l'avantage de la proximité de leurs bagages.

2. Xénophon se rappelle le nuage de poussière qu'il a vu avant la bataille de Cunaxa, *Anab.*, I, 8, 8.

3. C'est toujours la recherche du renseignement ; de même § 15.

μενοι τῶν στρατιωτῶν ἐπεμέλοντο. Ἐπορεύοντο δὲ ὡς τὰ πολλὰ αἱ τάξεις παρ' ἑαυταῖς ἔχουσαι τὰ σκευοφόρα · ἐπετέτακτο γὰρ πᾶσι τοῖς σκευοφόροις κατὰ τὴν ἑαυτῶν ἑκάστους τάξιν ἰέναι, εἰ μή τι ἀναγκαῖον ἀποκωλύοι. **4** Καὶ σημεῖον δὲ ἔχων ὁ τοῦ ταξιάρχου σκευοφόρος ἡγεῖτο γνωστὸν τοῖς τῆς ἑαυτοῦ τάξεως · ὥστε ἁθρόοι ἐπορεύοντο, ἐπεμελοῦντό τε ἰσχυρῶς ἕκαστος τῶν ἑαυτοῦ ὡς μὴ ὑπολείποιντο. Καὶ οὕτω ποιούντων οὔτε ζητεῖν ἔδει ἀλλήλους ἅμα τε παρόντα ἅπαντα καὶ σωότερα ἦν καὶ θᾶττον τὰ δέοντα εἶχον οἱ στρατιῶται.

5 Ὡς δ' οἱ προϊόντες σκοποὶ ἔδοξαν ἐν τῷ πεδίῳ ὁρᾶν ἀνθρώπους λαμβάνοντας καὶ χιλὸν καὶ ξύλα, καὶ ὑποζύγια δὲ ἑώρων ἕτερα τοιαῦτα ἄγοντα, τὰ δὲ καὶ νεμόμενα, καὶ τὰ πρόσω αὖ ἐφορῶντες ἐδόκουν καταμανθάνειν μετεωριζόμενον καπνὸν ἢ κονιορτόν, ἐκ τούτων πάντων σχεδὸν ἐγίγνωσκον ὅτι εἴη που πλησίον τὸ στράτευμα τῶν πολεμίων. **6** Εὐθὺς οὖν πέμπει τινὰ ὁ σκοπάρχης ἀγγελοῦντα ταῦτα τῷ Κύρῳ. Ὁ δὲ ἀκούσας ταῦτα ἐκείνους μὲν ἐκέλευσε μένοντας ἐπὶ ταύταις ταῖς σκοπαῖς ὅ τι ἂν ἀεὶ καινὸν ὁρῶσιν ἐξαγγέλλειν · τάξιν δ' ἔπεμψεν ἱππέων εἰς τὸ πρόσθεν καὶ ἐκέλευσε πειραθῆναι συλλαβεῖν τινας τῶν ἀνὰ τὸ πεδίον ἀνθρώπων, ὅπως σαφέστερον μάθοιεν τὸ ὄν.

7 Οἱ μὲν δὴ ταχθέντες τοῦτο ἔπραττον · αὐτὸς δὲ

III 3 7 ἑαυτῶν WV : ἑαυτοῦ DF ‖ ἑκάστους Hertlein : -του HAGF ἕκαστον WDV ‖ τάξιν post ἑαυτῶν transp. W ‖ 4 1 ὁ τοῦ ταξιάρχου z : τοῦ ταξιάρχου ὁ y ‖ 2 ἑαυτοῦ F : ἑαυτῶν zWD ‖ 3 post ἁθρόοι add. τε F ‖ ἕκαστος WD : -τοι zF ‖ 4 ἑαυτοῦ zF : ἑαυτῶν WD ‖ ὑπολείποιντο WDV : -λίποιντο HAGF ‖ 6 σωότερα yV² mg. : σαώτερα z ‖ 5 3 τὰ δὲ y : τά τε A τε VHG ‖ 4 ἐφορῶντες z : ἀφ- y ‖ 5 ante καπνὸν add. ἢ y ‖ 6 πάντων z : ἁπάντων y ‖ σχεδὸν om. y ‖ που om. y ‖ 6 2 τινὰ post σκοπάρχης transp. y ‖ 4 ἀεὶ z : αἰεὶ y ‖ 5 πρόσθεν zDF : πρόσθε W.

sur place, rangé, le reste de son armée, pour que fût organisé tout ce qu'il jugeait nécessaire avant le contact. Il fit passer l'ordre de déjeuner d'abord, puis de faire attention aux commandements en restant dans les rangs. **8** Après le déjeuner il réunit les commandants des cavaliers, des fantassins et des chars, et les officiers de l'artillerie, du train, et ceux des voitures couvertes[1]. Pendant que se tenait la réunion, **9** ceux qui avaient poussé une pointe dans la plaine capturèrent des hommes et les amenèrent ; les prisonniers, interrogés par Cyrus, disaient qu'ils s'étaient avancés, hors du camp, les uns pour faire du fourrage, les autres pour faire du bois, après avoir dépassé les avant-postes : dans une armée aussi nombreuse il y avait disette de tout.

10 A ces mots, « Et à quelle distance, dit Cyrus, est-elle d'ici, l'armée ? — A deux parasanges[2] environ », dirent-ils. Alors Cyrus demanda : « Et de nous, est-ce qu'il était question, là-bas ? — Oui, par Zeus, et même on disait fort que, déjà tout proches[3], vous arriviez. — Eh quoi ? dit Cyrus, est-ce qu'ils étaient contents d'apprendre que nous arrivions ? » et cette question était faite pour l'auditoire. — « Non, par Zeus, pas contents du tout ; au contraire, fort ennuyés. **11** — Et maintenant, dit Cyrus, que font-ils ? — Ils prennent leurs formations, cela même qu'ils faisaient hier et avant-hier. — Et celui qui les leur donne, dit Cyrus, qui est-il ? » Ils dirent : « Crésus en personne, et avec lui un certain Grec[4] et aussi un certain Mède, celui-ci, à ce qu'on disait,

1. L'ἁρμάμαξα, voiture à quatre roues, sert pour le transport des femmes ; elle est munie de ridelles, comme on le voit en VI, 4, 11 ; voir la note sur III, 1, 8.

2. C'est-à-dire une bonne dizaine de kilomètres ; voir la note sur II, 4, 21.

3. L'adverbe ἤδη rapporte les paroles des captifs au moins à la veille. La correction de Dindorf — l'optatif εἶτε au lieu de l'imparfait ἦτε — ne s'impose donc pas.

4. On devine sans peine que le Mède est Araspas, mais le Grec n'est pas nommé par Xénophon : il doit être un de ces Grecs d'Asie contraints de marcher avec Crésus ; cf. 6, 2, 10.

τὸ ἄλλο στράτευμα αὐτοῦ κατεχώριζεν, ὅπως παρασκευάσαιντο ὅσα ᾤετο χρῆναι πρὶν πάνυ ὁμοῦ εἶναι. Καὶ πρῶτον μὲν ἀριστᾶν παρηγγύησεν, ἔπειτα δὲ μένοντας ἐν ταῖς τάξεσι τὸ παραγγελλόμενον προνοεῖν. **8** Ἐπεὶ δὲ ἠρίστησαν, συνεκάλεσε καὶ ἱππέων καὶ πεζῶν καὶ ἁρμάτων τοὺς ἡγεμόνας, καὶ τῶν μηχανῶν δὲ καὶ τῶν σκευοφόρων τοὺς ἄρχοντας καὶ τῶν ἁρμαμαξῶν· καὶ οὗτοι μὲν συνῆσαν· **9** οἱ δὲ καταδραμόντες εἰς τὸ πεδίον συλλαβόντες ἀνθρώπους ἦγαγον· οἱ δὲ ληφθέντες ἀνερωτώμενοι ὑπὸ τοῦ Κύρου ἔλεγον ὅτι ἀπὸ τοῦ στρατοπέδου εἶεν προεληλυθότες ἐπὶ χιλόν, οἱ δ' ἐπὶ ξύλα, παρελθόντες τὰς προφυλακάς· διὰ γὰρ τὸ πλῆθος τοῦ στρατοῦ σπάνια πάντ' εἶναι.

10 Καὶ ὁ Κῦρος ταῦτα ἀκούσας, Πόσον δέ, ἔφη, ἄπεστιν ἐνθένδε τὸ στράτευμα; Οἱ δ' ἔλεγον· Ὡς δύο παρασάγγας. Ἐπὶ τούτοις ἤρετο ὁ Κῦρος· Ἡμῶν δ', ἔφη, λόγος τις ἦν παρ' αὐτοῖς; Ναὶ μὰ Δί', ἔφασαν, καὶ πολύς γε ὡς ἐγγὺς ἤδη ἦτε προσιόντες. Τί οὖν; ἔφη ὁ Κῦρος, ἦ καὶ ἔχαιρον ἀκούοντες ἰόντας; Τοῦτο δὲ ἐπήρετο τῶν παρόντων ἕνεκα. Οὐ μὰ Δί', εἶπον ἐκεῖνοι, οὐ μὲν δὴ ἔχαιρον, ἀλλὰ καὶ μάλα ἠνιῶντο. **11** Νῦν δ', ἔφη ὁ Κῦρος, τί ποιοῦσιν; Ἐκτάττονται, ἔφασαν· καὶ ἐχθὲς δὲ καὶ τρίτην ἡμέραν τὸ αὐτὸ τοῦτο ἔπραττον. Ὁ δὲ τάττων, ἔφη ὁ Κῦρος, τίς ἐστιν; Οἱ δὲ ἔφασαν· Αὐτός τε Κροῖσος καὶ σὺν αὐτῷ Ἕλλην τις ἀνήρ, καὶ ἄλλος δέ τις Μῆδος· οὗτος μέντοι ἐλέγετο φυγὰς

III 7 5 προνοεῖν yV² : προσνοεῖν z περιμένειν coni. Gemoll ‖ 8 τοὺς om. y ‖ 4 συνῆσαν zDF : συνίεσαν W ‖ **9** 3 ληφθέντες y : συλληφθέντες z ‖ 4 post εἶεν interpunctionem deleui ‖ προεληλυθότες z : -εληλύθοιεν δ' [δὲ D] y ‖ 5 παρελθόντες y : προελθόντες z ‖ **10** 2 post ἔλεγον add. ὅτι z ‖ 3 τούτοις y : τούτων z ‖ 4 ἔφασαν y : ἔφησαν z ‖ 5 ἦτε codd. : εἶτε coni. Dindorf uide adn. ‖ 6 ἦ καὶ om. y ‖ ἰόντας om. y ‖ τοῦτο δὲ z : ὁ δὲ τοῦτο [τουτ' F] y ‖ 8 δὴ y : δή γε VHA δὴ καὶ G ‖ ἀλλὰ om. y ‖ **11** 4 post. ὁ om. z.

déserteur de chez vous. » Cyrus dit : « Ah ! souverain Zeus, puissé-je lui donner la réception qu'il mérite[1] ! »

12 Alors il fit emmener les prisonniers et s'apprêtait à dire un mot aux personnes présentes, quand parut un nouvel émissaire de l'officier-observateur, disant qu'un gros détachement de cavaliers était en vue dans la plaine. « Et nous, ajoutait-il, nous estimons qu'ils viennent avec l'intention de jeter un coup d'œil sur notre armée. En effet, très en avant de ce détachement, arrivent une trentaine d'autres cavaliers, et sûrement contre nous[2], sans doute avec l'intention de s'emparer, si possible, de l'observatoire ; mais nous, qui occupons cet observatoire, nous ne sommes qu'un groupe*. »

13 Cyrus donna l'ordre à quelques cavaliers de sa garde permanente de gagner le pied de l'observatoire sans se faire voir des ennemis et d'y rester sans bouger. « Au moment où notre groupe abandonnera l'observatoire, bondissez, et attaquez les ennemis pendant qu'ils graviront l'observatoire. Mais pour empêcher que les cavaliers du gros détachement ne vous infligent des pertes, marche à sa rencontre, toi, Hystaspe, avec ton régiment* de cavalerie, et débouche à l'improviste* face à ce détachement. Mais je t'interdis absolument de te lancer dans une poursuite hors de vue et d'avancer sans t'être assuré que les observatoires restent en ta possession. Si par hasard il se trouve des cavaliers qui viennent à vous en levant la main droite, faites-leur un accueil amical*. »

Dispositions prises par Cyrus après le retour et sur le rapport d'Araspas.

14 Tandis que, avant de se mettre en route, Hystaspe s'armait, les aides de camp*, à cheval, partaient sur le champ, selon les ordres. Mais voici qu'ils croisent, avec ses écuyers, juste à l'intérieur

1. Le mot est à double entente, s'agissant d'Araspas, qui a la confiance de Cyrus et que les prisonniers et l'entourage de Cyrus prennent pour un traître.

2. « Nous », les observateurs ; ci-dessus, § 6.

εἶναι παρ' ὑμῶν. Καὶ ὁ Κῦρος εἶπεν· Ἀλλ', ὦ Ζεῦ μέγιστε, λαβεῖν μοι γένοιτο αὐτὸν ὡς ἐγὼ βούλομαι.

12 Ἐκ τούτου τοὺς μὲν αἰχμαλώτους ἀπάγειν ἐκέλευσεν, εἰς δὲ τοὺς παρόντας ὡς λέξων τι ἀνήγετο· ἐν τούτῳ δὲ παρῆν ἄλλος αὖ παρὰ τοῦ σκοπάρχου, λέγων ὅτι ἱππέων τάξις μεγάλη ἐν τῷ πεδίῳ προφαίνοιτο. Καὶ ἡμεῖς μέν, ἔφη, εἰκάζομεν ἐλαύνειν αὐτοὺς βουλομένους ἰδεῖν τόδε τὸ στράτευμα. Καὶ γὰρ πρὸ τῆς τάξεως ταύτης ἄλλοι ὡς τριάκοντα ἱππεῖς συχνὸν προελαύνουσι, καὶ μέντοι, ἔφη, κατ' αὐτοὺς ἡμᾶς, ἴσως βουλόμενοι λαβεῖν, ἢν δύνωνται, τὴν σκοπήν· ἡμεῖς δ' ἐσμὲν μία δεκὰς οἱ ἐπὶ ταύτης τῆς σκοπῆς.

13 Καὶ ὁ Κῦρος ἐκέλευσε τῶν περὶ αὐτὸν ἀεὶ ὄντων ἱππέων ἐλάσαντας ὑπὸ τὴν σκοπὴν ἀδήλους τοῖς πολεμίοις ἀτρεμίαν ἔχειν. Ὅταν δ', ἔφη, ἡ δεκὰς ἡ ἡμετέρα λείπῃ τὴν σκοπήν, ἐξαναστάντες ἐπίθεσθε τοῖς ἀναβαίνουσιν ἐπὶ τὴν σκοπήν. Ὡς δὲ ὑμᾶς μὴ λυπῶσιν οἱ ἀπὸ τῆς μεγάλης τάξεως, ἀντέξελθε σύ, ἔφη, ὦ Ὑστάσπα, τὴν χιλιοστὺν τῶν ἱππέων λαβὼν καὶ ἐπιφάνηθι ἐναντίος τῇ τῶν πολεμίων τάξει. Διώξῃς δὲ μηδαμῇ εἰς ἀφανές, ἀλλ' ὅπως αἱ σκοπαί σοι διαμένωσιν ἐπιμεληθεὶς πάριθι. Ἢν δ' ἄρα ἀνατείνοντές τινες τὰς δεξιὰς προσελαύνωσιν ὑμῖν, δέχεσθε φιλίως τοὺς ἄνδρας.

14 Ὁ μὲν δὴ Ὑστάσπας ἀπιὼν ὡπλίζετο· οἱ δ' ὑπηρέται ἤλαυνον εὐθὺς ὡς ἐκέλευσεν. Ἀπαντᾷ δ' αὐτοῖς

III 12 3 παρὰ y : ἀπὸ z ‖ 7 ταύτης om. y ‖ συχνὸν VHAF : -νοὶ G -νῶς WD ‖ 8 προελαύνουσι Stephanus : προσ- codd. ‖ ἔφη om. y ‖ κατ' y : καὶ z ‖ 10 οἱ ἐπὶ ταύτης τῆς σκοπῆς uulg. : ἡ ἐπὶ ταύτης τῆς σκοπῆς z ἐπὶ ταύτῃ τῇ σκοπῇ y ‖ 13 2 ἀδήλους zD : ἀδήλοις WF ‖ 6 ἀντέξελθε σύ yV : ἀντεξέλθετε HAG ‖ ἔφη om. W ‖ 7 ἐναντίος z : ἀντίος y ‖ 8 Διώξῃς Hug : διώξεις codd. ‖ μηδαμῇ yV[2] : μηδαμοῖ V οὐδαμῇ G οὐδαμοῖ AH ‖ 10 Ἢν z : ἂν y ‖ ἀνατείνοντες y : -τείναντες z ‖ τινες post ὑμῖν transp. y ‖ 11 δέχεσθε yG : δέχεσθαι VHA

de la ligne des postes[1] le Mède envoyé naguère en qualité d'espion, le gardien de la dame de Suse. **15** La nouvelle faisait bondir[2] Cyrus de son siège pour aller à sa rencontre et lui tendre une main amie ; les autres, comme il est naturel quand on ignore tout, étaient dans la stupéfaction du geste, jusqu'au moment où Cyrus déclara : « C'est un héros, mes amis, qui nous revient ; tout le monde, maintenant, doit connaître sa conduite. Cet homme, s'il est parti, ce n'est pas sous le coup d'un déshonneur quelconque ni par crainte de moi ; il est parti avec la mission, donnée par moi, de se renseigner pour notre compte sur la situation de l'ennemi et de rapporter exactement ce qui se passe. **16** Quant à ma promesse à ton égard, Araspas, je ne l'oublie pas, et je m'en acquitterai avec le concours de tous ici présents : car il est juste que vous tous, messieurs, vous honoriez en Araspas un preux qui, pour notre bien, a bravé le danger ainsi qu'un reproche écrasant. »

17 Tout le monde, alors, faisait des politesses à Araspas et lui tendait des mains amies. Lorsque Cyrus eut dit qu'eh ! bien, cela[3] suffisait, il ajouta « raconte, Araspas, ce que le moment est venu pour nous de savoir ; n'édulcore rien de la vérité et ne sous-estime pas la force de l'ennemi. Mieux vaut se figurer le plus et se trouver en face du moins qu'être informé du moins pour tomber sur un plus fort.

18 — Oui, dit Araspas, je tâchais de pouvoir déterminer le plus sûrement possible la grandeur de l'armée ; je participais, étant sur place, à la prise des formations. — Alors, dit Cyrus, tu ne connais pas seulement leur

1. Ailleurs, et généralement, le mot σκοπή désigne un « observatoire », VI, 3, 6 ; 12 ; 13. Il s'applique ici aux « postes », disposés autour du camp pour guetter l'approche du danger.

2. Cyrus avait lieu d'être inquiet sur le sort d'Araspas dans la mission dangereuse de rachat où il l'avait envoyé.

3. C'est-à-dire aussi bien les politesses intéressées de l'entourage que les explications de Cyrus. L'heure est au renseignement, qui précède l'action.

καὶ δὴ ἐντὸς τῶν σκοπῶν σὺν τοῖς θεράπουσιν ὁ πεμφθεὶς πάλαι κατάσκοπος, ὁ φύλαξ τῆς Σουσίδος γυναικός. 15 Ὁ μὲν οὖν Κῦρος ὡς ἤκουσεν, ἀναπηδήσας ἐκ τῆς ἕδρας ὑπήντα τε αὐτῷ καὶ ἐδεξιοῦτο · οἱ δὲ ἄλλοι, ὥσπερ εἰκὸς μηδὲν εἰδότας, ἐκπεπληγμένοι ἦσαν τῷ πράγματι, ἕως ὁ Κῦρος εἶπεν · Ἄνδρες φίλοι, ἥκει ἡμῖν ἀνὴρ ἄριστος · νῦν γὰρ ἤδη πάντας ἀνθρώπους δεῖ εἰδέναι τὰ τούτου ἔργα. Οὗτος οὔτε αἰσχροῦ ἡττηθεὶς οὐδενὸς ᾤχετο οὔτ' ἐμὲ φοβηθείς, ἀλλ' ἐμοῦ πεμφθεὶς ὅπως ἡμῖν μαθὼν τὰ τῶν πολεμίων σαφῶς τὰ ὄντα ἐξαγγείλειεν. 16 Ἃ μὲν οὖν ἐγώ σοι ὑπεσχόμην, ὦ Ἀράσπα, μέμνημαί τε καὶ ἀποδώσω σὺν τούτοις πᾶσι · δίκαιον δὲ καὶ ὑμᾶς ἅπαντας, ὦ ἄνδρες, τοῦτον τιμᾶν ὡς ἀγαθὸν ἄνδρα · ἐπὶ γὰρ τῷ ἡμετέρῳ ἀγαθῷ καὶ ἐκινδύνευσε καὶ αἰτίαν ὑπέσχεν, ᾗ ἐβαρύνετο.

17 Ἐκ τούτου δὴ πάντες ἠσπάζοντο τὸν Ἀράσπαν καὶ ἐδεξιοῦντο. Εἰπόντος δὲ Κύρου ὅτι τούτων μὲν τοίνυν εἴη ἅλις, Ἃ δὲ καιρὸς ἡμῖν εἰδέναι, ταῦτ', ἔφη, διηγοῦ, ὦ Ἀράσπα · καὶ μηδὲν ἐλάττου τοῦ ἀληθοῦς μηδὲ μείου τὰ τῶν πολεμίων. Κρεῖττον γὰρ μείζω οἰηθέντας μείονα ἰδεῖν ἢ μείω ἀκούσαντας ἰσχυρότερα εὑρίσκειν.

18 Καὶ μήν, ἔφη ὁ Ἀράσπας, ὡς ἂν ἀσφαλέστατά γε εἰδείην ὁπόσον τὸ στράτευμά ἐστιν ἐποίουν · συνεξέταττον γὰρ παρὼν αὐτός. Σὺ μὲν ἄρα, ἔφη ὁ Κῦρος, οὐ τὸ πλῆθος μόνον οἶσθα, ἀλλὰ καὶ τὴν τάξιν

III 14 3 post σκοπῶν add. ἀράσπας [ἁρπάσας D] yG² ‖ 4 ὁ Budaeus : ἡ z om. y ‖ 15 1 ἤκουσεν z : εἶδεν y ‖ 3 εἰδότας Schliack : εἰδότες codd. ‖ 4 ὁ om. z ‖ 16 3 δὲ z : γὰρ y ‖ 17 2 τοίνυν om. WDx ‖ 3 εἴη ἅλις z : ἅλις εἴη y ‖ δὲ καιρὸς yV² : δ' ὁ ἑταῖρος z ‖ εἰδέναι yV² : εἶδεν z ‖ 4 ἐλάττου z : μείου y ‖ 5 μηδὲ μείου om. y ‖ μείζω zDF : μείζονα W ‖ 18 1-2 ἂν — ἐποίουν z : σαφέστατά γ' ἂν εἰδείην ἃ ἐποίουν y ‖ 3 αὐτός Cobet : αὐτοῖς z αὐτούς y ‖ ἄρα y : γὰρ z ‖ 4 οἶσθα yV² : οἶσθας z.

nombre, mais encore leur formation ? — Parfaitement, par Zeus, dit Araspas, et je sais aussi[1] de quelle manière ils ont l'intention de livrer bataille. — Commence tout de même par nous dire en gros leur nombre. **19** — Eh ! bien donc, l'ensemble ennemi est formé sur trente rangs en profondeur, tant cavaliers que fantassins, à l'exception des Égyptiens qui, ainsi disposés, couvrent une quarantaine de stades[2] ; car j'ai eu grand soin de savoir l'espace qu'ils occupaient.

20 — Et les Égyptiens, dit Cyrus, comment sont-ils formés ? car tu as dit 'à l'exception des Égyptiens'. — Ceux-là, les généraux les disposaient sur cent de chaque côté par division de dix-mille hommes ; car c'était là chez eux aussi, disaient-ils, leur formation habituelle. Note que Crésus n'a consenti qu'à contre-cœur à les voir ainsi formés ; car il voulait déborder ton armée par sa ligne de bataille sur la plus grande longueur possible. — Et pourquoi le désirait-il ? dit Cyrus. — Il avait l'intention, par Zeus ! de t'encercler avec la partie débordante de sa ligne[3]. — Mais pourraient-ils savoir si l'encercleur n'est pas l'encerclé ? **21** Mais maintenant que nous avons entendu ce que le moment était venu pour nous d'apprendre de toi, vous, Messieurs, voici ce qu'il vous faut faire : tout de suite, au moment du départ, passez l'inspection de l'équipement des chevaux et de vous-même, car souvent, faute d'une chose insignifiante un homme, un cheval ou un char perd toute efficacité[4].

1. Araspas va répondre plus que Cyrus ne lui a demandé. Sur l'utilité des espions et « faux déserteurs », voir *Comm. Cav.*, IV, 7.

2. Le calcul donne un chiffre théorique de 250.000 fantassins, dont il faut défalquer le nombre de cavaliers. Les Égyptiens, en outre, sont 100.000, selon VI, 2, 10 : effectifs considérables en regard de ceux des armées grecques.

3. Les renseignements d'Arapas sont d'un prix inestimable, car il a compris les intentions tactiques de l'ennemi. Cyrus saura en profiter.

4. Xénophon a donné l'exemple de la courroie, en VI, 2, 32 : il sait par expérience l'importance des détails.

αὐτῶν ; Ἐγὼ μὲν ναὶ μὰ Δί', ἔφη ὁ Ἀράσπας, καὶ ὡς διανοοῦνται τὴν μάχην ποιεῖσθαι. Ἀλλ' ὅμως, ἔφη ὁ Κῦρος, τὸ πλῆθος ἡμῖν πρῶτον εἰπὲ ἐν κεφαλαίῳ. 19 Ἐκεῖνοι τοίνυν, ἔφη, πάντες τεταγμένοι εἰσὶν ἐπὶ τριάκοντα τὸ βάθος καὶ πεζοὶ καὶ ἱππεῖς πλὴν τῶν Αἰγυπτίων· οὕτω δ' ἐπέχουσιν ἀμφὶ τὰ τετταράκοντα στάδια· πάνυ γάρ μοι, ἔφη, ἐμέλησεν ὥστε εἰδέναι ὁπόσον κατεῖχον χωρίον.

20 Οἱ δ' Αἰγύπτιοι, ἔφη ὁ Κῦρος, πῶς εἰσι τεταγμένοι; Ὅτι εἶπας Πλὴν τῶν Αἰγυπτίων. Τούτους δὲ οἱ μυρίαρχοι ἔταττον εἰς ἑκατὸν πανταχῇ τὴν μυριοστὺν ἑκάστην· τοῦτον γὰρ σφίσι καὶ οἴκοι νόμον ἔφασαν εἶναι τῶν τάξεων. Καὶ ὁ Κροῖσος μέντοι μάλα ἄκων συνεχώρησεν αὐτοῖς οὕτω τάττεσθαι· ἐβούλετο γὰρ ὅτι πλεῖστον ὑπερφαλαγγῆσαι τοῦ σοῦ στρατεύματος. Πρὸς τί δή, ἔφη ὁ Κῦρος, τοῦτο ἐπιθυμῶν; Ὡς ναὶ μὰ Δί', ἔφη, τῷ περιττῷ κυκλωσόμενος. Καὶ ὁ Κῦρος εἶπεν· Ἀλλ' οὗτοι ἂν εἰδεῖεν εἰ οἱ κυκλούμενοι κυκλωθεῖεν; 21 Ἀλλ' ἃ μὲν παρὰ σοῦ καιρὸς μαθεῖν, ἀκηκόαμεν· ὑμᾶς δὲ χρή, ὦ ἄνδρες, οὕτω ποιεῖν· νῦν μὲν ἐπειδὰν ἐνθένδε ἀπέλθητε, ἐπισκέψασθε καὶ τὰ τῶν ἵππων καὶ τὰ ὑμῶν αὐτῶν ὅπλα· πολλάκις γὰρ μικροῦ ἐνδείᾳ καὶ ἀνὴρ καὶ ἵππος καὶ ἅρμα ἀχρεῖον γίγνεται. Αὔριον δὲ πρῴ, ἕως ἂν ἐγὼ θύωμαι, πρῶτον μὲν χρὴ ἀριστῆσαι καὶ ἄνδρας καὶ ἵππους, ὅπως ὅ τι ἂν πράττειν ἀεὶ και-

III 19 1 ἔφη om. WD || εἰσὶν om. y. || 3 οὕτω δ' ἐπέχουσιν Pernée e Leunclauio : οὗτοι δ' ἀμφέχουσιν VHA οὗτοι δ' ἀπέχουσιν G corr. ἀπέχουσιν WD ante ἀπέχουσιν add. mg. cp. scr. οὗτοι δ' W² ἔχουσιν F ἐπέχουσιν coni. Leunclauius || 5 κατεῖχον WD : -εῖχεν z κρατεῖ F || 20 1 post Κῦρος add. εἶπε y || 2 μυρίαρχοι x : μυριάρχαι cett. || 4 οἴκοι νόμον zD : οἰκονόμον WF || ἔφασαν y : ἔθεσαν z || 5 μέντοι z : μὲν y || 10 οὗτοι codd. : οὔτοι coni. Brodaeus οὔποτ' coni. Pantazides || οἱ om. y || 21 3 ἐπισκέψασθε yHAG : ἐπισκέψασθαι V || 4 τὰ om. y || πολλάκις γὰρ z : ὡς πολλάκις y || 5 γίγνεται codd. W² : γένηται W || 6 ἂν om. y || θύωμαι zF : θύομαι WD || 7 ὅπως yV² mg. : om. z || post ὅ τι add. δ' VHA || ἀεὶ om. V² mg.

Demain, de bonne heure, pendant le temps que je sacrifierai, il faudra d'abord déjeuner, hommes et chevaux, pour qu'aucune des actions que le moment sera venu d'accomplir n'ait à souffrir d'un déjeuner manqué. Ensuite, toi, Arsamas*, garde 〈l'aile gauche, et toi, Chrysantas, la droite〉, sans changement, et vous, les autres généraux, gardez exactement votre organisation actuelle : ce n'est pas le moment de changer l'attelage juste avant le départ de la course[1]. Invitez les capitaines et les lieutenants à se former en bataille*, sur deux rangs par section » — chaque section[2] était à vingt-quatre hommes.

22 L'un des généraux dit : « Et trouves-tu, Cyrus, que, formés sur si peu de rangs, nous puissions tenir contre une ligne de bataille si profonde ?[3] » Cyrus répondit : « Mais les lignes trop profondes pour que les armes atteignent l'adversaire, trouves-tu qu'elles font soit du mal aux ennemis, soit du bien aux amis ? **23** Pour moi, j'aimerais mieux que ces hoplites qui sont formés sur cent rangs le fussent sur dix mille ; nous aurions alors une simple poignée d'hommes* à combattre. Mais avec la profondeur que je vais, moi, donner à ma ligne de bataille, je pense tirer d'elle un plein rendement, et tout le soutien qu'elle peut s'apporter à elle-même. **24** Je disposerai des tireurs immédiatement derrière les lignes cuirassées*, et des archers derrière les tireurs ; le moyen

1. Le char n'est pas de guerre mais de course et le dicton fait image.

2. Le λόχος désignant la « section » s'il s'agit de l'infanterie et le « peloton » s'il s'agit de la cavalerie, la présente section peut être, le cas échéant, un peloton.

3. L'armée de Cyrus est formée à l'aile droite — que commande Chrysantas — par la cavalerie sur deux rangs dans chaque peloton, à l'aile gauche — que commande Arsamas — par l'infanterie sur deux rangs dans chaque section ; par derrière, Cyrus place successivement les lanciers, les archers et la « vieille garde » (cf. § 25), ce qui donne une profondeur totale de huit rangs, puisque chaque unité est disposée sur deux rangs. La ligne de bataille de l'ennemi est de trente rangs (Araspas l'a dit au § 19). Le général qui élève une objection ne sait pas encore que la ligne aura une profondeur supérieure à deux rangs ; et c'est peut-être cette objection qui détermine Cyrus — il le dit à partir du § 24 — à augmenter la profondeur.

ρὸς ᾖ μὴ τούτου ἡμῖν ἐνδέῃ. Ἔπειτα δὲ σύ, ἔφη, ὦ Ἀρσάμα, ⟨τὸ ἀριστερόν, σὺ δέ, ὦ Χρυσάντα,⟩ τὸ δεξιὸν κέρας ἔχε ὥσπερ καὶ ἔχεις, καὶ οἱ ἄλλοι μυρίαρχοι ᾗπερ νῦν ἔχετε· ὁμοῦ γὰρ τοῦ ἀγῶνος ὄντος οὐδενὶ ἅρματι καιρὸς τοὺς ἵππους μεταζευγνύναι. Παραγγείλατε δὲ τοῖς ταξιάρχοις καὶ λοχαγοῖς ἐπὶ φάλαγγος καθίστασθαι εἰς δύο ἔχοντας ἕκαστον τὸν λόχον· ὁ δὲ λόχος ἦν ἕκαστος εἴκοσι τέτταρες.

22 Καί τις εἶπε τῶν μυριάρχων· Καὶ δοκοῦμέν σοι, ἔφη, ὦ Κῦρε, ἱκανῶς ἕξειν εἰς τοσούτους τεταγμένοι πρὸς οὕτω βαθεῖαν φάλαγγα; Καὶ ὁ Κῦρος εἶπεν· Αἱ δὲ βαθύτεραι φάλαγγες ἢ ὡς ἐξικνεῖσθαι τοῖς ὅπλοις τῶν ἐναντίων τί σοι, ἔφη, δοκοῦσιν ἢ τοὺς πολεμίους βλάπτειν ἢ τοὺς συμμάχους ὠφελεῖν; **23** Ἐγὼ μὲν γάρ, ἔφη, τοὺς εἰς ἑκατὸν τούτους ὁπλίτας εἰς μυρίους ἂν μᾶλλον βουλοίμην τετάχθαι· οὕτω γὰρ ἂν ἐλαχίστοις μαχοίμεθα. Ἐξ ὅσων μέντοι ἐγὼ τὴν φάλαγγα βαθυνῶ οἴομαι ὅλην ἐνεργὸν καὶ σύμμαχον ποιήσειν αὐτὴν ἑαυτῇ. **24** Ἀκοντιστὰς μὲν ἐπὶ τοῖς θωρακοφόροις τάξω, ἐπὶ δὲ τοῖς ἀκοντισταῖς τοξότας· τούτους γὰρ πρωτοστάτας μέντοι ἄν τις τάττοι, οἳ καὶ αὐτοὶ

III 21 8 ᾖ z : ἂν ᾖ V² mg. εἴη y ‖ τούτου HAGDF : τοῦτο VW iterauit W² mg. ‖ ἡμῖν y : ὑμῖν V μῖν AG μιν H ‖ 9 Ἀρσάμα Pantazides : ἀράσπα codd. ‖ lacunam ind. Pantazides et suppl. coll. VII, 1, 8 ‖ 10 ὥσπερ zD : ὡς WF ‖ καὶ ἔχεις z : κατέχεις y καὶ ἔχετε Pantazides ‖ 11 ὁμοῦ yV corr. G : ἐμοῦ HA ‖ γὰρ y : δὲ z ‖ 12 post ἅρματι add. ἔτι WD ‖ τοὺς om. z ‖ 13 τοῖς om. y ‖ 22 2 ἔφη om. y ‖ ἕξειν zDF : ἕξεις W ‖ τεταγμένοι yV corr. : -νους HAG ‖ 4 ἢ om. z ‖ 5 ἐναντίων zDF : ἀντίων W ‖ ἔφη δοκοῦσιν z : δοκοῦσιν ἔφη y ‖ ἢ A : εἶναι ἢ G εἶναι VH om. y ‖ 23 2 εἰς μυρίους z : δισμυρίους y ‖ 3 μᾶλλον βουλοίμην z : βουλοίμην μᾶλλον y ‖ post post. ἂν add. ἐν H del. V² ‖ ἐλαχίστοις μαχοίμεθα zD : ἐλαχίστοις μαχούμεθα W ἐλαχίστους μαχούμεθα F ‖ 4 ὅσων z : οἵων y ‖ 5 βαθυνῶ y : βαθύνων z ‖ 24 1 μὲν z : γὰρ F om. WD ‖ 2 ante τοξότας add. τοὺς z ‖ 3 μέντοι ἄν τις z : μὲν πῶς ἄν τις Laur. 55, 19 μὲν ἄν τις yV² μὲν τίς ἂν coni. Stephanus μὲν τί ἄν τις coni. Marchant ‖ οἳ Pernée : οἵ codd.

en effet, de disposer ces hommes comme soldats de premier rang*, à une place où eux-mêmes reconnaissent qu'ils ne peuvent soutenir le corps à corps? Mais, couverts par les lignes cuirassées, ils tiendront bon et, les uns par leurs javelots, les autres par leurs flèches, ils infligeront, toujours par dessus les rangs antérieurs, des pertes à l'ennemi. Tout procédé, c'est évident, qui fait du tort à l'ennemi sert intégralement les amis. **25** Par derrière, je mettrai ceux que l'on appelle les 'ultimes'* ; car de même qu'une maison n'est bonne à rien sans une solide assise de pierres ni sans les éléments constituant la toiture, de même une ligne de bataille ne serait bonne à rien sans les premiers ni les derniers rangs s'ils doivent être sans courage.

26 Vous donc[1], formez-vous comme je vous y invite, et vous, les officiers des peltastes, placez de même[2] vos sections derrière eux[3], et vous, ceux des archers, de même derrière les peltastes. **27** Et toi, le chef des ultimes, qui as tes hommes par derrière, invite les tiens[4] à garder les yeux chacun sur ceux qu'il a devant soi, à encourager ceux qui font leur devoir, à menacer durement ceux qui fléchissent ; et si l'un tourne le dos avec l'intention de trahir, qu'il soit puni de mort. Le rôle des soldats de premier rang est en effet de donner confiance à ceux qui les suivent par la parole et par l'action ; vous qui avez le rang d'ultimes, il vous faut inspirer aux lâches plus d'effroi que ne leur en inspirent les ennemis ; voilà pour vous la conduite à tenir. **28** Quant à toi, Euphratas, qui commandes aux artilleurs, fais en sorte que les attelages qui tirent les tours accompagnent d'aussi près

1. C'est-à-dire les généraux, dont l'un a fait une objection sur la profondeur, au § 22, jugée insuffisante.

2. C'est-à-dire sur deux rangs.

3. C'est-à-dire derrière les deux premiers rangs, ceux des fantassins combattants.

4. La leçon de tous les manuscrits ἑαυτοῦ (dans le sens de σαυτοῦ) est défendable : voir la Syntaxe de Kuehner-Gerth, t. II, p. 572. En *Cyrop.*, V, 4, 37, il faut corriger la première moitié de la ligne 2 de l'apparat critique, à partir de ‖ 8 et lire : ‖ 7 σαυτῷ Hertlein : ἑαυτῷ z ἐμοί y.

ὁμολογοῦσι μηδεμίαν μάχην ἂν ὑπομεῖναι ἐκ χειρός; Προβεβλημένοι δὲ τοὺς θωρακοφόρους μενοῦσί τε, καὶ οἱ μὲν ἀκοντίζοντες, οἱ δὲ τοξεύοντες, ὑπὲρ τῶν πρόσθεν πάντων λυμανοῦνται τοὺς πολεμίους. Ὅ τι δ' ἂν κακουργῇ τις τοὺς ἐναντίους, δῆλον ὅτι παντὶ τούτῳ τοὺς συμμάχους κουφίζει. **25** Τελευταίους μέντοι στήσω τοὺς ἐπὶ πᾶσι καλουμένους· ὥσπερ γὰρ οἰκίας οὔτε ἄνευ λιθολογήματος ὀχυροῦ οὔτε ἄνευ τῶν στέγην ποιούντων οὐδὲν ὄφελος, οὕτως οὐδὲ φάλαγγος οὔτ' ἄνευ τῶν πρώτων οὔτ' ἄνευ τῶν τελευταίων, εἰ μὴ ἀγαθοὶ ἔσονται, ὄφελος οὐδέν.

26 Ἀλλ' ὑμεῖς τ', ἔφη, ὡς παραγγέλλω τάττεσθε, καὶ ὑμεῖς οἱ τῶν πελταστῶν ἄρχοντες ἐπὶ τούτοις ὡσαύτως τοὺς λόχους καθίστατε, καὶ ὑμεῖς οἱ τῶν τοξοτῶν ἐπὶ τοῖς πελτασταῖς ὡσαύτως. **27** Σὺ δέ, ὃς τῶν ἐπὶ πᾶσιν ἄρχεις, τελευταίους ἔχων τοὺς ἄνδρας παράγγελλε τοῖς σαυτοῦ ἐφορᾶν τε ἑκάστῳ τοὺς καθ' αὑτὸν καὶ τοῖς μὲν τὸ δέον ποιοῦσιν ἐπικελεύειν, τοῖς δὲ μαλακυνομένοις ἀπειλεῖν ἰσχυρῶς· ἢν δέ τις στρέφηται προδιδόναι θέλων, θανάτῳ ζημιοῦν. Ἔργον γάρ ἐστι τοῖς μὲν πρωτοστάταις θαρρύνειν τοὺς ἑπομένους καὶ λόγῳ καὶ ἔργῳ· ὑμᾶς δὲ δεῖ τοὺς ἐπὶ πᾶσι τεταγμένους πλείω φόβον παρέχειν τοῖς κακοῖς τοῦ ἀπὸ τῶν πολεμίων· καὶ ὑμεῖς μὲν ταῦτα ποιεῖτε. **28** Σὺ δέ, ὦ Εὐφράτα, ὃς ἄρχεις τῶν ἐπὶ ταῖς μηχαναῖς, οὕτω ποίει ὅπως τὰ ζεύγη τὰ τοὺς πύργους ἄγοντα ἕψεται

III **24** 5 τε zDF : γε W ‖ 7 πάντων codd. : πάντως coni. Pantazides ‖ **25** 3 ὀχυροῦ y : ὀχυροῦν z ‖ στέγην yG : στέγειν VHA ‖ 4 οὐδὲν ὄφελος z : ὄφελος οὐδὲν y ‖ 5 εἰ — ἔσονται z : ἢν — ὦσιν y ‖ **26** 1 τ' om. z ‖ **27** 3 ante τοῖς add. τε W ‖ σαυτοῦ edd. : σεαυτοῦ E ἑαυτοῦ cett. uide adn. ‖ τοὺς yA : τοῖς VHG ‖ 4 μαλακυνομένοις DF : κακυνομένοις zW ‖ 7 θαρρύνειν y : θαρσύνειν V θρασύνειν HAG ‖ 8 ὑμᾶς δὲ yV² : καὶ ὑμᾶς z ‖ δεῖ zDF : δὴ W ‖ **28** 2 Εὐφράτα VHA : ἀβραδάτα y βραδάτα G ‖ 3 πύργους ἄγοντα z : ὑπηρέτας καὶ τοὺς πύργους φέροντα[-ς F] y.

que possible la ligne de bataille. **29** Toi, Daouchos, qui commandes le train des équipages, conduis immédiatement après les tours tout ce qui est train ; et que tes sous-ordre[1] punissent durement ceux qui, dans la circonstance, sont trop en avant ou trop en arrière. **30** Toi, Cardouque, toi le commandant des voitures couvertes qui emmènent les femmes, place-les en queue, tout de suite après le train. Tous ces éléments donneront en effet l'impression du nombre, nous aurons le moyen de dresser des embuscades[2] et l'ennemi, s'il tente de nous envelopper, sera contraint de décrire un cercle plus étendu ; il perdra nécessairement d'autant plus de sa force que la zone encerclée sera plus étendue. **31** Voilà pour vous la conduite à tenir. Quant à vous deux, Artaozos et Artagersès, ayez chacun votre régiment d'infanterie[3] en arrière de ces éléments. **32** Vous deux, Pharnouchos et Asiadatès, n'allez pas chacun former en l'accolant à l'infanterie le régiment de cavalerie que vous commandez, mais restez de votre côté sous les armes en arrière des voitures couvertes ; après quoi, venez à moi avec les autres commandants. C'est ainsi qu'il faut vous tenir prêts, comme s'il vous fallait engager la bataille. **33** Toi, le commandant des méharis, prends ta formation derrière les voitures couvertes, et exécute les ordres d'Artagersès. **34** Vous, les commandants des chars, tirez au sort, et celui qui aura obtenu son poste en avant de la ligne de bataille, qu'il prenne ses cent[4]

1. Voir VI, 2, 13 et 3, 14, et *Comm. Cav.*, lexique, *s. u.* ὑπηρέτης.

2. Sur les embuscades, voir *Comm. Cav.*, IV, 10 ; 12 ; VIII, 20 ; Xénophon recommande aussi les « fausses embuscades », ψευδενέδραι (*ibid.*, V, 8 ; VIII, 15), dont le mécanisme est expliqué *Anab.*, V, 2, 28-30 : un petit détachement se laisse voir à dessein par l'ennemi qui, redoutant un piège, suspend toute action le temps escompté.

3. Cyrus place des unités en réserve, ici des fantassins, des cavaliers au § 32.

4. Cent chars constituent un escadron. Les chars vont couvrir ainsi les deux flancs de l'armée, en étant évidemment prêts à faire une conversion, ceux de droite d'un quart à droite, ceux de gauche de même à gauche, en passant de la colonne à la ligne. L'escadron d'Abradatas, aux §§ 35-36, disposé en ligne face à l'ennemi, couvre le front de l'armée de Cyrus ; voir VII, 1, 24.

ὡς ἐγγύτατα τῆς φάλαγγος. **29** Σὺ δ', ὦ Δαοῦχε, ὃς ἄρχεις τῶν σκευοφόρων, ἐπὶ τοῖς πύργοις ἄγε πάντα τὸν τοιοῦτον στρατόν· οἱ δὲ ὑπηρέται σου ἰσχυρῶς κολαζόντων τοὺς προϊόντας τοῦ καιροῦ ἢ λειπομένους. **30** Σὺ δέ, ὦ Καρδοῦχε, ὃς ἄρχεις τῶν ἁρμαμαξῶν αἳ ἄγουσι τὰς γυναῖκας, κατάστησον αὐτὰς τελευταίας ἐπὶ τοῖς σκευοφόροις. Ἑπόμενα γὰρ ταῦτα πάντα καὶ πλήθους δόξαν παρέξει καὶ ἐνεδρεύειν ἡμῖν ἐξουσία ἔσται, καὶ τοὺς πολεμίους, ἣν κυκλοῦσθαι πειρῶνται, μείζω τὴν περιβολὴν ἀναγκάσει ποιεῖσθαι· ὅσῳ δ' ἂν μεῖζον χωρίον περιβάλλωνται, τοσούτῳ ἀνάγκη αὐτοὺς ἀσθενεστέρους γίγνεσθαι. **31** Καὶ ὑμεῖς μὲν οὕτω ποιεῖτε. Σὺ δέ, ὦ Ἀρτάοζε καὶ Ἀρταγέρσα, τὴν χιλιοστὺν ἑκάτερος τῶν σὺν ὑμῖν πεζῶν ἐπὶ τούτοις ἔχετε. **32** Καὶ σύ, ὦ Φαρνοῦχε καὶ Ἀσιαδάτα, τὴν τῶν ἱππέων χιλιοστὺν ἧς ἑκάτερος ἄρχει ὑμῶν μὴ συγκατατάττετε εἰς τὴν φάλαγγα, ἀλλ' ὄπισθεν τῶν ἁρμαμαξῶν ἐξοπλίσθητε καθ' ὑμᾶς αὐτούς· ἔπειτα πρὸς ἐμὲ ἥκετε σὺν τοῖς ἄλλοις ἡγεμόσιν. Οὕτω δὲ δεῖ ὑμᾶς παρεσκευάσθαι ὡς πρώτους δεῆσον ἀγωνίζεσθαι. **33** Καὶ σὺ δὲ ὁ ἄρχων τῶν ἐπὶ ταῖς καμήλοις ἀνδρῶν, ὄπισθεν τῶν ἁρμαμαξῶν ἐκτάττου, ποίει δ' ὅ τι ἂν σοι παραγγέλλῃ Ἀρταγέρσης. **34** Ὑμεῖς δ' οἱ τῶν ἁρμάτων ἡγεμόνες διακληρωσάμενοι, ὁ μὲν λαχὼν ὑμῶν πρὸ τῆς φάλαγγος τὰ μεθ' ἑαυτοῦ ἑκατὸν ἔχων ἅρματα καταστησάτω·

III 29 1 Δαοῦχε yVH : δαδοῦχε AG ‖ 2 post πύργοις add. ἐπὶ ταῖς μηχαναῖς z ‖ ἄγε z ἄγετε y ‖ 3 post σου add. τῶν ὄχλων z ‖ 30 1 Καρδοῦχε y : καρδοῦχα V καροῦχα HAG ‖ 3 ταῦτα πάντα yVG : πάντα ταῦτα HA ‖ 4 παρέξει F : παρέξειν WD παρέχει z ‖ 5 τοὺς πολεμίους Schneider : τοῖς πολεμίοις codd. ‖ πειρῶνται z : βούλωνται y ‖ 6 μεῖζον uulg. : μείζω codd. ‖ 7 περιβάλλωνται y : -βάλωνται z ‖ 31 1 post μὲν add. αὖ y οὖν G ‖ 3 ὑμῖν zDF : ἡμῖν W ‖ ἐπὶ τούτοις ἔχετε zW² : om. y ‖ 32 3 ἄρχει ὑμῶν z : ὑμῶν ἄρχει y ‖ 7 post δεῆσον add. ὑμᾶς y ‖ 33 2 ὁ G : ὦ yVHA ‖ ἄρχων zDF : ἄρχον W ‖ pr. τῶν om. z ‖ 34 2 πρὸ τῆς WDV²AG : πρὸς τῆς VH πρώτης F ‖ 3 ἑκατὸν VHA : ἕκαστος y om. G.

chars et les y mette ; et que les autres escadrons de chars soient en retrait de la ligne de bataille en se plaçant à la file en colonne par un, l'un sur le flanc droit de l'armée, l'autre sur le flanc gauche. Telle était la répartition que faisait Cyrus.

Place d'Abradatas.

35 Abradatas, le roi de Suse, dit : « Je suis volontaire, ô ! Cyrus, pour me charger d'occuper mon poste juste en face de la ligne de bataille adverse, à moins que tu n'aies une autre idée. » **36** Cyrus, l'admirant et lui tendant une main amie interrogea les Perses qui commandaient les autres chars : « Consentez-vous, vous aussi ? » Lorsqu'ils eurent répondu que l'honneur leur interdisait une telle démission, Cyrus tira au sort ; Abradatas, ayant obtenu la charge demandée, fut se placer face aux Égyptiens. **37** Tous alors se séparèrent, s'occupèrent des mesures énoncées plus haut, et prenaient leur soûper. Une fois installés les postes de garde, ils allèrent se coucher.

IV

Éclat de l'armée sous les armes,

1 Le lendemain, de bonne heure, tandis que Cyrus sacrifiait, le reste de l'armée, après avoir pris son repas du matin et versé des libations, s'équipait d'une profusion de tuniques éblouissantes, d'une profusion de cuirasses et de casques éblouissants ; on équipait aussi les chevaux de chanfreins et de poitrails [1], les montés de cuissards mais les attelés de couvre-têtes : tant et si bien que l'armée tout entière jetait l'éclat du bronze sur un parterre écarlate [2].

1. Sur ces deux pièces de l'armure du cheval, voir *Art éq.*, XII, 8. Chanfrein et poitrail sont une pièce d'armure rigide protégeant les parties du même nom chez le cheval.

2. Rien ne prouve que l'armée de Cyrus l'Ancien ait été tout entière écarlate ; cette couleur était celle des tuniques des soldats de Sparte et de Cyrus le Jeune, bien connues de Xénophon ; cf. *Rép. Lac.*, XI, 3 ; *Anab.*, I, 2, 16.

αἱ δ' ἕτεραι ἑκατοστύες τῶν ἁρμάτων, ἡ μὲν κατὰ τὸ δεξιὸν πλευρὸν τῆς στρατιᾶς στοιχοῦσα ἐπέσθω τῇ φάλαγγι ἐπὶ κέρως, ἡ δὲ κατὰ τὸ εὐώνυμον. Κῦρος μὲν οὕτω διέταττεν.

35 Ἀβραδάτας δὲ ὁ Σούσων βασιλεὺς εἶπεν· Ἐγώ σοι, ὦ Κῦρε, ἐθελούσιος ὑφίσταμαι τὴν κατὰ πρόσωπον τῆς ἀντίας φάλαγγος τάξιν ἔχειν, εἰ μή τί σοι ἄλλο δοκεῖ. **36** Καὶ ὁ Κῦρος ἀγασθεὶς αὐτὸν καὶ δεξιωσάμενος ἐπήρετο τοὺς ἐπὶ τοῖς ἄλλοις ἅρμασι Πέρσας· Ἦ καὶ ὑμεῖς, ἔφη, ταῦτα συγχωρεῖτε; Ἐπεὶ δ' ἐκεῖνοι ἀπεκρίναντο ὅτι οὐ καλὸν εἴη ταῦτα ὑφίεσθαι, διεκλήρωσεν αὐτούς, καὶ ἔλαχεν ὁ Ἀβραδάτας ᾗπερ ὑφίστατο, καὶ ἐγένετο κατὰ τοὺς Αἰγυπτίους. **37** Τότε μὲν δὴ ἀπιόντες καὶ ἐπιμεληθέντες ὧν προεῖπον ἐδειπνοποιοῦντο καὶ φυλακὰς καταστησάμενοι ἐκοιμήθησαν.

IV

1 Τῇ δ' ὑστεραίᾳ πρῷ Κῦρος μὲν ἐθύετο, ὁ δ' ἄλλος στρατὸς ἀριστήσας καὶ σπονδὰς ποιησάμενος ἐξωπλίζετο πολλοῖς μὲν καὶ καλοῖς χιτῶσι, πολλοῖς δὲ καὶ καλοῖς θώραξι καὶ κράνεσιν· ὥπλιζον δὲ καὶ ἵππους προμετωπιδίοις καὶ προστερνιδίοις· καὶ τοὺς μὲν μονίππους παραμηριδίοις, τοὺς δ' ὑπὸ τοῖς ἅρμασιν ὄντας παραπλευριδίοις· ὥστε ἤστραπτε μὲν χαλκῷ, ἤνθει δὲ φοινικίσι πᾶσα ἡ στρατιά.

III 34 5 στοιχοῦσα yV[2] : στείχουσα z ‖ 6 κέρως z : κέρας y ‖ 35 2 σοι zWD : σε F ‖ ὦ V[1] ut uid. : om. cett. ‖ ὑφίσταμαι yV : ὑπ- HAG ‖ 4 δοκεῖ yHAG : δοκῇ V ‖ 36 1 ὁ zW : om. DF ‖ 3 Ἦ zDF : εἰ W ‖ 37 2 προεῖπον codd. : προεῖπεν coni. Schneider.

IV 1 1 Κῦρος μὲν z : μὲν ὁ κ- W ὁ μὲν κ- DF ‖ 3 μὲν om. y ‖ 5 μονίππους z : ἵππους y ‖ 6 παραμηριδίοις y -μηρίοις VAG -μηρίους H ‖ τοὺς δ' ὑπὸ z : τοὺς δ' ἐπὶ WD τοῖς δ' ἐπὶ F ‖ ὄντας om. y ‖ 7 παραπλευριδίοις yVAG : -πλευριδίους H.

Adieux d'Abradatas[1] *et de Panthée.*

2 Abradatas avait son chariot à quatre timons et huit chevaux magnifiquement parés ; au moment où il allait revêtir la cuirasse de lin[2] en usage dans son pays, Panthée lui apporte un casque d'or, des brassards, de larges bracelets pour les poignets ainsi qu'une tunique de pourpre à falbala descendant jusqu'aux pieds et une aigrette jacinthe. Elle avait tout fait faire en cachette de son mari, après avoir pris la mesure de ses armes. **3** Cette vue l'étonna, et il questionna Panthée : « Je suppose que tu n'as pas découpé tes parures pour me faire faire ces armes ? — Non, par Zeus, dit Panthée, du moins pas ma plus précieuse parure ; car si tu te montres aux autres tel que je te vois, c'est toi qui seras pour moi la plus grande. » En prononçant ces mots elle le couvrait de ses armes ; mais elle avait beau les cacher de toutes ses forces, les larmes lui coulaient le long des joues[3].

4 Quand Abradatas, qui déjà auparavant était superbe à voir, fut revêtu de ses armes, il offrit un spectacle sublime et d'une rare noblesse, car il avait de la race ; prenant les guides des mains de l'aide-conducteur[4], déjà il s'apprêtait à monter sur son char, **5** quand Panthée, ayant prié tous les assistants de se retirer, dit : « Abradatas, s'il y eut jamais des femmes pour donner plus de prix à leur mari qu'à leur propre vie, tu dois savoir que je suis l'une d'elles. A quoi bon, dès lors, faire

1. Cette scène célèbre est inspirée de celle des adieux d'Hector et d'Andromaque dans l'*Iliade*.

2. On trouve de ces cuirasses à plusieurs épaisseurs de lin déjà dans l'*Iliade*, II, 529 et 830. Xénophon a vu les Chalybes en porter : *Anab.*, IV, 7, 15. Hérodote mentionne la cuirasse de lin donnée par Amasis, II, 182, et qui mérite d'être vue. Il la décrit III, 47.

3. Xénophon donne dans la princesse de Suse l'image de la femme idéalisée, alliant la tendresse à l'héroïsme. Les larmes cachées peuvent être un souvenir d'Homère ; mais c'est Ulysse qui pleure : *Od.*, VIII, 532 (ἐλάνθανε δάκρυα λείβων) ; XVII, 304-305, où l'on trouve encore les mots δάκρυ et λανθάνω.

4. L'aide-conducteur n'a qu'un rôle subalterne. Le conducteur est ici le combattant, Abradatas, le char opérant par sa force de rupture au milieu des lignes ennemies ; voir ci-dessus VI, 1, 30 et la note.

2 Καὶ τῷ Ἀβραδάτᾳ δὲ τὸ τετράρρυμον ἅρμα καὶ ἵππων ὀκτὼ παγκάλως ἐκεκόσμητο· ἐπεὶ δ' ἔμελλε τὸν λινοῦν θώρακα, ὃς ἐπιχώριος ἦν αὐτοῖς, ἐνδύεσθαι, προσφέρει αὐτῷ ἡ Πάνθεια χρυσοῦν κράνος καὶ περιβραχιόνια καὶ ψέλια πλατέα περὶ τοὺς καρποὺς τῶν χειρῶν καὶ χιτῶνα πορφυροῦν ποδήρη στολιδωτὸν τὰ κάτω καὶ λόφον ὑακινθινοβαφῆ. Ταῦτα δ' ἐποιήσατο λάθρᾳ τοῦ ἀνδρὸς ἐκμετρησαμένη τὰ ἐκείνου ὅπλα. **3** Ὁ δὲ ἰδὼν ἐθαύμασέ τε καὶ ἐπήρετο τὴν Πάνθειαν· Οὐ δήπου, ὦ γύναι, συγκόψασα τὸν σαυτῆς κόσμον τὰ ὅπλα μοι ἐποιήσω; Μὰ Δί', ἔφη ἡ Πάνθεια, οὔκουν τόν γε πλείστου ἄξιον· σὺ γάρ ἔμοιγε, ἢν καὶ τοῖς ἄλλοις φανῇς οἷόσπερ ἐμοὶ δοκεῖς εἶναι, μέγιστος κόσμος ἔσῃ. Ταῦτα δὲ λέγουσα ἅμα ἐνέδυε τὰ ὅπλα, καὶ λανθάνειν μὲν ἐπειρᾶτο, ἐλείβετο δὲ αὐτῇ τὰ δάκρυα κατὰ τῶν παρειῶν.

4 Ἐπεὶ δὲ καὶ πρόσθεν ὢν ἀξιοθέατος ὁ Ἀβραδάτας ὡπλίσθη τοῖς ὅπλοις τούτοις, ἐφάνη μὲν κάλλιστος καὶ ἐλευθεριώτατος, ἅτε καὶ τῆς φύσεως ὑπαρχούσης· λαβὼν δὲ παρὰ τοῦ ὑφηνιόχου τὰς ἡνίας παρεσκευάζετο ὡς ἀναβησόμενος ἤδη ἐπὶ τὸ ἅρμα· **5** ἐν δὲ τούτῳ ἡ Πάνθεια ἀποχωρῆσαι κελεύσασα τοὺς παρόντας πάντας ἔλεξεν. Ἀλλ' ὅτι μέν, ὦ Ἀβραδάτα, εἴ τις καὶ ἄλλη πώποτε γυνὴ τὸν ἑαυτῆς ἄνδρα μεῖζον τῆς ἑαυτῆς ψυχῆς ἐτίμησεν, οἶμαί σε γιγνώσκειν ὅτι καὶ ἐγὼ μία τούτων εἰμί. Τί οὖν ἐμὲ δεῖ καθ' ἓν ἕκαστον

IV 2 1 τετράρρυμον V^2 : τετράρυμον y z ‖ 4 post Πάνθεια add. χρυσοῦν Meyer ‖ ante χρυσοῦν add. καὶ y ‖ 5 ψέλια y : ψέλλια z ‖ 6 στολιδωτὸν WDVHA : στολιωτὸν F φολιδωτὸν G ‖ τὰ om. y ‖ 8 ὅπλα yV^2A : om. VHG ‖ 3 1 ἐπήρετο z : ἤρετο y ‖ 2 οὐ y : σὺ z ‖ 4 ἢν z : ἂν y ‖ 5 φανῇς οἷόσπερ z : φανεῖς οἷος WD φάνηθι ὡς F ‖ 6 ἔσῃ zW : om. DF ‖ δὲ om. y ‖ ἅμα om. W ‖ post ἐνέδυε add. τε y ‖ 7 αὐτῇ y : αὐτῆς z ‖ 4 4 ὑφηνιόχου y V^2 : ἡνιόχου z ‖ 5 2 ἀποχωρῆσαι z : ὑπο- y ‖ 4 ἑαυτῆς z W : αὑτῆς D αὐτῆς F ‖ 6 μία τούτων z : τούτων μία y.

le détail des preuves? Je crois que ma conduite t'en a donné de meilleures que mes présentes paroles. **6** Pourtant, malgré les sentiments que tu me connais à ton égard, je te le jure, par ton amour et par le mien, oui, j'aimerais mieux, moi, partager le vêtement de la terre[1] avec mon époux devenu un héros, que vivre avec un homme déconsidéré, déconsidérée moi-même, tant je revendique pour nous deux l'héroïsme. **7** Envers Cyrus j'estime que nous avons contracté une grande dette de reconnaissance, car le jour où je devins captive, choisie pour lui[2], non seulement il refusa de me posséder ni comme esclave ni comme femme libre perdue d'honneur, mais il m'a gardée pour toi en me prenant[3] comme la femme d'un frère. **8** Davantage encore, quand l'homme chargé de ma garde, Araspas, a déserté son armée[4], je lui ai promis que, s'il me laissait t'envoyer un message, il lui viendrait en toi un homme mille fois plus sûr et plus valeureux qu'Araspas. »

9 Elle dit ; Abradatas, ravi de ses paroles, posa la main sur sa tête[5] et leva les yeux vers le ciel en priant : « O ! grand Zeus, donne-moi de me montrer un époux digne de Panthée, un ami digne de Cyrus qui nous a honorés. » A ces mots, par la porte de la caisse*, il monta sur son char. **10** Une fois monté, quand l'aide-conducteur eut fermé la porte, Panthée, ne voyant plus d'autre moyen pour lui donner un baiser, posa les lèvres sur la caisse. Déjà le char d'Abradatas avançait, et Panthée marchait par derrière à son insu quand, se tournant, il la vit, et dit : « Courage, Panthée, et adieu.

1. L'expression, poétique, peut être prise à Pindare, *Ném.*, XI, 16. Elle est aussi dans l'*Anthologie*, VII, 480, 4. Le serment est solennel. Panthée le respectera.

2. On voit en IV, 6, 11, comment la femme de Suse, « la plus belle qui fut jamais », faisait partie des captives destinées à Cyrus.

3. Les verbes associés, διαφυλάττω et λαμβάνω, repris de V, 1, 3, prennent ici tout leur sens.

4. Panthée ignore qu'Araspas n'est pas déserteur.

5. Le geste, sur la partie touchée au génitif, accompagne la prière ; cf. Kuehner-Gerth, *Syntax*, III, p. 349, Rem. 8.

λέγειν ; Τὰ γὰρ ἔργα οἶμαί σοι πιθανώτερα παρεσχῆσθαι τῶν νῦν λεχθέντων λόγων. 6 Ὅμως δὲ οὕτως ἔχουσα πρὸς σὲ ὥσπερ σὺ οἶσθα, ἐπομνύω σοι τὴν ἐμὴν καὶ σὴν φιλίαν ἦ μὴν ἐγὼ βούλεσθαι ἂν μετὰ σοῦ ἀνδρὸς ἀγαθοῦ γενομένου κοινῇ γῆν ἐπιέσασθαι μᾶλλον ἢ ζῆν μετ' αἰσχυνομένου αἰσχυνομένη · οὕτως ἐγὼ καὶ σὲ τῶν καλλίστων καὶ ἐμαυτὴν ἠξίωκα. 7 Καὶ Κύρῳ δὲ μεγάλην τινὰ δοκῶ ἡμᾶς χάριν ὀφείλειν, ὅτι με αἰχμάλωτον γενομένην καὶ ἐξαιρεθεῖσαν αὐτῷ οὔτε ὡς δούλην ἠξίωσε κεκτῆσθαι οὔτε ὡς ἐλευθέραν ἐν ἀτίμῳ ὀνόματι, διεφύλαξε δὲ σοὶ ὥσπερ ἀδελφοῦ γυναῖκα λαβών. 8 Πρὸς δὲ καὶ ὅτε Ἀράσπας ἀπέστη αὐτοῦ ὁ ἐμὲ φυλάττων, ὑπεσχόμην αὐτῷ, εἴ με ἐάσειε πρὸς σὲ πέμψαι, ἥξειν αὐτῷ σὲ πολὺ Ἀράσπου ἄνδρα καὶ πιστότερον καὶ ἀμείνονα.

9 Ἡ μὲν ταῦτα εἶπεν · ὁ δὲ Ἀβραδάτας ἀγασθεὶς τοῖς λόγοις καὶ θιγὼν αὐτῆς τῆς κεφαλῆς ἀναβλέψας εἰς τὸν οὐρανὸν ἐπηύξατο · Ἀλλ', ὦ Ζεῦ μέγιστε, δός μοι φανῆναι ἀξίῳ μὲν Πανθείας ἀνδρί, ἀξίῳ δὲ Κύρου φίλῳ τοῦ ἡμᾶς τιμήσαντος. Ταῦτ' εἰπὼν κατὰ τὰς θύρας τοῦ ἁρματείου δίφρου ἀνέβαινεν ἐπὶ τὸ ἅρμα. 10 Ἐπεὶ δὲ ἀναβάντος αὐτοῦ κατέκλεισε τὸν δίφρον ὁ ὑφηνιόχος, οὐκ ἔχουσα ἡ Πάνθεια πῶς ἔτι ἄλλως ἀσπάσαιτο αὐτόν, κατεφίλησε τὸν δίφρον. Καὶ τῷ μὲν προῄει ἤδη τὸ ἅρμα, ἡ δὲ λαθοῦσα αὐτὸν συνεφείπετο, ἕως ἐπιστραφεὶς καὶ ἰδὼν αὐτὴν ὁ Ἀβραδάτας εἶπε · Θάρρει, Πάν-

IV 5 8 λόγων om. y ‖ 6 1 ἔχουσα z : ἑκοῦσα y ‖ 3 ante σὴν add. τὴν y ‖ 7 2 μεγάλην τινὰ δοκῶ z : δ. μ. τ. y ‖ 3 αὐτῷ x : ἑαυτῷ cett. ‖ ante δούλην add. με z ‖ 8 3 ἐάσειε VHA : ἐάσει DG ἐάσῃ W ἐάσεις F ‖ πρὸς σὲ πέμψαι z DF : προπέμψαι W ‖ post ἥξειν add. ἔσεσθαι [punctis notatum G] z ‖ 9 2 τοῖς λόγοις z : αὐτῇ W αὐτὴν DF ‖ θιγὼν edd. : θίγων codd. ‖ 3 εἰς z : πρὸς y ‖ 4 post δὲ add. καὶ z ‖ 10 3 οὐκ yV² : οὐδ' z ‖ post πῶς add. ἂν z ‖ post ἄλλως add. ἢ y ‖ 6 ὁ om. z.

Va-t-en maintenant. » **11** Alors les eunuques et les servantes la prirent et l'emmenèrent à sa voiture couverte ; ils l'étendirent et l'abritèrent des regards sous la capote. Et malgré la beauté du spectacle offert par Abradatas et son char, les gens furent incapables de le contempler tant que Panthée n'eut pas disparu.

Exhortations de Cyrus aux commandants d'unités.

12 Une fois qu'il eut obtenu les signes favorables et que l'armée eut pris ses formations conformément aux ordres, non sans faire occuper de nouveaux observatoires avancés[1] Cyrus réunit les commandants et parla ainsi : **13** « Amis et alliés, les dieux nous font voir exactement les mêmes présages que le jour où ils nous donnèrent la précédente victoire ; mais j'entends vous remettre en mémoire ce dont je crois que le souvenir vous fera marcher au combat avec un enthousiasme accru. **14** Bien plus que les ennemis vous êtes entraînés aux exercices préparatoires à la guerre, ensemble vous avez reçu votre apprentissage et pris vos formations dans le même moule pendant bien plus de temps, à présent, que les ennemis, au coude à coude vous avez remporté la victoire. Les ennemis, eux, pour la plupart, ont collaboré dans la défaite, et des deux côtés ceux qui n'ont pas pris part à la bataille savent, eux, qu'ils ont des traîtres[2] pour les coudoyer, comme vous, qui êtes avec nous, vous savez que vous vous battez aux côtés d'hommes résolus à soutenir leurs alliés. **15** S'il est naturel que les hommes animés par une confiance réciproque combattent d'un seul cœur sans esprit de recul, il est inévitable que ceux qu'inspire la défiance songent au moyen pour chacun le plus prompt de déguerpir. **16** Marchons donc, Messieurs, sus à l'ennemi, avec des chars armés[3] contre

1. L'armée progresse par bonds, sur un terrain reconnu au préalable.
2. Crésus est visé, non sans quelque exagération : IV, 2, 29 ; VI, 2, 19.
3. C'est-à-dire armés de faux ; cf. VI, 1, 30. L'invention de Cyrus rend ses chars redoutables face à ceux de l'ennemi ; elle donne confiance en la victoire future.

θεια, καὶ χαῖρε καὶ ἄπιθι ἤδη. **11** Ἐκ τούτου δὴ οἱ εὐνοῦχοι καὶ αἱ θεράπαιναι λαβοῦσαι ἀπῆγον αὐτὴν εἰς τὴν ἁρμάμαξαν καὶ κατακλίναντες κατεκάλυψαν τῇ σκηνῇ. Οἱ δὲ ἄνθρωποι, καλοῦ ὄντος τοῦ θεάματος τοῦ τε Ἀβραδάτου καὶ τοῦ ἅρματος, οὐ πρόσθεν ἐδύναντο θεάσασθαι αὐτὸν πρὶν ἡ Πάνθεια ἀπῆλθεν.

12 Ὡς δ' ἐκεκαλλιερήκει μὲν ὁ Κῦρος, ἡ δὲ στρατιὰ παρετέτακτο αὐτῷ ὥσπερ παρήγγειλε, κατέχων σκοπὰς ἄλλας πρὸ ἄλλων συνεκάλεσε τοὺς ἡγεμόνας καὶ ἔλεξεν ὧδε. **13** Ἄνδρες φίλοι καὶ σύμμαχοι, τὰ μὲν ἱερὰ οἱ θεοὶ ἡμῖν φαίνουσιν οἷάπερ ὅτε τὴν πρόσθεν νίκην ἔδοσαν· ὑμᾶς δ' ἐγὼ βούλομαι ἀναμνῆσαι ὧν μοι δοκεῖτε μεμνημένοι πολὺ ἂν εὐθυμότεροι εἰς τὸν ἀγῶνα ἰέναι. **14** Ἠσκήκατε μὲν γὰρ τὰ εἰς τὸν πόλεμον πολὺ μᾶλλον τῶν πολεμίων, συντέτραφθε δὲ καὶ συντέταχθε ἐν τῷ αὐτῷ πολὺ πλείω ἤδη χρόνον ἢ οἱ πολέμιοι καὶ συννενικήκατε μετ' ἀλλήλων. Τῶν δὲ πολεμίων οἱ πολλοὶ συνήττηνται μεθ' ἑαυτῶν, οἱ δὲ ἀμάχητοι ἑκατέρων οἱ μὲν τῶν πολεμίων ἴσασιν ὅτι προδότας τοὺς παραστάτας ἔχουσιν, ὑμεῖς δὲ οἱ μεθ' ἡμῶν ἴστε ὅτι μετὰ θελόντων τοῖς συμμάχοις ἀρήγειν μάχεσθε. **15** Εἰκὸς δὲ τοὺς μὲν πιστεύοντας ἀλλήλοις ὁμονόως μάχεσθαι μένοντας, τοὺς δὲ ἀπιστοῦντας ἀναγκαῖον βουλεύεσθαι πῶς ἂν ἕκαστοι τάχιστα ἐκποδὼν γένοιντο. **16** Ἴωμεν δή, ὦ ἄνδρες, ἐπὶ τοὺς πολε-

IV **11** 2 ἀπῆγον αὐτὴν z : αὐτὴν ἀπῆγον y ‖ 3 κατακλίναντες z : κατέκλιναν καὶ y ‖ 5 τε om. y ‖ **12** 1 δ' ἐκεκαλλιερήκει WD : δὲ κεκαλλιερήκει VHG δὲ καὶ καλλιερήκει A ‖ **13** 2 ἡμῖν post ἱερὰ transp. WD om. F ‖ **14** 1 μὲν om. y ‖ 2 post μᾶλλον add. ἢ z del. V[2] ‖ 3 ἤδη om. WF ‖ 4 οἱ om. WF ‖ 5 συνήττηνται z : μὲν ἥττηνται y ‖ μεθ' ἑαυτῶν F : μετ' αὐτῶν z καθ' ἑαυτῶν WD ‖ 8 μετὰ θελόντων z D : μετ' ἐθελόντων WF ‖ τοῖς συμμάχοις z : τῶν συμμάχων y ‖ μάχεσθε [-θαι F] yz : μαχεῖσθε x ‖ **15** 3 ἂν om. y ‖ τάχιστα ἐκποδὼν zWD : ἐκποδὼν τάχιστα F ‖ **16** 1 ἴωμεν yD : ἴμεν WF.

des chars non armés, ceux d'en face, de même avec des cavaliers et des chevaux armés contre les leurs non armés, en vue d'un combat corps à corps. **17** Vous allez combattre contre tous les mêmes fantassins qu'auparavant, sauf les Égyptiens, mais armés aussi mal et formés aussi mal qu'eux ; car ils ont des boucliers trop longs[1] pour un service efficace et pour la vue ; de plus, formés sur une profondeur de cent, il est évident qu'ils s'empêcheront les uns les autres de se battre, à de rares exceptions près. **18** S'ils se font fort de nous repousser en poussant droit, il leur faudra d'abord tenir devant les chevaux, et devant le fer doublé de la force des chevaux. Et si l'un d'eux résiste, comment pourra-t-il à la fois se battre contre les chevaux, se battre contre l'infanterie, se battre contre les tours[2]? Car les tireurs des tours nous prêteront de là-haut main forte, et par leurs coups sur les ennemis les acculeront à la détresse en leur ôtant le moyen de se battre. **19** Si vous croyez avoir encore besoin de quelque chose, dites-le moi ; car avec l'aide des dieux nous ne devons manquer de rien. Et si quelqu'un veut prendre la parole, qu'il parle. Sinon, allez aux présages[3], priez les dieux auxquels nous avons sacrifié et regagnez vos unités. **20** Que chacun de vous rappelle à ses hommes ce que je viens de vous rappeler ; que l'on démontre aux subordonnés que l'on mérite son commandement en montrant une attitude, un visage et un langage impavides. »

1. Cyrus fait preuve d'un optimisme rassurant, mais mal fondé, car les Égyptiens seront justement ceux qui mettront son armée en péril. Leurs boucliers, faits d'un cadre de bois ou de métal sur lequel est tendu un cuir de bœuf, « descendent jusqu'aux pieds » (VI, 2, 10) ; ils peuvent avoir la taille même du guerrier qui peut le poser à terre et rester ainsi couvert.

2. Les tours mobiles, inventées selon Xénophon par Cyrus (VI, 1, 52-55), sont encore inconnues de l'ennemi ; elles feront du mal aux Égyptiens, VII, 1, 34.

3. On regrette que dans sa thèse, citée ci-dessus, J. Casabona ne donne pas de précisions sur les expressions πρὸς τὰ ἱερὰ ἐλθεῖν, qu'on trouve ici, ni son contraire ἀπιέναι ἀπὸ τῶν ἱερῶν, *Anab.*, IV, 3, 9. Il ne semble pas que τὰ ἱερά puisse désigner un emplacement particulier où l'on se rend pour consulter les dieux, en raison de la proximité de l'expression ἀμφὶ τὰ ἱερὰ εἶναι, VII, 1, 1.

μίους, ἅρματα μὲν ἔχοντες ὡπλισμένα πρὸς ἄοπλα τὰ τῶν πολεμίων, ὡς δ' αὔτως καὶ ἱππέας καὶ ἵππους ὡπλισμένους πρὸς ἀόπλους, ὡς ἐκ χειρὸς μάχεσθαι. **17** Πεζοῖς δὲ τοῖς μὲν ἄλλοις οἷς καὶ πρόσθεν μαχεῖσθε, Αἰγύπτιοι δὲ ὁμοίως μὲν ὡπλισμένοι εἰσίν, ὁμοίως δὲ τεταγμένοι· τάς τε γὰρ ἀσπίδας μείζους ἔχουσιν ἢ ὡς ποιεῖν τι καὶ ὁρᾶν, τεταγμένοι τε εἰς ἑκατὸν δῆλον ὅτι κωλύσουσιν ἀλλήλους μάχεσθαι πλὴν πάνυ ὀλίγων. **18** Εἰ δὲ ὠθοῦντες ἐξώσειν πιστεύουσιν, ἵπποις αὐτοὺς πρῶτον δεήσει ἀντέχειν καὶ σιδήρῳ ὑφ' ἵππων ἰσχυριζομένῳ. Ἢν δέ τις αὐτῶν καὶ ὑπομείνῃ, πῶς ἅμα δυνήσεται ἱππομαχεῖν τε καὶ φαλαγγομαχεῖν καὶ πυργομαχεῖν; Καὶ γὰρ οἱ ἀπὸ τῶν πύργων ἡμῖν μὲν ἐπαρήξουσι, τοὺς δὲ πολεμίους παίοντες ἀμηχανεῖν ἀντὶ τοῦ μάχεσθαι ποιήσουσιν. **19** Εἰ δέ τινος ἔτι ἐνδεῖσθαι δοκεῖτε, πρὸς ἐμὲ λέγετε· σὺν γὰρ θεοῖς οὐδενὸς ἀπορήσομεν. Καὶ εἰ μέν τις εἰπεῖν τι βούλεται, λεξάτω. Εἰ δὲ μή, ἐλθόντες πρὸς τὰ ἱερὰ καὶ προσευξάμενοι οἷς ἐθύσαμεν θεοῖς ἴτε ἐπὶ τὰς τάξεις. **20** Καὶ ἕκαστος ὑμῶν ὑπομιμνῃσκέτω τοὺς μεθ' αὑτοῦ ἅπερ ἐγὼ ὑμᾶς, καὶ ἐπιδεικνύτω τις τοῖς ἀρχομένοις ἑαυτὸν ἄξιον ἀρχῆς, ἄφοβον δεικνὺς καὶ σχῆμα καὶ πρόσωπον καὶ λόγους.

IV 17 2 οἷς z : οἵοις y ‖ 2 Αἰγύπτιοι δὲ ὁμοίως μὲν z : αἰγυπτίοις δὲ οἱ ὁμοίως y ‖ 5 ante ὁρᾶν add. ὡς WF ‖ ἑκατὸν yV : ἕκαστον HAG ‖ 18 1 εἰ δὲ z : εἰ δέ τω W εἰ δὲ τῷ DF ‖ 4 ὑπομείνῃ z : ὑπομένῃ y ‖ 5 καὶ πυργομαχεῖν om. z ‖ 19 1 τινος V F : τινες HAG τι WD ‖ ἔτι om. W ‖ 2 οὐδενὸς z : οὐδὲν y ‖ 4 ἐθύσαμεν z : ἐθύομεν y ‖ 20 3 ἄφοβον zDF : ἄμφω W.

LIVRE VII

I

On approche de l'ennemi : dernières instructions de Cyrus.

1 Ayant prié les dieux, les commandants rejoignirent leurs unités ; pour Cyrus et son état-major les serviteurs servirent à manger et à boire alors qu'ils n'avaient pas encore terminé leur tâche sacrée*. Puis Cyrus, ayant, debout sur place, offert les prémices, déjeunait en prenant comme commensal à son tour celui dont l'accueil s'imposait ; libations et prières achevées, il but, imité encore par toute sa garde. Après quoi, il pria Zeus ancestral[1] d'être conducteur et allié, et monta sur son cheval en y invitant son état-major*. **2** Toute la garde était équipée des mêmes armes que Cyrus, tuniques écarlates, cuirasses de bronze, casques de bronze, aigrettes blanches, coutelas, et un javelot de cornouiller par tête ; les chevaux avaient des chanfreins, poitrails et cuissards de bronze, ces derniers servant encore aussi de cuissards pour le cavalier[2]. Il y avait cette simple différence pour Cyrus qu'un enduit doré avait été passé sur toutes les armes : les siennes seules étincelaient comme un miroir[3].

3 Quand il fut en selle, tenant, immobile, les yeux sur la route qu'il comptait suivre, un coup de tonnerre retentit sur la droite. Il dit : « Nous te suivrons, Zeus souverain. » Et tandis qu'il partait, ayant à sa droite Chry-

1. Xénophon donne aux Perses des dieux grecs (cf. VII, 1, 10) comme, avec les libations, il leur prête des rites grecs.

2. Le passage a de grandes analogies avec *Art éq.*, XII, 8 et 12 ; voir les notes de mon édition, Belles Lettres, 1951, et ci-dessus VI, 4, 1.

3. L'image est d'autant plus juste que les miroirs antiques étaient métalliques.

ΚΥΡΟΥ ΠΑΙΔΕΙΑ Ζ′

I

1 Οἱ μὲν δὴ εὐξάμενοι τοῖς θεοῖς ἀπῇσαν πρὸς τὰς τάξεις · τῷ δὲ Κύρῳ καὶ τοῖς ἀμφ' αὐτὸν προσήνεγκαν οἱ θεράποντες ἐμφαγεῖν καὶ πιεῖν ἔτι οὖσιν ἀμφὶ τὰ ἱερά. Ὁ δὲ Κῦρος ὥσπερ εἶχεν ἑστηκὼς ἀπαρξάμενος ἠρίστα καὶ μετεδίδου ἀεὶ τῷ μάλιστα δεομένῳ · καὶ σπείσας καὶ εὐξάμενος ἔπιε, καὶ οἱ ἄλλοι δὲ οἱ περὶ αὐτὸν οὕτως ἐποίουν. Μετὰ δὲ ταῦτα αἰτησάμενος Δία πατρῷον ἡγεμόνα εἶναι καὶ σύμμαχον ἀνέβαινεν ἐπὶ τὸν ἵππον καὶ τοὺς ἀμφ' αὑτὸν ἐκέλευεν. **2** Ὡπλισμένοι δὲ πάντες ἦσαν οἱ περὶ τὸν Κῦρον τοῖς αὐτοῖς Κύρῳ ὅπλοις, χιτῶσι φοινικοῖς, θώραξι χαλκοῖς, κράνεσι χαλκοῖς, λόφοις λευκοῖς, μαχαίραις, παλτῷ κρανείνῳ ἑνὶ ἕκαστος · οἱ δὲ ἵπποι προμετωπιδίοις καὶ προστερνιδίοις καὶ παραμηριδίοις χαλκοῖς · τὰ δ' αὐτὰ ταῦτα καὶ παραμηρίδια ἦν τῷ ἀνδρί. Τοσοῦτον μόνον διέφερε τὰ Κύρου ὅπλα ὅτι τὰ μὲν ἄλλα ἐκέχριτο τῷ χρυσοειδεῖ χρώματι, τὰ δὲ Κύρου ὅπλα ὥσπερ κάτοπτρον ἐξέλαμπεν.

3 Ἐπεὶ δὲ ἀνέβη καὶ ἔστη βλέπων ᾗπερ ἔμελλε πορεύεσθαι, βροντὴ δεξιὰ ἐφθέγξατο. Ὁ δ' εἶπεν · Ἑψόμεθά σοι, ὦ Ζεῦ μέγιστε. Καὶ ὡρμᾶτο μὲν ἐν δεξιᾷ ἔχων

I **1** 3 ἐμφαγεῖν... πιεῖν V corr. : ἐμφαγεῖν... ἐμπιεῖν [-ποιεῖν D] y ἐμπιεῖν... φαγεῖν HAG || 9 αὑτὸν WV ut uid. H : αὐτὸν DFAG || ἐκέλευεν FVH : ἐκέλευσεν WDAG || **2** 2 ἦσαν yV² mg. : om. z || 3 λόφοις λευκοῖς yV² : λόφοις δὲ λευκοῖς VHG om. A || 4 κρανείνῳ WDV² mg. : κραΐνῳ F κράνει z || ante ἑνὶ add. οἷς yV² mg. || 5 καὶ παραμηριδίοις Weiske : καὶ παραπλευριδίοις yV² mg. om. z || 7 ante μόνον add. δὲ W || διέφερε yV² : -έφερον z || 8 ἐκέχριτο Cobet : ἐκέχριστο zWD ἐκέχρωστο F || **3** 3 μὲν ἐν codd. : ἐν μὲν coni. Dindorf.

santas, commandant de la cavalerie, avec les cavaliers, à sa gauche Arsamas et les fantassins, **4** il fit passer l'ordre d'avoir l'œil sur son étendard et de suivre d'un même mouvement[1]; cet étendard[2] était un aigle d'or déployé sur une longue lance. — Aujourd'hui encore il est resté celui du roi des Perses.

Avant que les ennemis ne fussent en vue, il fit faire jusqu'à trois haltes[3] à l'armée. **5** Lorsqu'ils se furent avancés d'environ vingt stades, déjà ils commençaient à distinguer nettement l'armée ennemie venant à leur rencontre[4]. Une fois bien en vue les uns des autres, et quand les ennemis se furent rendu compte que leur ligne de bataille faisait, à droite et à gauche, un large dépassement[5], arrêtant leur centre — autrement il est impossible d'encercler — ils infléchissaient leur ligne en vue d'un encerclement, avec l'idée, en donnant à leur formation à droite et à gauche la figure d'un gamma[6], de combattre de partout à la fois*. **6** En voyant cela Cyrus n'en tirait nullement prétexte pour renoncer : imperturbable, il emmenait son armée.

Mais constatant chez l'ennemi, à droite et à gauche, l'éloignement de la charnière* où pivotaient les ailes pour se déployer, « remarques-tu, dit-il à Chrysantas, où ils font leur virage? — Parfaitement, dit Chrysantas, et même je m'en étonne ; car il me semble qu'ils étirent leurs ailes très loin de leur centre. — Oui, par Zeus ! dit Cyrus, et du nôtre également*. **7** — Qu'est-ce que cela signifie? — C'est, évidemment, par peur que, leurs ailes se trouvant proches de nous quand leur centre

1. Cyrus est justement préoccupé d'éviter les à-coups : chaque unité, quelle que soit sa place, doit se mettre en route avec les autres.

2. De même dans *Anab.*, I, 6, 12.

3. Évidemment pour épargner toute fatigue aux soldats avant le combat.

4. On se croirait juste avant la bataille de Cunaxa.

5. Voir VI, 3, 20.

6. C'est-à-dire deux *gammas* inversés dont les barres horizontales constituent le centre du front et les deux barres verticales séparées les ailes.

Χρυσάνταν τὸν ἵππαρχον καὶ τοὺς ἱππέας, ἐν ἀριστερᾷ δὲ Ἀρσάμαν καὶ τοὺς πεζούς· **4** παρηγγύησε δὲ παροράν πρὸς τὸ σημεῖον καὶ ἐν ἴσῳ ἕπεσθαι· ἦν δὲ αὐτῷ τὸ σημεῖον ἀετὸς χρυσοῦς ἐπὶ δόρατος μακροῦ ἀνατεταμένος. Καὶ νῦν δ' ἔτι τοῦτο τὸ σημεῖον τῷ Περσῶν βασιλεῖ διαμένει.

Πρὶν δὲ ὁρᾶν τοὺς πολεμίους εἰς τρὶς ἀνέπαυσε τὸ στράτευμα. **5** Ἐπεὶ δὲ προεληλύθεσαν ὡς εἴκοσι σταδίους, ἤρχοντο ἤδη τὸ τῶν πολεμίων στράτευμα ἀντιπροσιὸν καθορᾶν. Ὡς δ' ἐν τῷ καταφανεῖ πάντες ἀλλήλοις ἐγένοντο καὶ ἔγνωσαν οἱ πολέμιοι πολὺ ἑκατέρωθεν ὑπερφαλαγγοῦντες, στήσαντες τὴν ἑαυτῶν φάλαγγα (οὐ γὰρ ἔστιν ἄλλως κυκλοῦσθαι), ἐπέκαμπτον εἰς κύκλωσιν ὅπως, ὥσπερ γάμμα ἑκατέρωθεν τὴν ἑαυτῶν τάξιν ποιήσαντες, πάντοθεν ἅμα μάχοιντο. **6** Ὁ δὲ Κῦρος ὁρῶν ταῦτα οὐδέν τι μᾶλλον ἀφίστατο, ἀλλ' ὡσαύτως ἡγεῖτο.

Κατανοῶν δὲ ὡς πρόσω τὸν καμπτῆρα ἑκατέρωθεν ἐποιήσαντο περὶ ὃν κάμπτοντες ἀνέτεινον τὰ κέρατα, Ἐννοεῖς, ἔφη, ὦ Χρυσάντα, ἔνθα τὴν ἐπικαμπὴν ποιοῦνται; Πάνυ γε, ἔφη ὁ Χρυσάντας, καὶ θαυμάζω γε· πολὺ γάρ μοι δοκοῦσιν ἀποσπᾶν τὰ κέρατα ἀπὸ τῆς ἑαυτῶν φάλαγγος. Ναὶ μὰ Δι', ἔφη ὁ Κῦρος, καὶ ἀπό γε τῆς ἡμετέρας. **7** Τί δὴ τοῦτο; Δῆλον ὅτι φοβούμενοι μὴ ἢν ἐγγὺς ἡμῶν γένηται τὰ κέρατα τῆς φάλαγγος ἔτι πρόσω οὔσης, ἐπιθώμεθα αὐτοῖς. Ἔπειτ', ἔφη ὁ Χρυ-

I 3 5 Ἀρσάμαν Philelphus : ἀρασάμαν F ἀρίσμαν z ἀρασάμβαν WD || 4 6 εἰς WDG : καὶ FVHA || 5 1 post δὲ add. ἤδη z || προεληλύθεσαν F : προσεληλύθε[-ει- D]σαν z WD || 3 καθορᾶν Dindorf : παρορᾶν codd. || 3 ἀλλήλοις yV^2 : ἕλληνες z || 5 ἑαυτῶν y : αὑτῶν V^2 ut uid. αὐτῶν z || 6 ἐπέκαμπτον yV^{2}G : -κάμπτουν VHA || 7 ὅπως om. z || γάμμα yVAG : γράμμα H || 8 ante πάντοθεν add. ὡς z || 6 1 Ὁ δὲ Κῦρος z : κῦρος δὲ y || 5 ἐποιήσαντο yVH : ἐποιήσατο AG || 7 1 post ὅτι add. ἔφη y || 2 ἢν ἐγγὺς yV^2 : ἔνεγγυς z || γένηται yz : γένωνται x || ἔτι yV^2 : ἐπὶ z.

en est encore loin, nous n'attaquions. — Alors, dit Chrysantas, comment pourront-ils se prêter un mutuel appui [1], séparés par une telle distance ? — Eh ! bien, dit Cyrus, c'est évidemment qu'au moment où leurs ailes, dans leur poussée en avant, se trouveront à la hauteur de nos flancs, par une sorte de conversion en ligne de bataille, ils nous avanceront de tous les côtés à la fois pour combattre de tous les côtés à la fois [2]. **8** — Est-ce que, dit Chrysantas, tu trouves leur idée bonne ? — Oui, pour ce qu'ils voient ; pour ce qu'ils ne voient pas [3], elle est plus mauvaise encore que s'ils avançaient en colonnes [4]. Allons ! toi, Arsamas, marche doucement, comme tu me vois faire, à la tête de ton infanterie ; et toi, Chrysantas, suis d'un même mouvement que lui avec ta cavalerie. Je me porterai, moi, au point d'où il me semble opportun d'engager la bataille ; j'examinerai en passant chaque élément de notre situation. **9** Lorsque je me trouverai là, quand, à force d'approcher, nous serons au contact, alors j'entonnerai le péan et vous, faites vite. Vous reconnaîtrez l'instant du corps à corps — car j'imagine qu'il y aura du fracas — ; alors, de son côté, Abradatas s'élancera contre l'ennemi avec ses chars : il en aura reçu l'ordre. Quant à vous, il vous faut talonner les chars : c'est le moyen pour nous de tomber sur des ennemis en pleine confusion. Je serai là, moi aussi, à toute vitesse, en train de les poursuivre si le ciel y consent [5]. »

10 Là dessus, il fit transmettre comme mot d'ordre « Zeus sauveur et conducteur » ; et il était en marche. Comme son itinéraire le faisait passer entre les chars et

1. Ἕτεροι indique qu'il s'agit d'un appui que se donnent *deux* éléments de l'armée ; Xénophon ne dit pas si c'est un appui entre les deux ailes ou entre les ailes et le centre.

2. Le passage du neutre au masculin στραφέντες montre que l'attaque sera simultanée en provenance des ailes comme du centre.

3. C'est-à-dire les éléments, dont les chameaux, placés derrière le train ; cf. VI, 3, 31-33, et ci-dessus § 22.

4. C'est-à-dire en colonnes accolées les unes aux autres, les ailes non déployées restant au niveau du centre.

5. Placer après τάχιστα la virgule que les éditeurs mettent après ἄνδρας donne, semble-t-il, un sens préférable.

σάντας, πῶς δυνήσονται ὠφελεῖν οἱ ἕτεροι τοὺς ἑτέρους οὕτω πολὺ ἀπέχοντες ἀλλήλων; Ἀλλὰ δῆλον, ἔφη ὁ Κῦρος, ὅτι ἡνίκα ἂν γένηται τὰ κέρατα ἀναβαίνοντα κατ' ἀντιπέρας τῶν πλαγίων τοῦ ἡμετέρου στρατεύματος, στραφέντες ὡς εἰς φάλαγγα ἅμα πάντοθεν ἡμῖν προίασιν ὡς ἅμα πάντοθεν μαχούμενοι. **8** Οὐκοῦν, ἔφη ὁ Χρυσάντας, εὖ σοι δοκοῦσι βουλεύεσθαι; Πρός γε ἃ ὁρῶσι· πρὸς δὲ ἃ οὐχ ὁρῶσιν ἔτι κάκιον ἢ εἰ κατὰ κέρας προσῇσαν. Ἀλλὰ σὺ μέν, ἔφη, ὦ Ἀρσάμα, ἡγοῦ τῷ πεζῷ ἠρέμα ὥσπερ ἐμὲ ὁρᾷς· καὶ σύ, ὦ Χρυσάντα, ἐν ἴσῳ τούτῳ τὸ ἱππικὸν ἔχων συμπαρέπου. Ἐγὼ δὲ ἄπειμι ἐκεῖσε ὅθεν μοι δοκεῖ καιρὸς εἶναι ἄρχεσθαι τῆς μάχης· ἅμα δὲ παριὼν ἐπισκέψομαι ἕκαστα πῶς ἡμῖν ἔχει. **9** Ἐπειδὰν δ' ἐκεῖ γένωμαι, ὅταν ἤδη ὁμοῦ προσιόντες ἀλλήλοις γιγνώμεθα, παιᾶνα ἐξάρξω, ὑμεῖς δὲ ἐπείγεσθε. Ἡνίκα δ' ἂν ἡμεῖς ἐγχειρῶμεν τοῖς πολεμίοις, αἰσθήσεσθε μέν, οὐ γὰρ οἶμαι ὀλίγος θόρυβος ἔσται, ὁρμήσεται δὲ τηνικαῦτα Ἀβραδάτας ἤδη σὺν τοῖς ἅρμασιν εἰς τοὺς ἐναντίους· οὕτω γὰρ αὐτῷ εἰρήσεται. Ὑμᾶς δὲ χρὴ ἕπεσθαι ἐχομένους ὅτι μάλιστα τῶν ἁρμάτων· οὕτω γὰρ μάλιστα τοῖς πολεμίοις τεταραγμένοις ἐπιπεσούμεθα. Παρέσομαι δὲ κἀγὼ ᾗ ἂν δύνωμαι τάχιστα, διώκων τοὺς ἄνδρας ἤν οἱ θεοὶ θέλωσι.

10 Ταῦτ' εἰπὼν καὶ ξύνθημα παρεγγυήσας Ζεὺς σωτὴρ καὶ ἡγεμὼν ἐπορεύετο. Μεταξὺ δὲ τῶν ἁρμάτων καὶ τῶν θωρακοφόρων διαπορευόμενος ὁπότε προσβλέψειέ

I 7 5 ἀλλὰ δῆλον om. HAG ‖ 5-6 ἀλλὰ — κῦρος yV² mg. : om. V ‖ 6 ὁ Κῦρος om. HAG ‖ γένηται y : γένωνται z ‖ 8 στραφέντες y : στραφεῖεν z ‖ 9 προίασι — πάντοθεν om. z ‖ 8 4 προσῇσαν yHAG : -ήεσαν V -ίεσαν W ‖ 6 τούτῳ yV² mg. HAG : om. V ‖ 7 ἄπειμι z : περίειμι y ‖ 8 post παριὼν add. καὶ y ‖ 9 1 ἐπειδὰν zD : ἐπὰν WF ‖ 2 παιᾶνα yV² : παιῶνα z ‖ 3 ἐπείγεσθε z : ἐφέπεσθε y ‖ 5 ὁρμήσεται y : ὁρμῆται V² mg. εὑρήσετε z ‖ τηνικαῦτα yV² mg. : ἡνίκα αὐτὸς z ‖ 7 ἐχομένους y HAG : ἰσχομένους V ‖ 10 1 ξύνθημα z : συνθήματα y ‖ Ζεὺς zW : ζεῦ DF ‖ 2 σωτὴρ zWF : σῶτερ D.

les lignes cuirassées, chaque fois qu'il jetait les yeux sur des soldats à leur rang, il disait tantôt : « Mes amis, comme il est doux de contempler vos visages ! » tantôt, en revanche, devant d'autres, il disait : « Est-ce que vous vous rendez compte, mes amis, que l'enjeu actuel n'est pas seulement la victoire d'aujourd'hui, mais encore celle que vous avez remporté précédemment [1] et le comble du bonheur ?» **11** En continuant, parmi d'autres, il disait : « Pour ce qui va se passer, mes amis, il ne faudra plus jamais en rendre les dieux responsables, car nous leur devons le moyen de mettre à notre compte une infinité de choses merveilleuses. Allons, mes amis, à nous d'être des braves » ! **12** Auprès d'autres, à leur tour, il disait à peu près : « Mes amis, existe-t-il un gala [2] auquel nous puissions nous convier entre nous, plus glorieux que celui-ci ? Car c'est l'heure, à présent, où, en étant des braves, nous pouvons verser en écot, dans la caisse commune, une infinité de choses merveilleuses. » **13** Auprès d'autres, à leur tour : « Vous savez, je crois, mes amis, que la récompense proposée pour les vainqueurs est de poursuivre, frapper, tuer, posséder la bonne vie, la gloire, la liberté, la souveraineté ; pour les lâches, évidemment, c'est l'inverse. Qui s'aime, donc, me suive ! car je ne lancerai de mon gré aucun élément lâche ou sans honneur. » **14** Chaque fois qu'en revanche il se trouvait auprès de certains de ses anciens combattants, il disait : « Vous, mes amis, à quoi bon vous parler ? Vous savez quel genre de journée dans les batailles passent les braves, et quel genre les lâches. »

15 Lorsqu'il fut, en passant, près d'Abradatas, il

1. Car une défaite annihilerait la victoire précédente.

2. L'ἔρανος est d'abord un repas où chacun paye son écot (εἰσφέρειν), par opposition à l'εἰλαπίνη d'Homère qui deviendra le συμπόσιον ; le mot signifie ensuite « souscription » (pour un ami dans la gêne), « contribution » (à une bonne œuvre) et « société » (de secours mutuels). Xénophon peut se souvenir du κάλλιστον ἔρανον dont parle Périclès en Thucydide, II, 43, 1. L'enjouement de Cyrus est destiné à donner la confiance autour de lui à l'heure critique. Cyrus varie ses effets selon ses interlocuteurs.

τινας τῶν ἐν ταῖς τάξεσι, τότε μὲν εἶπεν ἄν · Ὦ ἄνδρες, ὡς ἡδὺ ὑμῶν τὰ πρόσωπα θεάσασθαι · τοτὲ δ' αὖ ἐν ἄλλοις ἂν ἔλεξεν · Ἆρα ἐννοεῖτε, ἄνδρες, ὅτι ὁ νῦν ἀγών ἐστιν οὐ μόνον περὶ τῆς τήμερον νίκης, ἀλλὰ καὶ περὶ τῆς πρόσθεν ἣν νενικήκατε καὶ περὶ πάσης εὐδαιμονίας; **11** Ἐν ἄλλοις δ' ἂν προιὼν εἶπεν · Ὦ ἄνδρες, τὸ ἀπὸ τοῦδε οὐδέν ποτε ἔτι θεοὺς αἰτιατέον ἔσται · παραδεδώκασι γὰρ ἡμῖν πολλά τε καὶ ἀγαθὰ κτήσασθαι. Ἀλλ' ὦ ἄνδρες, ἀγαθοὶ γενώμεθα. **12** Κατ' ἄλλους δ' αὖ τοιάδε · Ὦ ἄνδρες, εἰς τίνα ποτ' ἂν καλλίονα ἔρανον ἀλλήλους παρακαλέσαιμεν ἢ εἰς τόνδε; Νῦν γὰρ ἔξεστιν ἀγαθοῖς ἀνδράσι γενομένοις πολλὰ κἀγαθὰ ἀλλήλοις εἰσενεγκεῖν. **13** Κατ' ἄλλους δ' αὖ · Ἐπίστασθε μέν, οἶμαι, ὦ ἄνδρες, ὅτι νῦν ἆθλα πρόκειται τοῖς νικῶσι μὲν διώκειν, παίειν, κατακαίνειν, ἀγαθὰ ἔχειν, καλὰ ἀκούειν, ἐλευθέροις εἶναι, ἄρχειν · τοῖς δὲ κακοῖς δῆλον ὅτι τἀναντία τούτων. Ὅστις οὖν αὑτὸν φιλεῖ, μετ' ἐμοῦ μαχέσθω · ἐγὼ γὰρ κακὸν οὐδὲν οὐδ' αἰσχρὸν ἑκὼν εἶναι προήσομαι. **14** Ὁπότε δ' αὖ γένοιτο κατά τινας τῶν πρόσθεν συμμαχεσαμένων, εἶπεν ἄν · Πρὸς δὲ ὑμᾶς, ὦ ἄνδρες, τί δεῖ λέγειν; Ἐπίστασθε γὰρ οἵαν τε οἱ ἀγαθοὶ ἐν ταῖς μάχαις ἡμέραν ἄγουσι καὶ οἵαν οἱ κακοί.

15 Ὡς δὲ παριὼν κατὰ Ἀβραδάταν ἐγένετο, ἔστη.

I **10** 6 ἄλλοις ἂν yV² : ἄλλοισι z ‖ 7 καὶ yV² s. l. : om. z ‖ 8 νενικήκατε z : ἐνικήσατε y ‖ **11** 1 δ' ἂν y : δὲ z ‖ post ἂν add. αὖ W ‖ προιὼν y : προσιὼν z παριὼν coni. Hug ‖ 2 οὐδέν ποτε FVHA : οὐδέποτε G οὐδὲν WD ‖ ἔτι ante ἔσται transp. y ‖ 3 ante ἀγάθὰ add. μεγάλα y ‖ 4 ὦ ἄνδρες, ἀγαθοὶ codd. : ἄνδρες ἀγαθοὶ coni. Dindorf ‖ **12** 2 ποτ' ἂν yV² : ποτε z ‖ **13** 3 παίειν om. z ‖ 4 καλὰ z : καλ' DF καλλ' W ‖ ἐλευθέροις zWDC : ἐλευθέρους FE ‖ 5 αὑτὸν WDV²H² : αὐτὸν zF ‖ 6 κακὸν οὐδὲν z : οὐδὲν κακὸν y ‖ 7 προή [-ι- ras. F accentu eraso] σομαι codd. : προσήσομαι Aldina ‖ **14** 2 συμμαχεσαμένων WDV corr. : συμμεμαχεσμένων HAGC συμμεμαχουμένων FE ‖ 3 post λέγειν add. ὦ ἄνδρες W ‖ **15** 1 παριὼν zDF : ἀπιὼν W ἐσιὼν G corr. ‖ ἔστη · καὶ y : ἔστη μὲν z.

s'arrêta. Abradatas remit les guides à l'aide-conducteur et vint à lui ; d'autres encore, qui appartenaient aux rangs voisins, fantassins et charriers, coururent à lui. Alors Cyrus, devant les nouveaux venus, prit la parole : « Le ciel, Abradatas, a, comme tu le revendiquais[1], accordé que tes hommes et toi soyez, de nos alliés, combattants du premier rang. Rappelle-toi ceci, que, au moment où il te faudra te battre, les Perses seront hommes, non pas seulement à vous contempler, mais à vous suivre et à ne pas vous laisser vous battre sans soutien. » **16** Abradatas répondit : « Eh ! bien, je crois, Cyrus, que du côté des miens tout est en ordre. Bon, mais ce sont les flancs qui m'affligent, parce que je vois se déployer les ailes de l'ennemi, fortes de chars et de troupes de toutes armes, et rien, de notre côté[2], ne leur est opposé que des chars[3] ; de sorte que, si le sort ne m'avait pas donné ce poste de combat, je rougirais de me trouver ici : tant il me semble que j'occupe la position la moins dangereuse. » **17** Cyrus répondit : « Allons, si de ton côté tout est en ordre, tranquillise-toi pour les flancs ; le ciel aidant, ces flancs-là, je les viderai des ennemis. Mais toi, ne va pas te jeter sur des Égyptiens, pour la raison qu'ils te font face, je t'en conjure, avant de contempler en pleine fuite ceux-là que tu redoutes maintenant. » — Il tenait des propos si superbes parce que la bataille était imminente ; autrement il n'était guère porté aux grands mots —. « Cependant, quand tu les verras en pleine fuite, dis-toi que je suis là et lance-toi contre les soldats ennemis ; c'est alors que tu auras l'adversaire le plus découragé, tes hommes au comble du courage. **18** Mais, Abradatas, pendant que tu en as

1. En VI, 3, 36, Abradatas a obtenu la place dangereuse en principe, au centre, face aux Égyptiens, mais il avait fallu tirer au sort, parce que les chefs des chars perses mettaient leur point d'honneur à livrer là leur bataille.

2. Abradatas étant placé au centre, lorsqu'il voit se déployer les ailes de l'armée ennemie, il craint de ne plus être le plus exposé au danger.

3. Donc les ailes amies sont faibles, et c'est là que voudrait se tenir Abradatas.

Καὶ ὁ Ἀβραδάτας παραδοὺς τῷ ὑφηνιόχῳ τὰς ἡνίας προσῆλθεν αὐτῷ· προσέδραμον δὲ καὶ ἄλλοι τῶν πλησίον τεταγμένων καὶ πεζῶν καὶ ἁρματηλατῶν. Ὁ δ' αὖ Κῦρος ἐν τοῖς παραγεγενημένοις ἔλεξεν· Ὁ μὲν θεός, ὦ Ἀβραδάτα, ὥσπερ σὺ ἠξίους, συνηξίωσέ σε καὶ τοὺς σὺν σοὶ πρωτοστάτας εἶναι τῶν συμμάχων. Σὺ δὲ τοῦτο μέμνησο, ὅταν δέῃ σε ἤδη ἀγωνίζεσθαι, ὅτι Πέρσαι οἵ τε θεασόμενοι ὑμᾶς ἔσονται καὶ οἱ ἑψόμενοι ὑμῖν καὶ οὐκ ἐάσοντες ἐρήμους ὑμᾶς ἀγωνίζεσθαι. **16** Καὶ ὁ Ἀβραδάτας εἶπεν· Ἀλλὰ τὰ μὲν καθ' ἡμᾶς ἔμοιγε δοκεῖ, ὦ Κῦρε, καλῶς ἔχειν. Ἀλλὰ τὰ πλάγια λυπεῖ με, ὅτι τὰ μὲν τῶν πολεμίων κέρατα ἰσχυρὰ ὁρῶ ἀνατεινόμενα καὶ ἅρμασι καὶ παντοδαπῇ στρατιᾷ· ἡμέτερον δ' οὐδὲν ἄλλο αὐτοῖς ἀντιτέτακται ἢ ἅρματα· ὥστ' ἔγωγ', ἔφη, εἰ μὴ ἔλαχον τήνδε τὴν τάξιν, ᾐσχυνόμην ἂν ἐνθάδε ὤν· οὕτω πολύ μοι δοκῶ ἐν ἀσφαλεστάτῳ εἶναι. **17** Καὶ ὁ Κῦρος εἶπεν· Ἀλλ' εἰ τὰ παρὰ σοὶ καλῶς ἔχει, θάρρει ὑπὲρ ἐκείνων· ἐγὼ γάρ σοι σὺν θεοῖς ἔρημα τῶν πολεμίων τὰ πλάγια ταῦτα ἀποδείξω. Καὶ σὺ μὴ πρότερον ἔμβαλλε τοῖς Αἰγυπτίοις ὡς ἐναντίοις, μαρτύρομαι, πρὶν ἂν φεύγοντας τούτους οὓς νῦν φοβῇ θεάσῃ. Τοιαῦτα δ' ἐμεγαληγόρει, μελλούσης τῆς μάχης γίγνεσθαι· ἄλλως δ' οὐ μάλα μεγαλήγορος ἦν· Ὅταν μέντοι ἴδῃς τούτους φεύγοντας, ἐμέ τε ἤδη παρεῖναι νόμιζε καὶ ὅρμα εἰς τοὺς ἄνδρας· καὶ σὺ γὰρ τότε τοῖς μὲν ἐναντίοις κακίστοις ἂν χρήσαιο, τοῖς δὲ μετὰ σαυτοῦ ἀρίστοις. **18** Ἀλλ' ἕως

I **15** 3 προσῆλθεν y : προσῆλθε δ' z ‖ ἄλλοι z : οἱ ἄλλοι y ‖ 5 post ἔλεξεν add. τοιάδε y ‖ 6 σε om. z ‖ 9 θεασόμενοι — ἔσονται zWD : θεασάμενοι — ἕπονται F ‖ καὶ om. F ‖ 10 ἐάσοντες [-τες ras. G -ες ras. H]yz : ἐάσονται x ‖ ὑμᾶς yV : ἡμᾶς HAG ‖ **16** 2 μὲν om. y ‖ 4 ante τῶν add. πλάγια z ‖ κέρατα om. y ‖ **17** 4 Αἰγυπτίοις ὡς [ὡς ras. H] ἐναντίοις z : πολεμίοις y ἐναντίοις coni. Dindorf ‖ 5 μαρτύρομαι z : διαμαρτύρομαι y ‖ 8 ἴδῃς τούτους zF : τούτους ἴδῃς WD ‖ 10 τότε zDF : -τε om. W.

encore le temps, trouve le moyen de défiler[1] devant tes chars, et exhorte tes hommes en vue de la charge, en leur insufflant le sang-froid par ton visage, en les gonflant d'espoirs. Et pour que l'on voie en vous les plus forts de la charrerie, inspire-leur l'esprit d'émulation ; car, sache-le bien, si tout finit bien, on dira partout désormais que rien[2] sûrement n'est plus payant que la bravoure. » Monté sur son char, Abradatas passait à l'exécution en défilant.

19 Quand Cyrus, en passant, fut à l'aile gauche, où se trouvait Hystaspe avec la moitié des cavaliers perses, il l'appela par son nom et dit : « Maintenant vois-tu? Hystaspe, c'est l'affaire de ta célérité ; car maintenant si c'est nous qui abattons les premiers nos ennemis, il n'y aura chez nous pas un tué[3]. » **20** Alors Hystaspe dit, avec un sourire : « Eh ! bien, nous prendrons soin des gens d'en face ; ceux des flancs, confie-les à d'autres, pour qu'eux non plus ne chôment pas. » Cyrus dit : « Eh ! bien, je passe moi-même chez eux ; mais, Hystaspe, rappelle-toi ceci : c'est que, quel que soit celui de nous à qui le ciel donnera de vaincre, s'il subsiste la moindre résistance ennemie, il nous faut ensemble nous jeter sur la dernière vague. » Là-dessus, il poursuivait son chemin.

21 Lorsqu'il fut, en passant, proche du flanc, et du commandant des chars de par là, il dit à ce dernier : « Si je viens, eh ! bien, c'est pour vous apporter mon appui ; allons, quand vous saurez que nous attaquons sur la pointe[4], alors, du même coup, tentez aussi de foncer à travers les ennemis : vous serez bien plus en

1. C'est-à-dire en char et au pas.

2. La négation μη(δέν) au lieu de οὐ(δέν) donne de la force à l'idée complétive : cf. VII, 5, 59 avec la note.

3. Cyrus évidemment plaisante, toujours pour faire preuve d'un sang-froid qu'il veut communicatif ; Hystaspe va sourire et répondre en plaisantant de même. On se rappelle sa finesse d'esprit pour saisir la balle au bond lors des plaisanteries de Cyrus aux dépens de Gadatas, au début du Livre VI.

4. C'est-à-dire la pointe de l'aile droite, qui sera attaquée comme on le verra au § 26.

ἔτι σοι σχολή, ὦ Ἀβραδάτα, πάντως παρελάσας παρὰ τὰ σαυτοῦ ἅρματα παρακάλει τοὺς σὺν σοὶ εἰς τὴν ἐμβολήν, τῷ μὲν προσώπῳ παραθαρρύνων, ταῖς δ' ἐλπίσιν ἐπικουφίζων. Ὅπως δὲ κράτιστοι φανεῖσθε τῶν ἐπὶ τοῖς ἅρμασι, φιλονικίαν αὐτοῖς ἔμβαλλε· καὶ γάρ, εὖ ἴσθι, ἢν τάδε εὖ γένηται, πάντες ἐροῦσι τὸ λοιπὸν μηδὲν εἶναι κερδαλεώτερον ἀρετῆς. Ὁ μὲν δὴ Ἀβραδάτας ἀναβὰς παρήλαυνε καὶ ταῦτ' ἐποίει.

19 Ὁ δ' αὖ Κῦρος παριὼν ὡς ἐγένετο πρὸς τῷ εὐωνύμῳ, ἔνθα ὁ Ὑστάσπας τοὺς ἡμίσεις ἔχων ἦν τῶν Περσῶν ἱππέων, ὀνομάσας αὐτὸν εἶπεν· Ὦ Ὑστάσπα, νῦν, ὁρᾷς; ἔργον τῆς σῆς ταχυεργίας· νῦν γὰρ ἢν φθάσωμεν τοὺς πολεμίους κατακανόντες, οὐδεὶς ἡμῶν ἀποθανεῖται. **20** Καὶ ὁ Ὑστάσπας ἐπιγελάσας εἶπεν· Ἀλλὰ περὶ μὲν τῶν ἐξ ἐναντίας ἡμῖν μελήσει, τοὺς δ' ἐκ πλαγίου σὺ ἄλλοις πρόσταξον, ὅπως μηδ' οὗτοι σχολάζωσι. Καὶ ὁ Κῦρος εἶπεν· Ἀλλ' ἐπί γε τούτους ἐγὼ αὐτὸς παρέρχομαι· ἀλλ', ὦ Ὑστάσπα, τόδε μέμνησο, ὅτῳ ἂν ἡμῶν ὁ θεὸς νίκην διδῷ, ἤν τί που μένῃ πολέμιον, πρὸς τὸ μαχόμενον ἀεὶ συμβάλλωμεν. Ταῦτ' εἰπὼν προῄει.

21 Ἐπεὶ δὲ κατὰ τὸ πλευρὸν παριὼν ἐγένετο καὶ κατὰ τὸν ἄρχοντα τῶν ταύτῃ ἁρμάτων, πρὸς τοῦτον ἔλεξεν· Ἐγὼ δὲ ἔρχομαι ὑμῖν ἐπικουρήσων· ἀλλ' ὁπόταν αἴσθησθε ἡμᾶς ἐπιτιθεμένους κατ' ἄκρον, τότε καὶ ὑμεῖς πειρᾶσθε ἅμα διὰ τῶν πολεμίων ἐλαύνειν· πολὺ

I 18 2 πάντως yz : πάντας G² πάντῃ coni. Gemoll || 5 φανεῖσθε FV²G : φανῆ [-η- ras. H]σθε WDVHA || 6 εὖ om. WD || **19** 2 ὁ om. y || post τῶν praua iteratione add. ἱππέων W || 4 ἢν φθάσωμεν y : εἰ φθάσο [-ω- V ut uid.] μεν V²HAG || 5 κατακανόντες y : κατακαίνοντες z || **20** 1 ἐπιγελάσας zD : ἐπικαλέσας W ἔτι καλέσας F || 3 σὺ om. xVH || 6 διδῷ yV² : διδοῖ VHG om. A || **21** 1 παριὼν ἐγένετο z : προιὼν ἐγίγνετο y || 3 δὲ ἔρχομαι y : δ' ἐπέρχομαι z || 4 ἐπιτιθεμένους y : -τεθειμένους z.

sûreté parvenus à l'extérieur qu'enfermés à l'intérieur. »
22 Lorsque, continuant à passer, il fut derrière les voitures couvertes, il donna l'ordre à Artagersès et à Pharnouchos de rester sur place avec leurs deux régiments, d'infanterie et de cavalerie. « Quand vous saurez, dit-il, que j'attaque face à notre aile droite, alors, vous aussi donnez l'assaut en face de vous ; vous vous battrez contre un ennemi en colonne, selon son point faible, mais en étant, vous, de front, selon votre chance de point fort. Les cavaliers ennemis, comme vous le voyez, sont les derniers ; trouvez le moyen de lancer contre eux le corps des chameaux, et avant la bataille, sachez-le bien, les ennemis vous offriront un spectacle à faire rire[1].

La bataille engagée.

23 La ronde accomplie, Cyrus passait sur la droite. Mais Crésus[2], jugeant que son centre, avec lequel il marchait, se trouvait alors plus près de l'ennemi que les ailes en train de se déployer, leur signalait l'ordre de ne plus monter en avant, mais de faire conversion là-même, sur place. Après un temps d'arrêt, tournées vers l'armée de Cyrus, elle reçurent l'ordre de marcher à l'ennemi[3].
24 Alors s'avançaient trois lignes de bataille contre l'armée de Cyrus, l'une de front, les deux autres l'une sur la droite et l'autre sur la gauche, au point que toutes les troupes de Cyrus étaient dans une profonde terreur. En effet, à l'image d'un petit *pi*[4] que l'on aurait mis, pétrifié, à l'intérieur d'un grand, l'armée de Cyrus était

1. On verra l'effet produit par les chameaux, ci-dessous § 27. Xénophon a vu ce genre de spectacle dans ses campagnes d'Asie.

2. Cyrus avait bien deviné la tactique de Crésus, comme on le voit ci-dessus § 7.

3. Les deux ailes changent donc de direction, décrivant chacune un quart de tour, l'une à droite, l'autre à gauche, et leur colonne devenant ligne.

4. Sur la correction proposée pour l'impossible πλινθίον des manuscrits, voir communication et article dans la *Rev. Ét. gr.*, 1975, p. xx, et 1976, p. 57-63. Les deux *gammas* inversés, de VII, 1, 5, ont la figure d'un *pi*.

γὰρ ἐν ἀσφαλεστέρῳ ἔσεσθε ἔξω γενόμενοι ἢ ἔνδον ἀπολαμβανόμενοι. **22** Ἐπεὶ δ' αὖ παριὼν ἐγένετο ὄπισθεν τῶν ἁρμαμαξῶν, Ἀρταγέρσαν μὲν καὶ Φαρνοῦχον ἐκέλευσεν ἔχοντας τήν τε τῶν πεζῶν χιλιοστὺν καὶ τὴν τῶν ἱππέων μένειν αὐτοῦ. Ἐπειδὰν δ', ἔφη, αἰσθάνησθε ἐμοῦ ἐπιτιθεμένου τοῖς κατὰ τὸ δεξιὸν κέρας, τότε καὶ ὑμεῖς τοῖς καθ' ὑμᾶς ἐπιχειρεῖτε· μαχεῖσθε δ', ἔφη, πρὸς κέρας, ὥσπερ ἀσθενέστατον στράτευμα γίγνεται, φάλαγγα δ' ἔχοντες, ὥσπερ ἂν ἰσχυρότατοι εἴητε. Καὶ εἰσὶ μέν, ὡς ὁρᾶτε, τῶν πολεμίων ἱππεῖς οἱ ἔσχατοι· πάντως δὲ πρόετε πρὸς αὐτοὺς τὴν τῶν καμήλων τάξιν, καὶ εὖ ἴστε ὅτι καὶ πρὶν μάχεσθαι γελοίους τοὺς πολεμίους θεάσεσθε.

23 Ὁ μὲν δὴ Κῦρος ταῦτα διαπραξάμενος ἐπὶ τὸ δεξιὸν παρῄει. Ὁ δὲ Κροῖσος νομίσας ἤδη ἐγγύτερον εἶναι τῶν πολεμίων τὴν φάλαγγα σὺν ᾗ αὐτὸς ἐπορεύετο ἢ τὰ ἀνατεινόμενα κέρατα, ἦρε τοῖς κέρασι σημεῖον μηκέτι ἄνω πορεύεσθαι, ἀλλ' αὐτοῦ ἐν χώρᾳ στραφῆναι. Ὡς δ' ἔστησαν ἀντία πρὸς τὸ τοῦ Κύρου στράτευμα ὁρῶντες, ἐσήμηνεν αὐτοῖς πορεύεσθαι πρὸς τοὺς πολεμίους. **24** Καὶ οὕτω δὴ προσῄεσαν τρεῖς φάλαγγες ἐπὶ τὸ Κύρου στράτευμα, ἡ μὲν μία κατὰ πρόσωπον, τὼ δὲ δύο, ἡ μὲν κατὰ τὸ δεξιόν, ἡ δὲ κατὰ τὸ εὐώνυμον, ὥστε πολὺν φόβον παρεῖναι πάσῃ τῇ Κύρου στρατιᾷ. Ὥσπερ γὰρ μικρὸν π λίθινον ἐν μεγάλῳ τεθέν, οὕτω

I 22 3 τε om. z ‖ πεζῶν y : περσῶν z ‖ 6 ὑμᾶς zDF : ἡμᾶς W ‖ 7 ὥσπερ codd. : ᾗπερ coni. Castalio ‖ ἀσθενέστατον WD : ἀσθενέστερον zF ‖ 7 φάλαγγα y : φάλαγγας z ‖ 8 δ' codd. : del. Dindorf ‖ ἰσχυρότατοι zD : -ρότεροι WF ‖ 11 alt. καὶ om. W ‖ **23** 4 ᾗ τὰ ἀνατεινόμενα yV² mg. : ἐπανατεινόμενα τὰ z ‖ 5 ἄνω zW : ἄνωθεν DF ‖ ἀλλ' αὐτοῦ ἐν χώρᾳ z : ἀλλ' ἐν τῇ χώρᾳ y ‖ 6 ἀντία z : πάντες y ‖ τοῦ om. y ‖ 7 ἐσήμηνεν z : ἐσήμαινεν y ‖ **24** 1 προσῄεσαν z : προῄεσαν F προίεσαν WD ‖ 2 τὸ yHAG : τῷ V ‖ 3 τὼ yVH² : τὰ HAG ‖ 4 πολὺν y : τὸ λοιπὸν z ‖ 4 στρατιᾷ y : στρατείᾳ z ‖ 5 π λίθινον ego uide adn. : πλινθίον codd.

enveloppée de tous les côtés par les ennemis, cavaliers, hoplites, peltastes, archers et chars, sauf par derrière. **25** Pourtant, selon l'ordre qu'alors donna Cyrus*, ils firent une conversion générale face à face[1] avec l'ennemi. De tous côtés régnait un profond silence, dû aux transes de la perspective. Mais quand Cyrus décida que c'était le moment, il entonna le péan, et l'armée tout entière chanta en chœur avec lui. **26** Après cela, on poussa le hurlement de guerre en l'honneur d'Enyalios[2] en même temps que Cyrus bondit, et aussitôt, prenant, avec ses cavaliers, les ennemis de flanc, il engageait immédiatement le combat. Les fantassins, serrés au coude à coude, se hâtaient de le suivre, et décrivaient à droite et à gauche un mouvement enveloppant, en sorte que Cyrus avait largement l'avantage ; car il se lançait avec son centre contre une aile[3], en sorte qu'il y eut vite chez l'ennemi une fuite éperdue.

27 Lorsqu'Artagersès sut Cyrus en pleine action, il attaque à son tour sur la gauche, en lançant les chameaux, conformément à l'ordre de Cyrus. De très loin les chevaux se dérobaient : ou bien ils fuyaient affolés, ou bien faisaient des sauts de mouton*, ou bien se jetaient les uns sur les autres ; car tel est l'effet produit sur les chevaux par les chameaux[4]. **28** Artagersès, lui, tenant ses hommes serrés au coude à coude, pressait des troupes en plein désordre et jetait les chars à la fois

1. Xénophon abrège : il néglige de dire que le centre de Cyrus se trouve déjà face à face avec l'ennemi.

2. Xénophon a entendu ce cri de guerre poussé en l'honneur d'Arès dans la retraite des Dix-mille : voir *Anab.*, V, 2, 14 ; *Hell.*, II, 4, 17.

3. Si cette phrase est en harmonie avec le § 22 ci-dessus, Xénophon oppose φάλαγξ (centre) à κέρας (aile) comme en VII, 1, 6. Mais ailleurs il oppose φάλαγξ dans le sens de « ligne » à κέρας dans le sens de « colonne » (VI, 3, 34 ; VIII, 5, 15) ; en ce cas la présente phrase signifie que l'armée de Cyrus, dans sa partie envisagée, s'élançait « en colonne » (κατὰ κέρας) contre une « ligne » (φάλαγγι) ; voir la note sur la φάλαγξ en VI, 3, 21.

4. Hérodote a déjà fait l'observation I, 80, justement à propos de la bataille actuelle : « Le cheval redoute le chameau ; il n'en supporte pas l'aspect et ne peut en sentir l'odeur », et VII, 87 ; voir aussi Aristote, *Hist. An.*, VI, 18 [571 b 25].

καὶ τὸ Κύρου στράτευμα πάντοθεν περιείχετο ὑπὸ τῶν πολεμίων καὶ ἱππεῦσι καὶ ὁπλίταις καὶ πελτοφόροις καὶ τοξόταις καὶ ἅρμασι πλὴν ἐξόπισθεν. **25** Ὅμως δέ, ὡς ὁ Κῦρος ἐκεῖ παρήγγειλεν, ἐστράφησαν πάντες ἀντιπρόσωποι τοῖς πολεμίοις. Καὶ ἦν μὲν πολλὴ πανταχόθεν σιγὴ ὑπὸ τοῦ τὸ μέλλον ὀκνεῖν. Ἡνίκα δὲ ἔδοξε τῷ Κύρῳ καιρὸς εἶναι, ἐξῆρχε παιᾶνα, συνεπήχησε δὲ πᾶς ὁ στρατός. **26** Μετὰ δὲ τοῦτο τῷ Ἐνυαλίῳ τε ἅμα ἐπηλάλαξαν καὶ ἐξανίσταται ὁ Κῦρος, καὶ εὐθὺς μὲν μετὰ τῶν ἱππέων λαβὼν πλαγίους τοὺς πολεμίους ὁμόσε αὐτοῖς τὴν ταχίστην συνεμίγνυεν. Οἱ δὲ πεζοὶ αὐτῷ συντεταγμένοι ταχὺ ἐφείποντο, καὶ περιεπτύσσοντο ἔνθεν καὶ ἔνθεν, ὥστε πολὺ ἐπλεονέκτει · φάλαγγι γὰρ κατὰ κέρας προσέβαλλεν · ὥστε ταχὺ ἰσχυρὰ φυγὴ ἐγένετο τοῖς πολεμίοις.

27 Ὡς δὲ ᾔσθετο Ἀρταγέρσης ἐν ἔργῳ ὄντα τὸν Κῦρον, ἐπιτίθεται καὶ αὐτὸς κατὰ τὰ εὐώνυμα, προεὶς τὰς καμήλους ὥσπερ Κῦρος ἐκέλευσεν. Οἱ δὲ ἵπποι αὐτὰς ἐκ πάνυ πολλοῦ οὐκ ἐδέχοντο, ἀλλ' οἱ μὲν ἔκφρονες γιγνόμενοι ἔφευγον, οἱ δ' ἐξήλλοντο, οἱ δ' ἐνέπιπτον ἀλλήλοις · τοιαῦτα γὰρ πάσχουσιν ἵπποι ὑπὸ καμήλων. **28** Ὁ δὲ Ἀρταγέρσης συντεταγμένους ἔχων τοὺς μεθ' ἑαυτοῦ ταραττομένοις ἐπέκειτο · καὶ τὰ ἅρματα δὲ κατὰ τὸ δεξιὸν καὶ τὸ εὐώνυμον ἅμα ἐνέβαλλε. Καὶ

I **24** 8 ἅρμασι yV^2 : ἅρμασι καὶ z ‖ **25** 2 ὡς Hug : καὶ yVHA om. G ‖ ἐκεῖ ego : ἐπεὶ codd. del. Hug uide adn. ‖ 3 ἀντιπρόσωποι y : -πρόσωπον z ‖ 5 post καιρὸς add. ἤδη y ‖ παιᾶνα yV^2 : παιῶνα z ‖ **26** 1 τοῦτο yHAG : τούτῳ V ‖ 2 καὶ ἐξανίσταται z : ἵσταται y ‖ 3 μὲν μετὰ y : μὲν τὰ VHA μετὰ V^2H^2G ‖ λαβὼν y : λαθὼν z ‖ 5 περιεπτύσσοντο z : -έπτυσσον y ‖ 6 ἐπλεονέκτει zD : ἐπλεονέκτουν WFG^2 ‖ 7 προσέβαλλεν z : -έβαλλον y -έβαλεν x ‖ **27** 1 ἔργῳ yV^2 mg. : ἴσῳ z ‖ 3 ante Κῦρος add. ὁ W ‖ 6 ante ἵπποι add. οἱ DA ‖ **28** 2 μεθ' ἑαυτοῦ WDHAG : μεθ' ἑαυτῶν V μετ' αὐτοῦ F ‖ post ταραττομένοις add. τεταγμένος W ‖ 3 post δὲ add. τά τε y ‖ ἐνέβαλλε yHAG : ἐνέβαλεν V.

contre la droite et contre la gauche. Beaucoup, en fuyant les chars, se faisaient tuer par ceux qui arrivaient par derrière de flanc, et beaucoup, en fuyant ceux-ci, se faisaient prendre par les chars.

Abradatas tué par les Égyptiens

29 Abradatas, de son côté, sans plus hésiter, mais en criant « Suivez, mes amis ! » s'élançait sans ménager ses chevaux et les mettant, de son aiguillon, tout en sang ; du même élan jaillirent les autres charriers. Devant eux les chars ennemis prenaient aussitôt la fuite, les uns en abandonnant leur dragon porté*, mais les autres aussi en le recueillant. **30** Cependant Abradatas, bondissant droit devant soi, se jette sur la ligne de bataille des Égyptiens ; avec lui fonçaient de même les soldats des rangs voisins. Beaucoup d'autres batailles ont démontré qu'il n'est point de ligne de bataille plus ferme que celle que composent des amis qui se soutiennent ; on le vit aussi en cette journée. Car c'était les compagnons et commensaux d'Abradatas qui fonçaient avec lui sur l'ennemi[1] ; les autres conducteurs de char, voyant les Égyptiens tenir bon en masse compacte, déviièrent du côté des chars en fuite et les poursuivaient. **31** De leur côté, Abradatas et sa garde étant, là où ils fonçaient, incapables de percer une trouée[2] à travers les Égyptiens à cause de la résistance de ceux qu'ils avaient sur leurs flancs de part et d'autre, culbutaient les soldats debout par les heurts de la force vive des chevaux ; les soldats qui s'écroulaient, ils les écrasaient[3], eux et leurs armes, sous les chevaux et les roues. D'autre part, tout ce qui se trouvait happé par les faux, armes et

1. Encore un souvenir de la campagne des Dix-mille ; voir *Anab.*, I, 8, 25 ; 9, 31. Pour les commensaux, Xénophon pense aux repas en commun de Sparte ; voir *Rép. Lac.*, V, 2-7.

2. C'est peut-être l'emploi, au § 34 ci-dessous, du verbe ἀναχάζομαι (à l'actif dans le même sens, *Anab.*, IV, 1, 16 ; 7, 10), assez fréquent chez Homère à propos des guerriers qui « reculent »), qui porte Xénophon à employer ici l'hapax διαχάζομαι ; voir l'app. crit.

3. Le verbe καταλοάω fait une image exacte et forte ; il signifie, en parlant des animaux qui tournent sur l'aire (ἀλωή), « écraser (le blé) ».

πολλοὶ μὲν τὰ ἅρματα φεύγοντες ὑπὸ τῶν κατὰ κέρας ἑπομένων ἀπέθνῃσκον, πολλοὶ δὲ τούτους φεύγοντες ὑπὸ τῶν ἁρμάτων ἡλίσκοντο.

29 Καὶ ὁ Ἀβραδάτας δὲ οὐκέτι ἔμελλεν, ἀλλ' ἀναβοήσας· Ἄνδρες φίλοι, ἕπεσθε, ἐνίει οὐδὲν φειδόμενος τῶν ἵππων, ἀλλ' ἰσχυρῶς ἐξαιμάττων τῷ κέντρῳ· συνεξώρμησαν δὲ καὶ οἱ ἄλλοι ἁρματηλάται. Καὶ τὰ μὲν ἅρματα ἔφευγεν αὐτοὺς εὐθὺς, τὰ μὲν καὶ ἀναλαβόντα τοὺς παραιβάτας, τὰ δὲ καὶ ἀπολιπόντα. **30** Ὁ δὲ Ἀβραδάτας ἀντικρὺ διᾴττων εἰς τὴν τῶν Αἰγυπτίων φάλαγγα ἐμβάλλει· συνεισέβαλλον δὲ αὐτῷ καὶ οἱ ἐγγύτατα τεταγμένοι. Πολλαχοῦ μὲν οὖν καὶ ἄλλοθι δῆλον ὡς οὐκ ἔστιν ἰσχυροτέρα φάλαγξ ἢ ὅταν ἐκ φίλων συμμάχων ἠθροισμένη ᾖ, καὶ ἐν τούτῳ δὲ ἐδήλωσεν. Οἱ μὲν γὰρ ἑταῖροί τε αὐτοῦ καὶ ὁμοτράπεζοι συνεισέβαλλον· οἱ δ' ἄλλοι ἡνίοχοι ὡς εἶδον ὑπομένοντας πολλῷ στίφει τοὺς Αἰγυπτίους, ἐξέκλιναν κατὰ τὰ φεύγοντα ἅρματα καὶ τούτοις ἐφείποντο. **31** Οἱ δὲ ἀμφὶ Ἀβραδάταν ᾗ μὲν ἐνέβαλλον, ἅτε οὐ δυναμένων διαχάσασθαι τῶν Αἰγυπτίων διὰ τὸ μένειν τοὺς ἔνθεν καὶ ἔνθεν αὐτῶν, τοὺς μὲν ὀρθοὺς τῇ ῥύμῃ τῇ τῶν ἵππων παίοντες ἀνέτρεπον, τοὺς δὲ πίπτοντας κατηλόων καὶ αὐτοὺς καὶ ὅπλα καὶ ἵπποις καὶ τροχοῖς. Ὅτου δ' ἐπιλάβοιτο τὰ δρέπανα, πάντα βίᾳ διεκόπτετο καὶ ὅπλα καὶ

I **28** 4-5 ὑπὸ τῶν — φεύγοντες y : om. HAG ‖ 4-6 κατὰ — ὑπὸ τῶν yV² mg. om. z ‖ **29** 1 post καὶ om. ὁ VHG ‖ 1 ἀλλ' ἀναβοήσας yV² : ἀλλὰ βοήσας z ‖ 5 εὐθύς zDF : εὐθέως W ‖ 6 παραιβάτας zWD : παραβάτας V² s. l. F ‖ **30** 2 διᾴττων F cf. *Ven.* 6, 22 : δι' αὐτῶν cett. ‖ 3 συνεισέβαλλον WV : συνεισέβαλον DHAG συνέβαλλον F ‖ 4 πολλαχοῦ zDF : πολλαχόθε W ‖ 5 ἔστιν y : ἔνεστιν z ‖ 6 ἠθροισμένη y : -μένων z ‖ 7 τε om. y ‖ 7 συνεισέβαλλον WVHG : συνεισέβαλον DA οὐ συνεισέβαλλον F ‖ **31** 2 ἐνέβαλλον yHAG : ἐνέβαλον V ‖ 2 διαχά[ras. inter -ά- et -σ- F]σασθαι yA : διαχωρῆσαι VHG ‖ 4 αὐτῶν yV² : αὐτῷ z ‖ ῥύμῃ τῇ yV² s. l. : ῥύμῃ z ‖ ἵππων y : ἱππέων z ‖ 5 ἀνέτρεπον yV² : -ετρέποντο z ‖ 6 ἵπποις... τροχοῖς Camerarius : ἵππους... τροχούς codd.

corps, était brutalement déchiqueté. **32** Dans cette confusion indescriptible, comme les roues faisaient des bonds[1] en passant sur des amoncellements de toute nature, Abradatas tombe de char, d'autres aussi qui avaient foncé avec lui, et tous, sur place, en héros[2], furent taillés en pièces et tués.

Les Perses, liés à leurs pas[3], se ruant derrière eux par où Abradatas et les siens avaient foncé, massacraient un ennemi en pleine confusion, mais les Égyptiens, là où ils n'avaient subi aucune perte — et c'était le cas d'un grand nombre — avançaient à la rencontre des Perses.

33 Alors la bataille fut affreuse, à la lance, à la javeline, au coutelas. Les Égyptiens avaient cependant l'avantage du nombre et des armes. Leurs lances, en effet, ils les ont aujourd'hui encore fortes et longues, et leurs boucliers*, beaucoup mieux que les cuirasses et les boucliers d'osier, couvrent le corps et secondent la poussée, parce qu'ils prennent appui sur l'épaule. Donc, boucliers accolés, ils avançaient et opéraient la poussée. **34** Les Perses, incapables de résister, avec le bouclier tenu du bout de la main, reculaient pied à pied, portant et recevant des coups, jusqu'au moment où ils se trouvèrent sous la protection de l'artillerie ; arrivés là, ce fut au tour des Égyptiens de recevoir des coups du haut des tours ; et les ultimes[4] interdisaient tout repli aux archers et aux tireurs : coutelas levé, ils les forçaient à tirer leurs flèches ou leurs traits. **35** C'était une boucherie humaine, un horrible fracas d'armes et de traits

1. Dans l'*Art éq.*, VIII, 14, le verbe ἐξάλλομαι signifie, du cheval monté, « sauter en longueur ». Il a ici à peu près le même sens qu'au § 27 ci-dessus, mais dans un emploi différent : il est dit des roues du char qui « sautent en l'air », ou « sont cahotées » sur les monceaux d'armes et de corps. Le participe présent montre qu'il n'est pas question de roues qui se déboîtent de leur essieu : l'action décrite n'est pas accidentelle, mais répétée.

2. Abradatas a répondu aux souhaits de Panthée et à l'attente de Cyrus ; voir VI, 4, 6 et ci-dessus § 18.

3. « Liés à leurs pas » : conformément à la promesse de Cyrus au § 15.

4. Voir VI, 3, 25, et la note.

σώματα. **32** Ἐν δὲ τῷ ἀδιηγήτῳ τούτῳ ταράχῳ ὑπὸ τῶν παντοδαπῶν σωρευμάτων ἐξαλλομένων τῶν τροχῶν ἐκπίπτει ὁ Ἀβραδάτας καὶ ἄλλοι δὲ τῶν συνεισβαλόντων, καὶ οὗτοι μὲν ἐνταῦθα ἄνδρες ἀγαθοὶ γενόμενοι κατεκόπησαν καὶ ἀπέθανον.

Οἱ δὲ Πέρσαι συνεπισπόμενοι, ᾗ μὲν ὁ Ἀβραδάτας ἐνέβαλε καὶ οἱ σὺν αὐτῷ, ταύτῃ ἐπεισπεσόντες τεταραγμένους ἐφόνευον, ᾗ δὲ ἀπαθεῖς ἐγένοντο οἱ Αἰγύπτιοι (πολλοὶ δ' οὗτοι ἦσαν), ἐχώρουν ἐναντίοι τοῖς Πέρσαις.

33 Ἔνθα δὴ δεινὴ μάχη ἦν καὶ δοράτων καὶ ξυστῶν καὶ μαχαιρῶν. Ἐπλεονέκτουν μέντοι οἱ Αἰγύπτιοι καὶ πλήθει καὶ τοῖς ὅπλοις. Τά τε γὰρ δόρατα ἰσχυρὰ καὶ μακρὰ ἔτι καὶ νῦν ἔχουσιν, αἵ τε ἀσπίδες πολὺ μᾶλλον τῶν θωράκων καὶ τῶν γέρρων καὶ στεγάζουσι τὰ σώματα καὶ πρὸς τὸ ὠθεῖσθαι συνεργάζονται πρὸς τοῖς ὤμοις οὖσαι. Συγκλείσαντες οὖν τὰς ἀσπίδας ἐχώρουν καὶ ἐώθουν. **34** Οἱ δὲ Πέρσαι οὐκ ἐδύναντο ἀντέχειν, ἅτε ἐν ἄκραις ταῖς χερσὶ τὰ γέρρα ἔχοντες, ἀλλ' ἐπὶ πόδα ἀνεχάζοντο παίοντες καὶ παιόμενοι, ἕως ὑπὸ ταῖς μηχαναῖς ἐγένοντο· ἐπεὶ μέντοι ἐνταῦθα ἦλθον, ἐπαίοντο αὖθις οἱ Αἰγύπτιοι ἀπὸ τῶν πύργων· καὶ οἱ ἐπὶ πᾶσι δὲ οὐκ εἴων φεύγειν οὔτε τοὺς τοξότας οὔτε τοὺς ἀκοντιστάς, ἀλλ' ἀνατεταμένοι τὰς μαχαίρας ἠνάγκαζον καὶ τοξεύειν καὶ ἀκοντίζειν.

35 Ἦν δὲ πολὺς μὲν ἀνδρῶν φόνος, πολὺς δὲ κτύπος ὅπλων καὶ βελῶν παντοδαπῶν, πολλὴ δὲ βοὴ τῶν

I 32 3 συνεισβαλόντων zF : -βαλλόντων WD || 6 συνεπισπόμενοι yVA : -πώμενοι HG || 7 ἐνέβαλε zDF : ἐνέβαλλε W || ἐπεισπεσόντες y : συνεισπεσόντες z || 7 τεταραγμένους yA : τεταγμένους VHG || 8 ᾗ zDF : εἰ W || 9 ἐναντίοι yA : ἐναντίον VHG || **33** 3 καὶ μακρὰ z : τε καὶ μακρὰ ἃ y || 5 στεγάζουσι zD : στέγουσι WF || **34** 2 ἄκραις yV² γρ. ut uid. G² : ἴσαις z.

de toute espèce, au milieu des appels : ici on s'encourageait, là on s'exhortait, ailleurs on invoquait les dieux.

Résistance des Égyptiens; leur paix avec Cyrus.

36 C'est alors que Cyrus, en train de poursuivre ses adversaires, survient. Le spectacle des Perses délogés sous la poussée lui fit mal ; comprenant que le moyen le plus rapide pour arrêter les ennemis dans leur avance était de les tourner sur leurs arrières, il fit, toujours à cheval, le mouvement, en invitant ses hommes à le suivre ; tombant sur eux, ils frappent des soldats qui regardaient ailleurs et en tuent un grand nombre. **37** Quand les Égyptiens le surent, ils criaient que l'ennemi était par derrière, et sous les coups faisaient une conversion. Il y avait là une mêlée confuse de fantassins et de cavaliers lorsqu'un certain soldat, tombé sous le cheval de Cyrus et piétiné, frappe de son coutelas l'animal au ventre ; blessé, le cheval, dans ses soubresauts*, secoue et désarçonne Cyrus[1]. **38** On eût pu comprendre alors l'importance pour un chef d'attirer l'affection de son entourage : immédiatement ce fut une clameur universelle et une ruée à la bataille ; ce n'était que poussées données et subies, coups portés et reçus. Sautant à bas de sa monture, un des aides de camp de Cyrus l'aide à monter[2] sur son propre cheval. **39** Cyrus, une fois remis en selle, eut le spectacle des Égyptiens recevant des coups de tous les côtés ; car déjà Hystaspe était là avec les cavaliers perses, ainsi que Chrysantas. Mais, leur défendant désormais de foncer sur la ligne de bataille égyptienne, il donnait l'ordre de tirer de l'extérieur flèches et javelots. Lorsque, au cours de son circuit, il fut près des machines,

1. L'emploi du présent, qui met la scène sous les yeux, est admiré dans cette phrase par l'auteur du traité *Du sublime*, ch. 25. On peut admirer aussi la succession, expressive et rapide, des trois verbes πληγείς, σφαδᾴζων et ἀποσείεται (« jeter à terre en secouant »). ⁂

2. C'est ce que Xénophon appelle la « mode perse », περσικὸς τρόπος *Comm. Cav.*, I, 17, *Art. éq.*, VI, 12 (bis) ; voir aussi *Anab.*, IV, 4, 4. On dit de nos jours « tenir » ou « donner le pied à l'anglaise », et la pratique est courante dans l'équitation civile et militaire, malgré l'aide que peut apporter l'étrier, inconnu des Anciens.

μὲν ἀνακαλούντων ἀλλήλους, τῶν δὲ παρακελευομένων, τῶν δὲ θεοὺς ἐπικαλουμένων.

36 Ἐν δὲ τούτῳ Κῦρος διώκων τοὺς καθ' αὑτὸν παραγίγνεται. Ὡς δ' εἶδε τοὺς Πέρσας ἐκ τῆς χώρας ἐωσμένους, ἤλγησέ τε καὶ γνοὺς ὅτι οὐδαμῶς ἂν θᾶττον σχοίη τοὺς πολεμίους τῆς εἰς τὸ πρόσθεν προόδου ἢ εἰ εἰς τὸ ὄπισθεν περιελάσειεν αὐτῶν, παραγγείλας ἕπεσθαι τοῖς μεθ' αὑτοῦ περιήλαυνεν εἰς τὸ ὄπισθεν · καὶ εἰσπεσόντες παίουσιν ἀφορῶντας καὶ πολλοὺς κατακαίνουσιν. **37** Οἱ δὲ Αἰγύπτιοι ὡς ᾔσθοντο, ἐβόων τε ὅτι ὄπισθεν οἱ πολέμιοι καὶ ἐστρέφοντο ἐν ταῖς πληγαῖς. Καὶ ἐνταῦθα δὴ φύρδην ἐμάχοντο καὶ πεζοὶ καὶ ἱππεῖς, πεπτωκὼς δέ τις ὑπὸ τῷ Κύρου ἵππῳ καὶ πατούμενος παίει εἰς τὴν γαστέρα τῇ μαχαίρᾳ τὸν ἵππον αὐτοῦ · ὁ δὲ ἵππος πληγεὶς σφαδᾴζων ἀποσείεται τὸν Κῦρον. **38** Ἔνθα δὴ ἔγνω ἄν τις ὅσου ἄξιον εἴη τὸ φιλεῖσθαι ἄρχοντα ὑπὸ τῶν περὶ αὐτόν · εὐθὺς γὰρ ἀνεβόησάν τε πάντες καὶ προσπεσόντες ἐμάχοντο · ἐώθουν, ἐωθοῦντο, ἔπαιον, ἐπαίοντο. Καταπηδήσας δέ τις ἀπὸ τοῦ ἵππου τῶν τοῦ Κύρου ὑπηρετῶν ἀναβάλλει αὐτὸν ἐπὶ τὸν ἑαυτοῦ ἵππον. **39** Ὡς δ' ἀνέβη ὁ Κῦρος, κατεῖδε πάντοθεν ἤδη παιομένους τοὺς Αἰγυπτίους · καὶ γὰρ Ὑστάσπας ἤδη παρῆν σὺν τοῖς Περσῶν ἱππεῦσι καὶ Χρυσάντας. Ἀλλὰ τούτους ἐμβάλλειν μὲν οὐκέτι εἴα εἰς τὴν φάλαγγα τῶν Αἰγυπτίων, ἔξωθεν δὲ τοξεύειν καὶ ἀκοντίζειν ἐκέλευεν. Ὡς δ' ἐγένετο περιελαύνων παρὰ τὰς μηχανάς, ἔδοξεν

35 3 ἀλλήλους — παρακελευομένων om. G ‖ ἀλλήλους yVA : ἀλλήλων H ‖ παρακελευομένων yVA : παρακαλουμένων H ‖ **36** 3 σχοίη yV corr. : ἔχοι ἣ HAG ‖ 4 προόδου F : προσόδου cett. ‖ εἰ Philelphus : om. codd. ‖ 5 post παραγγείλας add. οὖν y ‖ ἕπεσθαι yVG : ἕπεσθε HA ‖ 7 ἀφορῶντας codd. : ἀφορῶντας τὸ πρόσθεν dubit. Marchant ἀποροῦντας coni. Madvig ‖ **37** 3 ante ἐν add. οἱ y ‖ 5 ἵππῳ y : ἱππικῷ z ‖ 6 αὑτοῦ zDF : αὐτοῦ W ‖ **38** 4 ἐώθουν WDV² mg. : om. zF ‖ 5 ἀπὸ τοῦ ἵππου yV² s. l. HAG : om. V del. Gemoll ‖ **39** 1 ἤδη om. F ‖ 4 ἐμβάλλειν μὲν y : μὲν ἐμβαλεῖν z ‖ 5 ἐκέλευεν yVHG : ἐκέλευσεν xA ‖ 6 περιελαύνων y : παρελαύνων z ‖ παρὰ z : περὶ WF ἐπὶ D.

il décida de monter sur une des tours et d'observer si sur un point quelconque un autre élément ennemi résistait et se battait. **40** Une fois en haut, il eut sous les yeux le spectacle d'une plaine couverte de chevaux, d'hommes, de chars, en train de fuir, de poursuivre, de vaincre, d'être vaincus ; mais nulle part il ne put voir un seul élément résister, sauf le corps des Égyptiens. Mais ceux-ci, lorsqu'ils furent aux abois, se tapirent, formés en un cercle[1] parfait sous leurs boucliers de manière à laisser les armes seules visibles. Mais, au lieu d'être tant soit peu efficaces, ils subissaient une épreuve dure et terrible.

41 Saisi d'admiration pour eux et déplorant que, guerriers héroïques[2], ils fussent en train de mourir, Cyrus ramena en arrière tous ceux qui combattaient autour du cercle et interdisait qu'on se battît davantage. Il leur envoie un héraut pour leur demander s'ils veulent tous périr par la faute de ceux qui les ont trahis, ou avoir la vie sauve avec une réputation d'héroïsme. Ils répondirent : « Mais le moyen d'avoir la vie sauve avec une réputation d'héroïsme ? » **42** Cyrus répondait : « C'est que nous vous voyons seuls à tenir bon et à vouloir vous battre. — Mais alors, disaient les Égyptiens, que pourrions-nous faire d'héroïque pour avoir la vie sauve* ? » A cela Cyrus répondit : « En ayant la vie sauve sans trahir aucun de vos camarades de combat, sans livrer vos armes et en contractant amitié avec ceux qui choisissent de vous sauver quand ils peuvent vous perdre. »

1. Voir l'apparat : la leçon κύκλῳ donnée par plusieurs manuscrits est confirmée par le pseudo-verbe κυκλοποιησάμενοι, donné par d'autres. Le datif n'est pas à corriger en un accusatif : il est le complément du *groupe* formé par les verbes ποιησάμενοι et ἐκάθηντο, selon un tour, signalé dans la syntaxe de Kühner-Gerth, II, p. 575-576, que Xénophon emploie plusieurs fois dans la *Cyrop.*, I, 6, 33 ; II, 3, 17 ; VII, 3, 11 ; VIII, 2, 25, ou encore *Anab.*, I, 5, 3.

2. Cyrus prononce le premier le mot historique de Guillaume devant la charge désespérée de la cavalerie légère de Margueritte le 1er septembre 1870, « Les braves gens ! ». Xénophon est souvent un précurseur.

αὐτῷ ἀναβῆναι ἐπὶ τῶν πύργων τινὰ καὶ κατασκέψασθαι εἴ πῃ καὶ ἄλλο τι μένοι τῶν πολεμίων καὶ μάχοιτο. **40** Ἐπεὶ δὲ ἀνέβη, κατεῖδε μεστὸν τὸ πεδίον ἵππων, ἀνθρώπων, ἁρμάτων, φευγόντων, διωκόντων, κρατούντων, κρατουμένων· μένον δ' οὐδαμοῦ οὐδὲν ἔτι ἐδύνατο κατιδεῖν πλὴν τὸ τῶν Αἰγυπτίων. Οὗτοι δὲ ἐπειδὴ ἠποροῦντο, πάντοθεν κύκλῳ ποιησάμενοι, ὥστε ὁρᾶσθαι τὰ ὅπλα, ὑπὸ ταῖς ἀσπίσιν ἐκάθηντο. Καὶ ἐποίουν μὲν οὐδὲν ἔτι, ἔπασχον δὲ πολλὰ καὶ δεινά.

41 Ἀγασθεὶς δὲ ὁ Κῦρος αὐτοὺς καὶ οἰκτίρων ὅτι ἀγαθοὶ ἄνδρες ὄντες ἀπώλλυντο, ἀνεχώρισε πάντας τοὺς περιμαχομένους καὶ μάχεσθαι οὐδένα ἔτι εἴα. Πέμπει δὲ πρὸς αὐτοὺς κήρυκα ἐρωτῶν πότερα βούλονται ἀπολέσθαι πάντες ὑπὸ τῶν προδεδωκότων αὐτοὺς ἢ σωθῆναι ἄνδρες ἀγαθοὶ δοκοῦντες εἶναι. Οἱ δ' ἀπεκρίναντο· Πῶς δ' ἂν ἡμεῖς σωθείημεν ἄνδρες ἀγαθοὶ δοκοῦντες εἶναι; **42** Ὁ δὲ Κῦρος πάλιν ἔλεγεν· Ὅτι ἡμεῖς ὑμᾶς ὁρῶμεν μόνους καὶ μένοντας καὶ μάχεσθαι ἐθέλοντας. Ἀλλὰ τοὐντεῦθεν, ἔφασαν οἱ Αἰγύπτιοι, τί καλὸν ἂν ποιοῦντες σωθείημεν; Καὶ ὁ Κῦρος αὖ πρὸς τοῦτο εἶπεν· Εἰ τῶν τε συμμαχομένων μηδένα προδόντες σωθείητε, τά τε ὅπλα μὴ παραδόντες φίλοι τε γενόμενοι τοῖς αἱρουμένοις ὑμᾶς σῶσαι, ἐξὸν ἀπολέσαι.

I 39 7 τῶν πύργων zDF : πύργον W || 8 ἄλλο z : ἄλλοι F ἄλλῃ WD || τι ante πῃ transp. F om. W || **40** 3 μένον z : τῶν μὲν πολεμίων φευγόντων τῶν δ' αὐτοῦ κρατούντων κρατουμένων δὲ y et post δὲ add. οὐδαμοῦ W || ἐδύνατο yV² : ἠδύνατο z || 4 τὸ om. W || 5 πάντοθεν κύκλῳ ποιησάμενοι E uide adn. : πάντοθεν κυκλοποιησάμενοι zC κύκλῳ πάντοθεν [-ν om. W] ποιησάμενοι WD κύκλῳ πάντοσε ποιησάμενοι F || **41** 2 ἄνδρες ὄντες FHA : ὄντες ἄνδρες V ἄνδρες WDG || ἀπώλλυ [-υ- ras. F]ντο zF : ἀπόλοιντο WD || ἀνεχώρισε edd. : -εχώρησε codd. || 3 καὶ om. W || 5 πάντες zW : πάντας DF || ὑπὸ yz : ὑπὲρ x || αὐτοὺς yV² : αὐτὸν VH corr. AG || 6 οἱ δ' ἀπεκρίναντο yV² : om. z || **42** 2 ἐθέλοντας y : θέλοντας z || 3 τί y : ὅ τι καὶ z || 4 τοῦτο z : αὐτοὺς y || 5 Εἰ — σωθείητε codd. uide adn. : del. Hug Εἰ... σωθείητε del. Cobet || 6 pr. τε yV² : om. z || μὴ y : ἡμῖν z.

43 En entendant ces mots, ils demandaient : « Et si nous devenons tes amis, quels rapports trouveras-tu bon d'avoir avec nous? » Cyrus répondit : « Un échange de bons procédés. » Les Égyptiens demandaient alors : « Quel bon procédé de ta part? » Cyrus répliqua : « Je vous donnerais, pendant la durée de la guerre, une solde plus forte que celle que vous receviez jusqu'ici ; la paix revenue, à quiconque de vous désirera rester auprès de moi je donnerai de la terre, des villes, des femmes et des serviteurs. » **44** A ces mots, les Égyptiens demandèrent d'être exemptés de participer à la campagne contre Crésus : ils disaient que Cyrus ne devait être reconnu qu'à cette condition. Ayant donné leur accord sur le reste, ils fournirent et reçurent garantie. **45** Les Égyptiens qui restèrent alors demeurent aujourd'hui encore fidèles au Roi* et Cyrus leur donna des villes, les unes dans l'intérieur, qui aujourd'hui encore sont appelées les villes égyptiennes, et d'autre part Larisa et Cyllène près de Cymé non loin de la mer, que leurs descendants occupent encore aujourd'hui.

Après la victoire. Sa victoire achevée [1], Cyrus, le soir tombant déjà, ramena son armée pour camper à Thymbrara [2]. **46** Au cours de la bataille, seuls des ennemis se distinguèrent les Égyptiens ; du côté des troupes de Cyrus, c'est la cavalerie perse qui remporta la palme ; si bien que subsiste aujourd'hui [3] encore l'équipement dont Cyrus avait alors doté la cavalerie. **47** Les chars à faux aussi se distinguèrent fort ; si bien que cet engin de guerre subsiste encore de nos jours [4] de Roi en Roi. **48** Les chameaux [5],

1. « Sa victoire achevée » : traduction inexacte mais indispensable pour la clarté. Le texte dit « ayant accompli cela » ; mais si l'on garde une traduction de ce genre, « cela » s'applique à l'installation des Égyptiens et à l'épisode égyptien de la bataille.

2. Thymbrara est le nom donné par les historiens à la bataille d'environ 546 /5 ; le lieu, situé à 25 kilomètres au nord-est de Sardes, est à peu près sûrement bien connu de Xénophon.

3. Voir *Anab.*, I, 8, 6-7.

4. Voir *Anab.*, I, 8, 10.

5. Hérodote, I, 80, attribue la victoire de Cyrus à leur emploi.

43 Ἀκούσαντες ταῦτα ἐπήροντο · Ἢν δὲ γενώμεθά σοι φίλοι, τί ἡμῖν ἀξιώσεις χρῆσθαι; Ἀπεκρίνατο ὁ Κῦρος · Εὖ ποιεῖν καὶ εὖ πάσχειν. Ἐπηρώτων πάλιν οἱ Αἰγύπτιοι · Τίνα εὐεργεσίαν; Πρὸς τοῦτο εἶπεν ὁ Κῦρος · Μισθὸν μὲν ὑμῖν δοίην ἂν πλείονα ἢ νῦν ἐλαμβάνετε ὅσον ἂν χρόνον πόλεμος ᾖ · εἰρήνης δὲ γενομένης τῷ βουλομένῳ ὑμῶν μένειν παρ' ἐμοὶ χώραν τε δώσω καὶ πόλεις καὶ γυναῖκας καὶ οἰκέτας. **44** Ἀκούσαντες ταῦτα οἱ Αἰγύπτιοι τὸ μὲν ἐπὶ Κροῖσον συστρατεύειν ἀφελεῖν σφίσιν ἐδεήθησαν · τούτῳ γὰρ μόνῳ γιγνώσκεσθαι ἔφασαν. Τὰ δ' ἄλλα συνομολογήσαντες ἔδοσαν πίστιν καὶ ἔλαβον. **45** Καὶ οἱ Αἰγύπτιοί τε οἱ καταμείναντες τότε ἔτι καὶ νῦν βασιλεῖ πιστοὶ διαμένουσι, Κῦρός τε πόλεις αὐτοῖς ἔδωκε, τὰς μὲν ἄνω, αἳ ἔτι καὶ νῦν πόλεις Αἰγυπτίων καλοῦνται, Λάρισαν δὲ καὶ Κυλλήνην παρὰ Κύμην πλησίον θαλάττης, ἃς ἔτι καὶ νῦν οἱ ἀπ' ἐκείνων ἔχουσι.

Ταῦτα δὲ διαπραξάμενος ὁ Κῦρος ἤδη σκοταῖος ἀναγαγὼν ἐστρατοπεδεύσατο ἐν Θυμβράροις. **46** Ἐν δὲ τῇ μάχῃ τῶν πολεμίων Αἰγύπτιοι μόνοι ηὐδοκίμησαν, τῶν δὲ σὺν Κύρῳ τὸ Περσῶν ἱππικὸν κράτιστον ἔδοξεν εἶναι · ὥστ' ἔτι καὶ νῦν διαμένει ἡ ὅπλισις ἣν τότε Κῦρος τοῖς ἱππεῦσι κατεσκεύασεν. **47** Ηὐδοκίμησε δὲ ἰσχυρῶς καὶ τὰ δρεπανηφόρα ἅρματα · ὥστε καὶ τοῦτο ἔτι καὶ νῦν διαμένει τὸ πολεμιστήριον τῷ ἀεὶ βασιλεύοντι. **48** Αἱ μέντοι κάμηλοι ἐφόβουν μόνον τοὺς ἵππους,

I **43** 2 σοι φίλοι z : φίλοι σοι y ‖ 5 ἂν yV² s. l. : om. z ‖ 6 ἂν V corr. ut uid. codd. ‖ **44** 3-4 ἐδεήθησαν — ἔφασαν zDF : ἐδεήθησαν τούτῳ γὰρ μόνῳ συγγιγνώσκεσθε ἔφασαν W mg. m. rec. ‖ **45** 1 οἱ om. W ‖ 2 βασιλεῖ πιστοὶ z : πιστοὶ βασιλεῖ y ‖ 3 πόλεις Αἰγυπτίων z : αἰγυπτίων πόλεις y ‖ 4 Λάρισαν F : λάρισσαν cett. ‖ 5 δὲ Zeune : τε codd. ‖ Κυλλήνην zD : κιλλήνην F κιλήνην W ‖ **46** 2 post τῶν add. μὲν WDG² ‖ ante Αἰγύπτιοι add. οἱ WF ‖ 3 τὸ z : τότε y ‖ 4 ὅπλισις yV : πόλις HAG ‖ **48** 1 μέντοι zDF : μέν W ‖ μόνον z : μὲν τῷ ὄντι y.

en revanche, n'effrayaient que les chevaux ; leurs chameliers ne tuaient pas de cavaliers, et même n'étaient pas non plus tués par les cavaliers ; car aucun cheval n'approchait d'eux. **49** Leur service ne semblait pas inutile : un point c'est tout ; car aucun homme de valeur ne voulait ni élever de chameaux pour ses déplacements, ni en dresser comme montures de guerre. Ils ont donc repris leur condition, et leur place est dans le train des équipages.

II

Prise de Sardes. **1** Cyrus et son état-major ayant soupé puis, comme il fallait, disposé des postes, furent se coucher. Crésus, lui, était en train de fuir tout droit sur Sardes[1] avec son armée. Les autres contingents[2] se retiraient chacun par où, dans la nuit, ils pouvaient couvrir la plus grande distance en direction de chez eux. **2** Quand vint le jour, Cyrus conduisait aussitôt son armée contre Sardes. Quand il atteignit le mur de la ville, il installa les machines comme s'il envisageait de se lancer contre lui et préparait les échelles. **3** Mais, pendant cette opération, il fait monter des Chaldéens et des Perses à la tombée de la nuit par ce qui passait pour être le côté le plus escarpé de la défense de Sardes. Ils étaient conduits par un Perse devenu l'esclave d'un des gardes sur l'acropole, lequel avait réussi à découvrir un passage qui permettait de descendre jusqu'à la rivière[3] et aussi d'en remonter.

4 Quand il fut manifeste que la citadelle était prise, tous les Lydiens cherchaient chacun loin des murs par quel endroit de la ville il y avait possibilité de s'échap-

1. Sardes est dominée par une citadelle — vrai nid d'aigle — fameuse par l'escarpement qui la rend théoriquement imprenable ; cf. § 3 ci-dessous. C'est à Sardes que Xénophon, avant de partir pour la campagne des Dix-mille, retrouva Proxène et Cyrus le Jeune. Hérodote en raconte un peu différemment la prise.
2. Ces contingents ont été énumérés en VI, 2, 10.
3. Sur le Pactole, voir VI, 2, 11 et la note.

οὐ μέντοι κατέκαινόν γε οἱ ἐπ' αὐτῶν ἱππέας, οὐδ' αὐτοί γε ἀπέθνησκον ὑπὸ ἱππέων· οὐδεὶς γὰρ ἵππος ἐπέλαζε. **49** Καὶ χρήσιμον μὲν ἐδόκει εἶναι· ἀλλὰ γὰρ οὔτε τρέφειν οὐδεὶς ἐθέλει καλὸς κἀγαθὸς κάμηλον ὥστ' ἐποχεῖσθαι οὔτε μελετᾶν ὡς πολεμήσων ἀπὸ τούτων. Οὕτω δὴ ἀπολαβοῦσαι πάλιν τὸ ἑαυτῶν σχῆμα ἐν τοῖς σκευοφόροις διάγουσι.

II

1 Καὶ οἱ μὲν ἀμφὶ τὸν Κῦρον δειπνοποιησάμενοι καὶ φυλακὰς καταστησάμενοι, ὥσπερ ἔδει, ἐκοιμήθησαν. Κροῖσος μέντοι εὐθὺς ἐπὶ Σάρδεων ἔφευγε σὺν τῷ στρατεύματι. Τὰ δ' ἄλλα φῦλα ὅπῃ ἐδύνατο προσωτάτω ἐν τῇ νυκτὶ τῆς ἐπ' οἶκον ὁδοῦ ἕκαστος ἀπεχώρει. **2** Ἐπειδὴ δὲ ἡμέρα ἐγένετο, εὐθὺς ἐπὶ Σάρδεις ἦγε Κῦρος. Ὡς δ' ἐγένετο πρὸς τῷ τείχει τῷ ἐν Σάρδεσι, τάς τε μηχανὰς ἀνίστη ὡς προσβαλῶν πρὸς τὸ τεῖχος καὶ κλίμακας παρεσκευάζετο. **3** Ταῦτα δὲ ποιῶν κατὰ τὰ ἀποτομώτατα δοκοῦντα εἶναι τοῦ Σαρδιανῶν ἐρύματος τῆς ἐπιούσης νυκτὸς ἀναβιβάζει Χαλδαίους τε καὶ Πέρσας. Ἡγήσατο δ' αὐτοῖς ἀνὴρ Πέρσης δοῦλος γεγενημένος τῶν ἐν τῇ ἀκροπόλει τινὸς φρουρῶν καὶ καταμεμαθηκὼς κατάβασιν εἰς τὸν ποταμὸν καὶ ἀνάβασιν τὴν αὐτήν.

4 Ὡς δ' ἐγένετο τοῦτο δῆλον ὅτι εἴχετο τὰ ἄκρα, πάντες δὴ ἔφευγον οἱ Λυδοὶ ἀπὸ τῶν τειχῶν ὅπῃ ἐδύνατο ἕκαστος τῆς πόλεως. Κῦρος δὲ ἅμα τῇ ἡμέρᾳ εἰσῄει

I 48 2 ἱππέας Gemoll : ἱππεῖς codd. || 49 2 οὔτε zW : οὕτω DF || 3 ὡς z : ὥστε y || 4 ἀπολαβοῦσαι zDF : ἀπολαβοῦσα W ἀναβαλοῦσαι x || ἑαυτῶν zD : αὐτῶν WF.

II 1 2 φυλακὰς z : φύλακας y || ἔδει z : ἐδόκει y || 4 ὅπῃ yzE : ὅποι C edd. plerique || 2 1 ἐπειδὴ δὲ yV² : ἐπεὶ δὲ δὴ z || 3 προσβαλῶν zDF : προβαλὼν W || 3 5 καὶ yV² mg. cp. scr. : om. z || 6 ante ἀνάβασιν add. τὴν VH¹AG || 4 2 ὅπῃ yzE : ὅποι C edd. plerique.

per[1]. Au petit jour, Cyrus y faisait son entrée et invitait ses soldats à rester chacun à son poste[2]. **5** Crésus, enfermé dans le palais[3], appelait Cyrus à grands cris. Mais Cyrus laissa des hommes pour garder Crésus et lui-même, ayant gagné la citadelle occupée, lorsqu'il vit que les Perses y montaient convenablement la garde, mais que les Chaldéens avaient laissé leurs armes déposées — car ils avaient couru en bas pour faire main basse chez l'habitant — convoqua immédiatement leurs officiers et leur ordonna de quitter l'armée sans délai. **6** « Car je ne saurais tolérer, dit-il, de voir qu'un abandon de poste est payant. Et sachez bien, ajouta-t-il, que je m'apprêtais à faire de vous, compagnons de mes campagnes, un objet d'envie pour tous les Chaldéens. A présent, ne soyez pas surpris si votre route de retour vous fait rencontrer plus fort que vous[4]. »

7 A ces mots, les Chaldéens eurent peur ; ils le suppliaient de mettre un terme à sa colère et déclaraient qu'ils rendraient tout le produit du pillage. Il répondit qu'il n'en avait nul besoin, « mais, dit-il, si vous voulez que je mette un terme à mon mécontentement, allez remettre tout ce que vous avez pris à ceux-là qui n'ont cessé d'assurer la garde de la citadelle. Si en effet les autres soldats se rendent compte que rester à son poste est payant[5], ma satisfaction sera totale. » **8** Les Chaldéens firent comme l'avait ordonné Cyrus et les soldats disciplinés reçurent une foule de biens divers. Cyrus, ayant cantonné ses troupes dans l'endroit de la ville qui paraissait le plus commode, leur fit passer la défense de déposer leurs armes et l'ordre de déjeuner.

1. Sans doute parce qu'ils redoutent que les remparts, où ils doivent être postés, ne soient escaladés selon la feinte imaginée par Cyrus ; ils seraient alors pris entre deux troupes venant de la citadelle et de l'extérieur.

2. Visiblement pour prévenir toute idée de pillage au détriment du vaincu.

3. Crésus a donc gagné Sardes avant Cyrus.

4. L'euphémisme accentue la menace.

5. C'est le précepte que Xénophon donne lui-même à l'hipparque, *Comm. Cav.*, I, 24.

εἰς τὴν πόλιν καὶ παρήγγειλεν ἐκ τῆς τάξεως μηδένα κινεῖσθαι. **5** Ὁ δὲ Κροῖσος κατακλεισάμενος ἐν τοῖς βασιλείοις Κῦρον ἐβόα. Ὁ δὲ Κῦρος τοῦ μὲν Κροίσου φύλακας κατέλιπεν, αὐτὸς δὲ ἀπαγαγὼν πρὸς τὴν ἐχομένην ἄκραν ὡς εἶδε τοὺς μὲν Πέρσας φυλάττοντας τὴν ἄκραν, ὥσπερ ἔδει, τὰ δὲ τῶν Χαλδαίων ὅπλα ἔρημα (κατεδεδραμήκεσαν γὰρ ἁρπασόμενοι τὰ ἐκ τῶν οἰκιῶν), εὐθὺς συνεκάλεσεν αὐτῶν τοὺς ἄρχοντας καὶ εἶπεν αὐτοῖς ἀπιέναι ἐκ τοῦ στρατεύματος ὡς τάχιστα. **6** Οὐ γὰρ ἄν, ἔφη, ἀνασχοίμην πλεονεκτοῦντας ὁρῶν τοὺς ἀτακτοῦντας. Καὶ εὖ μέν, ἔφη, ἐπίστασθε ὅτι παρεσκευαζόμην ἐγὼ ὑμᾶς τοὺς ἐμοὶ συστρατευομένους πᾶσι Χαλδαίοις μακαριστοὺς ποιῆσαι. Νῦν δ', ἔφη, μὴ θαυμάζετε ἤν τις καὶ ἀπιοῦσιν ὑμῖν κρείττων ἐντύχῃ.

7 Ἀκούσαντες ταῦτα οἱ Χαλδαῖοι ἔδεισάν τε καὶ ἱκέτευον παύσασθαι ὀργιζόμενον καὶ τὰ χρήματα πάντα ἀποδώσειν ἔφασαν. Ὁ δ' εἶπεν ὅτι οὐδὲν αὐτῶν δέοιτο. Ἀλλ' εἴ με, ἔφη, βούλεσθε παύσασθαι ἀχθόμενον, ἀπόδοτε πάντα ὅσα ἐλάβετε τοῖς διαφυλάξασι τὴν ἄκραν. Ἢν γὰρ αἴσθωνται οἱ ἄλλοι στρατιῶται ὅτι πλεονεκτοῦσιν οἱ εὔτακτοι γενόμενοι, πάντα μοι καλῶς ἕξει. **8** Οἱ μὲν δὴ Χαλδαῖοι οὕτως ἐποίησαν ὡς ἐκέλευσεν ὁ Κῦρος, καὶ ἔλαβον οἱ πειθόμενοι πολλὰ καὶ παντοῖα χρήματα. Ὁ δὲ Κῦρος καταστρατοπεδεύσας τοὺς ἑαυτοῦ, ὅπου ἐδόκει ἐπιτηδειότατον εἶναι τῆς πόλεως, μένειν ἐπὶ τοῖς ὅπλοις παρήγγειλε καὶ ἀριστοποιεῖσθαι.

II 4 4 παρήγγειλεν yVAG : παρήγγελλεν H || 5 1 post δὲ add. δὴ W || 3 κατέλιπεν WDVA : -έλειπεν FHG || 6 κατεδεδραμήκεσαν F : κατα- VAGWH || ἁρπασόμενοι y : ἁρπαζόμενοι z || τὰ ἐκ WDG[2] : ἐκ zF || 8 ὡς om. z || 6 3 συστρατευομένους z : -σαμένους y || 5 κρείττ[-σσ- V[2]]ων Π_4 yV[2] : κρείσσω z || 7 1 τε Π_4 z : om. y || 2 πάντα z : απ[αντα] Π_4 om. y || 4 post βούλεσθε add. ἐλέσθαι καὶ W || 8 4 post ἐδόκει add. τὸ z || εἶναι om. z || 5 ἐπὶ yV[2] s. l. : om. z || παρήγγειλε καὶ y : παρήγγειλεν z.

Cyrus préserve Sardes du pillage.

9 Ces dispositions une fois prises, il se fit amener Crésus[1]. Celui-ci, quand il vit Cyrus, lui dit : « Je te salue, maître, puisque tel est le titre que la fortune te donne désormais à toi d'avoir, à moi de prendre, pour te parler. **10** — Je te salue, toi aussi, Crésus, puisque nous sommes tous deux des semblables[2]. Mais dis donc, Crésus, est-ce que tu accepterais de me donner un conseil[3]? — Oui, et je voudrais même, Cyrus, trouver une chose qui fût bonne pour toi ; car je crois qu'elle serait bonne aussi pour moi. **11** — Écoute donc, Crésus : quand je constate que les soldats ont fourni de rudes efforts, ont couru force dangers, et que maintenant ils estiment tenir, après Babylone, la ville la plus riche de l'Asie, je trouve juste qu'ils reçoivent un dédommagement, les soldats. Car je sais, ajouta-t-il, que si leurs efforts doivent ne rien leur rapporter, je ne pourrai plus longtemps les maintenir dans l'obéissance. Or, je ne veux pas leur livrer la ville à piller ; j'estime que ce serait sa ruine, et je n'ignore pas que c'est pour les pires éléments qu'un pillage risque d'être payant. » **12** A ces mots, Crésus dit : « Eh ! bien, Cyrus, à ceux des Lydiens que je vais trouver, laisse-moi dire que j'ai réussi à obtenir de toi qu'on ne se livre à aucun pillage et qu'on ne permette aucune disparition de femmes ni d'enfants[4], dire aussi qu'en échange je t'ai juré mes grands dieux que, de leur plein gré, les Lydiens te donneraient tout ce qu'il y a de bon et de beau dans Sardes. **13** S'ils entendent ces paroles, en effet, il te viendra, je le sais, tout ce qu'hommes et femmes possèdent ici de beau ; pareillement, l'an prochain, la ville sera de

1. Sur le traitement de Crésus par Cyrus, le récit d'Hérodote, I, 86-87, est tout différent. On y voit Crésus enchaîné, mis sur un bûcher et n'échappant aux flammes que par une intervention providentielle.

2. L'esclave n'est pas l'*égal* du maître mais, selon l'idée généreuse de Cyrus, tous deux sont *semblables* ; ils échangent le salut.

3. Avec délicatesse, Cyrus met Crésus à l'aise en alliant la familiarité à la déférence. Dans Hérodote, I, 88-90, Cyrus est charmé des judicieux conseils que Crésus lui donne, quoique devenu son esclave, pour son bien.

4. C'est-à-dire qu'aucun ne sera vendu en esclavage.

9 Ταῦτα δὲ διαπραξάμενος ἀγαγεῖν ἐκέλευσεν αὐτῷ τὸν Κροῖσον. Ὁ δὲ Κροῖσος ὡς εἶδε τὸν Κῦρον, Χαῖρε, ὦ δέσποτα, ἔφη· τοῦτο γὰρ ἡ τύχη καὶ ἔχειν τὸ ἀπὸ τοῦδε δίδωσι σοὶ καὶ ἐμοὶ προσαγορεύειν. 10 Καὶ σύ γε, ἔφη, ὦ Κροῖσε, ἐπείπερ ἄνθρωποί γέ ἐσμεν ἀμφότεροι. Ἀτάρ, ἔφη, ὦ Κροῖσε, ἆρ' ἄν τί μοι ἐθελήσαις συμβουλεῦσαι; Καὶ βουλοίμην γ' ἄν, ἔφη, ὦ Κῦρε, ἀγαθόν τί σοι εὑρεῖν· τοῦτο γὰρ ἂν οἶμαι ἀγαθὸν κἀμοὶ γενέσθαι. 11 Ἄκουσον τοίνυν, ἔφη, ὦ Κροῖσε· ἐγὼ γὰρ ὁρῶν τοὺς στρατιώτας πολλὰ πεπονηκότας καὶ πολλὰ κεκινδυνευκότας καὶ νῦν νομίζοντας πόλιν ἔχειν τὴν πλουσιωτάτην ἐν τῇ Ἀσίᾳ μετὰ Βαβυλῶνα, ἀξιῶ ὠφεληθῆναι τοὺς στρατιώτας. Γιγνώσκω γάρ, ἔφη, ὅτι εἰ μή τινα καρπὸν λήψονται τῶν πόνων, οὐ δυνήσομαι αὐτοὺς πολὺν χρόνον πειθομένους ἔχειν. Διαρπάσαι μὲν οὖν αὐτοῖς ἐφεῖναι τὴν πόλιν οὐ βούλομαι· τήν τε γὰρ πόλιν νομίζω ἂν διαφθαρῆναι, ἔν τε τῇ ἁρπαγῇ εὖ οἶδ' ὅτι οἱ πονηρότατοι πλεονεκτήσειαν ἄν. 12 Ἀκούσας ταῦτα ὁ Κροῖσος ἔλεξεν· Ἀλλ' ἐμέ, ἔφη, ἔασον λέξαι πρὸς οὓς ἂν ἐγὼ Λυδῶν ἔλθω ὅτι διαπέπραγμαι ἐγὼ παρὰ σοῦ μὴ ποιῆσαι ἁρπαγὴν μηδὲ ἐᾶσαι ἀφανισθῆναι παῖδας καὶ γυναῖκας· ὑπεσχόμην δέ σοι ἀντὶ τούτων ἦ μὴν παρ' ἑκόντων Λυδῶν ἔσεσθαι πᾶν ὅ τι καλὸν κἀγαθόν ἐστιν ἐν Σάρδεσιν. 13 Ἢν γὰρ ταῦτα ἀκούσωσιν, οἶδ' ὅτι ἥξει σοι πᾶν ὅ τι ἐστὶν ἐνθάδε καλὸν κτῆμα ἀνδρὶ καὶ γυναικί· καὶ ὁμοίως εἰς νέωτα πολλῶν

II 9 1-2 Ταῦτα — Κροῖσον yV² mg. : om. z || αὐτῷ F : αὐτῷ cett. || 3 ἔφη post δέσποτα transp. y || καὶ yV² s. l. : om. z || τὸ om. y || 4 σοὶ καὶ ἐμοὶ yV² : σοὶ καὶ VG μοὶ HA || **10** 4 Καὶ om. z || γ' om. y || **11** 5 ὅτι om. y || 6 λήψονται post πόνων transp. y || 8 αὐτοῖς V² s. l. F : αὐτοὺς VHA || 9 ἂν z : ἅμα y || διαφθαρῆναι y : διαρπαγῆναι V corr. HAG || τῇ om. y || 10 πλεονεκτήσειαν y : -τήσαιεν z || ἂν WDV²AG : om. FVH || **12** 3 ἔλθω Hug : ἐθέλω z θέλω y || 4 ἐγὼ om. z || 5 ὑπεσχόμην z : ὑπισχνοῦμαι y || 6 ὅ τι codd. : ο]περ Π_4 || **13** 2 ἥξει σοι Π_4 ut uid. DFV : ἥξειν σοι W ἥξουσι HAG || 3 pr. καὶ z : ἢ y Π_4.

nouveau emplie pour toi d'une infinité de belles choses, tandis que, si tu procèdes au pillage, tu verras ruinés jusqu'aux métiers[1] qui sont, à ce que l'on dit, la source des œuvres d'art. **14** Quand tu auras vu affluer ces merveilles, tu pourras réfléchir encore sur le pillage. Mais commence par envoyer à mes trésors, et que mes gardiens servent[2] tes gardiens. Cyrus accepta de suivre en tout les suggestions de Crésus.

Le bonheur de Crésus prédit à Delphes.

15 « De toute façon, reprit-il, dis-moi, Crésus, quelles suites eurent pour toi les réponses de l'oracle de Delphes ; car il paraît que tu as un culte pour Apollon, et que c'est lui qui inspire toujours ta conduite. **16** — J'aurais voulu, Cyrus, qu'il en fût ainsi ; en fait je me suis comporté envers Apollon en adoptant toujours dès le départ la conduite contraire. — Mais comment ? Explique ; car tes paroles sont fort singulières. **17** — Oui, j'ai négligé d'interroger le dieu sur mes besoins, pour éprouver d'abord son pouvoir de véracité[3]. Et ceux qui n'ont pas foi en ce pouvoir, je ne dis pas seulement le dieu, mais encore les hommes de bien ne les aiment pas lorsqu'ils savent que cette foi en eux leur fait défaut[4]. **18** Bref, malgré mon éloignement de Delphes, il avait compris mon attitude insensée lorsque j'envoyai le consulter pour moi sur une progéniture. **19** Il commença par refuser la moindre réponse ; lorsqu'à force de lui envoyer offrandes sur offrandes en or, en argent, à force de lui offrir des sacrifices, je finis par entrer dans sa grâce, me semblait-il, alors il répond à ma question sur ce que je pouvais faire

1. Sardes était célèbre par ses tissages, son commerce et ses industries de luxe. Sur les produits naturels de la terre lydienne, riche à tous les points de vue, voir VI, 2, 22.

2. L'absence de complément signifie que les gardiens du trésor de Cyrus peuvent se servir à discrétion.

3. Hérodote, I, 46-48, donne le récit détaillé de la façon dont Crésus s'y est pris pour vérifier si Apollon et les autres grands oracles savaient tout de ses faits et gestes du moment.

4. L'humilité de Crésus est née de son infortune, mais elle a un accent sincère et naturel qui touche.

καὶ καλῶν πάλιν σοι πλήρης ἔσται ἡ πόλις· ἢν δὲ διαρπάσῃς, καὶ αἱ τέχναι σοι, ἅς πηγάς φασι τῶν καλῶν εἶναι, διεφθαρμέναι ἔσονται. **14** Ἐξέσται δέ σοι ἰδόντι ταῦτα ἐλθόντα ἔτι καὶ περὶ τῆς ἁρπαγῆς βουλεύσασθαι. Πρῶτον δ', ἔφη, ἐπὶ τοὺς ἐμοὺς θησαυροὺς πέμπε καὶ παραλαμβανόντων οἱ σοὶ φύλακες παρὰ τῶν ἐμῶν φυλάκων. Ταῦτα μὲν δὴ πάντα οὕτω συνήνεσε ποιεῖν ὁ Κῦρος ὥσπερ ἔλεξεν ὁ Κροῖσος.

15 Τάδε δέ μοι πάντως, ἔφη, ὦ Κροῖσε, λέξον πῶς σοι ἀποβέβηκε τὰ ἐκ τοῦ ἐν Δελφοῖς χρηστηρίου· σοὶ γὰρ δὴ λέγεται πάνυ γε τεθεραπεῦσθαι ὁ Ἀπόλλων καί σε πάντα ἐκείνῳ πειθόμενον πράττειν. **16** Ἐβουλόμην ἄν, ἔφη, ὦ Κῦρε, οὕτως ἔχειν· νῦν δὲ πάντα τἀναντία εὐθὺς ἐξ ἀρχῆς πράττων προσηνέχθην τῷ Ἀπόλλωνι. Πῶς δέ; ἔφη ὁ Κῦρος· δίδασκε· πάνυ γὰρ παράδοξα λέγεις. **17** Ὅτι πρῶτον μέν, ἔφη, ἀμελήσας ἐρωτᾶν τὸν θεόν, εἴ τι ἐδεόμην, ἀπεπειρώμην αὐτοῦ εἰ δύναιτο ἀληθεύειν. Τοῦτο δ', ἔφη, μὴ ὅτι θεός, ἀλλὰ καὶ ἄνθρωποι καλοὶ κἀγαθοί, ἐπειδὰν γνῶσιν ἀπιστούμενοι, οὐ φιλοῦσι τοὺς ἀπιστοῦντας. **18** Ἐπεὶ μέντοι ἔγνω καὶ μάλ' ἄτοπα ἐμοῦ ποιοῦντος, καὶ πρόσω Δελφῶν ἀπέχοντος, οὕτω δὴ πέμπω περὶ παίδων. **19** Ὁ δέ μοι τὸ μὲν πρῶτον οὐδ' ἀπεκρίνατο· ἐπεὶ δ' ἐγὼ πολλὰ μὲν πέμπων ἀναθήματα χρυσᾶ, πολλὰ δ' ἀργυρᾶ, πάμπολλα δὲ θύων ἐξιλασάμην ποτὲ αὐτόν, ὡς ἐδόκουν,

II 13 4 σοι yV² s. l. : om. z ‖ ἔσται y : ἐστίν post πόλις transp. V² mg. om. z. ‖ **14** 1 ἐξέσται zDF : ἔξεστι WG² ‖ 2 ταῦτα yVG² : τὰ Π_4 HAG ‖ 3 θησαυροὺς om. y ‖ 4 παραλαμβανόντων Dindorf : -λαμβανέτωσαν Π_4 codd. ‖ 5 πάντα yH : ἅπαντα VH²AG ‖ ποιεῖν post Κῦρος transp. Π_4 y ‖ **15** 1 τάδε δέ WD : τάδε VHA τὰ δὲ FG ‖ δὴ post τάδε add. V² s. l. ‖ μοι πάντως ἔφη z : μοι ἔφη πάντων y μοι ἔφ[Π4 ‖ ὦ om. AG ‖ 2 σοι om. z ‖ 3 γε om. y ‖ **16** 2 ante ἂν add. δ' y ‖ 2 τἀναντία zDF : τοὐναντία W ‖ 4 δὲ om. y ‖ **17** 3 ὅτι zDF : τι ὁ W ‖ **18** 2 ἔγνω καὶ zDF : ἔγνωκα W ‖ alt. καὶ codd. : καίπερ coni. Hug ‖ **19** 2 μὲν om. W ‖ 4 ποτὲ αὐτόν yHAG : αὐτόν ποτε V.

pour qu'il me vînt des enfants ; et il dit que j'en aurais. **20** J'en eus, car sur ce point même il ne mentit en rien, mais leur existence ne me valut aucune joie. Car l'un restait sourd muet[1], l'autre, devenu remarquable, a péri dans la fleur de l'âge*. Accablé par les malheurs venus de mes enfants, j'envoie de nouveau interroger le dieu sur ce que je pouvais faire pour vivre le reste de ma vie dans un bonheur relatif ; il me répondit :

'Connais-toi toi-même, Crésus, et tu feras heureux la [traversée de la vie',

21 un oracle que j'eus plaisir à entendre ; je m'imaginais en effet qu'il m'imposait la solution facile pour me donner le bonheur. Car connaître autrui, on le pouvait quelquefois, mais pas toujours ; mais qui il est lui-même, je m'imaginais qu'à peu près tout homme le savait. **22** Dans le temps qui suivit, tant que je fus en paix, après la mort de mon fils, je n'avais pas sujet d'incriminer le sort. Mais lorsque l'Assyrien* eut réussi à me persuader de faire campagne contre vous, ce ne fut pour mois que toute une gamme de dangers. Je me tirai pourtant d'affaire sans dommage ; et sur ce point non plus je n'accuse pas le dieu. Car lorsque je me fus « connu moi-même » trop petit pour me mesurer avec vous, je réchappai, par la grâce du dieu, moi et mes gens. **23** Dernièrement, encore une fois pourri par la fortune que je possédais, par ceux qui me demandaient de me mettre à leur tête, par les présents dont ils me comblaient, par les gens qui me flattaient en soutenant que si je consentais à prendre le commandement le monde entier pourrait m'obéir et je pourrais être le plus puissant des hommes, gonflé donc[2] d'orgueil par de tels propos, quand tous les rois d'alentour m'eurent choisi pour être le chef de la guerre, j'acceptai le com-

1. L'imparfait διετέλει a sa raison d'être : on sait par Hérodote, I, 85, que ce fils avait recouvré définitivement la parole à la suite d'une émotion lors de la prise de Sardes ; mais Crésus n'est pas sûr que la guérison, toute récente, soit définitive.

2. Comme en II, 3, 19, où il faut sans doute préférer la leçon de z, c'est-à-dire δ' (app. crit. **19** 4), le δέ ne fait que rappeler le participe antérieur διαθρυπτόμενος.

τότε δή μοι ἀποκρίνεται ἐρωτῶντι τί ἄν μοι ποιήσαντι παῖδες γένοιντο · ὁ δὲ εἶπεν ὅτι ἔσοιντο. **20** Καὶ ἐγένοντο μέν, οὐδὲ γὰρ οὐδὲ τοῦτο ἐψεύσατο, γενόμενοι δὲ οὐδὲν ὤνησαν. Ὁ μὲν γὰρ κωφὸς ὢν διετέλει, ὁ δὲ ἄριστος γενόμενος ἐν ἀκμῇ τοῦ βίου ἀπώλετο. Πιεζόμενος δὲ ταῖς περὶ τοὺς παῖδας συμφοραῖς πάλιν πέμπω καὶ ἐπερωτῶ τὸν θεὸν τί ἂν ποιῶν τὸν λοιπὸν βίον εὐδαιμονέστατα διατελέσαιμι · ὁ δέ μοι ἀπεκρίνατο,

Σαυτὸν γιγνώσκων εὐδαίμων, Κροῖσε, περάσεις.

21 Ἐγὼ δ' ἀκούσας τὴν μαντείαν ἥσθην · ἐνόμιζον γὰρ τὸ ῥᾷστόν μοι αὐτὸν προστάξαντα τὴν εὐδαιμονίαν διδόναι. Ἄλλους μὲν γὰρ γιγνώσκειν τοὺς μὲν οἷόν τ' εἶναι τοὺς δ' οὔ · ἑαυτὸν δὲ ὅστις ἐστὶ πάντα τινὰ ἐνόμιζον ἄνθρωπον εἰδέναι. **22** Καὶ τὸν μετὰ ταῦτα δὴ χρόνον, ἕως μὲν εἶχον ἡσυχίαν, οὐδὲν ἐνεκάλουν μετὰ τὸν τοῦ παιδὸς θάνατον ταῖς τύχαις. Ἐπειδὴ δὲ ἀνεπείσθην ὑπὸ τοῦ Ἀσσυρίου ἐφ' ὑμᾶς στρατεύεσθαι, εἰς πάντα κίνδυνον ἦλθον. Ἐσώθην μέντοι οὐδὲν κακὸν λαβών · οὐκ αἰτιῶμαι δὲ οὐδὲ τάδε τὸν θεόν. Ἐπεὶ γὰρ ἔγνων ἐμαυτὸν μὴ ἱκανὸν ὑμῖν μάχεσθαι, ἀσφαλῶς σὺν τῷ θεῷ ἀπῆλθον καὶ αὐτὸς καὶ οἱ σὺν ἐμοί. **23** Νῦν δ' αὖ πάλιν ὑπό τε πλούτου τοῦ παρόντος διαθρυπτόμενος καὶ ὑπὸ τῶν δεομένων μου προστάτην γενέσθαι καὶ ὑπὸ τῶν δώρων ὧν ἐδίδοσάν μοι καὶ ὑπ' ἀνθρώπων, οἵ με κολακεύοντες ἔλεγον ὡς εἰ ἐγὼ ἐθέλοιμι ἄρχειν, πάντες ἂν ἐμοὶ πείθοιντο καὶ μέγιστος ἂν εἴην ἀνθρώπων, ὑπὸ τοιούτων δὲ λόγων ἀναφυσώμενος, ὡς εἵλοντό με πάντες οἱ κύκλῳ βασιλεῖς προστάτην τοῦ πολέμου,

II 20 1 ἐγένοντο yV corr. ut uid. : ἐγένετο HAG ‖ 2 pr. οὐδὲ z : οὐ y ‖ 3 διετέλει z : διατελεῖ y ‖ 6 ἐπερωτῶ zD : ἐρωτῶ WF ‖ 8 σαυτὸν z : ἑαυτὸν y ‖ **21** 1 ἐγὼ yV corr. : ἐπεὶ HAG ‖ 2 γε post τὸ add. y ‖ 4 οἷόν z : οἵους y ‖ **22** 2 εἶχον zDF : ἔσχον W ‖ 3 ἐπειδὴ yHAG : ἐπεὶ V ‖ 7 ἱκανὸν xV² : ἱκανῶς z ἱκανὸν εἶναι y ἱκανὸν ὄντα coni. Bisshop fort. recte ‖ **23** 5 ἐθέλοιμι zF : θέλοιμι x ἑλοίμην WD.

mandement suprême, en me croyant de taille à posséder le comble de la puissance, **24** ignorant, hélas ! qui j'étais, car je me figurais de taille à faire la guerre contre toi, toi qui d'abord es de descendance divine [1], qui ensuite es né d'une lignée de rois, qui enfin depuis l'enfance pratiques la vertu [2] ; de mes ancêtres, au contraire, à ce qu'on m'a dit, le premier qui fut roi avait acquis du même coup le trône et la liberté [3]. Alors, devant une telle ignorance, mon châtiment n'est que justice. **25** Eh ! bien, à présent, Cyrus, je me connais moi-même. Mais toi, est-ce que tu crois encore qu'elle va se vérifier la parole d'Apollon selon laquelle je serai heureux si je me connais moi-même ? Et si je te fais cette question, c'est parce qu'il me semble que tu es le meilleur juge à l'heure actuelle ; car c'est de toi que dépend le résultat [4]. »

26 Cyrus répondit : « Laisse-moi réfléchir là-dessus, Crésus ; car quand je me représente ton bonheur passé je te plains, et maintenant je remets en ta possession la femme que tu possédais [5], tes filles [6] — car on me dit que tu en as — tes amis, tes serviteurs et votre table quotidienne. Les batailles et les guerres, je te les interdis. **27** — Par Zeus ! dit Crésus, ne réfléchis plus, s'il te plaît, sur la réponse à me faire pour mon bonheur ; car c'est moi qui te le dis ici, si tu fais pour moi ce que tu dis, la vie que tout le monde estimait regorger de bonheur — opinion que je partageais — moi aussi je l'aurai désormais. » **28** Cyrus dit : « Et qui donc la possède, cette vie bienheureuse ? — Ma femme, répondit Crésus :

1. Cyrus descend de Persée, fils de Zeus et de Danaé ; voir I, 2, 1.
2. Crésus ne flatte pas son vainqueur : le livre I de la *Cyropédie* confirme ses paroles : I, 2, 1 ; 8-9.
3. Sans le nommer Crésus vise Gygès, qui était garde du corps du roi de Lydie Candaule selon Hérodote, I, 8, berger selon Platon, *Rép.*, 359 d, quand le meurtre de Candaule lui donna sa femme et la couronne : Hérodote, I, 12 ; Plat., *Rép.*, 360 b.
4. La sincère humilité de Crésus ne le dispense pas d'être habile.
5. C'est-à-dire avant qu'elle ne devienne captive.
6. Les filles ne comptaient pas au nombre des enfants de Crésus ; on le voit en se reportant à VII, 2, 20.

ὑπεδεξάμην τὴν στρατηγίαν, ὡς ἱκανὸς ὢν μέγιστος γενέσθαι, **24** ἀγνοῶν ἄρα ἐμαυτόν, ὅτι σοὶ ἀντιπολεμεῖν ἱκανὸς ᾤμην εἶναι, πρῶτον μὲν ἐκ θεῶν γεγονότι, ἔπειτα δὲ διὰ βασιλέων πεφυκότι, ἔπειτα δ' ἐκ παιδὸς ἀρετὴν ἀσκοῦντι· τῶν δ' ἐμῶν προγόνων ἀκούω τὸν πρῶτον βασιλεύσαντα ἅμα βασιλέα τε καὶ ἐλεύθερον γενέσθαι. Ταῦτ' οὖν ἀγνοήσας δικαίως, ἔφη, ἔχω τὴν δίκην. **25** 'Αλλὰ νῦν δή, ἔφη, ὦ Κῦρε, γιγνώσκω μὲν ἐμαυτόν. Σὺ δ', ἔφη, δοκεῖς ἔτι ἀληθεύσειν τὸν 'Απόλλω ὡς εὐδαίμων ἔσομαι γιγνώσκων ἐμαυτόν; Σὲ δὲ ἐρωτῶ διὰ τοῦτο ὅτι ἄριστ' ἄν μοι δοκεῖς εἰκάσαι τοῦτο ἐν τῷ παρόντι· καὶ γὰρ δύνασαι ποιῆσαι.

26 Καὶ ὁ Κῦρος εἶπε· Βουλήν μοι δὸς περὶ τούτου, ὦ Κροῖσε· ἐγὼ γάρ σου ἐννοῶν τὴν πρόσθεν εὐδαιμονίαν οἰκτίρω τέ σε καὶ ἀποδίδωμι ἤδη γυναῖκά τε ἔχειν ἣν εἶχες καὶ τὰς θυγατέρας — ἀκούω γάρ σοι εἶναι — καὶ τοὺς φίλους καὶ τοὺς θεράποντας καὶ τράπεζαν σὺν οἵᾳπερ ἐζῆτε. Μάχας δέ σοι καὶ πολέμους ἀφαιρῶ. **27** Μὰ Δία μηδὲν τοίνυν, ἔφη ὁ Κροῖσος, σὺ ἐμοὶ ἔτι βουλεύου ἀποκρίνασθαι περὶ τῆς ἐμῆς εὐδαιμονίας· ἐγὼ γὰρ ἤδη σοι λέγω, ἢν ταῦτά μοι ποιήσῃς ἃ σὺ λέγεις, ὅτι ἣν ἄλλοι τε μακαριωτάτην ἐνόμιζον εἶναι βιοτὴν καὶ ἐγὼ συνεγίγνωσκον αὐτοῖς, ταύτην καὶ ἐγὼ νῦν ἔχων διάξω. **28** Καὶ ὁ Κῦρος εἶπε· Τίς δ' ἦν ὁ ἔχων ταύτην τὴν μακαρίαν βιοτήν; Ἡ ἐμὴ γυνή, εἶπεν,

II 23 9 ὢν FV²AG : ὡς WDVH || 24 3 δὲ om. y || 5 βασιλέα τε y : τε βασιλέα z || 25 1 post νῦν add. γὰρ y || γιγνώσκω yV : γιγνώσκων HAG || 2 δοκεῖς ἔτι ἀληθεύσειν z : ἔτι δοκεῖς ἀληθεύειν x εἰ δοκεῖς ἔτι ἀληθεύ[-σ- D]ειν y || 3 γιγνώσκων zDF : γιγνώσκω W || ἐρωτῶ yV² : ἐρωτῶν z || 4 δοκεῖς DFV²HA : δοκῇς WV ut uid. G || 26 2 γὰρ z : δὲ y || 4 εἶχες y : ἔχεις z || 6 ἐζῆτε edd. : ἐζῶτε zWD ἔζωτε F || 27 1 ἐμοὶ z : ἐμοῦ y del. Marchant || 2 ἀποκρίνασθαι codd. : del. Herwerden || 3 ποιήσῃς yV² : ποιήσαις z || σὺ om. z || 4 μακαριωτάτην z : μακαριστοτάτην y || 28 1 δ' ἦν y : δὴ z || 2 ἐμὴ z : 'μὴ DF μὴ W.

à parts égales elle partageait avec moi la richesse, le luxe et toutes les variétés de la bonne vie, sans avoir aucunement part à mes soucis de les lui procurer, ni à ceux de la guerre et des batailles. Dans ces conditions, il me semble que tu me donnes la situation que je donnais à celle que j'aimais le plus au monde, si bien que j'aurai, je le crois, à l'égard d'Apollon, une nouvelle dette de reconnaissance[1]. » **29** En entendant ces paroles de Crésus, Cyrus admira son heureux courage, et l'emmenait dès lors par tous les chemins qu'il prenait lui-même, soit qu'il estimât que Crésus lui rendait quelque service, soit qu'il pensât que c'était plus sûr[2].

III

1 Là-dessus, on se coucha. Le lendemain, Cyrus appela ses amis et les commandants de l'armée, chargea les uns de s'occuper des trésors, aux autres ordonna de mettre à part, de toutes les richesses que livrait Crésus, tout ce que prescrivaient les mages*, de placer dans des coffres, au moment de leur réception, le reste des richesses, de les disposer sur des chariots, puis de tirer au sort les chariots et de les convoyer partout par où ils passeraient eux-mêmes afin que, le moment venu, chacun reçût en partage sa juste part. **2** Les ordres s'exécutaient*.

La mort de Panthée. Cyrus, ayant appelé certains des aides de camp présents là, leur demanda : « Dites-moi, l'un d'entre vous a-t-il vu Abradatas*? Je m'étonne que lui, qui avant venait souvent nous voir, ne se montre maintenant nulle part. » **3** Alors un des aides de camp répondit :

1. On est sensible à la délicatesse des sentiments qui anime tout le dialogue entre les ennemis récents ; mais l'hommage rendu par Crésus à sa femme vient peut-être moins du roi barbare que de l'auteur athénien.

2. La générosité de Cyrus n'exclut pas la prudence : il n'est pas impossible que Crésus masque le fond de sa pensée ou veuille nourrir un jour des idées de revanche.

ὦ Κῦρε· ἐκείνη γὰρ τῶν μὲν ἀγαθῶν καὶ τῶν μαλακῶν καὶ εὐφροσυνῶν πασῶν ἐμοὶ τὸ ἴσον μετεῖχε, φροντίδων δὲ ὅπως ταῦτα ἔσται καὶ πολέμου καὶ μάχης οὐ μετῆν αὐτῇ. Οὕτω δὴ καὶ σὺ δοκεῖς ἐμὲ κατασκευάζειν ὥσπερ ἐγὼ ἣν ἐφίλουν μάλιστα ἀνθρώπων, ὥστε τῷ Ἀπόλλωνι ἄλλα μοι δοκῶ χαριστήρια ὀφειλήσειν. **29** Ἀκούσας δ' ὁ Κῦρος τοὺς λόγους αὐτοῦ ἐθαύμασε μὲν τὴν εὐθυμίαν, ἦγε δὲ τὸ λοιπὸν ὅπῃ καὶ αὐτὸς πορεύοιτο, εἴτε ἄρα καὶ χρήσιμόν τι νομίζων αὐτὸν εἶναι εἴτε καὶ ἀσφαλέστερον οὕτως ἡγούμενος.

III

1 Καὶ τότε μὲν οὕτως ἐκοιμήθησαν. Τῇ δ' ὑστεραίᾳ καλέσας ὁ Κῦρος τοὺς φίλους καὶ τοὺς ἡγεμόνας τοῦ στρατεύματος, τοὺς μὲν αὐτῶν ἔταξε τοὺς θησαυροὺς παραλαμβάνειν, τοὺς δ' ἐκέλευσεν ὁπόσα παραδοίη Κροῖσος χρήματα, πρῶτον μὲν τοῖς θεοῖς ἐξελεῖν ὁποῖ' ἂν οἱ μάγοι ἐξηγῶνται, ἔπειτα τἆλλα χρήματα παραδεχομένους ἐν ζυγάστροις στήσαντας ἐφ' ἁμαξῶν ἐπισκευάσαι καὶ διαλαχόντας τὰς ἁμάξας κομίζειν ὅπῃπερ ἂν αὐτοὶ πορεύωνται, ἵνα ὅπου καιρὸς εἴη διαλαμβάνοιεν ἕκαστοι τὰ ἄξια. **2** Οἱ μὲν δὴ ταῦτ' ἐποίουν.

Ὁ δὲ Κῦρος καλέσας τινὰς τῶν παρόντων ὑπηρετῶν, Εἴπατέ μοι, ἔφη, ἑώρακέ τις ὑμῶν Ἀβραδάταν; Θαυμάζω γάρ, ἔφη, ὅτι πρόσθεν θαμίζων ἐφ' ἡμᾶς νῦν οὐδαμοῦ φαίνεται. **3** Τῶν οὖν ὑπηρετῶν τις ἀπεκρί-

II 28 6 post δὴ add. μοι y ‖ 7 ἣν zDF : ἦν W ‖ 8 ante δοκῶ add. ἔφη F post δοκῶ WD ‖ 29 3 δὲ om. W ‖ ὅπῃ WDVHA : ὅποι G ὅπου F.

III 1 5 χρήματα z : κτήματα y ‖ ὁποῖ' VAG : ὁποῖα H ὅποι y ‖ 7 ἐφ' VG² : ἐπ' yHAG ‖ ἁμαξῶν F : ἁμάξας z ἀμάξας WD ‖ 7-8 ἁμαξῶν — τὰς om. z ‖ 8 ὅπηπερ yVH : ὅποιπερ AG ‖ 9 ὅπου edd. : ὅπῃ codd. ‖ 2 3 ἑώρακε z : ἑωράκει y ‖ 4 ἐφ' yV corr. G corr. : ἀμφ' HA παρ' coni. Hartman.

« Il a cessé de vivre, maître : il s'est fait tuer dans la bataille en jetant son char contre les Égyptiens[1]. Les autres, à ce que l'on dit, hormis ses compagnons, ont dévié lorsqu'ils ont vu la masse des Égyptiens. **4** Et même en ce moment on dit que sa femme, après avoir relevé son corps et l'avoir déposé sur sa propre voiture, l'a transporté par ici jusqu'au Pactole[2]. **5** Ses eunuques et ses écuyers creusent pour le défunt, dit-on, une tombe sur un tertre. On dit encore que sa femme l'a paré des ornements qu'elle possédait, et reste assise par terre en soutenant sur les genoux la tête de son époux. »

6 A ces mots on vit Cyrus se frapper la cuisse[3] ; sautant immédiatement sur son cheval, il se dirigeait, avec un petit groupe de cavaliers, vers la scène de deuil. **7** A Gadatas et à Gobryas il ordonna de prendre ce qu'ils pouvaient comme bel ornement pour un ami et un héros mort, et de le rejoindre sans retard ; à tous ceux qui menaient le convoi des troupeaux, il donna l'ordre de les diriger, bœufs, chevaux, et aussi force petit bétail, sur le lieu où ils apprendraient sa présence, aux fins d'être égorgés en l'honneur d'Abradatas.

8 Lorsqu'il vit l'épouse assise par terre et le mort étendu, une telle épreuve lui fit verser des larmes et il dit : « Hélas ! âme de vertu et de foi, tu nous abandonnes et te voilà partie ? » et en même temps qu'il lui donnait une main amie, la main du mort vint[4] dans la sienne : un coup de cimeterre des Égyptiens l'avait tranchée. **9** Cette vue redoubla sa douleur ; Panthée se mit à sangloter et, recevant de Cyrus la main, elle la baisa, la

1. L'aide de camp reprend à peu près les mêmes termes que Xénophon dans son récit de VII, 1, 30.

2. Dans le Pactole, pour procéder aux ablutions funèbres : encore un usage grec prêté par Xénophon aux Perses.

3. Ce geste de douleur et de désespoir remonte à Homère, *Il.*, XII, 162 ; XV, 113 ; *Od.*, XIII, 198, où il exprime le découragement d'Ulysse débarqué dans son île natale mais ne la reconnaissant pas.

4. Littéralement « suivit », détail macabre destiné à soutenir l'émotion.

νατο ὅτι Ὦ δέσποτα, οὐ ζῇ, ἀλλ' ἐν τῇ μάχῃ ἀπέθανεν ἐμβαλὼν τὸ ἅρμα εἰς τοὺς Αἰγυπτίους. Οἱ δ' ἄλλοι πλὴν τῶν ἑταίρων αὐτοῦ ἐξέκλιναν, ὥς φασιν, ἐπεὶ τὸ στῖφος εἶδον τὸ τῶν Αἰγυπτίων. **4** Καὶ νῦν γε, ἔφη, λέγεται αὐτοῦ ἡ γυνὴ ἀνελομένη τὸν νεκρὸν καὶ ἐνθεμένη εἰς τὴν ἁρμάμαξαν, ἐν ᾗπερ αὐτὴ ὠχεῖτο, προσκεκομικέναι αὐτὸν ἐνθάδε ποι πρὸς τὸν Πακτωλὸν ποταμόν. **5** Καὶ τοὺς μὲν εὐνούχους καὶ τοὺς θεράποντας αὐτοῦ ὀρύττειν φασὶν ἐπὶ λόφου τινὸς θήκην τῷ τελευτήσαντι. Τὴν δὲ γυναῖκα λέγουσιν ὡς κάθηται χαμαὶ κεκοσμηκυῖα οἷς εἶχε τὸν ἄνδρα, τὴν κεφαλὴν αὐτοῦ ἔχουσα ἐπὶ τοῖς γόνασι.

6 Ταῦτα ἀκούσας ὁ Κῦρος ἐπαίσατο ἄρα τὸν μηρὸν καὶ εὐθὺς ἀναπηδήσας ἐπὶ τὸν ἵππον λαβὼν ἐνίους ἱππέας ἤλαυνεν ἐπὶ τὸ πάθος. **7** Γαδάταν δὲ καὶ Γωβρύαν ἐκέλευσεν ὅ τι δύναιντο λαβόντας καλὸν κόσμημα ἀνδρὶ φίλῳ καὶ ἀγαθῷ τετελευτηκότι μεταδιώκειν · καὶ ὅστις εἶχε τὰς ἑπομένας ἀγέλας, καὶ βοῦς καὶ ἵππους εἶπε τούτῳ καὶ ἄλλα πρόβατα πολλὰ ἐλαύνειν ὅποι ἂν αὐτὸν πυνθάνηται ὄντα, ὡς ἐπισφαγείη τῷ Ἀβραδάτᾳ.

8 Ἐπεὶ δὲ εἶδε τὴν γυναῖκα χαμαὶ καθημένην καὶ τὸν νεκρὸν κείμενον, ἐδάκρυσέ τε ἐπὶ τῷ πάθει καὶ εἶπε · Φεῦ, ὦ ἀγαθὴ καὶ πιστὴ ψυχή, οἴχῃ δὴ ἀπολιπὼν ἡμᾶς; Καὶ ἅμα ἐδεξιοῦτο αὐτὸν καὶ ἡ χεὶρ τοῦ νεκροῦ ἐπηκολούθησεν · ἀπεκέκοπτο γὰρ κοπίδι ὑπὸ τῶν Αἰγυπτίων. **9** Ὁ δὲ ἰδὼν πολὺ ἔτι μᾶλλον ἤλγησε · καὶ ἡ γυνὴ δὲ ἀνωδύρατο καὶ δεξαμένη τὴν χεῖρα παρὰ τοῦ Κύ-

III 4 1 γε om. y ‖ 5 2 ὀρύττειν φασὶν z : φασιν ὀρύττειν y ‖ 4 τε post τὴν add. y ‖ 6 1 ταῦτα ἀκούσας z : ἀκούσας δὲ y ‖ ἐπαίσατο z : ἔπαισεν y ‖ 2 ἐνίους ego : χιλίους codd. ‖ 7 2 ἀνδρὶ yV² s. l. : om. z ‖ 5 τούτῳ zDF : τοῦτο W ‖ ἄλλα y : ἅμα z ‖ ὅποι yVHA : ὅπῃ G ὅπου Priscianus ‖ 5 αὐτὸν z : ἑαυτὸν y ‖ 6 πυνθάνηται z : πυνθάνω[-ο- W]νται y ‖ 8 4 ἐδεξιοῦτο z : ἐδεξιώσατο y ‖ 9 2 δὲ yV² mg. A : δὴ GH om. V ‖ τὴν χεῖρα yV² : δὴ z.

réajusta correctement et dit : **10** « Le reste, réellement, Cyrus, est dans le même état[1] ; allons, qu'as-tu besoin de voir ? Ce sort, je sais bien que c'est avant tout par ma faute qu'il l'a subi, mais peut-être aussi par la tienne, Cyrus, tout autant. Moi, dans ma folie, je l'incitais sans cesse à une conduite qui te fît voir en lui un ami d'exception ; et lui, je sais bien qu'il ne réfléchissait jamais au sort qui l'attendait, mais aux moyens de te plaire. C'est la raison pour laquelle il est mort, lui, sans reproche, et moi, qui l'exhortais, je suis en vie[2]. »

11 Cyrus, pendant un temps, versa des larmes en silence ; puis il éleva la voix : « Allons, Madame, il n'y a pas de plus belle fin que la sienne : car il est mort dans la victoire. Il faut prendre ces dons, et les lui mettre comme parure de ma part — Gobryas et Gadatas étaient là, porteurs d'une foule d'ornements superbes — ; sachez encore que pour le reste non plus il ne manquera pas d'honneurs, que mille bras élèveront sur son corps un tombeau digne de nous, qu'on égorgera pour lui tout ce que mérite un héros. **12** Quant à vous, vous ne serez pas délaissée : pour votre vertu, vos multiples mérites et tant d'autres qualités, vous serez honorée par mes soins, je vous confierai à quelqu'un qui vous conduise où vous le voudrez bien ; il suffit de m'indiquer auprès de qui vous souhaitez être conduite. » **13** Panthée répondit : « Rassure-toi, Cyrus, il n'est pas possible que je te dissimule auprès de qui je veux aller[3]. »

14 Cyrus, ayant ainsi parlé, s'en allait, plaignant l'épouse d'être privée d'un tel époux, et l'époux d'avoir quitté une telle épouse pour ne plus jamais la voir.

1. C'est-à-dire découpé en morceaux, mutilé ; Panthée ne soulève pas ce qui couvre le corps. Son émotion l'empêche également de donner un complément au verbe « voir ».

2. Cyrus ne saisit pas l'annonce du suicide, confirmée par les paroles du § 12 ; est-ce parce qu'il est trop ému?

3. *Ambiguitas tragica* des paroles de Panthée. Est-ce justement, parce qu'il est trop ému que Cyrus ne les comprend pas?

ρου ἐφίλησέ τε καὶ πάλιν ὡς οἷόν τ' ἦν προσήρμοσε, καὶ εἶπε· 10 Καὶ τἆλλά τοι, ὦ Κῦρε, οὕτως ἔχει· ἀλλὰ τί δεῖ σε ὁρᾶν; Καὶ ταῦτα, ἔφη, οἶδ' ὅτι δι' ἐμὲ οὐχ ἥκιστα ἔπαθεν, ἴσως δὲ καὶ διὰ σέ, ὦ Κῦρε, οὐδὲν ἧττον. Ἐγώ τε γὰρ ἡ μώρα πολλὰ διεκελευόμην αὐτῷ οὕτω ποιεῖν, ὅπως σοι φίλος ἄξιος λόγου φανείη· αὐτός τε οἶδ' ὅτι οὗτος οὐ τοῦτο ἐνενόει ὅ τι πείσοιτο, ἀλλὰ τί ἂν ποιήσας σοι χαρίσαιτο. Καὶ γὰρ οὖν, ἔφη, αὐτὸς μὲν ἀμέμπτως τετελεύτηκεν, ἐγὼ δ' ἡ παρακελευομένη ζῶσα παρακάθημαι.

11 Καὶ ὁ Κῦρος χρόνον μέν τινα σιωπῇ κατεδάκρυσεν, ἔπειτα δὲ ἐφθέγξατο· Ἀλλ' οὗτος μὲν δή, ὦ γύναι, ἔχει τὸ κάλλιστον τέλος· νικῶν γὰρ τετελεύτηκε. Σὺ δὲ λαβοῦσα τοῖσδε ἐπικόσμει αὐτὸν τοῖς παρ' ἐμοῦ — παρῆν δὲ ὁ Γωβρύας καὶ ὁ Γαδάτας πολὺν καὶ καλὸν κόσμον φέροντες — ἔπειτα δ', ἔφη, ἴσθι ὅτι οὐδὲ τὰ ἄλλα ἄτιμος ἔσται, ἀλλὰ καὶ τὸ μνῆμα πολλοὶ χώσουσιν ἀξίως ἡμῶν καὶ ἐπισφαγήσεται αὐτῷ ὅσα εἰκὸς ἀνδρὶ ἀγαθῷ. 12 Καὶ σὺ δ', ἔφη, οὐκ ἔρημος ἔσῃ, ἀλλ' ἐγώ σε καὶ σωφροσύνης ἕνεκα καὶ πάσης ἀρετῆς καὶ τἆλλα τιμήσω καὶ συστήσω ὅστις ἀποκομιεῖ σε ὅποι ἂν αὐτὴ ἐθέλῃς· μόνον, ἔφη, δήλωσον πρὸς ἐμὲ πρὸς ὅντινα χρῄζεις κομισθῆναι. 13 Καὶ ἡ Πάνθεια εἶπεν· Ἀλλὰ θάρρει, ἔφη, ὦ Κῦρε, οὐ μή σε κρύψω πρὸς ὅντινα βούλομαι ἀφικέσθαι.

14 Ὁ μὲν δὴ ταῦτ' εἰπὼν ἀπῄει, κατοικτίρων τήν τε γυναῖκα οἵου ἀνδρὸς στέροιτο καὶ τὸν ἄνδρα οἵαν γυναῖκα καταλιπὼν οὐκέτ' ὄψοιτο. Ἡ δὲ γυνὴ τοὺς

III 10 5 λόγου φανείη z : λόγου φανήσοιτο WD γενήσοιτο F ‖ 6 ὅ τι z : τί y ‖ 7 ἂν ποιήσας σοι zD : ἂ. σ. π. F ‖ σοι om. W ‖ χαρίσαιτο F : χαρίσοιτο cett. ‖ 11 5 ante Γαδάτας om. ὁ HA ‖ 8 ἀξίως om. W ‖ 12 3 ἀποκομιεῖ y : -κομίσει z ‖ ὅποι zWF : ὅπῃ D ‖ 5 χρῄζεις z : ἂν χρῄζῃς y ‖ 14 2 στέροιτο y : στεροῖτο z.

Quant à elle, elle invita les eunuques à se retirer « jusqu'à ce que, dit-elle, j'aie pleuré ce mort comme je l'entends. » A sa nourrice, elle dit de rester là et la chargea de l'envelopper, une fois morte, elle et son mari, dans un même manteau. Comme la nourrice, malgré ses supplications réitérées de ne pas faire cela[1], n'obtenait aucun résultat et la voyait se fâcher, elle s'asseyait en pleurant. Elle, tirant un poignard depuis longtemps préparé, le plonge dans son sein et meurt après avoir posé sa tête sur la poitrine de son mari. Et la nourrice gémissait et enveloppait les deux morts selon les ordres de sa maîtresse.

15 Apprenant l'acte de Panthée Cyrus, bouleversé, s'élance pour voir s'il peut intervenir. Les eunuques, voyant le malheur, tirent, eux aussi, tous les trois, leur poignard et se donnent la mort, à l'endroit même où ils avaient reçu d'elle l'ordre de se tenir. L'on dit aujourd'hui que le tombeau des eunuques est resté élevé jusqu'à ce jour ; il paraît que sur la stèle supérieure sont inscrits les noms d'Abradatas et de Panthée, en caractères assyriens[2], et qu'en bas il y a trois stèles avec l'inscription « les grands-massiers »*. **16** Lorsque Cyrus eut approché de la scène de deuil, après avoir admiré Panthée, après avoir gémi, il s'en allait. Il prit soin que les morts obtinssent tous les honneurs funèbres voulus et le tombeau alors élevé était, dit-on, gigantesque.

IV

Cyrus pacificateur de la Carie.

1 C'est alors que les Cariens[3] plongés dans les révolutions et les guerres intestines, vu qu'ils possédaient leurs demeures en des lieux

1. La nourrice, elle, a bien compris que Panthée ne voulait pas survivre à son mari.

2. L'adjectif Σύρια est employé pour 'Ασσύρια : voir VI, 2, 19, avec la note. L'inscription est sans doute en caractères cunéiformes : cf. Thucydide, IV, 50, 2.

3. La Carie, réduite en sujétion par Crésus, fait partie de son royaume selon Hérodote, I, 28.

μὲν εὐνούχους ἐκέλευσεν ἀποστῆναι, ἕως ἄν, ἔφη, τόνδ' ἐγὼ ὀδύρωμαι ὡς βούλομαι. Τῇ δὲ τροφῷ εἶπε παραμένειν, καὶ ἐπέταξεν αὐτῇ, ἐπειδὰν ἀποθάνῃ, περικαλύψαι αὐτήν τε καὶ τὸν ἄνδρα ἑνὶ ἱματίῳ. Ἡ δὲ τροφὸς πολλὰ ἱκετεύουσα μὴ ποιεῖν τοῦτο, ἐπεὶ οὐδὲν ἤνυε καὶ χαλεπαίνουσαν ἑώρα, ἐκάθητο κλαίουσα. Ἡ δὲ ἀκινάκην πάλαι παρεσκευασμένον σπασαμένη σφάττει ἑαυτὴν καὶ ἐπιθεῖσα ἐπὶ τὰ στέρνα τοῦ ἀνδρὸς τὴν ἑαυτῆς κεφαλὴν ἀπέθνῃσκεν. Ἡ δὲ τροφὸς ἀνωλοφύρατό τε καὶ περιεκάλυπτεν ἄμφω ὥσπερ ἡ Πάνθεια ἐπέστειλεν.

15 Ὁ δὲ Κῦρος ὡς ᾔσθετο τὸ ἔργον τῆς γυναικός, ἐκπλαγεὶς ἵεται, εἴ τι δύναιτο βοηθῆσαι. Οἱ δὲ εὐνοῦχοι ἰδόντες τὸ γεγενημένον, τρεῖς ὄντες σπασάμενοι κἀκεῖνοι τοὺς ἀκινάκας ἀποσφάττονται οὗπερ ἔταξεν αὐτοὺς ἑστηκότες. Καὶ νῦν τὸ μνῆμα μέχρι τοῦ νῦν τῶν εὐνούχων κεχῶσθαι λέγεται · καὶ ἐπὶ μὲν τῇ ἄνω στήλῃ τοῦ ἀνδρὸς καὶ τῆς γυναικὸς ἐπιγεγράφθαι φασὶ τὰ ὀνόματα, Σύρια γράμματα, κάτω δὲ εἶναι τρεῖς λέγουσι στήλας καὶ ἐπιγεγράφθαι ΣΚΗΠΤΟΥΧΩΝ. **16** Ὁ δὲ Κῦρος ὡς ἐπλησίασε τῷ πάθει ἀγασθείς τε τὴν γυναῖκα καὶ κατολοφυράμενος ἀπῄει. Καὶ τούτων μὲν ᾗ εἰκὸς ἐπεμελήθη ὡς τύχοιεν πάντων τῶν καλῶν, καὶ τὸ μνῆμα ὑπερμέγεθες ἐχώσθη, ὥς φασιν.

IV

1 Ἐκ δὲ τούτου στασιάζοντες οἱ Κᾶρες καὶ πολε-

III **14** 4 post ἄν add. ἐγὼ WF ‖ τόνδ' zW : τοῦτον DF ‖ 5 ὀδύρωμαι zDF : ὀδύρομαι W ‖ ὡς βούλομαι yV² mg. : om. z ‖ 7 αὐτήν τε z : αὐτὴν F αὐτῇ WD ‖ ante ἑνὶ add. ἐν z ‖ 8 ἤνυε ego : ἤνυε zD ἤνυσε WF ἤνυτε Dindorf ‖ 10 παρεσκευασμένον σπασαμένη F : παρεσκευασμένη σπασαμένη WD παρασκευασμένη z ‖ **15** 2 ἵεται z : ἵετο y ‖ 5-9 καὶ — σκηπτούχων codd. : del. Dindorf ‖ τοῦ νῦν V² mg. : om. yz ‖ 8 κάτω δὲ z : καὶ τῷδε WD καὶ τῶνδε F ‖ λέγουσι post στήλας transp. W.

fortifiés[1], faisaient, de part et d'autre, appel à Cyrus. Lui, de son côté, séjournait à Sardes, fabriquant machines et[2] béliers en vue d'abattre les murs de ceux qui refuseraient de venir à composition, mais non sans envoyer en Carie, doté d'une armée, Adousios, un Perse qui avait du jugement, l'expérience de la guerre et en particulier qui savait plaire — Ciliciens et Cypriotes[3] avaient été enthousiastes de leur campagne avec lui. **2** Et c'est la raison pour laquelle il n'eut jamais à envoyer un Perse comme satrape des Ciliciens ni des Cypriotes, mais les rois successifs du pays lui donnaient satisfaction ; il percevait simplement un tribut[4] et chaque fois qu'il avait besoin d'une expédition, il la leur requérait.

3 Adousios arriva en Carie à la tête de son armée ; des deux partis des Cariens on était venu à lui prêt à lui ouvrir les portes pour la perte du parti opposé. Envers les deux Adousios tenait une conduite identique ; aux uns et aux autres de ses interlocuteurs il dit que leur thèse était la plus juste et qu'il fallait que le camp adverse ignorât leur nouvelle amitié : c'était là, naturellement, le moyen de mieux tomber à l'improviste sur l'adversaire. Il exigeait en outre des garanties et le serment des Cariens de lui ouvrir sans dol les portes, pour le bien de Cyrus et des Perses ; il consentait pour sa part à jurer qu'il entrait sans dol dans leurs murs et pour le bien de ceux qui le recevaient. **4** Cela fait, avec chacun des deux

1. Il ne s'agit pas de fortifications : les lieux étaient naturellement fortifiés. Xénophon le sait pour avoir longé le pays lors de l'expédition des Dix-mille ; mais, avant lui, la Carie était connue des Grecs comme un pays montagneux. Dans les *Oiseaux*, 292-293, Aristophane rappelle que les Cariens « habitaient sur des *crêtes* » et plaisante sur les « crêtes », ou aigrettes, que portaient les Cariens.

2. Καί peut signifier ici « et notamment ».

3. Xénophon a montré, en 6, 2, 10, que les Ciliciens et Cypriotes s'étaient joints à Crésus. En 8, 3, 8, on les verra se rallier à Cyrus.

4. Sur ce point, Xénophon s'écarte sensiblement d'Hérodote, III, 89, d'après qui, sous le règne de Cyrus, rien n'était établi au sujet du tribut. On apportait au Roi des présents : il n'y avait donc aucune contrainte.

μοῦντες πρὸς ἀλλήλους, ἅτε τὰς οἰκήσεις ἔχοντες ἐν ὀχυροῖς χωρίοις, ἑκάτεροι ἐπεκαλοῦντο τὸν Κῦρον. Ὁ δὲ Κῦρος αὐτὸς μὲν μένων ἐν Σάρδεσι μηχανὰς ἐποιεῖτο καὶ κριούς, ὡς τῶν μὴ πειθομένων ἐρείψων τὰ τείχη, Ἀδούσιον δὲ ἄνδρα Πέρσην καὶ τἆλλα οὐκ ἄφρονα οὐδ' ἀπόλεμον, καὶ πάνυ δὴ εὔχαριν, πέμπει ἐπὶ τὴν Καρίαν, στράτευμα δούς — καὶ Κίλικες δὲ καὶ Κύπριοι πάνυ προθύμως αὐτῷ συνεστράτευσαν. 2 Ὧν ἕνεκα οὐδ' ἔπεμψε πώποτε Πέρσην σατράπην οὔτε Κιλίκων οὔτε Κυπρίων, ἀλλ' ἤρκουν αὐτῷ αἰεὶ οἱ ἐπιχώριοι βασιλεύοντες · δασμὸν μέντοι ἐλάμβανε καὶ στρατείας ὁπότε δέοιτο ἐπήγγελλεν αὐτοῖς —.

3 Ὁ δὲ Ἀδούσιος ἄγων τὸ στράτευμα ἐπὶ τὴν Καρίαν ἦλθε, καὶ ἀπ' ἀμφοτέρων τῶν Καρῶν παρῆσαν πρὸς αὐτὸν ἕτοιμοι ὄντες δέχεσθαι εἰς τὰ τείχη ἐπὶ κακῷ τῶν ἀντιστασιαζόντων. Ὁ δὲ Ἀδούσιος πρὸς ἀμφοτέρους ταὐτὰ ἐποίει · δικαιότερά τε ἔφη λέγειν τούτους ὁποτέροις διαλέγοιτο, λαθεῖν τε ἔφη δεῖν τοὺς ἐναντίους φίλους σφᾶς γενομένους, ὡς δὴ οὕτως ἂν μᾶλλον ἐπιπεσὼν ἀπαρασκεύοις τοῖς ἐναντίοις. Πιστὰ δ' ἠξίου γενέσθαι, καὶ τοὺς μὲν Κᾶρας ὀμόσαι ἀδόλως τε δέξεσθαι εἰς τὰ τείχη σφᾶς καὶ ἐπ' ἀγαθῷ τῷ Κύρου καὶ Περσῶν · αὐτὸς δὲ ὀμόσαι θέλειν ἀδόλως εἰσιέναι εἰς τὰ τείχη καὶ ἐπ' ἀγαθῷ τῶν δεχομένων. 4 Ταῦτα δὲ ποιήσας

IV 1 3 ὀχυροῖς WD : ἐχυροῖς z ἰσχυροῖς F ‖ 4 μὲν om. z ‖ 5 ἐρείψων zD : ἐρρίψων W καταρίψων F ‖ 6 Ἀδούσιον y : καδούσιον z ut semper usque ad 11 ‖ 7 πάνυ δὴ zD : πάντῃ W παντὶ F ‖ 9 συνεστράτευσαν z : -σαντο y ‖ 2 2 Κιλίκων οὔτε Κυπρίων z : κυπρίων οὔτε κιλίκων y ‖ 3 αἰεὶ z : ἀεὶ y ‖ 4 στρατείας zWD : στρατιᾶς F ‖ 5 ἐπήγγελλεν zDF : ἐπήγγειλεν W ‖ 3 2 ἀπ' om. y ‖ 5 ταὐτὰ F : ταῦτα cett. ‖ τε z : δ' F om. WD ‖ 7 ἂν yV² mg. : om. z ‖ 9 δέξεσθαι W : δέξασθαι zDF ‖ 10 σφᾶς post ἀγαθῷ transp. y ‖ τῷ WVHA : τοῦ DFG ‖ 12 post ἀγαθῷ add. σφᾶς τῷ κύρου καὶ περσῶν αὐτὸς δὲ ὀμόσας θέλειν ἀδόλως εἰσιέναι εἰς τὰ τείχη καὶ ἐπ' ἀγαθῷ W praua iteratione.

partis, à l'insu de l'autre, il convint d'une même nuit, et cette nuit-là il entra dans les murs et prit possession des retranchements des deux côtés. Au jour, venu s'installer avec son armée à mi-chemin, il convoqua les principaux chefs[1] des deux partis. Mécontents de se voir entre eux, ils pensaient être les uns et les autres victimes d'une belle tromperie. **5** Mais Adousios leur dit en substance : « J'ai juré, Messieurs, d'entrer sans dol dans vos murs et pour le bien de ceux qui me faisaient accueil. Si je détruis l'un des deux partis, j'estime que je serai entré pour le malheur des Cariens ; mais si je vous apporte la paix, et la liberté pour les deux de cultiver la terre, j'estime alors être venu pour votre bien. Maintenant donc, il convient qu'à dater de ce jour vous ayez entre vous des relations amicales, que vous cultiviez librement la terre, que vous mariiez entre vous vos fils et vos filles. Si l'on essaye de contrevenir à ces règles, on trouvera des ennemis en Cyrus et en nous[2]. **6** Dorénavant les portes des remparts restaient ouvertes, les rues étaient couvertes de citadins échangeant des visites, les campagnes de paysans cultivant la terre ; on célébrait des fêtes en commun ; partout régnait la paix et la joie de vivre. **7** C'est alors que les gens de Cyrus vinrent demander de sa part s'il y avait encore besoin de troupes ou de machines. Adousios répondit que Cyrus pouvait remployer ailleurs les forces mêmes dont il disposait ; et en disant cela il ramenait ses troupes, laissant des gardes dans les citadelles[3]. Les Cariens le suppliaient de

1. Les ἐπικαίριοι, dans l'armée de Cyrus ou chez les alliés, sont les chefs qui détiennent un commandement important. Xénophon emploie généralement cette appellation un peu vague, lorsqu'il réunit les « principaux chefs » pour leur adresser un discours ; voir III, 3, 12 ; VII, 4, 4 ; 5, 1 ; 7 ; 71 ; VIII, 4, 32 ; 6, 2. En VIII, 5, 13, le mot désigne les personnages importants, civils ou militaires, d'une cité ; en VIII, 2, 25, il est adjectif, sauf si l'on supprime θεραπεύεσθαι (cf. app. crit.).

2. Représentant officiel de Cyrus, Adousios emploie le pluriel de majesté.

3. Adousios est un sage : selon l'exemple de son chef, il ne veut pas qu'une illusion l'entraîne à l'imprudence.

ἀμφοτέροις λάθρᾳ ἑκατέρων νύκτα συνέθετο τὴν αὐτήν, καὶ ἐν ταύτῃ εἰσῆλθεν εἰς τὰ τείχη καὶ παρέλαβε τὰ ἐρύματα ἀμφοτέρων. Ἅμα δὲ τῇ ἡμέρᾳ καθεζόμενος εἰς τὸ μέσον σὺν τῇ στρατιᾷ ἐκάλεσεν ἑκατέρων τοὺς ἐπικαιρίους. Οἱ δὲ ἰδόντες ἀλλήλους ἠχθέσθησαν, νομίζοντες ἐξηπατῆσθαι ἀμφότεροι. 5 Ὁ μέντοι Ἀδούσιος ἔλεξε τοιάδε· Ἐγὼ ὑμῖν, ὦ ἄνδρες, ὤμοσα ἀδόλως εἰσιέναι εἰς τὰ τείχη καὶ ἐπ' ἀγαθῷ τῶν δεχομένων. Εἰ μὲν οὖν ἀπολῶ ὁποτέρους ὑμῶν, νομίζω ἐπὶ κακῷ εἰσεληλυθέναι Καρῶν· ἢν δὲ εἰρήνην ὑμῖν ποιήσω καὶ ἀσφάλειαν ἐργάζεσθαι ἀμφοτέροις τὴν γῆν, νομίζω ὑμῖν ἐπ' ἀγαθῷ παρεῖναι. Νῦν οὖν χρὴ ἀπὸ τῆσδε τῆς ἡμέρας ἐπιμίγνυσθαί τε ἀλλήλοις φιλικῶς, ἐργάζεσθαί τε τὴν γῆν ἀδεῶς, διδόναι τε τέκνα καὶ λαμβάνειν παρ' ἀλλήλων. Ἢν δὲ παρὰ ταῦτα ἀδικεῖν τις ἐπιχειρῇ, τούτοις Κῦρός τε καὶ ἡμεῖς πολέμιοι ἐσόμεθα. 6 Ἐκ τούτου πύλαι μὲν ἀνεῳγμέναι ἦσαν τῶν τειχῶν, μεσταὶ δὲ αἱ ὁδοὶ πορευομένων παρ' ἀλλήλους, μεστοὶ δὲ οἱ χῶροι ἐργαζομένων· ἑορτὰς δὲ κοινῇ ἦγον, εἰρήνης δὲ καὶ εὐφροσύνης πάντα πλέα ἦν. 7 Ἐν δὲ τούτῳ ἧκον οἱ παρὰ Κύρου ἐρωτῶντες εἴ τι στρατιᾶς προσδέοιτο ἢ μηχανημάτων. Ὁ δὲ Ἀδούσιος ἀπεκρίνατο ὅτι καὶ τῇ παρούσῃ ἐξείη ἄλλοσε χρῆσθαι στρατιᾷ· καὶ ἅμα ταῦτα λέγων ἀπῆγε τό στράτευμα, φρουροὺς ἐν ταῖς ἄκραις καταλιπών. Οἱ δὲ Κᾶρες ἱκέτευον μένειν αὐτόν· ἐπεὶ δὲ οὐκ

IV 4 3 εἰσῆλθεν y : εἰσήλατο z εἰσήλασε τε coni. Leonclavius ‖ 4 τῇ ἡμέρᾳ zD : ἡμέρᾳ F τῆς ἡμέρας W ‖ 6 νομίζοντες z : νομίσαντες y ‖ 5 1 post Ἀδούσιος add. εἰς μέσον y ‖ 2 ὤμοσα ante ὦ transp. y ‖ 3 εἰ μὲν y : εἴπερ VG εἶπεν HA ‖ 4 ἀπολῶ zDF : ἀπολλῶ W ‖ 5 Καρῶν y V²G : καιρῷ VHA ‖ 10 ἐπιχειρῇ yHAG : ἐπιχειρεῖ V ‖ 6 3 παρ' z : ἐπ' y ‖ ἀλλήλους zDF : -λοις W ‖ 5 ante πάντα add. τὰ y ‖ 7 1 ἧκον οἱ παρὰ Κύρου z : παρὰ κύρῳ ἧκον y ‖ 2 στρατιᾶς y : στρατείας z ‖ ἢ om. W ‖ 4 ἐξείη y : ἔχειν z ‖ ἄλλοσε yG : ἀλλαχόσε VHA ‖ στρατιᾷ yV² : στρατείᾳ z.

rester ; devant son refus, ils envoyèrent demander à Cyrus de leur déléguer Adousios comme satrape*.

Hystaspe et Adousios en petite Phrygie.

8 Pendant ce temps, Cyrus avait confié à Hystaspe, à la tête d'une armée, une mission en Phrygie d'Hellespont [1]. Au retour d'Adousios, il lui donna l'ordre de suivre l'itinéraire pris par Hystaspe, pour que la nouvelle de l'avance d'une autre armée favorisât la soumission à celui-ci. **9** Alors les Grecs habitants du littoral [2] obtinrent, grâce à force présents, de ne pas recevoir de Barbares [3] dans leurs murs, mais simplement de supporter un tribut et de faire toutes les campagnes ordonnées par Cyrus. **10** Le roi des Phrygiens, de son côté, se disposait à occuper ses positions fortes au lieu de se soumettre, et donnait ses instructions en ce sens. Mais comme ses gouverneurs lui faisaient défection et qu'il se trouvait livré à lui-même, il finit par se rendre à Hystaspe sous condition de la justice de Cyrus. Hystaspe, laissant dans les citadelles de fortes garnisons perses, repartait avec un grand nombre de cavaliers et de peltastes phrygiens en sus de ses propres hommes. **11** Quant à Cyrus, il mandait à Adousios de faire sa jonction avec Hystaspe, d'amener avec leurs armes ceux des Phrygiens qui avaient pris leur parti, d'enlever leurs chevaux et leurs armes à ceux-là qui avaient voulu faire la guerre et de les faire suivre tous avec leurs seules frondes [4].

De Sardes à Babylone.

12 Les ordres s'exécutaient ; et Cyrus partait de Sardes, y laissant une forte garnison de fantassins ; il avait Crésus avec lui et emmenait tout un train de cha-

1. La Phrygie d'Hellespont, ou Petite Phrygie, est située au sud de la Bithynie ; l'autre, la Grande Phrygie (voir la fin du chapitre), est plus au sud, à l'est de la Lydie.

2. Voir Hérodote, I, 169-177.

3. Barbares, du point de vue grec de Xénophon, c'est-à-dire les Perses de Cyrus.

4. Car la fronde est « l'arme servile » par excellence ; voir ci-dessous, § 15.

ἤθελε, προσέπεμψαν πρὸς τὸν Κῦρον δεόμενοι πέμψαι Ἀδούσιον σφίσι σατράπην.

8 Ὁ δὲ Κῦρος ἐν τούτῳ ἀπεστάλκει Ὑστάσπαν στράτευμα ἄγοντα ἐπὶ Φρυγίαν τὴν περὶ Ἑλλήσποντον. Ἐπεὶ δ' ἧκεν ὁ Ἀδούσιος, μετάγειν αὐτὸν ἐκέλευσεν ᾗπερ ὁ Ὑστάσπας προῴχετο, ὅπως μᾶλλον πείθοιντο τῷ Ὑστάσπᾳ, ἀκούοντες ἄλλο στράτευμα προσιόν. **9** Οἱ μὲν οὖν Ἕλληνες οἱ ἐπὶ θαλάττῃ οἰκοῦντες πολλὰ δόντες δῶρα διεπράξαντο ὥστε εἰς μὲν τὰ τείχη βαρβάρους μὴ δέχεσθαι, δασμὸν δὲ ὑποφέρειν καὶ στρατεύειν ὅποι Κῦρος ἐπαγγέλλοι. **10** Ὁ δὲ τῶν Φρυγῶν βασιλεὺς παρεσκευάζετο μὲν ὡς καθέξων τὰ ἐρυμνὰ καὶ οὐ πεισόμενος καὶ παρήγγελλεν οὕτως. Ἐπεὶ δὲ ἀφίσταντο αὐτοῦ οἱ ὕπαρχοι καὶ ἔρημος ἐγίγνετο, τελευτῶν εἰς χεῖρας ἦλθεν Ὑστάσπᾳ ἐπὶ τῇ Κύρου δίκῃ. Καὶ ὁ Ὑστάσπας καταλιπὼν ἐν ταῖς ἄκραις ἰσχυρὰς Περσῶν φρουρὰς ἀπῄει ἄγων σὺν τοῖς ἑαυτοῦ καὶ Φρυγῶν πολλοὺς ἱππέας καὶ πελταστάς. **11** Ὁ δὲ Κῦρος ἐπέστελλεν Ἀδουσίῳ συμμείξαντα πρὸς Ὑστάσπαν τοὺς μὲν ἑλομένους Φρυγῶν τὰ σφέτερα σὺν τοῖς ὅπλοις ἄγειν, τοὺς δὲ ἐπιθυμήσαντας πολεμεῖν τούτων ἀφελομένους τοὺς ἵππους καὶ τὰ ὅπλα σφενδόνας ἔχοντας πάντας κελεύειν ἕπεσθαι.

12 Οὗτοι μὲν δὴ ταῦτ' ἐποίουν. Κῦρος δὲ ὡρμᾶτο ἐκ Σάρδεων, φρουρὰν μὲν πεζὴν καταλιπὼν πολλὴν ἐν Σάρδεσι, Κροῖσον δὲ ἔχων, ἄγων δὲ πολλὰς ἁμάξας

IV 7 7 προσέπεμψαν z : συν- y || ante Κῦρον om. τὸν z || πέμψαι post σφίσι transp. y || 8 2 περὶ y : ἐπὶ z || 5 ἀκούοντες y : ἀκούσαντες z || 9 2 δόντες δῶρα z : δῶρα διδόντες F δῶρα διδοῦντες WD || 3 ὑποφέρειν codd. : ἀπο- coni. Zonaras || 4 ἐπαγγέλλοι zWF uide 6, 2, 1 : ἀπ- D || **10** 3 ἐπεὶ δὲ yV² : ἐπειδὴ z || 4 Ὑστάσπᾳ WDV² : ὑστάσπας zF || 7 Φρυγῶν zDF : φρουρῶν W || **11** 1 ἐπέστελλεν yHAG : ἐπέτελλε V || 5 πάντας κελεύειν z : κελεύειν πάντας y || **12** 1 Κῦρος δὲ z : ὁ δὲ κῦρος F ὁ κῦρος δὲ WD || 2 πεζὴν z : περσικὴν y || καταλιπὼν πολλὴν VHA : πολλὴν καταλιπὼν yG || 3 πολλὰς zD : παμπόλλας WF.

riots charriant une masse de richesses variées. Crésus était même venu avec une liste exacte du contenu de chaque chariot ; en donnant l'inventaire à Cyrus, il avait dit : « Avec lui, Cyrus, tu sauras qui te rend correctement ce qu'il emmène et qui ne le fait pas. » **13** Cyrus dit : « Eh ! bien, tu as raison, Crésus, de prévoir. Mais les hommes qui doivent emmener pour moi les richesses sont ceux-là qui méritent de les posséder ; en sorte que s'ils volent quelque chose, ils le voleront de leurs biens [1]. » En disant cela, il donna l'inventaire à ses amis et officiers afin qu'ils connussent qui des préposés rendrait intégralement les choses et qui ne le ferait pas.

14 Il emmenait encore ceux des Lydiens qui avaient la coquetterie [2] de leurs armes, de leurs chevaux, de leurs chars, et qui s'efforçaient de se comporter en tout de la manière dont ils pensaient lui être agréables, et ceux-là, il les emmenait avec leurs armes ; mais il remit les chevaux des hommes qu'il voyait suivre de mauvaise grâce à des Perses, ses plus vieux compagnons de guerre [3] et brûla leurs armes ; ceux-là aussi, il les força à suivre avec des frondes. **15** Il contraignit tous les Lydiens assujettis dépourvus d'armes à s'exercer à la fronde, parce qu'il y voyait l'arme servile [4] par excellence. S'il arrive en effet que, joints à une autre force, les frondeurs rendent un très sûr service en étant là, à eux seuls, fussent-ils en totalité, les frondeurs ne pourraient résister à une troupe minuscule attaquant à l'arme blanche.

16 En avançant sur la route de Babylone, Cyrus

1. L'idée semble provenir d'Hérodote, I, 88, où Crésus dit à Cyrus que ceux qui pillent Sardes ne pillent plus la ville de Crésus mais les biens qui maintenant appartiennent à Cyrus. On notera l'opposition des deux futurs du verbe κλέπτω, le premier actif, le second, rare au moyen. Le génitif τῶν est partitif ; ἑαυτῶν dépend de lui.

2. Xénophon fait de Cyrus un apôtre du *soin*, surtout dans les choses de la guerre, comme il l'est lui-même. Mais au lieu du verbe habituel, ἐπιμελεῖσθαι, il emploie pour le désigner ici un verbe expressif qu'il applique ailleurs au cheval qui « fait le beau » : *Art. éq.*, 10, 5 ; cf. 10, 16. Plus loin, dans la *Cyropédie*, VIII, 8, 18, le verbe est pris dans un sens péjoratif qu'il est loin d'avoir ici.

3. On a vu Cyrus, en I, 5, 5, recevoir sa première armée.

4. Voir II, 1, 18, sur les « armes serviles » que sont les arcs et les javelots. Cyrus les méprise, en les opposant à celles du corps à corps ; cf. I, 2, 13.

πολλῶν καὶ παντοδαπῶν χρημάτων. Ἧκε δὲ καὶ ὁ Κροῖσος γεγραμμένα ἔχων ἀκριβῶς ὅσα ἐν ἑκάστῃ ἦν τῇ ἁμάξῃ· καὶ διδοὺς τῷ Κύρῳ τὰ γράμματα εἶπε· Ταῦτ', ἔφη, ἔχων, ὦ Κῦρε, εἴσῃ τόν τέ σοι ὀρθῶς ἀποδιδόντα ἃ ἄγει καὶ τὸν μή. **13** Καὶ ὁ Κῦρος ἔλεξεν· Ἀλλὰ σὺ μὲν καλῶς ποιεῖς, ὦ Κροῖσε, προνοῶν. Ἔμοιγε μέντοι ἄξουσι τὰ χρήματα οἵπερ καὶ ἔχειν αὐτὰ ἄξιοί εἰσιν· ὥστε ἤν τι καὶ κλέψωσι, τῶν ἑαυτῶν κλέψονται. Καὶ ἅμα ταῦτα λέγων ἔδωκε τὰ γράμματα τοῖς φίλοις καὶ τοῖς ἄρχουσιν, ὅπως εἰδεῖεν τῶν ἐπιτρόπων οἵ τε σῶα αὐτοῖς ἀποδιδοῖεν οἵ τε μή.

14 Ἦγε δὲ καὶ Λυδῶν οὓς μὲν ἑώρα καλλωπιζομένους καὶ ὅπλοις καὶ ἵπποις καὶ ἅρμασι καὶ πάντα πειρωμένους ποιεῖν ὅ τι ᾤοντο αὐτῷ χαριεῖσθαι, τούτους μὲν σὺν τοῖς ὅπλοις· οὓς δὲ ἑώρα ἀχαρίστως ἑπομένους, τοὺς μὲν ἵππους αὐτῶν παρέδωκε Πέρσαις τοῖς πρώτοις συστρατευσαμένοις, τὰ δὲ ὅπλα κατέκαυσε· σφενδόνας δὲ καὶ τούτους ἠνάγκασεν ἔχοντας ἕπεσθαι. **15** Καὶ πάντας δὲ τοὺς ἀόπλους τῶν ὑποχειρίων γενομένων σφενδονᾶν ἠνάγκαζε μελετᾶν, νομίζων τοῦτο τὸ ὅπλον δουλικώτατον εἶναι. Σὺν μὲν γὰρ ἄλλῃ δυνάμει μάλα ἔστιν ἔνθα ἰσχυρῶς ὠφελοῦσι σφενδονῆται παρόντες, αὐτοὶ δὲ καθ' αὑτοὺς οὐδ' ἂν οἱ πάντες σφενδονῆται μείνειαν πάνυ ὀλίγους ὁμόσε ἰόντας σὺν ὅπλοις ἀγχεμάχοις.

16 Προϊὼν δὲ τὴν ἐπὶ Βαβυλῶνος κατεστρέψατο

IV 12 4 ὁ om. y ‖ 7 εἴσῃ y : ἴσθι z ‖ ἀποδιδόντα zDF : προσδιδόντα W ‖ 13 2 ποιεῖς y : ἐποίεις z ‖ προνοῶν ante ὦ transp. y ‖ 4 κλέψωσι zDF : κλέπτωσι W ‖ 6 οἵ τε zWF : εἴτε D ‖ 7 οἵ τε WF VHA : εἴ τε GD ‖ 14 2 ὅπλοις καὶ ἵπποις z : ἵ. κ. ὅ. y ‖ 4 ἀχαρίστως yVG² : ἀχαρίτως HAG ‖ 6 συστρατευσαμένοις y : συστρατευομένοις V²HAG² στρατευομένοις VG ‖ 6 ante σφενδόνας add. καὶ W ‖ 15 3 ἠνάγκαζε z : -κασε y ‖ τὸ om. DF ‖ 4 μάλα z : μᾶλλον y ‖ 6 αὑτοὺς yA : ἑαυτοὺς VAG ‖ 16 1 Προϊὼν yV²A : προσιὼν VHG.

soumit les Phrygiens de la grande Phrygie[1], soumit aussi les Cappadociens et rangea les Arabes[2] sous sa loi. Prélevés sur tous ces peuples il compléta les effectifs de la cavalerie perse jusqu'à plus de quarante mille et put encore distribuer à tous les alliés un grand nombre de chevaux des prisonniers. Il arriva devant Babylone[3] avec une force considérable de cavaliers, d'archers et de tireurs, et un nombre incalculable de frondeurs.

V

Cyrus éloigne l'armée de Babylone et en médite le siège.

1 Quand Cyrus fut devant Babylone*, il disposa toute son armée en cercle autour de la ville ; après quoi, il fit lui-même à cheval le tour de la ville accompagné de ses amis et des principaux chefs des alliés. **2** Lorsqu'il eut observé attentivement les murs, il prépara un recul de ses troupes à l'écart de la ville. Cependant un transfuge, sorti de Babylone, dit qu'on allait l'attaquer au moment de ce recul ; « car, ajouta-t-il, il suffisait d'observer du haut des murs pour trouver faible sa ligne de bataille — et la chose n'avait[4] rien d'étonnant : car l'encerclement d'une longue étendue de murs enlevait fatalement sa profondeur à la ligne de bataille. **3** Apprenant cela, Cyrus, s'étant placé avec sa garde au centre de l'armée, donna l'ordre que l'infanterie reculât en repliant la ligne de bataille de part et d'autre à partir de la pointe[5] le long de l'élément stable de l'armée, jusqu'à ce que, de part et d'autre, les deux pointes fussent en face l'une

1. Voir I, 1, 4, et ci-dessus la note au § 8.

2. C'est-à-dire les tribus nomades de la Mésopotamie méridionale, appelée quelquefois Ἀραβία.

3. De Sardes à Babylone on compte environ 2.700 kilomètres, par la célèbre « route royale ».

4. Les deux imparfaits ἦν montrent que Xénophon fait une parenthèse en son nom.

5. τὸ ἄκρον désigne l'extrémité de la φάλαγξ, ou ligne de bataille. Cette ligne a naturellement deux « pointes ».

μὲν Φρύγας τοὺς ἐν τῇ μεγάλῃ Φρυγίᾳ, κατεστρέψατο δὲ Καππαδόκας, ὑποχειρίους δ' ἐποιήσατο Ἀραβίους. Ἐξέπλησε δὲ ἀπὸ πάντων τούτων Περσῶν μὲν ἱππέας οὐ μεῖον τετρακισμυρίους, πολλοὺς δὲ ἵππους τῶν αἰχμαλώτων καὶ πᾶσι τοῖς συμμάχοις διέδωκε. Καὶ πρὸς Βαβυλῶνα ἀφίκετο παμπόλλους μὲν ἱππέας ἔχων, παμπόλλους δὲ τοξότας καὶ ἀκοντιστάς, σφενδονήτας δὲ ἀναρίθμους.

V

1 Ἐπεὶ δὲ πρὸς Βαβυλῶνι ἦν ὁ Κῦρος, περιέστησε μὲν πᾶν τὸ στράτευμα περὶ τὴν πόλιν, ἔπειτα αὐτὸς περιήλαυνε τὴν πόλιν σὺν τοῖς φίλοις τε καὶ ἐπικαιρίοις τῶν συμμάχων. 2 Ἐπεὶ δὲ κατεθεάσατο τὰ τείχη, ἀπάγειν παρεσκευάσατο τὴν στρατιὰν ἀπὸ τῆς πόλεως. Ἐξελθὼν δέ τις αὐτόμολος εἶπεν ὅτι ἐπιτίθεσθαι μέλλοιεν αὐτῷ, ὁπότε ἀπάγοι τὸ στράτευμα· Καταθεωμένοις γάρ, ἔφη, αὐτοῖς ἀπὸ τοῦ τείχους ἀσθενὴς ἐδόκει εἶναι ἡ φάλαγξ — καὶ οὐδὲν θαυμαστὸν ἦν οὕτως ἔχειν· περὶ γὰρ πολὺ τεῖχος κυκλουμένους ἀνάγκη ἦν ἐπ' ὀλίγον τὸ βάθος γενέσθαι τὴν φάλαγγα. 3 Ἀκούσας οὖν ὁ Κῦρος ταῦτα, στὰς κατὰ μέσον τῆς αὐτοῦ στρατιᾶς σὺν τοῖς περὶ αὐτὸν παρήγγειλεν ἀπὸ τοῦ ἄκρου ἑκατέρωθεν τοὺς ὁπλίτας ἀναπτύσσοντας τὴν φάλαγγα ἀπιέναι παρὰ τὸ ἑστηκὸς τοῦ στρατεύματος ἕως γένοιτο ἑκατέρωθεν τὸ ἄκρον κατ' αὐτὸν καὶ κατὰ

IV 16 4 ἐξέπλησε zW : ἐξώπλισε DF ‖ 5 post μεῖον add. ἢ y ‖ 7 παμπόλλους z : μάλα πολλοὺς y ‖ ἔχων yAG : ἄγων VH.

V 1 2 post μὲν add. τὸ πρῶτον D πρῶτον WF ‖ 2-3 ἔπειτα — πόλιν om. W ‖ 2 2 παρεσκευάσατο z : -άζετο y ‖ 3 post τις add. αὐτῷ y ‖ 4 καταθεωμένοις zDF : καταθεμένοις W ‖ 7 περὶ z : πέριξ y ‖ κυκλουμένους codd. : -μένοις coni. Bornemann ‖ 8 ὀλίγον codd. : ὀλίγων coni. Hertlein ‖ 3 2 αὑτοῦ VD : αὐτοῦ zWF ‖ 3 στρατιᾶς yV[2] : στρατείας z ‖ 4 ἀναπτύσσοντας zD : ἀνατύσσοντας W ‖ 6 κατ' αὐτὸν z : καθ' ἑαυτὸν y.

de l'autre et du centre[1]. **4** Grâce à cette manœuvre, les hommes fixes reprenaient aussitôt confiance en étant sur une profondeur doublée, confiance immédiate aussi ceux qui reculaient, parce qu'ils étaient remplacés devant l'ennemi par les éléments fixes. Et une fois que, dans leur mouvement de part et d'autre, furent juxtaposées les pointes, ils s'arrêtèrent et sentaient une fermeté accrue, ceux qui avaient reculé grâce à la ligne de devant, ceux de derrière grâce à ceux de devant, et ceux qui étaient devant grâce à la ligne ajoutée par derrière. **5** Ainsi repliée, la ligne de bataille mettait obligatoirement les soldats d'élite* aux premiers et aux derniers rangs, et rangeait les moins braves dans l'intervalle. Une telle formation semblait faite et pour servir les combattants et pour s'opposer à la fuite*. En outre, les cavaliers ainsi que les troupes légères venues des ailes se trouvaient toujours d'autant plus près du chef* que la ligne de bataille, étant doublée, devenait plus courte. **6** Une fois ainsi ramassés* ils partaient, à reculons aussi longtemps qu'ils furent à portée des traits tirés des murs. Hors de portée, après une conversion, avançant d'abord de quelques pas, ils tournaient sur la gauche et s'arrêtaient face au mur*; à mesure qu'on s'éloignait, les conversions s'espaçaient. Quand ils se jugèrent en sûreté, le recul devint continu, jusqu'à l'arrivée aux tentes.

7 Quand il eut établi le camp, Cyrus convoqua les

1. Schéma du mouvement et disposition finale des troupes, §§ 4 et 5 :

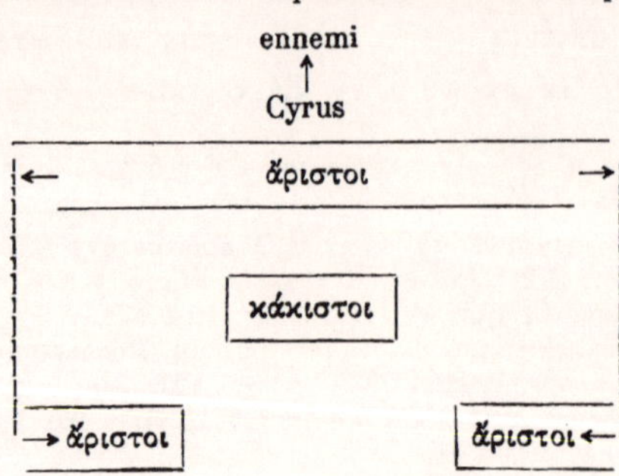

τὸ μέσον. **4** Οὕτως οὖν ποιούντων οἵ τε μένοντες εὐθὺς θαρραλεώτεροι ἐγίγνοντο ἐπὶ διπλάσιον τὸ βάθος γιγνόμενοι, οἵ τ' ἀπιόντες ὡσαύτως θαρραλεώτεροι· εὐθὺς γὰρ οἱ μένοντες ⟨ἀντ'⟩ αὐτῶν πρὸς τοῖς πολεμίοις ἐγίγνοντο. Ἐπεὶ δὲ πορευόμενοι ἑκατέρωθεν συνῆψαν τὰ ἄκρα, ἔστησαν ἰσχυρότεροι γεγενημένοι, οἵ τε ἀπεληλυθότες διὰ τοὺς ἔμπροσθεν, οἵ τ' ἔμπροσθεν διὰ τοὺς ὄπισθεν οἵ τε ὄπισθε διὰ τοὺς ἔμπροσθε προσγεγενημένους. **5** Ἀναπτυχθείσης δ' οὕτω τῆς φάλαγγος ἀνάγκη τοὺς πρώτους ἀρίστους εἶναι καὶ τοὺς τελευταίους, ἐν μέσῳ δὲ τοὺς κακίστους τετάχθαι. Ἡ δ' οὕτως ἔχουσα τάξις καὶ πρὸς τὸ μάχεσθαι ἐδόκει εὖ παρεσκευάσθαι καὶ πρὸς τὸ μὴ φεύγειν. Καὶ οἱ ἱππεῖς δὲ καὶ οἱ γυμνῆτες οἱ ἀπὸ τῶν κεράτων αἰεὶ ἐγγύτερον ἐγίγνοντο τοῦ ἄρχοντος τοσούτῳ ὅσῳ ἡ φάλαγξ βραχυτέρα ἐγίγνετο ἀναδιπλουμένη. **6** Ἐπεὶ δὲ οὕτω συνεσπειράθησαν, ἀπῇσαν, ἕως μὲν ἐξικνεῖτο τὰ βέλη ἀπὸ τοῦ τείχους, ἐπὶ πόδα. Ἐπεὶ δὲ ἔξω βελῶν ἐγένοντο, στραφέντες, καὶ τὸ μὲν πρῶτον ὀλίγα βήματα προϊόντες μετεβάλλοντο ἐπ' ἀσπίδα καὶ ἵσταντο πρὸς τὸ τεῖχος βλέποντες· ὅσῳ δὲ προσωτέρω ἐγίγνοντο, τόσῳ δὲ μανότερον μετεβάλλοντο. Ἐπεὶ δ' ἐν τῷ ἀσφαλεῖ ἐδόκουν εἶναι, ξυνεῖρον ἀπιόντες, ἔστ' ἐπὶ ταῖς σκηναῖς ἐγένοντο.

7 Ἐπεὶ δὲ κατεστρατοπεδεύσατο, συνεκάλεσεν ὁ Κῦ-

V 4 2 post ἐπὶ add. δὲ W || διπλάσιον zWD : διπλασίων F || 4 ἀντ' add. Anonymus apud Bornemann || 7 ἀπεληλυθότες zDF : ἐπ- W || 8 οἵ τε ὄπισθε — ἔμπροσθε W : om. cett. || **5** 4 ἐδόκει z : δοκεῖ y || 4 παρεσκευάσθαι yHAG : παρασκεύασθαι V || 6 γυμνῆτες z : γυμνῆται y || 7 βραχυτέρα zDF : βραδυτέρα W || **6** 1 ἐπεὶ δὲ yV² : ἐπειδὴ z || 1 συνεισπειράθησαν yH : συνεπειρά- VAG || 3 ἐγένοντο z : ἐγένετο F ἐγίγνετο WD || 4 post τὸ om. μὲν y || 5 μετεβάλλοντο yV : μετεβάλοντο HAG || 6 τόσῳ δὲ F : τοσῷδε cett. || 7 ἐπεὶ yV p. c. G : εἰ HA || 8 ξυνεῖρον z : συνεῖρον WD συνείρουν F || 9 ἐγένοντο z : ἐγί[-γ- DF]νοντο y || **7** 1 κατεστρατοπεδεύσατο z : -δεύσαντο C -δεύθησαν y.

principaux chefs et dit : « Messieurs les alliés, nous avons contemplé la ville par son pourtour. Je ne crois pas voir le moyen de nous emparer, par un assaut direct, de murs si solides et si hauts* ; mais plus il y a d'hommes à l'intérieur, plus vite, du moment qu'ils ne font pas de sortie pour une bataille, je pense qu'ils peuvent être réduits par la famine. Alors, à moins que vous ne puissiez indiquer un autre moyen, c'est dans cet esprit, je le déclare, qu'il faut conduire le siège. » **8** Chrysantas dit : « Ce fleuve-là, est-ce qu'il ne traverse pas la ville, avec une largeur supérieure à deux stades[1] ? — Oui, par Zeus, dit Gobryas, et même sa profondeur est telle que deux hommes montés l'un sur l'autre n'atteindraient même pas la surface de l'eau ; aussi la ville est-elle encore plus forte par son fleuve que par ses murs[2]. »

Détournement de l'Euphrate.

9 Cyrus dit : « Toutes ces choses, qui vont au-delà de nos forces, laissons-les. L'important est de répartir la tâche au plus vite entre nous tous et de creuser un fossé aussi large et profond que possible, pour que nous ayons le moins d'hommes possible employés à monter la garde*. » **10** C'est ainsi que, les mesures prises autour du mur, un espace juste suffisant laissé à partir du fleuve pour de grandes tours, il faisait creuser en-deçà du mur un immense fossé, dont la terre était rejetée de leur côté. **11** Il faisait d'abord édifier des tours sur le bord du fleuve, en asseyant les fondations sur des troncs de palmiers* qui n'avaient pas moins de cent pieds de long — il en pousse même de plus longs que ceux-là — car, si on soumet les palmiers à une pression, le poids les fait se voûter en l'air comme

1. C'est-à-dire un peu moins de quatre cents mètres. Strabon, XVI, 1, 5, donne pour largeur un stade, ce qui est déjà considérable. Hérodote, I, 180, décrit l'Euphrate dans sa traversée de Babylone, sans indiquer de largeur.

2. La remarque serait plus exacte si l'Euphrate, au lieu de traverser Babylone en séparant la ville ancienne de la ville neuve, en faisait le tour. Gobryas veut dire peut-être qu'on ne réduit pas par la famine une ville qui peut être approvisionnée par les moyens d'un pareil fleuve.

ρος τοὺς ἐπικαιρίους καὶ ἔλεξεν· Ἄνδρες σύμμαχοι, τεθεάμεθα μὲν κύκλῳ τὴν πόλιν. Ἐγὼ δὲ ὅπως μὲν ἄν τις τείχη οὕτως ἰσχυρὰ καὶ ὑψηλὰ προσμαχόμενος ἕλοι οὐκ ἐνορᾶν μοι δοκῶ· ὅσῳ δὲ πλείους ἄνθρωποι ἐν τῇ πόλει εἰσίν, ἐπείπερ οὐ μάχονται ἐξιόντες, τοσούτῳ ἂν θᾶττον λιμῷ αὐτοὺς ἡγοῦμαι ἁλῶναι. Εἰ μή τιν' οὖν ἄλλον τρόπον ἔχετε λέγειν, τούτῳ πολιορκητέους φημὶ εἶναι τοὺς ἄνδρας. 8 Καὶ ὁ Χρυσάντας εἶπεν· Ὁ δὲ ποταμός, ἔφη, οὗτος οὐ διὰ μέσης τῆς πόλεως ῥεῖ πλάτος ἔχων πλεῖον ἢ ἐπὶ δύο στάδια; Ναὶ μὰ Δί', ἔφη ὁ Γωβρύας, καὶ βάθος γ' ὡς οὐδ' ἂν δύο ἄνδρες ὁ ἕτερος ἐπὶ τοῦ ἑτέρου ἑστηκὼς τοῦ ὕδατος ὑπερέχοιεν· ὥστε τῷ ποταμῷ ἔτι ἰσχυροτέρα ἐστὶν ἡ πόλις ἢ τοῖς τείχεσι.

9 Καὶ ὁ Κῦρος· Ταῦτα μέν, ἔφη, ὦ Χρυσάντα, ἐῶμεν ὅσα κρείττω ἐστὶ τῆς ἡμετέρας δυνάμεως. Διαμετρησαμένους δὲ χρὴ ὡς τάχιστα τὸ μέρος ἑκάστους ἡμῶν ὀρύττειν τάφρον ὡς πλατυτάτην καὶ βαθυτάτην, ὅπως ὅτι ἐλαχίστων ἡμῖν τῶν φυλάκων δέῃ. 10 Οὕτω δὴ κύκλῳ διαμετρήσας περὶ τὸ τεῖχος, ἀπολιπὼν ὅσον τύρσεσι μεγάλαις ἀπὸ τοῦ ποταμοῦ, ὤρυττεν ἐνθένδε τοῦ τείχους τάφρον ὑπερμεγέθη, καὶ τὴν γῆν ἀνέβαλλον πρὸς ἑαυτούς. 11 Καὶ πρῶτον μὲν πύργους ἐπὶ τῷ ποταμῷ ᾠκοδόμει, φοίνιξι θεμελιώσας οὐ μεῖον ἢ πλεθριαίοις — εἰσὶ γὰρ καὶ μείζονες ἢ τοσοῦτοι τὸ μῆκος πεφυκότες —· καὶ γὰρ δὴ πιεζόμενοι οἱ φοίνικες ὑπὸ βάρους ἄνω κυρτοῦνται, ὥσπερ οἱ ὄνοι οἱ κανθήλιοι.

V 7 5 πλείους y : πλέονες z || 6 τοσούτῳ yG : τοσοῦτο VHA || 8 2 ἔφη οὗτος z : οὗτος ἔφη y || 3 ἢ om. W || 9 1 post Κῦρος add. εἶπεν W || 3 ἑκάστους Madvig : ἑκάστου zF ἕκαστον WD || ἡμῶν y : ὑμῶν z || 4 πλατυτάτην καὶ βαθυτάτην z : β. [τε WF] κ. π. y || 5 ἐλαχίστων z : ἐλάχιστον y || ἡμῖν y : ὑμῖν z || 10 2 ante ἀπολιπὼν add. καὶ y || 3 ὤρυττεν y : ὤρυσσον z || ἐνθένδε A ἔνθεν δὲ VHG ἔνθεν καὶ ἔνθεν xG[2] ἔνθα καὶ ἔνθα y || 4 ἀνέβαλλον zD : ἀνέβαλλε F ἀνέβαλε W || 11 3 καὶ om. y || 4 πιεζόμενοι zD : πιεζούμενοι W αὐξόμενοι F.

les ânes sous le bât[1]. **12** Il les employait en fondation afin de donner l'exacte impression qu'il préparait un siège[2], de manière que, si même le fleuve venait à déborder, une fois déversé[3] dans le fossé, il n'emportât pas les tours. Il éleva ensuite un grand nombre d'autres tours sur la terrasse amoncelée, afin d'avoir le plus grand nombre possible de postes de garde.

13 Pendant ces travaux des uns, les autres, à l'intérieur des murs, se moquaient du siège en songeant qu'ils avaient des approvisionnements pour plus de vingt ans. Apprenant la chose, Cyrus divisa son armée en douze sections, entendant que chacune fût de garde un mois par an. **14** Les Babyloniens, à cette nouvelle[4], se moquaient encore de plus belle, à cette idée de Phrygiens, Lydiens, Arabes et Cappadociens montant pour eux la garde, des gens qu'ils jugeaient tous mieux disposés envers eux qu'envers des Perses.

15 Déjà cependant les fossés étaient creusés. Lorsque Cyrus apprit qu'il y avait dans Babylone une fête* où l'on voit tous les habitants se livrer la nuit entière à la boisson et à la danse, cette nuit-là, dès qu'il fit noir, prenant un grand nombre d'hommes, il fit déboucher les fossés donnant sur le fleuve. **16** Ce travail achevé, l'eau s'écoulait par les fossés dans le courant de la nuit, et la voie du fleuve à travers la ville devenait praticable à des hommes.

1. Théophraste, *Hist., Plant.*, V, 6, confirme cette propriété élastique particulière au palmier ; de même Strabon, XV, 3, 10, à propos des poutres de palmier qui, avec le temps, se roidissent et se voûtent vers le haut, soutenant mieux ainsi le toit d'un édifice.

2. Cyrus prépare habilement la surprise, mais moyennant de longs travaux qui doivent mettre toutes les chances de son côté.

3. Le mot « déversé » révèle discrètement l'idée de Cyrus. Xénophon ménage au lecteur une surprise analogue à celle que Cyrus prépare pour les Babyloniens. Son stratagème est expliqué déjà par Hérodote, I, 191 ; il a pu le concevoir à la suite de son succès dans la traversée du fleuve Gyndès, dispersé en trois cent soixante fossés (*ibid.*, 189). — Il n'y a pas lieu de déplacer ou supprimer aucun membre de la phrase, avec certains éditeurs.

4. Les Babyloniens sont renseignés sur Cyrus comme lui sur eux.

12 Τούτους δ' ὑπετίθει τούτου ἕνεκα ὅπως ὅτι μάλιστα ἐοίκοι πολιορκήσειν παρασκευαζομένῳ, ὡς εἰ καὶ διαφύγοι ὁ ποταμὸς ἐκχυθεὶς εἰς τὴν τάφρον, μὴ ἀνέλοι τοὺς πύργους. Ἀνίστη δὲ καὶ ἄλλους πολλοὺς πύργους ἐπὶ τῆς ἀμβολάδος γῆς, ὅπως ὅτι πλεῖστα φυλακτήρια εἴη.

13 Οἱ μὲν δὴ ταῦτ' ἐποίουν · οἱ δ' ἐν τῷ τείχει κατεγέλων τῆς πολιορκίας, ὡς ἔχοντες τὰ ἐπιτήδεια πλέον ἢ εἴκοσιν ἐτῶν. Ἀκούσας δὲ ταῦτα ὁ Κῦρος τὸ στράτευμα κατένειμε δώδεκα μέρη, ὡς μῆνα τοῦ ἐνιαυτοῦ ἕκαστον τὸ μέρος φυλάξον. **14** Οἱ δὲ αὖ Βαβυλώνιοι ἀκούσαντες ταῦτα πολὺ ἔτι μᾶλλον κατεγέλων, ἐννοούμενοι εἰ σφᾶς Φρύγες καὶ Λυδοὶ καὶ Ἀράβιοι καὶ Καππαδόκαι φυλάξειαν, οὓς σφίσιν ἐνόμιζον πάντας εὐμενεστέρους εἶναι ἢ Πέρσαις.

15 Καὶ αἱ μὲν τάφροι ἤδη ὀρωρυγμέναι ἦσαν. Ὁ δὲ Κῦρος ἐπειδὴ ἑορτὴν ἐν τῇ Βαβυλῶνι ἤκουσεν εἶναι, ἐν ᾗ πάντες οἱ Βαβυλώνιοι ὅλην τὴν νύκτα πίνουσι καὶ κωμάζουσιν, ἐν ταύτῃ, ἐπειδὴ τάχιστα συνεσκότασε, λαβὼν πολλοὺς ἀνθρώπους ἀνεστόμωσε τὰς τάφρους πρὸς τὸν ποταμόν. **16** Ὡς δὲ τοῦτο ἐγένετο, τὸ ὕδωρ κατὰ τὰς τάφρους ἐχώρει ἐν τῇ νυκτί, ἡ δὲ διὰ τῆς πόλεως τοῦ ποταμοῦ ὁδὸς πορεύσιμος ἀνθρώποις ἐγίγνετο.

V **12** 2 πολιορκήσειν z : πολιορκοῦσι y || ὡς zDF : ὥστ' W || 2 διαφύγοι z : διαφάγοι y || 3 ἐκχυθεὶς WD : εἰς z ἐκ F || post ἐκχυθεὶς addidi εἰς || ἀνέλοι F : ἂν ἕ[ἕ- H]λοι z ἀνέλοιτο WD || 5 ὅτι yV² : ἔτι z || **13** 3 ἢ yV² s. l. : om. z || ἐτῶν zDF : ἐτέων W || 5 τὸ om. z || φυλάξον yH²AG : φυλάξων VH || **14** 2 post μᾶλλον add. τούτων z || κατεγέλων om. F || 3 Φρύγες yV² : φρύγιοι z || Λυδοὶ y : λύκιοι z || 3 Καππαδόκαι WDV : -δόκες FHAG || 4 φυλάξειαν VH²AG : -ξοιεν y -ξειεν HC -ξαιεν E || **15** 2 ἐπειδὴ z : ἐπεὶ y || ἑορτὴν z : ἑορτὴν τοιαύτην x ἑορτὴ αὐτῶν WD ἑορτῆς αὐτῶν F || ἤκουσεν εἶναι z : ἦν y || 3 οἱ om. z || 4 ἐν ταύτῃ post τάχιστα transp. W || ἐπειδὴ z : ἐπεὶ y || post τάφρους add. τὰς οὔσας W mg. m. rec. G || **16** 1 τὸ om. z || 3 πορεύσιμος ἀνθρώποις z : ἀνθρώποις πορεύσιμος y.

17 Une fois ainsi réglé le problème du fleuve, Cyrus fit passer aux colonels des fantassins et des cavaliers l'ordre de venir avec leur régiment en colonne par deux[1]; les alliés, de leur côté, devaient suivre derrière eux sans modifier leur formation. **18** Quand ils furent là, il fit descendre dans la partie asséchée du fleuve le personnel subalterne fantassin et cavalier, avec l'ordre d'examiner si le lit du fleuve était praticable. **19** Quand on eut rapporté qu'il était praticable, Cyrus convoqua les commandants des fantassins et des cavaliers et leur tint à peu près ce langage :

20 « Mes amis, le fleuve nous a concédé la voie qui nous ouvre la ville. Entrons hardiment, en pensant que ceux contre qui nous allons marcher à l'instant sont ceux dont nous fûmes les vainqueurs, eux flanqués de leurs alliés, tous bien éveillés, sobres, armés de pied en cap, serrés au coude à coude. **21** Maintenant nous allons avancer contre eux à l'heure où il y en a beaucoup qui dorment, beaucoup qui sont ivres, et tous débandés ; quand ils s'apercevront que nous sommes à l'intérieur, sans doute un effroi sans bornes les paralysera-t-il[2] encore plus que maintenant. **22** Si l'un de vous éprouve une appréhension de ce qui passe pour redoutable quand on entre dans une ville, la présence de gens juchés sur les toits tirant de ci de là[3], sur ce point ne craignez absolument rien ; car s'il en est qui montent sur les maisons. nous avons un dieu pour allié, Héphaistos[4] : leurs porches

1. Εἰς δύο a le même sens ici qu'en II, 3, 21 ; en VI, 3, 21, il s'agit de deux rangs.

2. Les exemples de ἄν avec l'indicatif futur ne sont pas exceptionnels en attique ; Xénophon l'emploie ainsi plus haut en VI, 1, 45, et en II, 1, 3, où la leçon de z et W semble à préférer.

3. L'absence de complément au verbe βάλλειν montre qu'il s'agit de lancer des traits.

4. Cyrus transforme le risque en avantage. Les Babyloniens, s'ils n'avaient été victimes de la surprise, auraient pu capturer leur ennemi « comme dans une nasse », ὡς ἐν κύρτῃ, dit Hérodote, I, 191 ; en fait, ce sont les Babyloniens que Cyrus veut faire fuir de leur maison où les incendies les menacent.

17 Ὡς δὲ τὸ τοῦ ποταμοῦ οὕτως ἐπορσύνετο, παρηγγύησεν ὁ Κῦρος Πέρσαις χιλιάρχοις καὶ πεζῶν καὶ ἱππέων εἰς δύο ἄγοντας τὴν χιλιοστὺν παρεῖναι πρὸς αὐτόν, τοὺς δ' ἄλλους συμμάχους κατ' οὐρὰν τούτων ἕπεσθαι ᾗπερ πρόσθεν τεταγμένους. **18** Οἱ μὲν δὴ παρῆσαν· ὁ δὲ καταβιβάσας εἰς τὸ ξηρὸν τοῦ ποταμοῦ τοὺς ὑπηρέτας καὶ πεζοὺς καὶ ἱππέας, ἐκέλευσε σκέψασθαι εἰ πορεύσιμον εἴη τὸ ἐδαφος τοῦ ποταμοῦ. **19** Ἐπεὶ δὲ ἀπήγγειλαν ὅτι πορεύσιμον εἴη, ἐνταῦθα δὴ συγκαλέσας τοὺς ἡγεμόνας τῶν πεζῶν καὶ ἱππέων ἔλεξε τοιάδε.

20 Ἄνδρες, ἔφη, φίλοι, ὁ μὲν ποταμὸς ἡμῖν παρακεχώρηκε τῆς εἰς τὴν πόλιν ὁδοῦ. Ἡμεῖς δὲ θαρροῦντες εἰσίωμεν [μηδὲν φοβούμενοι εἴσω], ἐννοούμενοι ὅτι οὗτοι ἐφ' οὓς νῦν πορευσόμεθα ἐκεῖνοί εἰσιν οὓς ἡμεῖς καὶ συμμάχους πρὸς ἑαυτοῖς ἔχοντας καὶ ἐγρηγορότας ἅπαντας καὶ νήφοντας καὶ ἐξωπλισμένους καὶ συντεταγμένους ἐνικῶμεν. **21** Νῦν δ' ἐπ' αὐτοὺς ἴμεν ἐν ᾧ πολλοὶ μὲν αὐτῶν καθεύδουσι, πολλοὶ δ' αὐτῶν μεθύουσι, πάντες δ' ἀσύντακτοί εἰσιν· ὅταν δὲ αἴσθωνται ἡμᾶς ἔνδον ὄντας, πολὺ ἂν ἔτι μᾶλλον ἢ νῦν ἀχρεῖοι ἔσονται ὑπὸ τοῦ ἐκπεπλῆχθαι. **22** Εἰ δέ τις τοῦτο ἐννοεῖται, ὃ δὴ λέγεται φοβερὸν εἶναι τοῖς εἰς πόλιν εἰσιοῦσι, μὴ ἐπὶ τὰ τέγη ἀναβάντες βάλλωσιν ἔνθεν καὶ ἔνθεν, τοῦτο μάλιστα θαρρεῖτε· ἢν γὰρ ἀναβῶσί τινες ἐπὶ τὰς οἰκίας, ἔχομεν σύμμαχον θεὸν Ἥφαιστον· εὔφλεκτα δὲ τὰ πρόθυρα αὐτῶν, φοίνικος μὲν αἱ θύραι

V 17 1 ἐπορσύνετο yV² : ἐπορεύετο z || 2 χιλιάρχοις yV² : -άρχαις z || ἱππέων yV²G : ἵππων HA || 18 3 ἐκέλευσε z : ἐκέλευε y || εἰ zDF : ἢ W || 4-19 2 τὸ ἔδαφος — εἴη yV² mg. : om. z || 19 3 τοιάδε zD : τάδε WF || 20 3 μηδὲν φοβούμενοι zW² mg. : om. y || εἴσω om. z || ἐννοούμενοι y : om. z || 4 νῦν πορευσόμεθα yA : συμπορευσό[-ώ-V]μεθα HG || 5 ἑαυτοῖς zW : ἑαυτοὺς DF || 6 ἐξωπλισμένους z : ὡπλισμένους y || 21 1 ἴμεν DF : ἴωμεν z εἶμεν W || 3 post δὲ add. καὶ z || 4 ἂν z : om. y del. V² || 22 3 βάλλωσιν y : βάλωσιν z || 4 τοῦτο z : τούτῳ y || 5 τινες post οἰκίας transp. y.

sont inflammables, les portes, en bois de palmier, étant enduites de bitume, une matière qui brûle. **23** De notre côté, nous avons du résineux en quantité, qui donnera vite un grand feu, nous avons beaucoup d'étoupe et de poix, pour provoquer vite de grandes flammes ; aussi est-il obligé que les gens des maisons, ou bien en fuient à toute allure, ou bien se fassent vite carboniser. **24** Eh ! bien, allons, à vos armes ! Je vais prendre la tête, les dieux aidant. Vous, Gadatas et Gobryas, montrez les voies : vous les connaissez ; et quand nous serons à l'intérieur, menez-nous grand train jusqu'au palais royal. **25** — Cependant, dirent Gobryas et sa garde, il n'y aurait rien d'étonnant que même la porte du palais royal fût ouverte, parce que[1] toute la ville, cette nuit, fait la fête. Devant la porte, cependant, nous rencontrerons un poste de garde : il y en a toujours un placé là[2]. — Il ne faudrait pas tarder, dit Cyrus, mais aller, pour que nous prenions nos hommes le plus possible à l'improviste. »

Prise de Babylone.

26 Cela dit, ils avançaient. De ceux qui les rencontraient les uns périssaient sous leurs coups, d'autres refluaient en sens contraire, d'autres hurlaient ; Gobryas et sa garde hurlaient en même temps, comme s'ils étaient eux aussi de la fête ; et, prenant tous les passages possibles, ils furent à toute vitesse au palais. **27** Gobryas et Gadatas, avec leurs formations, trouvent fermée la porte du palais[3] ; ceux dont la mission visait les hommes de garde tombent sur des soldats en pleine beuverie,

1. Même en prose γάρ peut se trouver à la troisième place quand les deux mots qui précèdent forment un tout.

2. Encore un exemple de la recherche du renseignement par Cyrus.

3. Le roi de Babylone avait un palais d'été en dehors de la ville ; le palais ici en question est donc le Grand Palais de Nabuchodonosor, au centre duquel est la « Salle du Trône », de cinquante mètres sur quinze, où le trône est disposé de manière que le monarque, par mesure de précaution, ne soit pas visible de loin ; les baies sont voilées pour qu' « une demi-pénombre augmente encore l'impression de somptuosité et de mystère » (M. Rutten, *op. cit.*, p. 66-67). Mais dans la présente nuit flamboient les torches.

πεποιημέναι, ἀσφάλτῳ δὲ ὑπεκκαύματι κεχριμέναι. **23** Ἡμεῖς δ' αὖ πολλὴν μὲν δᾷδα ἔχομεν, ἣ ταχὺ πολὺ πῦρ τέξεται, πολλὴν δὲ πίτταν καὶ στυππεῖον, ἃ ταχὺ πολλὴν παρακαλεῖ φλόγα · ὥστε ἀνάγκην εἶναι ἢ φεύγειν ταχὺ τοὺς ἀπὸ τῶν οἰκιῶν ἢ ταχὺ κατακεκαῦσθαι. **24** Ἀλλ' ἄγετε λαμβάνετε τὰ ὅπλα. Ἡγήσομαι δ' ἐγὼ σὺν τοῖς θεοῖς. Ὑμεῖς δ', ἔφη, ὦ Γαδάτα καὶ Γωβρύα, δείκνυτε τὰς ὁδούς · ἴστε γάρ · ὅταν δ' ἐντὸς γενώμεθα, τὴν ταχίστην ἄγετε ἐπὶ τὰ βασίλεια. **25** Καὶ μήν, ἔφασαν οἱ ἀμφὶ τὸν Γωβρύαν, οὐδὲν ἂν εἴη θαυμαστὸν εἰ καὶ ἄκλειστοι αἱ πύλαι αἱ τοῦ βασιλείου εἶεν · κῶμον ἄγει γὰρ ἡ πόλις πᾶσα τῇδε τῇ νυκτί. Φυλακῇ μέντοι πρὸ τῶν πυλῶν ἐντευξόμεθα · ἔστι γὰρ αἰεὶ τεταγμένη. Οὐκ ἂν μέλλειν δέοι, ἔφη ὁ Κῦρος, ἀλλ' ἰέναι, ἵνα ἀπαρασκεύους ὡς μάλιστα λάβωμεν τοὺς ἄνδρας.

26 Ἐπεὶ δὲ ταῦτα ἐρρήθη, ἐπορεύοντο. Τῶν δὲ ἀπαντώντων οἱ μὲν ἀπέθνῃσκον παιόμενοι, οἱ δ' ἔφευγον πάλιν ὀπίσω, οἱ δ' ἐβόων · οἱ δ' ἀμφὶ τὸν Γωβρύαν συνεβόων αὐτοῖς, ὡς κωμασταὶ ὄντες καὶ αὐτοί · καὶ ἰόντες ᾗ ἐδύναντο ὡς τάχιστα ἐπὶ τοῖς βασιλείοις ἐγένοντο. **27** Καὶ οἱ μὲν σὺν τῷ Γωβρύᾳ καὶ Γαδάτᾳ τεταγμένοι κεκλεισμένας εὑρίσκουσι τὰς πύλας τοῦ βασιλείου · οἱ δὲ ἐπὶ τοὺς φύλακας ταχθέντες ἐπεισπίπτουσιν αὐ-

V 22 7 ὑπεκκαύματι zDF : ὑπὸ καύματι W || κεχριμέναι Cobet : κεχρισμέναι codd. || **23** 1 ἣ ταχὺ yVHG : ἣ τάχει A || 2 στυππεῖον zDF : στυππίον W || 3 πολλὴν παρακαλεῖ y : παρακαλεῖ πολλὴν z || ἀνάγκην yV² : ἀνάγκη z || 4 alt. ταχὺ yVAG : τάχει H || **24** 1 τὰ om. VH || **25** 3 εἰ καὶ F : εἶναι z del. V² καὶ γὰρ WD || post ἄκλειστοι add. γὰρ z || εἶεν y : ὡς ἐν z || 3 κῶμον ἄγει ego : κωμοδοκεῖ y κώμῳ · δοκεῖ z κωμάζει coni. Stephanus ξενοδοκεῖ Richards εὐωχεῖται Madvig δειπνεῖ Hug et alii alia || 4 post τῇδε add. εἶναι V || τῇ yV² s. l. : om. z || 5 αἰεὶ z : ἀεὶ y || 6 ἂν μέλλειν Muretus : ἂν ἀμελεῖν y ἀμελεῖν z || 7 μάλιστα yV² : μάλιστ' ἂν z || **26** 3 ὀπίσω y : εἴσω z || τὸν om. y || 4 ὄντες καὶ αὐτοὶ V² : καὶ αὐτοὶ ὄντες y ὄντες αὐτοὶ z || 5 ὡς codd. : del. edd. secundum ed. Etonensem a. 1613.

face au flamboiement des torches ; sans délai ils leur font leur affaire, comme on fait à des ennemis. **28** Les gens de l'intérieur, étant frappés par le tumulte des cris et du bruit, sur l'ordre du roi d'aller voir ce qui se passait, s'élancent au dehors, à quelques-uns, en ouvrant la porte. **29** Gadatas et sa garde, voyant la porte béante, se précipitent dans le palais, poursuivent et frappent ceux qui refluent au dedans et arrivent jusqu'au roi*. Ils le trouvent debout déjà, le poignard tiré. **30** Gadatas, Gobryas et leurs hommes, à beaucoup, lui donnent la mort ; quant à ses hommes à lui[1], ils périssaient, l'un en se couvrant de son mieux, l'autre en fuyant, tel autre en se protégeant de ce qui lui tombait sous la main.

31 Cyrus envoya par les rues des détachements de cavaliers avec les instructions préalables de tuer toute personne prise dehors, à ceux qui savaient l'assyrien de proclamer pour les gens dans les maisons l'interdiction de sortir ; quiconque serait pris dehors devait être mis à mort. **32** Pendant que les cavaliers exécutaient, Gadatas et Gobryas étaient revenus[2] ; d'abord ils se prosternaient en hommage aux dieux[3] pour avoir pu mener à bien leur vengeance contre le roi impie[4], puis ils baisaient les mains et les pieds[5] de Cyrus en versant des flots de larmes à la fois de joie et de bonheur.

33 Quand vint le jour et que les défenseurs de la citadelle apprirent que la ville était prise et mort le roi, ils livrèrent la citadelle à son tour. **34** Cyrus en prenait aussitôt possession, y faisait monter gouverneurs

1. Sur καὶ... δὲ..., qui n'est pas rare chez Xénophon, voir Denniston, p. 102 ; autre exemple en VII, 1, 30.

2. Car Gobryas est entré dans Babylone avant Cyrus.

3. Dans son emploi mi-religieux mi-civil, la προσκύνησις est la prosternation rituelle devant le roi de Perse ; voir V, 3, 18.

4. On se rappelle la façon dont ce « roi impie » avait traité Gadatas, en le rendant eunuque, et le fils de Gobryas, IV, 6, 2-7 (où Gobryas espère assurer sa τιμωρία) ; V, 2, 8 (verbe τιμωρεῖν) ; 28.

5. A Babylone, après la prise de la ville, tous les rois vassaux vinrent, en hommage à Cyrus, lui baiser les pieds.

τοῖς πίνουσι πρὸς φῶς πολύ, καὶ εὐθὺς ὡς πολεμίοις ἐχρῶντο αὐτοῖς. **28** Ὡς δὲ κραυγὴ καὶ κτύπος ἐγίγνετο, αἰσθόμενοι οἱ ἔνδον τοῦ θορύβου, κελεύσαντος τοῦ βασιλέως σκέψασθαι τί εἴη τὸ πρᾶγμα, ἐκθέουσί τινες ἀνοίξαντες τὰς πύλας. **29** Οἱ δ᾽ ἀμφὶ τὸν Γαδάταν ὡς εἶδον τὰς πύλας χαλώσας εἰσπίπτουσι καὶ τοῖς πάλιν φεύγουσιν εἴσω ἐφεπόμενοι καὶ παίοντες ἀφικνοῦνται πρὸς τὸν βασιλέα. Καὶ ἤδη ἑστηκότα αὐτὸν καὶ ἐσπασμένον ὃν εἶχεν ἀκινάκην εὑρίσκουσι. **30** Καὶ τοῦτον μὲν οἱ σὺν Γαδάτᾳ καὶ Γωβρύᾳ πολλοὶ ἐχειροῦντο· καὶ οἱ σὺν αὐτῷ δὲ ἀπέθνῃσκον, ὁ μὲν προβαλλόμενός τι, ὁ δὲ φεύγων, ὁ δέ γε καὶ ἀμυνόμενος ὅτῳ ἐδύνατο.

31 Ὁ δὲ Κῦρος διέπεμπε τάξεις ἱππέων κατὰ τὰς ὁδοὺς καὶ προεῖπεν οὓς μὲν ἔξω λαμβάνοιεν κατακαίνειν, τοὺς δ᾽ ἐν ταῖς οἰκίαις κηρύττειν τοὺς συριστὶ ἐπισταμένους ἔνδον μένειν· εἰ δέ τις ἔξω ληφθείη, ὅτι θανατώσοιτο. **32** Οἱ μὲν δὴ ταῦτ᾽ ἐποίουν· Γαδάτας δὲ καὶ Γωβρύας ἧκον· καὶ θεοὺς μὲν πρῶτον προσεκύνουν, ὅτι τετιμωρημένοι ἦσαν τὸν ἀνόσιον βασιλέα, ἔπειτα δὲ Κύρου κατεφίλουν καὶ χεῖρας καὶ πόδας, πολλὰ δακρύοντες ἅμα χαρᾷ καὶ εὐφραινόμενοι.

33 Ἐπεὶ δὲ ἡμέρα ἐγένετο καὶ ᾔσθοντο οἱ τὰς ἄκρας ἔχοντες ἑαλωκυῖάν τε τὴν πόλιν καὶ τὸν βασιλέα τεθνηκότα, παραδιδόασι καὶ τὰς ἄκρας. **34** Ὁ δὲ Κῦρος τὰς μὲν ἄκρας εὐθὺς παρελάμβανε καὶ φρουράρχους

V **27** 4 πολεμίοις ἐχρῶντο αὐτοῖς edd. : πολέμιοι ἐχρῶντο αὐτοῖς yx πολεμίοις ἐχρῶντο G πολέμιοι ἐχρῶντο VHA || **28** 2 ante κελεύσαντος add. καὶ y || **29** 1-2 οἱ — πύλας yV^2 mg. : om. z || 2 χαλώσας yV^2 mg. : εἰς ἃς del. V^2 ut uid. HAG || εἰσπίπτουσι zDF : ἐπεισπίπτουσι W || 5 ἐσπασμένον z : σπασάμενον y || **30** 2 πολλοὶ om. y || 3 προβαλλόμενός yV : προβαλόμενός HAG || 4 τι yVH : τις AG || 5 ἐδύνατο z : δύναιτο y || **31** 1 τάξεις ἱππέων y : τὰς τῶν ἱππέων τάξεις z || 4 ληφθείη z : ληφθήσοιτο y || **32** 3 ἦσαν z : εἴησαν y || 5 καὶ εὐφραινόμενοι codd. : del. Lincke.

et gardes, puis donna les morts à ensevelir à leur famille. Il faisait proclamer par héraut l'ordre aux Babyloniens de remettre tous leurs armes ; il était annoncé que là où des armes seraient prises, les occupants seraient tous exécutés. Alors on remettait les armes, et Cyrus les déposait dans la citadelle[1], pour qu'en cas de besoin elles fussent disponibles.

35 Ce travail achevé, il fit appeler les mages[2] d'abord et ordonna, vu que la ville était conquête de guerre, de réserver pour les dieux des prémices et des enclos consacrés. Après quoi, il distribuait des maisons et des résidences officielles à ceux qu'il estimait avoir eu leur part des faits accomplis ; selon la décision prise[3], la répartition valut le meilleur aux plus braves ; et il invitait tous ceux qui se jugeaient mal servis à venir à lui s'expliquer.

36 Il fit annoncer encore aux Babyloniens d'avoir à cultiver la terre, à payer des contributions, à servir les maîtres à qui chacun avait été donné ; aux Perses qui avaient participé et à ceux des alliés qui choisissaient de rester à ses côtés[4], de parler en maîtres aux Babyloniens qu'ils avaient reçus.

La cour de Cyrus.

37 Après quoi, comme Cyrus déjà avait envie d'organiser le genre d'existence qu'il estimait convenir à un roi, il décida de ne pas le faire sans l'accord de ses amis, car il voulait pouvoir paraître en des occasions rares et solennelles en excitant le moins possible l'envie.

1. Il n'y a pas de véritable citadelle à Babylone mais, on le sait, à Sardes.

2. Voir VII, 3, 1 et la note sur les mages.

3. La décision de récompenser selon le mérite, prise, comme on l'a vu, en II, 3, 16.

4. On verra en VIII, 4, 28, que ces alliés étaient pour la plupart des Mèdes et des Hyrcaniens. L'habile générosité de Cyrus lui gagne les cœurs.

τε καὶ φρουροὺς εἰς ταύτας ἀνέπεμπε, τοὺς δὲ τεθνηκότας θάπτειν ἐφῆκε τοῖς προσήκουσι. Τοὺς δὲ κήρυκας κηρύττειν ἐκέλευεν ἀποφέρειν πάντας τὰ ὅπλα Βαβυλωνίους · ὅπου δὲ ληφθήσοιτο ὅπλα ἐν οἰκίᾳ, προηγόρευεν ὡς πάντες οἱ ἔνδον ἀποθανοῖντο. Οἱ μὲν δὴ ἀπέφερον, ὁ δὲ Κῦρος ταῦτα μὲν εἰς τὰς ἄκρας κατέθετο, ὡς εἴη ἕτοιμα, εἴ τί ποτε δέοι χρῆσθαι.

35 Ἐπεὶ δὲ ταῦτ' ἐπέπρακτο, πρῶτον μὲν τοὺς μάγους καλέσας, ὡς δοριαλώτου τῆς πόλεως οὔσης ἀκροθίνια τοῖς θεοῖς καὶ τεμένη ἐκέλευσεν ἐξελεῖν. Ἐκ τούτου δὲ καὶ οἰκίας διεδίδου καὶ ἀρχεῖα τούτοις οὕσπερ κοινωνοὺς ἐνόμιζε τῶν καταπεπραγμένων · καὶ οὕτω διένειμεν, ὥσπερ ἐδέδοκτο, τὰ κράτιστα τοῖς ἀρίστοις · εἰ δέ τις οἴοιτο μεῖον ἔχειν, διδάσκειν προσιόντας ἐκέλευε.

36 Προεῖπε δὲ Βαβυλωνίοις μὲν τὴν γῆν ἐργάζεσθαι καὶ τοὺς δασμοὺς ἀποφέρειν καὶ θεραπεύειν τούτους οἷς ἕκαστοι αὐτῶν ἐδόθησαν · Πέρσας δὲ τοὺς κοινωνοῦντας καὶ τῶν συμμάχων ὅσοι μένειν ᾑροῦντο παρ' αὐτῷ ὡς δεσπότας ὧν ἔλαβον προηγόρευε διαλέγεσθαι.

37 Ἐκ δὲ τούτου ἐπιθυμῶν ὁ Κῦρος ἤδη κατασκευάσασθαι καὶ αὐτὸς ὡς βασιλεῖ ἡγεῖτο πρέπειν, ἔδοξεν αὐτῷ τοῦτο σὺν τῇ τῶν φίλων γνώμῃ ποιῆσαι, ὡς ὅτι ἥκιστα ἂν ἐπιφθόνως σπάνιός τε καὶ σεμνὸς φανείη.

V **34** 4 θάπτειν om. y || 5 ἐκέλευεν yVHG : ἐκέλευσεν A || 6 ληφθήσοιτο y : λειφθήσοιτο VH ληφθεῖεν G λειφθεῖεν H²A || 7 προηγόρευεν z : -ρευον y || **35** 1 τοὺς μάγους καλέσας zW : κ. τ. μ. DF || 4 καὶ om. y || 5 κοινωνοὺς WV²H²AG : κοινῶνας DFVH || ἐνόμιζε yVAG : ἐνομίζετο H || καὶ οὕτω H²AG : οὕτω δὲ yV² οὕτω VH || 7 διδάσκειν προσιόντας z : προσιόντα διδάσκειν y || 7 ἐκέλευε zF : ἐκέλευσε WD || **36** 3 ἕκαστοι αὐτῶν z : αὐτῶν ἕκαστοι y || Πέρσας δὲ y : ὡς πέρσας δὲ καὶ VHA πέρσας δὲ καὶ V²G || 3 κοινωνοῦντας yV : κοινωνοὺς H ut uid. AG κοινῶνας H² ut uid. || 4 αὐτῷ z : ἑαυτῷ y || **37** 4 ἂν ἐπιφθόνως WFV² ut uid. : ἀνεπιφθόνως zD.

C'est pourquoi il imagina le procédé que voici : il se plaça de grand matin à l'endroit jugé propice et recevait quiconque voulait lui dire quelque chose ; il ne le renvoyait pas sans lui avoir donné réponse. **38** Lorsque l'on comprit qu'il recevait, il vint une foule incroyable ; et comme on se bousculait pour aller jusqu'à lui il y avait plus d'un tour et force horions [1]. **39** Les aides de camp faisaient leur mieux pour trier les gens avant de les introduire. Mais quand c'était de ses amis qui, fendant la foule, venaient en vue, Cyrus, tendant la main, les attirait à soi en disant : « Restez, mes amis, jusqu'à ce que nous ayons fendu la foule ; après quoi, nous aurons la paix pour être ensemble. » Les amis restaient, mais la foule affluait de plus en plus dense, tant et si bien que le soir vint avant qu'il n'ait eu du temps et sa présence à consacrer aux amis. **40** Alors Cyrus de dire : « Voilà-t-il pas [2], maintenant, le moment de nous séparer? Venez demain de grand matin, car je veux avoir un entretien avec vous. » A ces mots, ils eurent le plaisir de s'en aller, en courant, car les besoins de la nature les avaient mis au supplice [3]. Alors ils purent aller se coucher.

41 Le lendemain, Cyrus se trouvait venu au même endroit ; une foule bien plus nombreuse de gens qui voulaient l'approcher l'entourait, et longtemps avant que ses amis ne fussent là. Alors Cyrus, ayant disposé

1. Les uns arrivent à Cyrus par l'adresse, les autres par la force. Tous les moyens sont bons pour approcher du vainqueur, qui ne déteste pas, au fond, la popularité.

2. Même ἄρα qu'en IV, 6, 4, exprimant l'attente d'une réponse positive ; voir Denniston, p. 47.

3. La remarque n'est peut-être pas d'un très bon goût mais Xénophon n'y répugne pas toujours ; on en verra une autre du même ordre en VIII, 8, 10. On voit par I, 6, 36, que les ἀναγκαῖα sont les besoins naturels ; Xénophon emploie une expression discrète pour montrer les conséquences d'un séjour trop long auprès de Cyrus ; de là le départ fait « en courant ». Πάντων désigne peut-être encore également la faim et la soif.

Ὧδε οὖν ἐμηχανᾶτο τοῦτο · ἅμα τῇ ἡμέρᾳ στὰς ὅπου ἐδόκει ἐπιτήδειον εἶναι προσεδέχετο τὸν βουλόμενον λέγειν τι καὶ ἀποκρινάμενος ἀπέπεμπεν. **38** Οἱ δ' ἄνθρωποι ὡς ἔγνωσαν ὅτι προσδέχοιτο, ἧκον ἀμήχανοι τὸ πλῆθος · καὶ ὠθουμένων περὶ τοῦ προσελθεῖν μηχανή τε πολλὴ καὶ μάχη ἦν. **39** Οἱ δὲ ὑπηρέται ὡς ἐδύναντο διακρίναντες προσίεσαν. Ὁπότε δέ τις καὶ τῶν φίλων διωσάμενος τὸν ὄχλον προφανείη, προτείνων ὁ Κῦρος τὴν χεῖρα προσήγετο αὐτοὺς καὶ οὕτως ἔλεγεν · Ἄνδρες φίλοι, παραμένετε, ἕως ⟨ἂν⟩ τὸν ὄχλον διωσώμεθα · ἔπειτα δὲ καθ' ἡσυχίαν συγγενησόμεθα. Οἱ μὲν δὴ φίλοι παρέμενον, ὁ δ' ὄχλος πλείων καὶ πλείων ἐπέρρει, ὥστ' ἔφθασεν ἑσπέρα γενομένη πρὶν τοῖς φίλοις σχολάσαι αὐτὸν καὶ συγγενέσθαι. **40** Οὕτω δὴ ὁ Κῦρος λέγει · Ἆρα, ἔφη, ὦ ἄνδρες, νῦν μὲν καιρὸς διαλυθῆναι ; Αὔριον δὲ πρῴ ἔλθετε · καὶ γὰρ ἐγὼ βούλομαι ὑμῖν τι διαλεχθῆναι. Ἀκούσαντες ταῦτα οἱ φίλοι ἄσμενοι ᾤχοντο ἀποθέοντες, δίκην δεδωκότες ὑπὸ πάντων τῶν ἀναγκαίων. Καὶ τότε μὲν οὕτως ἐκοιμήθησαν.

41 Τῇ δ' ὑστεραίᾳ ὁ μὲν Κῦρος παρῆν εἰς τὸ αὐτὸ χωρίον, ἀνθρώπων δὲ πολὺ πλέον πλῆθος περιειστήκει βουλομένων προσιέναι, καὶ πολὺ πρότερον ἢ οἱ φίλοι παρῆσαν. Ὁ οὖν Κῦρος περιστησάμενος τῶν ξυστο-

V **37** 7 ἀποκρινάμενος y : -νόμενος z ‖ ἀπέπεμπεν zDF : ἀπέλειπεν W ‖ **38** 3-4 μηχανή — ἦν z : πολλὴ μηχανὴ ἦν y ‖ μηχανή codd. : ταραχή coni. Cobet ἠχή Gemoll ‖ **39** 1 ἐδύναντο y : ἠδύναντο z ‖ 2 διακρίναντες z : -κρίνοντες y ‖ προσίεσαν Stephanus : προσῄεσαν codd. ‖ 5 ἄνδρες φίλοι yV² mg. : om. z ‖ παραμένετε ἕως z : περιμένετε ὡς y ‖ ἂν add. Hertlein ‖ 6 διωσώμεθα y : διωσόμεθα z ‖ ἔπειτα — συγγενησόμεθα yV² mg. : om. z ‖ 7 παρέμενον zF : περιέμενον WD ‖ πλείων... πλείων yV² : πλείω... πλείω z ‖ 8 ὥστ' y : ἔωσπερ z ‖ post ἑσπέρα add. τε z ‖ 9 σχολάσαι αὐτὸν y : αὐτὸν σχολάσαι z ‖ **40** 2 Ἆρα W : ἄρα zDF ὥρα coni. Cobet ὅρα Naber ἀλλ' Castiglioni ἄγ' prop. Maas ‖ καιρὸς del. Cobet ‖ 4 ante ταῦτα add. δὲ y ‖ 5 ὑπὸ z : ἀπὸ y ‖ **41** 2 πλέον edd. : πλεῖον yVH²AG πλείω H ‖ περιειστήκει WDHA : -εστήκει FVG ‖ 3 βουλομένων z : -λόμενον y.

tout autour un grand cercle de lanciers perses, donna l'ordre que ne fût admis personne en dehors de ses amis et des officiers perses et alliés. **42** Une fois réunis, Cyrus leur tint à peu près ce langage : « Messieurs nos amis et alliés, nous ne saurions reprocher aux dieux de ne pas avoir, jusqu'ici, exaucé sans exception tous nos vœux. Si cependant un magnifique succès doit avoir pour résultat de supprimer aussi bien le loisir[1] pour soi que le bon temps avec les amis, moi, pour ma part, je dis bonsoir à ce bonheur-là. **43** Hier déjà vous avez remarqué, évidemment, qu'ayant commencé dès le jour à écouter les visiteurs, nous n'avons pas arrêté avant le soir ; maintenant vous voyez ce nouvel afflux de gens, plus nombreux que ceux d'hier, ici présents comme si leur but était de nous tracasser[2]. **44** Alors, s'il faut se sacrifier pour eux, je calcule que vous aurez peu de part à ma compagnie, comme moi à la vôtre ; et moi-même, eh ! bien, je sais sans erreur que je n'aurai jamais la plus petite part à la mienne. **45** Je constate encore une autre chose ridicule : mes dispositions envers vous sont évidemment ce qu'il est naturel qu'elles soient ; mais de ceux qui sont là tout autour je ne connais à peu près personne[3], et ils sont tous prêts, s'ils sont plus forts que vous à la poussée, à obtenir de moi, avant vous, tout ce qu'ils veulent. Pourtant je trouvais bon que de pareilles gens, si l'un d'eux avait besoin de quelque chose de ma part, vous fissent la cour à vous, mes amis, pour solli-

1. Le passage annonce VIII, 1, 13, où l'on voit Cyrus organiser sa σχολή pour pouvoir se consacrer aux affaires importantes ; voir encore ci-dessous § 52.

2. Cyrus est attentif aux besoins du peuple comme à ceux des soldats. Mais, en général, il n'est pas partisan des bains de foule. S'il a supprimé un temps les distances (§ 46) c'est pour les faire mieux respecter et pour pouvoir mieux s'occuper des problèmes du gouvernement.

3. L'expression ἤ τις ἢ οὐδείς (au masculin comme au neutre, « pour ainsi dire personne », « pour ainsi dire rien ») appartient à la langue familière, chez les Attiques (cf. Platon, *Ap. Socr.*, 17 b ; *Rép.*, 496 c). On la trouve une fois chez Hérodote, III, 140, dans la bouche de Darios, et quelquefois chez les écrivains tardifs.

φόρων Περσῶν κύκλον μέγαν εἶπε μηδένα παριέναι ἢ τοὺς φίλους τε καὶ ἄρχοντας τῶν Περσῶν τε καὶ τῶν συμμάχων. **42** Ἐπεὶ δὲ συνῆλθον οὗτοι, ἔλεξεν ὁ Κῦρος αὐτοῖς τοιάδε· Ἄνδρες φίλοι καὶ σύμμαχοι, τοῖς μὲν θεοῖς οὐδὲν ἂν ἔχοιμεν μέμψασθαι τὸ μὴ οὐχὶ μέχρι τοῦδε πάντα ὅσα εὐχόμεθα καταπεπραχέναι. Εἰ μέντοι τοιοῦτον ἔσται τὸ μεγάλα πράττειν ὥστε μὴ οἷόν τ' εἶναι μήτε ἀμφ' αὑτὸν σχολὴν ἔχειν μήτε μετὰ τῶν φίλων εὐφρανθῆναι, ἐγὼ μὲν χαίρειν ταύτην τὴν εὐδαιμονίαν κελεύω. **43** Ἐνενοήσατε γάρ, ἔφη, καὶ χθὲς δήπου ὅτι ἕωθεν ἀρξάμενοι ἀκούειν τῶν προσιόντων οὐκ ἐλήξαμεν πρόσθεν ἑσπέρας· καὶ νῦν ὁρᾶτε τούτους ἄλλους πλείονας τῶν χθὲς παρόντας ὡς πράγματα ἡμῖν παρέξοντας. **44** Εἰ οὖν τις τούτοις ὑφέξει ἑαυτόν, λογίζομαι μικρὸν μέν τι ὑμῖν μέρος ἐμοῦ μετεσόμενον, μικρὸν δέ τι ἐμοὶ ὑμῶν· ἐμαυτοῦ μέντοι σαφῶς οἶδ' ὅτι οὐδ' ὁτιοῦν μοι μετέσται. **45** Ἔτι δ', ἔφη, καὶ ἄλλο ὁρῶ γελοῖον πρᾶγμα· ἐγὼ γὰρ δήπου ὑμῖν μὲν ὥσπερ εἰκὸς διάκειμαι· τούτων δὲ τῶν περιεστηκότων ἤ τινα ἢ οὐδένα οἶδα, καὶ οὗτοι πάντες οὕτω παρεσκευασμένοι εἰσὶν ὡς, ἢν νικῶσιν ὑμᾶς ὠθοῦντες, πρότεροι ἃ βούλονται ὑμῶν παρ' ἐμοῦ διαπραξόμενοι. Ἐγὼ δὲ ἠξίουν τοὺς τοιούτους, εἴ τίς τι ἐμοῦ δέοιτο, θεραπεύειν ὑμᾶς τοὺς ἐμοὺς φίλους δεομένους προσ-

V **41** 5 μέγαν zWD : μέγα F ‖ 6 ante ἢ add. ἄλλον y ‖ **42** 1 οὗτοι yA : αὐτοὶ VHG ‖ 4 εὐχόμεθα WVH : ηὐχό- DFAG ‖ 6 αὑτὸν F : αὐτὸν cett. ‖ **43** 1 ἐνενοήσατε WF : ἐννοήσατε zD ‖ 2 χθὲς δήπου z : ἐχθὲς δήπουθεν y ‖ 4 ante ἄλλους add. καὶ z ‖ χθὲς z : ἐχθὲς y ‖ παρόντας y : παρόντων z ‖ **44** 2 ἑαυτὸν y : αὑτὸν V^2 αὐτοῖς z ‖ μικρὸν yV corr. G^2 : μεῖζον AG μείζων H ‖ ἐμοῦ om. y ‖ 3 δὲ yV corr. : μὲν HAG ‖ 3 ἐμοὶ yV corr. : om. HAG ‖ 4 μοι om. z ‖ **45** 3 τούτων δὲ τῶν περιεστηκότων zDF : τοῦτον δὲ τὸν περιεστηκότα W ‖ 4 οἶδα z : γιγνώσκω y ‖ οὕτω yV^2 s. l. : om. z ‖ 5 ὡς ἢν νικῶσιν z : ὡσεὶ νικῶσιν D ὡς εἰ νικήσωσιν F ὡσεὶ νικήσουσιν W ‖ 6 πρότεροι y : πρότερον z ‖ διαπραξόμενοι yV^2 : -ξάμενοι z ‖ 7 τοὺς τοιούτους yV^2 : τούτους τοὺς τοιούτους z ‖ τι om. yA.

citer une introduction. **46** On demandera peut-être alors pourquoi donc, au lieu d'adopter dès le début cette méthode, je supprimais les distances. C'est que je me rendais compte que les conditions de la guerre exigeaient que le chef ne fût pas le dernier à savoir ce qu'il faut savoir et à faire ce que c'est le moment de faire ; j'estimais que les généraux rarement visibles négligent beaucoup de leur devoir. **47** Maintenant, puisqu'aussi bien la guerre la plus dure en épreuves a fait relâche, mon esprit, lui aussi, ce me semble, a droit à quelque relâche. En conséquence, considérant que je ne vois pas ce que je pourrais bien faire pour mes propres intérêts et pour ceux d'autrui dont j'ai la charge, que l'on me conseille la conduite jugée la plus utile. »

Position d'Artabaze et de Chrysantas

48 Ainsi parla Cyrus. Après lui se lève Artabaze, celui qui avait un jour affirmé qu'il était son parent*, et il dit : « Sûrement, Cyrus, tu as eu raison d'ouvrir ce débat. Tu étais jeune encore que j'avais depuis toujours[1] la passion de devenir ton ami ; mais constatant que tu n'avais aucunement besoin de moi, j'hésitais à t'approcher. **49** Le jour où il se trouva que tu eus besoin de moi pour aller avec empressement[2] transmettre aux Mèdes le message de Cyaxare, je calculais que, si avec empressement je te secondais là, je serais ton intime et que j'aurais le moyen de converser avec toi tout mon soûl. Je m'acquittai de la mission au point de susciter tes compliments. **50** Après quoi, les Hyrcaniens les premiers devinrent nos amis*, à nous qui avions grande disette d'alliés, à tel point que c'est tout juste si dans notre amour nous ne les promenions pas

1. Artabaze est un peu timide ; il n'ose parler du début de sa passion pour Cyrus mais il le suggère ; cette passion date du jour où il vit Cyrus pour la première fois ; voir ἐξ ἀρχῆς ci-dessous, § 54.

2. Il n'y a aucune raison décisive de rejeter, avec Hug, l'adverbe προθύμως, qui est précisément employé dans le passage visé ici, IV, 1, 24. L'ardeur d'Artabaze est celle d'un jeune homme qui admire Cyrus et cherche à attirer son attention, VI, 1, 19 à 24. L'adverbe est intentionnellement répété deux lignes plus loin. — Sur la mission, voir IV, 1, 22.

αγωγῆς. **46** Ἴσως ἂν οὖν εἴποι τις, τί δῆτα οὐχ οὕτως ἐξ ἀρχῆς παρεσκευασάμην, ἀλλὰ παρεῖχον ἐν τῷ μέσῳ ἐμαυτόν. Ὅτι τὰ τοῦ πολέμου τοιαῦτα ἐγίγνωσκον ὄντα ὡς μὴ ὑστερίζειν δέον τὸν ἄρχοντα μήτε τῷ εἰδέναι ἃ δεῖ μήτε τῷ πράττειν ἃ ἂν καιρὸς ᾖ · τοὺς δὲ σπανίους ἰδεῖν στρατηγοὺς πολλὰ ἐνόμιζον ὧν δεῖ πραχθῆναι παριέναι. **47** Νῦν δ' ἐπειδὴ καὶ ὁ φιλοπονώτατος πόλεμος ἀναπέπαυται, δοκεῖ μοι καὶ ἡ ἐμὴ ψυχὴ ἀναπαύσεώς τινος ἀξιοῦν τυγχάνειν. Ὡς οὖν ἐμοῦ ἀποροῦντος ὅ τι ἂν τύχοιμι ποιῶν ὥστε καλῶς ἔχειν τά τε ἡμέτερα καὶ τὰ τῶν ἄλλων ὧν ἡμᾶς δεῖ ἐπιμελεῖσθαι, συμβουλευέτω ὅ τι τις ὁρᾷ συμφορώτατον.

48 Κῦρος μὲν οὕτως εἶπεν. Ἀνίσταται δ' ἐπ' αὐτῷ Ἀρτάβαζος ὁ συγγενής ποτε φήσας εἶναι καὶ εἶπεν · Ἦ καλῶς, ἔφη, ἐποίησας, ὦ Κῦρε, ἄρξας τοῦ λόγου. Ἐγὼ γὰρ ἔτι νέου μὲν ὄντος σοῦ πάνυ ἀρξάμενος ἐπεθύμουν φίλος γενέσθαι, ὁρῶν δέ σε οὐδὲν δεόμενον ἐμοῦ κατώκνουν σοι προσιέναι. **49** Ἐπεὶ δ' ἔτυχές ποτε καὶ ἐμοῦ δεηθεὶς προθύμως ἐξαγγεῖλαι πρὸς Μήδους τὰ παρὰ Κυαξάρου, ἐλογιζόμην, εἰ ταῦτα προθύμως σοι συλλάβοιμι, ὡς οἰκεῖός τέ σοι ἐσοίμην καὶ ἐξέσοιτό μοι διαλέγεσθαί σοι ὁπόσον χρόνον βουλοίμην. Καὶ ἐκεῖνα μὲν δὴ ἐπράχθη ὥστε σε ἐπαινεῖν. **50** Μετὰ τοῦτο Ὑρκάνιοι μὲν πρῶτοι φίλοι ἡμῖν ἐγένοντο καὶ μάλα πεινῶσι συμμάχων · ὥστε μόνον οὐκ ἐν ταῖς ἀγκάλαις περιεφέρομεν αὐτοὺς ἀγαπῶντες. Μετὰ δὲ τοῦτο

V **46** 1 οὖν om. W ‖ 2 παρεσκευασάμην z : κατ- y ‖ 3 ἐμαυτὸν ante ἐν transp. y ‖ τοιαῦτα ἐγίγνωσκον ὄντα z : γιγνώσκω τοιαῦτα ὄντα WD γιγνώσκω τοιαῦτα εἶναι F ‖ 4 τῷ FV : τὸ WDHAG ‖ 5 τῷ VHA : τὸ yG ‖ τοὺς zDF : τὸ W ‖ **47** 1 ἐπειδὴ z : ἐπεὶ y ‖ 3 οὖν om. y ‖ 6 ὅ τι τις z : τις ὅ τι y ‖ **48** 3 Ἦ om. W ‖ ἔφη zDF : φησὶν W ‖ **49** 2 προθύμως codd. : del. Hug ‖ 3 Κυαξάρου zDF : -ρους W ‖ προθύμως y : πρόθυμος z ‖ 5 post ὁπόσον add. ἂν z ‖ 6 σε yV[2] s. l. : om. z ‖ **50** 1 post μετὰ add. δὲ WF ‖ 4 περιεφέρομεν yV[2] : περιφέρομεν z ‖ ἀγαπῶντες codd. : del. Cobet.

dans nos bras[1]. Après quoi, lorsque fut pris le camp ennemi[2], je crois que tu n'avais pas le loisir de t'occuper de moi, et je ne te donnais pas tort. **51** Plus tard, c'est Gobryas qui devint notre ami, et ma joie était visible ; puis, à son tour, Gadatas ; déjà c'était un problème de prendre contact avec toi. Une fois cependant que les Saces et les Cadusiens[3] furent devenus nos alliés, ils étaient naturellement des gens à soigner, car ils te soignaient. **52** Lorsque nous revînmes à notre point de départ[4], en te voyant occupé de chevaux, de chars, de machines, je pensais que, lorsqu'ils te rendraient du loisir, tu aurais alors le loisir de t'occuper de moi. Mais, lorsqu'arriva la terrible nouvelle que le monde entier se coalisait contre nous, je compris que l'affaire passait avant tout ; mais déjà je croyais bien savoir que, si elle avait une heureuse issue, il n'y aurait pas de limite à nos relations. **53** Or voilà que maintenant nous avons remporté la grande bataille, nous avons dompté Sardes et Crésus, nous avons pris Babylone et soumis le monde, et pourtant moi, oui, par Mithra ! je n'aurais pas pu hier sans un vrai pugilat arriver jusqu'à toi. Cependant, lorsque tu m'as tendu une main amie et m'as invité à rester près de toi, je fus l'objet de tous les regards parce que je passais la journée avec toi... sans boire et sans manger ! **54** Alors, maintenant, s'il doit exister quelque chance pour nous, les plus méritants, d'avoir le plus de part à ta compagnie, parfait ! Sinon, je consens encore une fois[5] à transmettre de ta part l'ordre que tout le monde s'éloigne de toi sauf nous tes amis de la première heure. »

55 Sur ce, Cyrus se mit à rire et ne fut pas le seul.

1. L'image, qui n'est pas rare en tragédie, est peut-être un souvenir de Platon, *Rép.*, 600 d ; Xénophon lui donne plus de force en employant μόνον οὐχ et le préverbe περι-.
2. Voir IV, 2, 27-33.
3. Artabaze, en les résumant, passe en revue des faits déjà exposés, sur Gobryas en IV, 6, 1-10, sur Gadatas en V, 3, 15, sur les Saces et les Cadusiens en V, 3, 22-24.
4. A la frontière entre les Assyriens et les Mèdes ; voir V, 4, 51.
5. « Encore une fois » s'explique par le § 49 ci-dessus et IV, 1, 24.

ἐπεὶ ἑάλω τὸ πολέμιον στρατόπεδον, οὐκ οἶμαι σχολήν σοι εἶναι ἀμφ' ἐμὲ ἔχειν, καὶ ἐγώ σοι συνεγίγνωσκον. **51** Ἐκ δὲ τούτου Γωβρύας ἡμῖν φίλος ἐγένετο, καὶ ἐγὼ ἔχαιρον · καὶ αὖθις Γαδάτας · καὶ ἤδη ἔργον σοῦ ἦν μεταλαβεῖν. Ἐπεί γε μέντοι καὶ Σάκαι καὶ Καδούσιοι σύμμαχοι ἐγεγένηντο, θεραπεύειν εἰκότως ἔδει τούτους · καὶ γὰρ οὗτοι σὲ ἐθεράπευον. **52** Ὡς δ' ἤλθομεν πάλιν ἔνθεν ὡρμήθημεν, ὁρῶν σε ἀμφ' ἵππους ἔχοντα, ἀμφ' ἅρματα, ἀμφὶ μηχανάς, ἡγούμην, ἐπεὶ ἀπὸ τούτων σχολάσαις, τότε σε καὶ ἀμφ' ἐμὲ ἕξειν σχολήν. Ὥς γε μέντοι ἦλθεν ἡ δεινὴ ἀγγελία τὸ πάντας ἀνθρώπους ἐφ' ἡμᾶς συλλέγεσθαι, ἐγίγνωσκον ὅτι ταῦτα μέγιστα εἴη · εἰ δὲ ταῦτα καλῶς γένοιτο, εὖ ἤδη ἐδόκουν εἰδέναι ὅτι πολλὴ ἔσοιτο ἀφθονία τῆς ἐμῆς καὶ [τῆς] σῆς συνουσίας. **53** Καὶ νῦν δὴ νενικήκαμέν τε τὴν μεγάλην μάχην καὶ Σάρδεις καὶ Κροῖσον ὑποχείριον ἔχομεν καὶ Βαβυλῶνα ᾑρήκαμεν καὶ πάντας κατεστράμμεθα, καὶ μὰ τὸν Μίθρην ἐγώ τοι χθές, εἰ μὴ πολλοῖς διεπύκτευσα, οὐκ ἂν ἐδυνάμην σοι προσελθεῖν. Ἐπεί γε μέντοι ἐδεξιώσω με καὶ παρὰ σοὶ ἐκέλευσας μένειν, ἤδη περίβλεπτος ἦν, ὅτι μετὰ σοῦ ἄσιτος καὶ ἄποτος διημέρευον. **54** Νῦν οὖν εἰ μὲν ἔσται πῃ ὅπως οἱ πλείστου ἄξιοι γεγενημένοι πλεῖστόν σου μέρος μεθέξομεν. Εἰ δὲ μή, πάλιν αὖ ἐγὼ ἐθέλω παρὰ σοῦ ἐξαγγέλλειν ἀπιέναι πάντας ἀπὸ σοῦ πλὴν ἡμῶν τῶν ἐξ ἀρχῆς φίλων.

55 Ἐπὶ τούτῳ ἐγέλασε μὲν ὁ Κῦρος καὶ ἄλλοι πολ-

V **50** 5 σχολήν σοι εἶναι z : σχολή σοι ἦν WD σχολὴ ποιεῖν F ‖ **51** 2 αὖθις z : πάλιν y ‖ ἤδη y : δὴ z ‖ 3 καὶ Σάκαι z : σάκαι τε y ‖ 4 εἰκότως post ἔδει transp. y ‖ **52** 2 ὡρμήθημεν yV : ὡρμήθην μὲν HAG ‖ post σε add. δ' H²AG ‖ 3 καὶ ante ἡγούμην add. HAG ‖ 3 τούτων y : τούτου z ‖ 5 ὥς γε yV² : ὥστε z ‖ 7 μέγιστα zDF : μάλιστα W ‖ 8 εἰδέναι y : εἶναι z ‖ τῆς del. Dindorf ‖ **53** 3 πάντας yV² : πάντα z ‖ 4 χθές y : ἐχθές z ‖ 6 γε om. W ‖ ἐδεξιώσω W : ἐξεδιώσω HA et G ut uid. ἐξιδιώσω DFVH² ‖ **55** 1 μὲν ὁ om. y.

Alors se leva le Perse Chrysantas, qui parla en ces termes : « Eh ! bien, auparavant, Cyrus, tu supprimais les distances pour les raisons que tu as dites[1] et parce que ce n'était pas de nous principalement que tu devais prendre soin. Car si nous étions là pour nous-mêmes, la masse, elle, il fallait la conquérir par tous les moyens, pour qu'elle consentît de la meilleure grâce à partager nos peines et nos dangers. **56** Aujourd'hui cependant, puisque tu n'as pas tant que cela une vocation d'homme seul[2], mais que tu es capable de faire d'autres conquêtes[3] susceptibles d'être opportunes, il est juste que tu trouves désormais un logis ; ou comment jouirais-tu jamais de ton pouvoir, si tu étais le seul homme exclu de la possession d'un foyer, ce lieu dont rien au monde ne surpasse la sainteté, la douceur, l'intimité ? Et puis, est-ce que tu te figures que nous ne rougirions pas de honte à te voir stoïque à la belle étoile, quand nous serions, nous, au fond de nos demeures, avec l'impression d'avoir gagné plus que toi ? » **57** Quand Chrysantas eut prononcé ces mots, beaucoup exprimèrent un avis dans le même sens.

Cyrus dans le Palais royal de Babylone.

Là-dessus Cyrus pénètre dans le palais royal, où les convoyeurs avaient livré les trésors de Sardes. Une fois entré, il sacrifia d'abord à la déesse du Foyer[4], puis à Zeus, ainsi qu'à tous les dieux prescrits par les mages. **58** Cela fait, il se mettait tout de suite à l'organisation du reste. Considérant son rôle, à savoir qu'il entreprenait

1. Il les a dites au § 46 ci-dessus.

2. « Homme seul » est à double entente, pour un chef au milieu d'une armée nombreuse et pour un célibataire.

3. On admire la délicatesse de Chrysantas pour suggérer le mariage à Cyrus. Elle apparaît dans le pluriel masculin ἄλλους sous lequel se déguise un féminin singulier, dans le mot καιρός qui indique le moment venu de songer aux héritiers, et dans le « pas tant que cela », c'est-à-dire « pas tant que tu n'en as l'air et que tu ne veux le faire croire, par exemple par ta conduite envers Panthée ».

4. Cyrus n'était pas parti en campagne sans avoir prié Zeus et Hestia, et les présages avaient été favorables ; voir I, 6, 1.

λοί. Χρυσάντας δ' ἀνέστη ὁ Πέρσης καὶ ἔλεξεν ὧδε· Ἀλλὰ τὸ μὲν πρόσθεν, ὦ Κῦρε, εἰκότως ἐν τῷ φανερῷ σαυτὸν παρεῖχες, δι' ἅ τε αὐτὸς εἶπας καὶ ὅτι οὐχ ἡμᾶς σοι μάλιστα ἦν θεραπευτέον. Ἡμεῖς μὲν γὰρ καὶ ἡμῶν αὐτῶν ἕνεκα παρῆμεν· τὸ δὲ πλῆθος ἔδει ἀνακτᾶσθαι ἐκ παντὸς τρόπου, ὅπως ὅτι ἥδιστα συμπονεῖν καὶ συγκινδυνεύειν ἡμῖν ἐθέλοιεν. **56** Νῦν δ' ἐπεὶ οὐχ οὕτω τρόπον μόνου ἔχεις, ἀλλὰ καὶ ἄλλους ἀνακτᾶσθαι δύνασαι οὓς καιρὸς εἴη, ἤδη καὶ οἰκίας σε τυχεῖν ἄξιον· ἢ τί ἀπολαύσαις ἂν τῆς ἀρχῆς, εἰ μόνος ἄμοιρος εἴης ἑστίας, οὗ οὔτε ὁσιώτερον χωρίον ἐν ἀνθρώποις οὔτε ἥδιον οὔτε οἰκειότερόν ἐστιν οὐδέν; Ἔπειτα δ', ἔφη, οὐκ ἂν οἴει καὶ ἡμᾶς αἰσχύνεσθαι, εἰ σὲ μὲν ὁρῷμεν ἔξω καρτεροῦντα, αὐτοὶ δ' ἐν οἰκίαις εἴημεν καὶ σοῦ δοκοίημεν πλεονεκτεῖν; **57** Ἐπεὶ δὲ Χρυσάντας ταῦτα ἔλεξε, συνηγόρευον αὐτῷ κατὰ ταὐτὰ πολλοί.

Ἐκ τούτου δὴ εἰσέρχεται εἰς τὰ βασίλεια, καὶ τὰ ἐκ Σάρδεων χρήματα ἐνταῦθ' οἱ ἄγοντες ἀπέδοσαν. Ἐπεὶ δ' εἰσῆλθεν ὁ Κῦρος, πρῶτον μὲν Ἑστίᾳ ἔθυσεν, ἔπειτα Διὶ βασιλεῖ καὶ εἴ τινι ἄλλῳ θεῷ οἱ μάγοι ἐξηγοῦντο. **58** Ποιήσας δὲ ταῦτα τὰ ἄλλα ἤδη ἤρχετο διοικεῖν. Ἐννοῶν δὲ τὸ αὑτοῦ πρᾶγμα ὅτι ἐπιχειροίη μὲν ἄρχειν

V 55 3 εἰκότως ante ὦ transp. y ‖ 4 εἶπα ς W : εἶπες cett. ‖ 5 γὰρ om. W ‖ **56** 1 οὐχ οὕτω yV² mg. : οὖν z in V² deletum οὐ τούτῳ τῷ coni. Hug οὐχ ἕνα Gemoll et alii alia ‖ τρόπον μόνου ego : τρόπου μόνον WD τρόπον μόνον FV² s. l. Gemoll τρόπῳ μόνῳ z τρόπῳ μόνον coni. Hug et alii alia ‖ ἔχεις codd. : ἄρχεις coni. Hug ‖ 2 ἄλλους codd. : ἄλλοις coni. Madvig ἄλλως coni. Hertlein Hermann Hug ‖ ἀνακτᾶσθαι δύνασαι z : δύνασαι ἀνακτᾶσθαι y ‖ 3 ἢ — τῆς z : ἣ ἀπολαύσαις [-σαιο F] γ' ἂν [γὰρ D] οὐδὲν τῆς σῆς y ‖ 4 οὗ z : ἧς y ‖ 6 καὶ om. y ‖ **57** 2 ante αὐτῷ add. δ' y ‖ 3 ταὐτὰ Muretus : ταῦτα codd. ‖ 5 ἐνταῦθ' οἱ yV²A : ἐνταυθοῖ VHG ‖ ἐπεὶ δ' [-ε V²] yV²G : ἐπεὶ δὴ H ἐπειδὴ V ut uid. A ‖ 6 ὁ om. z ‖ post ἔπειτα add. δὲ y ‖ 7 τινι ἄλλῳ θεῷ z : τινι ἄλλῳ θεῶν DF τινα ἄλλον θεῶν W ‖ **58** 2 αὑτοῦ V²D : αὐτοῦ cett.

de régner sur de nombreux peuples et s'apprêtait à résider dans une ville plus grande[1] que toutes les villes illustres, mais qu'entre toutes les villes c'était la plus hostile possible à qui que ce fût, de telles considérations lui firent penser qu'il avait besoin d'une garde autour de sa personne. **59** Sachant aussi qu'il n'est nulle part d'homme qui donne plus de prise qu'à table, au bain, au lit, en train de boire ou de sommeiller, il étudiait de quels hommes particulièrement sûrs en pareilles circonstances il pourrait se faire entourer. Il estima impossible qu'il existât jamais[2] sans aucun doute un homme de confiance s'il éprouvait pour un autre plus d'affection que pour celui qui requérait sa garde. **60** Il connaissait la loi de nature obligeant les hommes pourvus d'enfants, d'épouses bien assorties, ou de favoris, à les aimer plus que tout ; constatant d'autre part que les eunuques étaient privés de tous ces sentiments, il jugea qu'ils réservaient leur attachement à ceux qui pouvaient au premier chef les enrichir, les secourir s'ils subissaient quelque tort et leur conférer des honneurs. Personne, pensait-il, ne pourrait le surpasser par des bienfaits de cet ordre. **61** En outre les eunuques[3], en tant qu'objets de mépris, ont pour cette raison même encore besoin d'un maître pour les protéger ; car il n'est point d'homme qui ne trouverait bon d'affirmer en tout sa supériorité sur un eunuque, si une force plus grande n'opposait un obstacle ; mais, s'il est soumis à un maître, rien ne l'empêche, tout eunuque[4] qu'il est, de tenir la première

1. Voir ce que dit Aristote, après Hérodote, de la grandeur de Babylone, *Pol.*, III, 3, 5.

2. Μή au lieu de οὐ dans la complétive à l'infinitif après un verbe déclaratif donne à l'infinitif une nuance de conviction forte ou d'attente emphatique ; cf. VI, 1, 18 ; *Anab.*, II, 3, 13 ; *Mém.*, I, 1, 20 ; 2, 41 ; ce ne sont pas les seuls exemples en attique.

3. Tout ce passage sur les avantages d'être eunuque semble écrit, par sa longueur et ses précisions diverses, pour justifier Cyrus d'avoir fait des eunuques afin d'assurer sa garde ; voir le § 65 ci-dessous. Le mot de « homme » ci-dessous, s'oppose à « eunuque », comme dans Hérodote, VIII, 106, que Xénophon a beaucoup pratiqué.

4. On se rappelle la mort des trois eunuques de Panthée, VII, 3, 15 ; voir aussi plus loin, § 64.

πολλῶν ἀνθρώπων, παρασκευάζοιτο δὲ οἰκεῖν ἐν πόλει [τῇ] μεγίστῃ τῶν φανερῶν, αὕτη δ' οὕτως ἔχοι αὐτῷ ὡς ἂν πολεμιωτάτη γένοιτο ἀνδρὶ πόλις, ταῦτα δὴ λογιζόμενος φυλακῆς περὶ τὸ σῶμα ἡγήσατο δεῖσθαι. **59** Γνοὺς δ' ὅτι οὐδαμοῦ ἄνθρωποι εὐχειρωτότεροί εἰσιν ἢ ἐν σίτοις καὶ ποτοῖς καὶ λουτροῖς καὶ κοίτῃ καὶ ὕπνῳ, ἐσκόπει τίνας ἂν ἐν τούτοις περὶ ἑαυτὸν πιστοτάτους ἔχοι. Ἐνόμισε δὲ μὴ ἂν γενέσθαι ποτὲ πιστὸν ἄνθρωπον ὅστις ἄλλον μᾶλλον φιλήσοι τοῦ τῆς φυλακῆς δεομένου. **60** Τοὺς μὲν οὖν ἔχοντας παῖδας ἢ γυναῖκας συναρμοττούσας ἢ παιδικὰ ἔγνω φύσει συνηναγκάσθαι ταῦτα μάλιστα φιλεῖν· τοὺς δ' εὐνούχους ὁρῶν πάντων τούτων στερομένους ἡγήσατο τούτους ἂν περὶ πλείστου ποιεῖσθαι οἵτινες δύναιντο πλουτίζειν μάλιστα αὐτοὺς καὶ βοηθεῖν, εἴ τι ἀδικοῖντο, καὶ τιμὰς περιάπτειν αὐτοῖς. Τούτοις δ' εὐεργετοῦντα ὑπερβάλλειν αὐτὸν οὐδέν' ἂν ἡγεῖτο δύνασθαι. **61** Πρὸς δὲ τούτοις ἄδοξοι ὄντες οἱ εὐνοῦχοι παρὰ τοῖς ἄλλοις ἀνθρώποις καὶ διὰ τοῦτο δεσπότου ἐπικούρου προσδέονται· οὐδεὶς γὰρ ἀνὴρ ὅστις οὐκ ἂν ἀξιώσειεν εὐνούχου πλέον ἔχειν ἐν παντί, εἰ μή τι ἄλλο κρεῖττον ἀπείργοι· δεσπότῃ δὲ πιστὸν ὄντα οὐδὲν κωλύει πρω-

V **58** 3 παρασκευάζοιτο V^2HAG : παρεσκευάζετο V κατασκευάζοιτο y ‖ 3 ante πόλει add. τῇ z ‖ 4 τῇ deleui ‖ ἔχοι yVHG : ἔχει A ‖ 5 ἂν πολεμιωτάτη y : ἂν πολεμιωτάτη ἂν VC πολεμιωτάτη ἂν E ἀπολεμωτάτη HAG ‖ ἀνδρὶ πόλις yV^2 mg. : om. z ‖ **59** 1 εὐχειρωτότεροι y : εὐχειρό[-ω- V^2]τεροι z ‖ 2 εἰσιν ante εὐχειρωτότεροι transp. y ‖ λουτροῖς z : λουτρῷ y ‖ 3 τούτοις codd. : τοῖς coni. Gemoll fort. recte ‖ ἑαυτὸν yHAG : αὑτὸν V^2 ut uid. E αὐτὸν VC ‖ 4 δὲ z : δὴ y ‖ γενέσθαι ποτὲ πιστὸν zW : ποτέ τινα πιστὸν γενέσθαι DF ‖ 5 φιλήσοι z : φιλήσει y ‖ **60** 2 γυναῖκας z : γυναῖκα y ‖ συναρμοττούσας edd. : -μοζούσας z -μόζουσαν y ‖ παιδικὰ zDF : παιδικαὶ W ‖ 3 συνηναγκάσθαι yV^2 : ἠναγκάσθαι z ‖ 5 δύναιντο y : δύνανται z ‖ 7 τούτοις Pantazides : τούτους codd. ‖ εὐεργετοῦντα z : -τοῦντας y ‖ 8 αὐτὸν zDF : αὐτῶν W ‖ οὐδέν' Schneider : οὐδὲν codd. ‖ ἡγεῖτο zDF : ἡγοῖτο W ‖ **61** 4 ἀνὴρ yV^2 ut uid. : ἂν ἦν VHA ἦν G ‖ 5 τι ἄλλο κρεῖττον z : τις ἄλλος κρείττων y ‖ 6 δεσπότῃ zDF : δεσπότην W.

place. **62** Quant à l'opinion courante que les eunuques manquent de courage, rien selon lui ne le démontrait non plus. Il tirait cette conjecture des animaux eux aussi, en ce sens que les chevaux brutaux, une fois châtrés, cessent de mordre et perdent leur brutalité sans cesser d'être bons pour le service de guerre, que les taureaux châtrés se démettent de leur fierté, de leur indocilité [1], sans être privés de leur force ni de leur aptitude au travail, que les chiens, de même, une fois châtrés, cessent d'abandonner leur maître sans que diminuent leurs qualités de gardiens ni de chasseurs. **63** Les hommes, pareillement, privés de tel désir, s'adoucissent sans que décline leur application pour l'ouvrage qui leur est confié, sans amoindrir leur aptitude à l'équitation, au tir, ni leur amour de la gloire. **64** Aussi bien à la chasse qu'à la guerre ils apportaient la preuve qu'ils conservaient dans l'âme le goût de vaincre ; mais c'est surtout lors de la perte de leurs maîtres qu'ils démontraient leur fidélité ; car personne n'en témoignait par ses actes d'une plus grande que les eunuques dans les malheurs de leurs maîtres. **65** S'ils peuvent sembler inférieurs en force corporelle, dans la guerre le fer remet l'équilibre entre les faibles et les forts. Ces réflexions [2] le conduisirent à faire de tous les serviteurs entourant sa personne des eunuques, à commencer par les gardiens des portes.

Mesures de sûreté. **66** Estimant en outre que cette garde était insuffisante par rapport à la foule des individus mal intentionnés, il

1. Xénophon aime prêter aux animaux des sentiments humains et leur applique un vocabulaire valable pour les hommes.

2. Toutes ces « réflexions » sont en fait de bonnes raisons accumulées par Xénophon pour faire oublier que Cyrus n'a pas agi autrement que le mauvais roi d'Assyrie envers Gadatas, et il le fait sur une plus grande échelle : V, 2, 28 ; 3, 8 ; 18, etc. En outre, Cyrus est poussé par son intérêt personnel, confondu il est vrai avec celui de l'empire. On va voir précisément, dans les paragraphes qui suivent, les mesures de sûreté prises par Cyrus non seulement pour lui mais pour les habitants de Babylone.

τεύειν καὶ τὸν εὐνοῦχον. **62** Ὃ δ' ἂν μάλιστά τις οἰηθείη, ἀνάλκιδας τοὺς εὐνούχους γίγνεσθαι, οὐδὲ τοῦτο ἐφαίνετο αὐτῷ. Ἐτεκμαίρετο δὲ καὶ ἐκ τῶν ἄλλων ζῴων ὅτι οἵ τε ὑβρισταὶ ἵπποι ἐκτεμνόμενοι τοῦ μὲν δάκνειν καὶ ὑβρίζειν ἀποπαύονται, πολεμικοὶ δὲ οὐδὲν ἧττον γίγνονται, οἵ τε ταῦροι ἐκτεμνόμενοι τοῦ μὲν μέγα φρονεῖν καὶ ἀπειθεῖν ὑφίενται, τοῦ δ' ἰσχύειν καὶ ἐργάζεσθαι οὐ στερίσκονται, καὶ οἱ κύνες δὲ ὡσαύτως τοῦ μὲν ἀπολείπειν τοὺς δεσπότας ἀποπαύονται ἐκτεμνόμενοι, φυλάττειν δὲ καὶ εἰς θήραν οὐδὲν κακίους γίγνονται. **63** Καὶ οἵ γε ἄνθρωποι ὡσαύτως ἠρεμέστεροι γίγνονται στερισκόμενοι ταύτης τῆς ἐπιθυμίας, οὐ μέντοι ἀμελέστεροί γε τῶν προσταττομένων, οὐδ' ἧττόν τι ἱππικοί, οὐδὲ ἧττόν τι ἀκοντιστικοί, οὐδὲ ἧττον φιλότιμοι. **64** Κατάδηλοι δ' ἐγίγνοντο καὶ ἐν τοῖς πολέμοις καὶ ἐν ταῖς θήραις ὅτι ἔσῳζον τὸ φιλόνικον ἐν ταῖς ψυχαῖς · τοῦ δὲ πιστοὶ εἶναι ἐν τῇ φθορᾷ τῶν δεσποτῶν μάλιστα βάσανον ἐδίδοσαν · οὐδένες γὰρ πιστότερα ἔργα ἀπεδείκνυντο ἐν ταῖς δεσποτικαῖς συμφοραῖς τῶν εὐνούχων. **65** Εἰ δέ τι ἄρα τῆς τοῦ σώματος ἰσχύος μειοῦσθαι δοκοῦσιν, ὁ σίδηρος ἀνισοῖ τοὺς ἀσθενεῖς τοῖς ἰσχυροῖς ἐν τῷ πολέμῳ. Ταῦτα δὴ γιγνώσκων ἀρξάμενος ἀπὸ τῶν θυρωρῶν πάντας τοὺς περὶ τὸ ἑαυτοῦ σῶμα θεραπευτῆρας ἐποιήσατο εὐνούχους.

66 Ἡγησάμενος δὲ οὐχ ἱκανὴν εἶναι τὴν φυλακὴν ταύτην πρὸς τὸ πλῆθος τῶν δυσμενῶς ἐχόντων, ἐσκόπει

V **62** 1 ὃ zDF: οὗ W ‖ 4 τοῦ yV² : τὸ z ‖ 9 ἀπολείπειν yV² ut uid. : -λιπεῖν zF ‖ 10 καὶ yV : κἂν HAG ‖ εἰς θήραν z : θηρᾶν y ‖ **63** 2 ante γίγνονται add. καὶ WD τε F : 2-3 γίγνονται — ἀμελέστεροι om. F ‖ 4 ἧττόν τι ἀκοντιστικοί z : ἧττον ἀκοντισταί y ‖ post alt. ἧττον add. τι y ‖ **64** 1 κατάδηλοι zD : κατάλληλοι WF ‖ ἐγίγνοντο y : γίγνονται z ‖ 1 πολέμοις y : πολεμίοις z ‖ 4 οὐδένες zDF : οὐδὲν W ‖ **65** 1 τῆς τοῦ yV² : ἀπίστου z ‖ 2 ἀνισοῖ y : ἂν εἰ [ἰ- V]σοῖ H et AG ut uid. ‖ 3 ἰσχυροῖς z : ἰσχυροτέροις y ‖ 3 ἀρξάμενος y : δεξάμενος z ‖ 4 θυρωρῶν y : θυρῶν z ‖ **66** 1 ἱκανὴν z : ἱκανὸν y.

étudiait quels hommes plus sûrs que les autres il pourrait prendre pour assurer la garde autour du palais. **67** Sachant que c'était les Perses du pays qui, en raison de leur pauvreté, avaient la vie la plus rude et subsistaient avec le plus de peine vu l'âpreté du sol et leur condition de travailleurs directs de la terre*, il pensa qu'ils seraient les premiers à aimer vivre à ses côtés. **68** Il en prend donc dix mille comme lanciers de la garde, qui, par des rondes autour du palais, assuraient la surveillance nuit et jour quand il se reposait à l'intérieur ; chaque fois qu'il s'en allait, ils marchaient rangés à droite et à gauche. **69** Estimant encore nécessaire que toute la ville eût un nombre suffisant de gardiens, qu'il se trouvât lui-même en résidence ou en voyage, il institua dans Babylone également des gardes en quantité suffisante [1]. Pour ceux-là aussi il imposa aux Babyloniens les frais d'une solde car il les voulait le plus possible dénués de ressources, pour qu'ils fussent un modèle de soumission et de discipline.

70 Cette garde autour de sa personne et celle qu'alors il institua dans Babylone existent encore aujourd'hui sur le même modèle [2].

L'art de vivre du conquérant : noblesse oblige.

Étudiant le moyen d'assurer dans son intégralité le maintien de l'empire [3], en même temps que son extension, il réfléchit que ces mercenaires-là étaient peut-être plus valeureux que les hommes assujettis, mais surtout moins nombreux ; il comprenait que les braves qui, les dieux aidant, lui avaient apporté la victoire, devaient être maintenus dans la cohésion, et qu'il fallait s'assurer qu'ils ne relâchent pas la pratique de la vertu. **71** Afin de ne pas avoir l'air de leur donner des ordres, mais de les voir rester inébranlables et appliqués à la vertu

1. A côté des mesures prises pour prévenir un attentat contre le chef de l'État, Cyrus crée un corps de policiers, gardiens de la paix.
2. Pas seulement du temps de Xénophon ou dans Babylone.
3. L'empire tout entier, par opposition à la seule Babylone.

τίνας τῶν ἄλλων ἂν πιστοτάτους περὶ τὸ βασίλειον φύλακας λάβοι. **67** Εἰδὼς οὖν Πέρσας τοὺς οἴκοι κακοβιωτάτους μὲν ὄντας διὰ πενίαν, ἐπιπονώτατα δὲ ζῶντας διὰ τὴν τῆς χώρας τραχύτητα καὶ διὰ τὸ αὐτουργοὺς εἶναι, τούτους ἐνόμισε μάλιστ' ἂν ἀγαπᾶν τὴν παρ' ἑαυτῷ δίαιταν. **68** Λαμβάνει οὖν τούτων μυρίους δορυφόρους, οἳ κύκλῳ μὲν νυκτὸς καὶ ἡμέρας ἐφύλαττον περὶ τὰ βασίλεια, ὁπότε ἔσω ῥαΐσειεν· ὁπότε δὲ ἐξίοι ποι, ἔνθεν καὶ ἔνθεν τεταγμένοι ἐπορεύοντο. **69** Νομίσας δὲ καὶ Βαβυλῶνος ὅλης φύλακας δεῖν εἶναι ἱκανούς, εἴτ' ἐπιδημῶν αὐτὸς τυγχάνοι εἴτε καὶ ἀποδημῶν, κατέστησε καὶ ἐν Βαβυλῶνι φρουροὺς ἱκανούς. Μισθὸν δὲ καὶ τούτοις Βαβυλωνίους ἔταξε παρέχειν, βουλόμενος αὐτοὺς ὡς ἀμηχανωτάτους εἶναι, ὅπως ὅτι ταπεινότατοι καὶ εὐκαθεκτότατοι εἶεν.

70 Αὕτη μὲν δὴ ἡ περὶ αὐτόν τε φυλακὴ καὶ ἡ ἐν Βαβυλῶνι τότε κατασταθεῖσα καὶ νῦν ἔτι οὕτως ἔχουσα διαμένει.

Σκοπῶν δ' ὅπως ἂν καὶ ἡ πᾶσα ἀρχὴ κατέχοιτο καὶ ἄλλη ἔτι προσγίγνοιτο, ἡγήσατο τοὺς μισθοφόρους τούτους οὐ τοσοῦτον βελτίονας τῶν ὑπηκόων εἶναι ὅσον ἐλάττονας· τοὺς δὲ ἀγαθοὺς ἄνδρας ἐγίγνωσκε συνεκτέον εἶναι, οἵπερ σὺν τοῖς θεοῖς τὸ κρατεῖν παρέσχον, καὶ ἐπιμελητέον ὅπως μὴ ἀνήσουσι τὴν τῆς ἀρετῆς ἄσκησιν. **71** Ὅπως δὲ μὴ ἐπιτάττειν αὐτοῖς δοκοίη, ἀλλὰ γνόντες καὶ αὐτοὶ ταῦτα ἄριστα εἶναι οὕτως ἐμμένοιέν τε καὶ ἐπιμελοῖντο τῆς ἀρετῆς, συνέλεξε τούς

V **66** 3 ἂν πιστοτάτους z : αὖ πιστοτάτους ἂν y ‖ **67** 1 post οἴκοι add. μὲν W ‖ 5 ἑαυτῷ VHA : αὑτῷ G αὐτῷ y ‖ **68** 2 ante νυκτὸς add. καὶ y ‖ 3 ἔσω ῥαΐσειεν z : ἐπὶ χώρας εἴη y ‖ 4 ποι coni. Schneider : που codd. ‖ **69** 2 εἶναι ἱκανούς z : ἱκανοὺς εἶναι y ‖ **70** 1 pr. ἡ om. z ‖ 2 κατασταθεῖσα yV² : κατασχεθεῖσα z ‖ 4 δ' y : δ' ἂν z ‖ 5 post τοὺς add. μὲν y ‖ 9 μὴ ἀνήσουσιν Muretus : μηνύσωσιν codd. ‖ **71** 2 οὕτως ἐμμένοιέν WD : οὕτω[-ς V] συμμένοιέν zF.

pour avoir compris d'eux-mêmes que c'était la bonne voie, il convoqua les Pairs [1] et tous les principaux chefs, avec ceux qui lui semblaient les meilleurs compagnons des épreuves et des moments heureux. **72** Une fois rassemblés, il leur parla ainsi :

« Messieurs nos amis et alliés, grâces soient rendues aux dieux qui nous ont donné d'obtenir ce que nous jugions mériter. Maintenant nous avons une terre abondante et fertile [2], des hommes pour nous nourrir en la cultivant ; nous avons aussi des maisons, et du mobilier dedans [3]. **73** Que personne surtout d'entre vous n'imagine qu'il possède là le bien d'autrui ; car il est une coutume immémoriale qu'une ville prise en temps de guerre appartient à ceux qui l'ont prise, habitants inclus, corps et biens. Ce n'est donc pas sans droit que vous garderez vos possessions, et tout ce que vous les laissez conserver, c'est par bonté pure que vous ne leur enlèverez pas.

74 Pour l'avenir, cependant, je me dis que, si nous devons adopter l'existence facile et la jouissance de vie des lâches qui trouvent dans l'effort un malheur et un bonheur dans la vie sans effort, nous ne tarderons pas, je le déclare, à nous dégoûter nous-mêmes, nous ne tarderons pas à nous voir privés de toutes nos belles possessions. **75** Car il ne suffit certainement pas de s'être conduits en braves pour continuer à l'être [4], si l'on ne cultive pas la bravoure jusqu'au bout ; mais de même que tous les arts, faute d'être pratiqués, perdent leur sens, et même que les corps bien portants, quand on les

1. Voir la notice, t. I, p. xv, avec la note 4, et p. 33, note 2.

2. Hérodote, I, 193, admirait déjà la fertilité de l'Assyrie, due à son système d'irrigation ; les céréales, dit-il, ont un rendement de deux ou trois cents pour un, et il décrit la production du sésame et des palmiers. Xénophon connaît le vin de palmier, mais les suites de la bataille de Cunaxa avaient valu la disette aux Dix-mille.

3. L'allusion aux maisons et au mobilier prend tout son sens pour des soldats qui viennent de vivre de longs mois, même en hiver, sous la tente.

4. Cette idée que l'homme est incapable de persévérer dans le bien vient de Simonide, comme le montre Socrate dans le *Protagoras*, 344 b-c.

τε ὁμοτίμους καὶ πάντας ὁπόσοι ἐπικαίριοι ἦσαν καὶ ἀξιοχρεώτατοι ἐδόκουν αὐτῷ κοινωνοὶ εἶναι καὶ πόνων καὶ ἀγαθῶν. **72** Ἐπεὶ δὲ συνῆλθον, ἔλεξε τοιάδε·

Ἄνδρες φίλοι καὶ σύμμαχοι, τοῖς μὲν θεοῖς μεγίστη χάρις ὅτι ἔδοσαν ἡμῖν τυχεῖν ὧν ἐνομίζομεν ἄξιοι εἶναι. Νῦν γὰρ δὴ ἔχομεν καὶ γῆν πολλὴν καὶ ἀγαθὴν καὶ οἵτινες ταύτην ἐργαζόμενοι θρέψουσιν ἡμᾶς· ἔχομεν δὲ καὶ οἰκίας καὶ ἐν ταύταις κατασκευάς. **73** Καὶ μηδείς γε ὑμῶν ἔχων ταῦτα νομισάτω ἀλλότρια ἔχειν· νόμος γὰρ ἐν πᾶσιν ἀνθρώποις ἀίδιός ἐστιν, ὅταν πολεμούντων πόλις ἁλῷ, τῶν ἑλόντων εἶναι καὶ τὰ σώματα τῶν ἐν τῇ πόλει καὶ τὰ χρήματα. Οὔκουν ἀδικίᾳ γε ἕξετε ὅ τι ἂν ἔχητε, ἀλλὰ φιλανθρωπίᾳ οὐκ ἀφαιρήσεσθε, ἤν τι ἐᾶτε ἔχειν αὐτούς.

74 Τὸ μέντοι ἐκ τοῦδε οὕτως ἐγὼ γιγνώσκω ὅτι εἰ μὲν τρεψόμεθα ἐπὶ ῥᾳδιουργίαν καὶ τὴν τῶν κακῶν ἀνθρώπων ἡδυπάθειαν, οἳ νομίζουσι τὸ μὲν πονεῖν ἀθλιότητα, τὸ δὲ ἀπόνως βιοτεύειν εὐδαιμονίαν, ταχὺ ἡμᾶς φημι ὀλίγου ἀξίους ἡμῖν αὐτοῖς ἔσεσθαι καὶ ταχὺ πάντων τῶν ἀγαθῶν στερήσεσθαι. **75** Οὐ γάρ τοι τὸ ἀγαθοὺς ἄνδρας γενέσθαι τοῦτο ἀρκεῖ ὥστε καὶ διατελεῖν, ἢν μή τις αὐτοῦ διὰ τέλους ἐπιμελῆται· ἀλλ᾽ ὥσπερ καὶ αἱ ἄλλαι τέχναι ἀμεληθεῖσαι μείονος ἄξιαι γίγνονται καὶ τὰ σώματά γε τὰ εὖ ἔχοντα, ὁπόταν τις αὐτὰ ἀνῇ

V **71** 5 ἐδόκουν αὐτῷ z : αὐτῷ ἐδόκουν y ‖ **72** 3 ἔδοσαν ἡμῖν z : ἡμῖν ἔδοσαν y ‖ 4 post νῦν add. μὲν z ‖ **73** 2 ἀλλότρια yV² ut uid. : -τρίαν z ‖ 5 τῶν yV² yt uid. : om. z ‖ 5 οὔκουν z : οὐκοῦν οὐκ DF οὐκ οὖν οὐκ W ‖ 6 φιλανθρωπίᾳ zDF : -πίαν W ‖ ἀφαιρήσεσθε zDF : ἀφαιρεθήσεσθε xW ‖ 7 ἢν z : ἂν F ἐὰν WD ‖ post τι add. ἔχειν W praua iteratione ‖ **74** 1 post τοῦδε add. γιγνώσκω W praua iteratione ‖ 3 ἀθλιότητα y : ἀθλιώτατον z ‖ 4 εὐδαιμονίαν Wecklein e Plat., *Theaet.*, 175 c : ἡδυπάθειαν codd. an ἡδυπαθεῖν? ‖ 5 ἡμῖν αὐτοῖς z : αὐτοῖς ἡμῖν W ἡμῖν αὐτοῖς DF ‖ **75** 1 τοι AG : τι VH om. y ‖ 2 post διατελεῖν add. ὄντας ἀγαθούς yV² mg. ‖ 3 ἐπιμελῆται WDVH : ἐπιμέληται F ἐπιμελεῖται AG ‖ 4 αἱ om. y G ‖ 5 alt. τὰ y : αὐτὰ z αὖ τὰ coni. Fischer ‖ ἀνῇ yDF : ἀνίῃ W.

livre à la mollesse, recouvrent une piteuse condition, de même le gouvernement des passions, la maîtrise de soi, l'énergie, lorsqu'on en laisse aller la pratique, retournent alors à la lâcheté. **76** Il ne faut donc pas abandonner la persistance dans l'exercice, ni se livrer au plaisir du moment. Car si c'est, à mon sens, un exploit d'avoir gagné un empire, c'en est un autre, supérieur, que de le conserver une fois gagné[1]. Souvent un coup d'audace permet de prendre, mais garder quand on a pris n'est plus faisable sans gouvernement des passions, sans maîtrise de soi, sans persistance dans l'application. **77** Voilà ce que nous devons comprendre pour pratiquer maintenant la vertu beaucoup plus qu'avant d'avoir pris ces belles possessions, en sachant bien que plus on possède, plus on excite l'envie, les complots, l'hostilité, surtout lorsque, comme dans notre cas, on ne tient d'une offre spontanée ni les services ni les biens. Alors il faut croire que les dieux seront avec nous : car loin d'être coupables d'une agression délibérée, ce sont des agressions contre nous qui ont voulu notre vengeance. **78** Mais maintenant nous devons nous disposer à ce qui est capital après la faveur des dieux, la volonté d'exercer notre commandement en valant mieux que les peuples commandés[2]. Avec nos esclaves eux-mêmes il faut bien partager le chaud, le froid, la nourriture, la boisson, le travail, le sommeil ; mais dans le partage nous devons tâcher d'abord de montrer des aptitudes supérieures. **79** Inversement, de la science de la guerre et de sa pratique il ne faut donner aucune part[3] à ceux-là dont nous voulons faire nos cultivateurs et nos tributaires, mais nous devons garder notre supériorité

1. Encore une observation de sagesse, toujours actuelle et toujours oubliée.

2. C'est le principe, sage encore, qui consiste à savoir dominer sa victoire, une fois qu'on a obéi au précepte « Aide-toi, le ciel t'aidera. »

3. Dans la *Rép. Lac.*, XII, 4, on voit qu'à Sparte il n'était pas permis aux esclaves de porter des armes, défense due sans doute à la crainte des hilotes. Mais comme le mot ἐργάτης désigne les cultivateurs (cf. *Cyrop.*, I, 6, 11 ; V, 4, 24 ; 28), Xénophon veut plutôt dire qu'il faut dispenser ceux qui travaillent la terre du service militaire et les préserver de la guerre.

ἐπὶ ῥᾳδιουργίαν, πονήρως πάλιν ἔχει, οὕτω καὶ ἡ σωφροσύνη καὶ ἡ ἐγκράτεια καὶ ἡ ἀλκή, ὁπόταν τις αὐτῶν ἀνῇ τὴν ἄσκησιν, ἐκ τούτου εἰς τὴν πονηρίαν πάλιν τρέπεται. **76** Οὔκουν δεῖ ἀμελεῖν οὐδ' ἐπὶ τὸ αὐτίκα ἡδὺ προϊέναι αὐτούς. Μέγα μὲν γὰρ οἶμαι ἔργον καὶ τὸ ἀρχὴν καταπρᾶξαι, πολὺ δ' ἔτι μεῖζον τὸ λαβόντα διασώσασθαι. Τὸ μὲν γὰρ λαβεῖν πολλάκις τῷ τόλμαν μόνον παρασχομένῳ ἐγένετο, τὸ δὲ λαβόντα κατέχειν οὐκέτι τοῦτο ἄνευ σωφροσύνης οὐδ' ἄνευ ἐγκρατείας οὐδ' ἄνευ πολλῆς ἐπιμελείας γίγνεται. **77** Ἃ χρὴ γιγνώσκοντας νῦν πολὺ μᾶλλον ἀσκεῖν τὴν ἀρετὴν ἢ πρὶν τάδε τἀγαθὰ κτήσασθαι, εὖ εἰδότας ὅτι ὅταν πλεῖστά τις ἔχῃ, τότε πλεῖστοι καὶ φθονοῦσι καὶ ἐπιβουλεύουσι καὶ πολέμιοι γίγνονται, ἄλλως τε κἂν παρ' ἀκόντων τά τε κτήματα καὶ τὴν θεραπείαν ὥσπερ ἡμεῖς ἔχῃ. Τοὺς μὲν οὖν θεοὺς οἴεσθαι χρὴ σὺν ἡμῖν ἔσεσθαι· οὐ γὰρ ἐπιβουλεύσαντες ἀδίκως ἔχομεν, ἀλλ' ἐπιβουλευθέντες ἐτιμωρησάμεθα. **78** Τὸ μέντοι μετὰ τοῦτο κράτιστον ἡμῖν αὐτοῖς παρασκευαστέον· τοῦτο δ' ἐστὶ τὸ βελτίονας ὄντας τῶν ἀρχομένων ἄρχειν ἀξιοῦν. Θάλπους μὲν οὖν καὶ ψύχους καὶ σίτων καὶ ποτῶν καὶ πόνων καὶ ὕπνου ἀνάγκη καὶ τοῖς δούλοις μεταδιδόναι· μεταδιδόντας γε μέντοι πειρᾶσθαι δεῖ ἐν τούτοις πρῶτον βελτίονας αὐτῶν φαίνεσθαι. **79** Πολεμικῆς δ' ἐπιστήμης καὶ μελέτης παντάπασιν οὐ μεταδοτέον τούτοις, οὕστινας ἐργάτας τε ἡμετέρους καὶ δασμοφόρους βουλόμεθα καταστήσασθαι, ἀλλ' αὐτοὺς δεῖ τούτοις τοῖς

V 75 6 ῥᾳδιουργίαν yV ut uid. : -γία HAG ‖ 8 alt. τὴν om. y ‖ 76 1 ἀμελεῖν yV[2] : μέλειν HG μέλει VH[2]A ‖ 2 αὐτούς V[2] : αὐτοὺς yVHA om. G ‖ οἶμαι ἔργον z : οἶμαι ἔργον εἶναι WD ἔργον οἶμαι εἶναι F ‖ 3 ἀρχὴν z : ἃ χρῆν F ἔχειν WD ‖ 7 γίγνεται zDF : γίγνεσθαι W ‖ 77 2 γιγνώσκοντας yA : -οντα VHG ‖ 3 post ὅταν add. τις W praua iteratione ‖ 4 post πλεῖστοι add. τούτῳ y ‖ 8 post ἀδίκως add. ταῦτ' y ‖ 78 1 τοῦτο zDF : τὸ W ‖ 2 ἡμῖν yV[2] : om. z ‖ 7 αὐτῶν yVH[2]AG : ἑαυτῶν H ‖ 79 3 τε om. z ‖ 4 αὐτοὺς z : αὐτοῖς y ‖ τοῖς om. y.

dans cette préparation en comprenant que les dieux l'ont révélée aux hommes comme l'instrument du bonheur et de la liberté ; de même que nous leur avons supprimé les armes, il faut que nous ne soyons, nous, jamais désarmés, en sachant bien que tenir toujours ses armes sous la main c'est posséder l'objet de ses désirs.

80 Si quelqu'un se fait une question de ce genre 'A quoi bon l'accomplissement de nos souhaits, s'il nous faut encore supporter les épreuves de la faim, de la soif, de la peine et du soin ?' qu'il retienne cette leçon : c'est que les belles possessions ont d'autant plus de charme qu'elles ont coûté plus de peine avant de les atteindre. Car la peine est un stimulant pour les hommes de cœur[1] ; le menu le plus somptueux reste sans saveur s'il ne satisfait pas un appétit. **81** Si la vie la plus recherchée du monde, que le concours de la divinité nous a ménagée, doit accorder sa pleine saveur seulement à qui aura su par soi-même se la ménager à cet effet, un homme de la sorte trouvera un avantage d'autant plus grand dans une existence si pourvue que la faim lui offrira le meilleur assaisonnement à sa nourriture, la soif le meilleur bouquet à son vin, le besoin de repos le meilleur lit à son repos.
82 C'est la raison pour laquelle nous devons, je l'affirme, nous raidir à l'honneur si nous voulons jouir de nos belles possessions de la façon la plus belle et la plus savoureuse et nous préserver de l'expérience de la plus dure des calamités : ne pas prendre de belles possessions coûte moins qu'il n'afflige d'être privé quand on a pris[2].

1. Xénophon, comme on le constate partout, est apôtre de la doctrine du πόνος, notion qui désigne à la fois l'effort, la peine, la fatigue. Sur l'image, voir I, 5, 12. Quant au sens, il se peut que τοῖς ἀγαθοῖς soit un neutre. En ce cas il faut comprendre que « la peine est un condiment pour les bonnes choses ».

2. La même idée est, dans Hérodote, I, 32, exprimée par Solon à l'adresse de Crésus. Elle est reprise par Thucydide, II, 44, 2, dans l'oraison funèbre prononcée par Périclès : « Ce qui fait souffrir n'est pas la privation des biens dont on n'a pas tâté, mais la suppression de ceux dont on a pris l'habitude. »

ἀσκήμασι πλεονεκτεῖν, γιγνώσκοντας ὅτι ἐλευθερίας ταῦτα ὄργανα καὶ εὐδαιμονίας οἱ θεοὶ τοῖς ἀνθρώποις ἀπέδειξαν· καὶ ὥσπερ γε ἐκείνους τὰ ὅπλα ἀφῃρήμεθα, οὕτως ἡμᾶς αὐτοὺς δεῖ μήποτ' ἐρήμους ὅπλων γίγνεσθαι, εὖ εἰδότας ὅτι τοῖς ἀεὶ ἐγγυτάτω τῶν ὅπλων οὖσι τούτοις καὶ οἰκειότατά ἐστιν ἃ ἂν βούλωνται.

80 Εἰ δέ τις τοιαῦτα ἐννοεῖται, τί δῆτα ἡμῖν ὄφελος καταπρᾶξαι ἃ ἐπεθυμοῦμεν, εἰ ἔτι δεήσει καρτερεῖν καὶ πεινῶντας καὶ διψῶντας καὶ πονοῦντας καὶ ἐπιμελουμένους, ἐκεῖνο δεῖ καταμαθεῖν ὅτι τοσούτῳ τἀγαθὰ μᾶλλον εὐφραίνει ὅσῳ ἂν μᾶλλον προπονήσας τις ἐπ' αὐτὰ ἴῃ. Οἱ γὰρ πόνοι ὄψον τοῖς ἀγαθοῖς· ἄνευ δὲ τοῦ δεόμενον τυγχάνειν τινὸς οὐδὲν οὕτω πολυτελῶς παρασκευασθείη ἂν ὥσθ' ἡδὺ εἶναι. **81** Εἰ δὲ ὧν μὲν μάλιστα ἄνθρωποι ἐπιθυμοῦσιν ὁ δαίμων ἡμῖν ταῦτα συμπαρεσκεύακεν, ὡς δ' ἂν ἥδιστα ὄντα φαίνοιτο αὐτός τις αὑτῷ ταῦτα παρασκευάσει, ὁ τοιοῦτος ἀνὴρ τοσούτῳ πλεονεκτήσει τῶν ἐνδεεστέρων βίου ὡς πεινήσας τῶν ἡδίστων σίτων τεύξεται καὶ διψήσας τῶν ἡδίστων ποτῶν ἀπολαύσεται καὶ δεηθεὶς ἀναπαύσεως ἥδιστον ἀναπαύσεται. **82** Ὧν ἕνεκά φημι χρῆναι νῦν ἐπιταθῆναι ἡμᾶς εἰς ἀνδραγαθίαν, ὅπως τῶν τε ἀγαθῶν ᾗ ἄριστον καὶ ἥδιστον ἀπολαύσωμεν καὶ ὅπως τοῦ πάντων χαλεπωτάτου ἄπειροι γενώμεθα· οὐ γὰρ τὸ μὴ λαβεῖν τἀγαθὰ οὕτω χαλεπὸν ὥσπερ τὸ λαβόντα στερηθῆναι λυπηρόν.

V 79 9 τούτοις zDF : τούτῳ W || 10 ἃ ἂν yHAG : ἃ V ὅταν coni. Pantazides || βούλωνται yHAG : βούλονται V || 80 2 εἰ ἔτι z : εἴς τι WD ἤ τί F || 6 ἴῃ V² : εἴη y ἀπίοι z || δεόμενον z : -μένου WD -μένους F || 81 3 ὄντα ego : ταῦτα codd. || 4 αὑτῷ DV² : αὐτῷ zWF || ταῦτα codd. : del. Bronn || 5 ὡς z : ὅσῳ WD ὡς ὁ F || 7 ἀναπαύσεως ἥδιστον z : ἀναπαύσασθαι ὡς ἥδιστον W ἀναπαύσασθαι ὡς ἥδιστόν ἐστιν D ἀναπαύεσθαι ὡς ἥδιστόν ἐστιν F ἀναπαύσεως ὡς ἥδιστον coni. Hertlein ἀναπαύσεως ᾗ ἥδιστον Marchant || 82 ⁴ ᾗ zDF : εἴη W || 5 post οὕτω add. γε z || ὥσπερ z : ὡς y.

83 Demandez-vous aussi quelle raison nous aurions pour nous permettre de perdre notre valeur passée. Est-ce à cause de l'autorité conquise? Mais il n'est pas convenable, j'imagine, qu'un chef dépasse en méchanceté les sujets. Ou parce que nous croyons être plus fortunés qu'auparavant? Mais alors dira-t-on que la méchanceté va de pair encore[1] avec la fortune? Ou parce que, maintenant que nous avons des esclaves, nous les châtierons s'ils sont méchants? **84** Est-il convenable, quand on est méchant soi-même, de châtier chez d'autres méchanceté ou paresse?

Réfléchissez encore à ceci, que nos dispositions sont prises en vue d'entretenir un grand nombre d'hommes pour garder nos maisons et nos corps. Ne serait-ce pas une honte de croire qu'il nous faut tenir notre sûreté des autres, des lanciers, quand nous ne devons pas nous-mêmes tenir la lance? De fait, il faut bien savoir qu'il n'est pas de meilleure garde que le courage de l'homme : voilà l'escorte à choisir[2]. L'homme qui va sans vertu s'attire normalement le reste des calamités.

85 Alors, quelle conduite dois-je conseiller, dans quel domaine s'entraîner à la vertu, dans quel domaine la pratiquer? Je ne désire rien de nouveau, mes amis, sinon que, comme en Perse les Pairs passent leur temps dans leur résidence officielle, de même, je le déclare, nous qui sommes ici les Pairs devons adopter exactement la

1. La faute ici prêtée aux manuscrits — interversion de lettres entre deux mots successifs — est d'un type courant. Cyrus vise le jeune roi, dernier souverain de Babylone, « l'Assyrien » dont Xénophon a raconté les violences, IV, 6, 3-5 ; V, 2, 28 ; 4, 1 ; VI, 1, 45, tué par Gadatas et Gobryas lors de la prise de Babylone, VII, 5, 29-30, et ses défauts ont été plus d'une fois soulignés, V, 2, 27 ; 3, 6 ; 4, 35 ; VII, 5, 32. Bref, à sa fortune de souverain il associait la méchanceté depuis son accession au trône en IV, 6, 2. Une telle alliance n'est plus possible aujourd'hui.

2. Xénophon aime à personnifier les idées abstraites, pour faire image ; voir VIII, 7, 7, ou encore par exemple, *Chasse*, XII, 21 ; *Comm. Cav.*, V, 14 ; Cambyse emploie le même verbe συμπαρομαρτεῖν en I, 6, 24.

83 Ἐννοήσατε δὲ κἀκεῖνο τίνα πρόφασιν ἔχοντες ἂν προσιοίμεθα κακίονες ἢ πρόσθεν γενέσθαι. Πότερον ὅτι ἄρχομεν; Ἀλλ' οὐ δήπου τὸν ἄρχοντα τῶν ἀρχομένων πονηρότερον προσήκει εἶναι. Ἀλλ' ὅτι εὐδαιμονέστεροι δοκοῦμεν νῦν ἢ πρότερον εἶναι; Ἔπειτα τῇ εὐδαιμονίᾳ φήσει τις τὴν κακίαν ἔτι πρέπειν; Ἀλλ' ὅτι ἐπεὶ κεκτήμεθα δούλους, τούτους κολάσομεν, ἢν πονηροὶ ὦσι; **84** Καὶ τί προσήκει αὐτὸν ὄντα πονηρὸν πονηρίας ἕνεκα ἢ βλακείας ἄλλους κολάζειν;

Ἐννοεῖτε δὲ καὶ τοῦτο ὅτι τρέφειν μὲν παρεσκευάσμεθα πολλοὺς καὶ τῶν ἡμετέρων οἴκων φύλακας καὶ τῶν σωμάτων. Αἰσχρὸν δὲ πῶς οὐκ ἂν εἴη, εἰ δι' ἄλλους μὲν δορυφόρους τῆς σωτηρίας οἰησόμεθα χρῆναι τυγχάνειν, αὐτοὶ δὲ ἡμῖν αὐτοῖς οὐ δορυφορήσομεν; Καὶ μὴν εὖ γε δεῖ εἰδέναι ὅτι οὐκ ἔστιν ἄλλη φυλακὴ τοιαύτη οἵα αὐτόν τινα καλὸν κἀγαθὸν ὑπάρχειν · τοῦτο γὰρ δεῖ συμπαρομαρτεῖν. Τῷ δ' ἀρετῆς ἐρήμῳ οὐδὲ ἄλλο καλῶς ἔχειν οὐδὲν προσήκει.

85 Τί οὖν φημι χρῆναι ποιεῖν καὶ ποῦ τὴν ἀρετὴν ἀσκεῖν καὶ ποῦ τὴν μελέτην ποιεῖσθαι; Οὐδὲν καινόν, ὦ ἄνδρες, ἐρῶ · ἀλλ' ὥσπερ ἐν Πέρσαις ἐπὶ τοῖς ἀρχείοις οἱ ὁμότιμοι διάγουσιν, οὕτω καὶ ἡμᾶς φημι χρῆναι ἐνθάδε ὄντας τοὺς ὁμοτίμους πάντα ἅπερ κἀκεῖ ἐπιτηδεύειν, καὶ ὑμᾶς τε ἐμὲ ὁρῶντας κατανοεῖν παρόντας εἰ ἐπιμελόμενος ὧν δεῖ διάξω, ἐγώ τε ὑμᾶς κατανοῶν θεάσομαι, καὶ οὓς

V 83 2 προσιοίμεθα Schneider : προσιέμεθα z προειλώ[-ό-F]μεθα y ‖ 6 φήσει τις z : τίς φησι y ‖ ἔτι πρέπειν ego uide adn. : ἐπιτρέπειν W VHA ἐπιπρέπειν alii sec. Gemoll πρέπειν Hartman ‖ 7 ἐπεὶ κεκτήμεθα zDF : ἐπικεκλήμεθα W ‖ κολάσομεν WDV² : -σωμεν zF ‖ 84 2 ἢ z : καὶ y ‖ 3 δὲ z : δ' ἔτι y ‖ παρεσκευάσμεθα zWF : -εσκευασάμην D ‖ 4 τῶν ἡμετέρων οἴκων z : τῶν οἰκιῶν τῶν ἡμετέρων y ‖ 5 αἰσχρὸν y : αἴσχιον z ‖ δι' y : δὴ z ‖ 6 χρῆναι yV² : χρῆν z ‖ 8 γε y : τε z ‖ 10 ἄλλο z : ἄλλῳ y ‖ 11 post ἔχειν add. ᾧ W ‖ 85 1 ποῦ z : ποῖ y ‖ 4 ἡμᾶς WDHG : ὑμᾶς FVA ‖ 5 ὁμοτίμους yV² : ἐντίμους z ‖ πάντα Stephanus : πάντας codd. ‖ 6 τε yV² : γε z ‖ ἐμὲ yV : ἐμοὶ HAG ‖ εἰ om. W.

même conduite ici que là-bas, tandis que vous observerez attentivement, en le voyant, de votre place, si je remplis toujours mes devoirs, et que moi, du mien, par une observation attentive, je vous contemplerai, avec l'intention d'honorer ceux que je verrai pratiquer le beau et le bien. **86** Et puis, les enfants [1] que nous aurons, donnons-leur ici leur éducation [2] : car du même coup nous serons, nous, meilleurs, en voulant nous offrir aux enfants comme le meilleur des exemples, et les enfants, même s'ils le voulaient, auraient du mal à devenir méchants si non seulement ils ne voient ni n'entendent rien de laid, mais s'ils vivent au fil des jours dans la pratique du beau et du bien. »

1. L'idée fait écho au mot καιρούς du § 56 ci-dessus et prend discrètement sa suite.
2. La *Cyropédie* n'est plus l'éducation de Cyrus, comme au début de l'œuvre, mais devient l'éducation par Cyrus, qui achève sa tâche en transmettant le flambeau.

ἂν ὁρῶ τὰ καλὰ καὶ τἀγαθὰ ἐπιτηδεύοντας, τούτους τιμήσω. **86** Καὶ τοὺς παῖδας δέ, οἳ ἂν ἡμῶν γίγνωνται, ἐνθάδε παιδεύωμεν· αὐτοί τε γὰρ βελτίονες ἐσόμεθα, βουλόμενοι τοῖς παισὶν ὡς βέλτιστα παραδείγματα ἡμᾶς αὐτοὺς παρέχειν, οἵ τε παῖδες οὐδ' ἂν εἰ βούλοιντο ῥᾳδίως πονηροὶ γένοιντο, αἰσχρὸν μὲν μηδὲν μήτε ὁρῶντες μήτε ἀκούοντες, ἐν δὲ καλοῖς κἀγαθοῖς ἐπιτηδεύμασι διημερεύοντες.

V 85 8 ὁρῶ zDF : εὕρω W ‖ 86 1 δὲ z : om. y ‖ οἳ y : οἷς z ‖ ἡμῶν zDF : ὑμῶν W ‖ 2 παιδεύωμεν DV² ut uid. A : -ομεν WFVHG ‖ τε om. W ‖ 4 ἡμᾶς zDF : ὑμᾶς W ‖ 5 γένοιντο yVH : γίγνοιντο AG ‖ 7 post διημερεύοντες ante Κύρου παιδείας Η' prauum in antecessum ex VIII, ι, 1-2 add. Κῦρος — ὧδε WF.

LIVRE VIII

I

Chrysantas et la discipline Organisation de la cour.

1 Ainsi s'exprima Cyrus. Après lui se leva Chrysantas, qui parla en ces termes : « Eh ! bien, souvent déjà, Messieurs, en d'autres circonstances[1], j'ai remarqué qu'il n'y avait aucune différence entre un bon chef et un bon père : de même que les pères pourvoient à ce que jamais les enfants ne viennent à manquer d'aucun bien, de même il me semble que Cyrus nous indique là, dans ses conseils, le meilleur moyen pour nous de vivre dans la félicité ; le point, cependant, sur lequel sa démonstration me semblait pécher, je vais essayer de le montrer à quiconque l'ignore. **2** Demandez-vous quelle ville ennemie pourrait être prise par des soldats qui n'obéiraient pas, quelle ville amie pourrait avoir sa garde assurée par des soldats qui n'obéiraient pas, quelle armée sans discipline remporterait la victoire. Y a-t-il un meilleur moyen d'échouer dans les batailles que de se mettre chacun pour soi à songer à son propre salut ? Y a-t-il ailleurs un succès qui puisse être obtenu par des hommes qui n'obéiraient pas à leur supérieur ? Quelles cités seraient gouvernées selon la loi, quels domaines familiaux préservés, quels navires en état d'arriver à bon port* ? **3** Et nous, nos belles possessions, par quel moyen les avons-nous

1. Chrysantas se donne le temps de tourner sa langue dans sa bouche en commençant son discours, outre le « Messieurs », par six mots invariables à la suite. Il lui est difficile d'aborder le problème de la discipline, une fois le danger passé. Peut-être aussi veut-il rappeler discrètement à Cyrus, dans un autre domaine, ce qu'il lui a suggéré en VII, 5, 56, c'est-à-dire de songer à donner un héritier à l'empire.

ΚΥΡΟΥ ΠΑΙΔΕΙΑ Η′

I

1 Κῦρος μὲν οὖν οὕτως εἶπεν· ἀνέστη δ' ἐπ' αὐτῷ Χρυσάντας καὶ εἶπεν ὧδε· Ἀλλὰ πολλάκις μὲν δή, ὦ ἄνδρες, καὶ ἄλλοτε κατενόησα ὅτι ἄρχων ἀγαθὸς οὐδὲν διαφέρει πατρὸς ἀγαθοῦ· οἵ τε γὰρ πατέρες προνοοῦσι τῶν παίδων ὅπως μήποτε αὐτοὺς τἀγαθὰ ἐπιλείψει, Κῦρός τέ μοι δοκεῖ νῦν συμβουλεύειν ἡμῖν ἀφ' ὧν μάλιστ' ἂν εὐδαιμονοῦντες διατελοῖμεν· ὃ δέ μοι δοκεῖ ἐνδεέστερον ἢ ὡς ἐχρῆν δηλῶσαι, τοῦτο ἐγὼ πειράσομαι τοὺς μὴ εἰδότας διδάξαι. **2** Ἐννοήσατε γὰρ δὴ τίς ἂν πόλις πολεμία ὑπὸ μὴ πειθομένων ἁλοίη, τίς δ' ἂν φιλία ὑπὸ μὴ πειθομένων διαφυλαχθείη, ποῖον δ' ἂν ἀπειθούντων στράτευμα νίκης τύχοι. Πῶς δ' ἂν μᾶλλον ἐν μάχαις ἡττῷντο ἄνθρωποι ἢ ἐπειδὰν ἄρξωνται ἰδίᾳ ἕκαστος περὶ τῆς αὑτοῦ σωτηρίας βουλεύεσθαι; Τί δ' ἂν ἄλλο ἀγαθὸν τελεσθείη ὑπὸ μὴ πειθομένων τοῖς κρείττοσι; Ποῖαι δὲ πόλεις νομίμως ἂν οἰκήσειαν ἢ ποῖοι οἶκοι σωθείησαν, πῶς δ' ἂν νῆες ὅποι δεῖ ἀφίκοιντο; **3** Ἡμεῖς δὲ ἃ νῦν ἀγαθὰ ἔχομεν διὰ τί ἄλλο μᾶλλον κατεπράξαμεν ἢ διὰ τὸ πείθεσθαι τῷ ἄρχοντι; Διὰ τοῦτο

I 1 1 οὖν om. WDA ‖ 5 ἐπιλείψει FV²H ut uid. : -λείψῃ y VH²AG ‖ 7 μάλιστ' ἂν z : ἂν μάλιστα y ‖ 8 ἐχρῆν z : χρὴ y ‖ 2 1 δὴ z : ἔφη y ‖ 4 δ' ἂν μᾶλλον ἐν μάχαις ἡττῷντο z : δ' ἄλλως μᾶλλον ἡττῶνται ἐν μάχαις y ‖ 5 ἢ yV² : om. z ‖ ἐπειδὰν zDF : ἐπεὶ δ' ἂν W ‖ 6 αὑτοῦ FV²mg. : om. zWD ‖ 7 ἂν zDF : om. W ‖ 8 τοῖς κρείττοσι yV² : om. z ‖ ποῖαι yV² mg. HAG : om. V ‖ 9 ἢ ποῖοι z : ποῖοι δ' y ‖ δεῖ zDF : δὴ W ‖ ἀφίκοιντο yV²HAG : ἀφίκοντο V ‖ 3 1 ἀγαθὰ ἔχομεν z : ἔχομεν ἀγαθὰ y.

acquises sinon par l'obéissance à notre chef? Par elle, la nuit comme le jour, nous nous trouvions sans retard à l'endroit prévu, serrés derrière le chef nous étions irrésistibles, et des missions reçues nous n'en laissions aucune à demi accomplie. Dès lors, si l'obéissance[1] apparaît comme la condition souveraine pour réussir dans les entreprises, alors sachez bien qu'elle est aussi la condition souveraine pour conserver le nécessaire. **4** Auparavant, beaucoup d'entre nous, sans commander à personne, recevaient des ordres ; maintenant nous voilà, tous ici présents, dans une situation telle que vous commandez, selon le cas, à plus ou moins d'hommes. De même, dès lors, que vous avez la prétention de donner des ordres à vos subordonnés, de même, obéissons, nous aussi, à ceux qu'exige le devoir ; mais il doit y avoir cette simple différence avec les esclaves que, si les esclaves servent leur maître malgré eux, nous, qui avons la prétention d'être libres, nous fassions spontanément ce qui paraît passer avant tout. Vous trouverez que, même là où le gouvernement d'une cité n'est pas une monarchie[2], c'est celle où l'on accepte la plus grande soumission à l'autorité qui est le moins contrainte à subir la sujétion de l'ennemi. **5** En conséquence, soyez présents, comme nous y invite Cyrus, à ce palais du gouvernement[3], pratiquons les vertus qui nous permettent au mieux de garder le nécessaire, mettons-nous, dans la mesure de ses besoins, à la disposition de Cyrus. Il faut parfaitement savoir que jamais Cyrus ne pourra disposer de nous pour son bien sans que ce soit pour le nôtre, puisque nos intérêts sont les mêmes et nos ennemis les mêmes. »

6 Quand Chrysantas eut dit cela, beaucoup d'autres des amis de Cyrus, Perses et aussi alliés, se levèrent pour

1. L'expression de Chrysantas rappelle celle d'Étéocle dans les *Sept contre Thèbes*, 224, sur la πειθαρχία, « mère du succès ».
2. Coup de patte à Athènes, sans être un coup de chapeau à Sparte.
3. Chrysantas doit désigner ce palais du doigt. Ailleurs le mot ἀρχεῖον est dit des résidences officielles des hauts fonctionnaires : VII, 5, 35 ; 85 ; VIII, 5, 17.

γὰρ καὶ νυκτὸς καὶ ἡμέρας ταχὺ μὲν ὅποι ἔδει παρεγιγνόμεθα, ἀθρόοι δὲ τῷ ἄρχοντι ἑπόμενοι ἀνυπόστατοι ἦμεν, τῶν δ' ἐπιταχθέντων οὐδὲν ἡμιτελὲς κατελείπομεν. Εἰ τοίνυν μέγιστον ἀγαθὸν τὸ πειθαρχεῖν φαίνεται εἰς τὸ καταπράττειν τἀγαθά, οὕτως εὖ ἴστε ὅτι τὸ αὐτὸ τοῦτο καὶ εἰς τὸ διασῴζειν ἃ δεῖ μέγιστον ἀγαθόν ἐστι. **4** Καὶ πρόσθεν μὲν δὴ πολλοὶ ἡμῶν ἦρχον μὲν οὐδενός, ἤρχοντο δέ· νῦν δὲ κατεσκεύασθε οὕτω πάντες οἱ παρόντες ὥστε ἄρχετε οἱ μὲν πλειόνων, οἱ δὲ μειόνων. Ὥσπερ τοίνυν αὐτοὶ ἀξιώσετε ἄρχειν τῶν ὑφ' ὑμῖν, οὕτω καὶ αὐτοὶ πειθώμεθα οἷς ἂν ἡμᾶς καθήκῃ· τοσοῦτον δὲ διαφέρειν δεῖ τῶν δούλων ὅσον οἱ μὲν δοῦλοι ἄκοντες τοῖς δεσπόταις ὑπηρετοῦσιν, ἡμᾶς δ', εἴπερ ἀξιοῦμεν ἐλεύθεροι εἶναι, ἑκόντας δεῖ ποιεῖν ὃ πλείστου ἄξιον φαίνεται εἶναι. Εὑρήσετε δ', ἔφη, καὶ ἔνθα ἄνευ μοναρχίας πόλις οἰκεῖται, τὴν μάλιστα τοῖς ἄρχουσιν ἐθέλουσαν πείθεσθαι ταύτην ἥκιστα τῶν πολεμίων ἀναγκαζομένην ὑπακούειν. **5** Παρῶμέν τε οὖν, ὥσπερ Κῦρος κελεύει, ἐπὶ τόδε τὸ ἀρχεῖον, ἀσκῶμέν τε δι' ὧν μάλιστα δυνησόμεθα κατέχειν ἃ δεῖ, παρέχωμέν τε ἡμᾶς αὐτοὺς χρῆσθαι Κύρῳ ὅ τι ἂν δέῃ. Καὶ τοῦτο γὰρ εὖ εἰδέναι χρὴ ὅτι οὐ μὴ δύνηται Κῦρος εὑρεῖν ὅ τι αὐτῷ μὲν ἐπ' ἀγαθῷ χρήσεται, ἡμῖν δὲ οὔ, ἐπείπερ τά γε αὐτὰ ἡμῖν συμφέρει καὶ οἱ αὐτοί εἰσιν ἡμῖν πολέμιοι.

6 Ἐπεὶ δὲ ταῦτα εἶπε Χρυσάντας, οὕτω δὴ καὶ φίλοι ἄλλοι ἀνίσταντο πολλοὶ καὶ Περσῶν καὶ τῶν ἄλλων

I **3** 3 ὅποι[-οι in ras. H] z : ὅπου y ‖ 5 κατελείπομεν V : κατελίπομεν FH corr. AG καταλείπομεν WD ‖ 7 οὕτως om. y ‖ τὸ αὐτὸ y : καὶ αὐτὸ VH αὐτὸ H²AG ‖ **4** 2 μὲν οὐδενὸς ἤρχοντο δέ y : οὐδενὸς δ' ἤρχομεν z ‖ 5 ὑφ' z : ἐφ' y ‖ post αὐτοὶ add. ἡμεῖς y ‖ 6 ἂν zF : αὖ WD ‖ ante ἡμᾶς add. καὶ y ‖ ἡμᾶς yG : ὑμᾶς VAH ‖ καθήκῃ V² : καθήκοι DH² καθήκει zWF ‖ 7 ante δεῖ add. ἡμᾶς y ‖ 9 ἄξιον φαίνεται z : φαίνεται ἄξιον y ‖ 10 εἶναι om. y ‖ **5** 2 τόδε zDF : τῷδε W ‖ 5 αὑτῷ DF V²G : αὐτῷ WVHA ‖ χρήσεται z : χρῆται y ‖ 6 γε om. y ‖ **6** 1 φίλοι ego : οἱ xyVHA om. G ‖ 2 ἄλλων om. z.

donner leur accord. Fut décidée pour les notables leur présence continuelle à la cour et leur mise à l'entière disposition de Cyrus, jusqu'à leur renvoi. Conformément à cette décision d'alors, les sujets du Roi se conduisent aujourd'hui encore de même dans toute l'Asie : ils restent de service à la cour des autorités*. **7** Et les mesures, que j'ai montrées dans mon récit*, instituées par Cyrus afin de conserver l'empire, pour lui et pour les Perses, les rois ses successeurs continuent aujourd'hui encore à les maintenir en usage sans changement. **8** Il en est sur ce point comme sur les autres : quand le responsable est bon, les usages sont respectés intégralement ; quand il est mauvais, ils le sont imparfaitement.

Nomination de hauts fonctionnaires. Le loisir et le commandement.

Les notables venaient donc fréquenter la cour, avec chevaux et javelines, selon la décision prise en commun par l'élite de ceux qui avaient aidé Cyrus à renverser l'empire. **9** Dans les autres domaines, il commissionna d'autres personnages, et il eut des receveurs des finances [1], des bailleurs [2] des largesses, des contrôleurs des travaux [3], des gardiens du patrimoine, des préposés aux approvisionnements de la table. Comme préposés aux chevaux et aux chiens*, il institua les hommes qu'il pensait capables de lui fournir le meilleur élevage pour son service. **10** Mais ceux qu'il jugeait nécessaire d'avoir pour les associer à la conservation de sa prospérité, il se garda de confier à personne le soin de les perfectionner : il jugeait que c'était son affaire. Il savait en effet que s'il fallait un

1. Xénophon est alors inquiet de la situation financière d'Athènes, une cité où les fermiers de l'impôt fraudent l'État ; voir *Revenus*, IV, 20.

2. Xénophon emploie volontiers les noms en -τηρ, ici ἀποδεκτήρ et δοτήρ, ailleurs γνωστήρ, θεραπευτήρ, ἐργαστήρ, ἐπιτακτήρ, etc. Depuis Homère le suffixe désigne l'agent d'une fonction, par opposition à -τωρ qui désigne l'auteur d'un acte, et Xénophon a le soin de distinguer exactement les deux catégories ; voir Benveniste, *Noms d'agent et noms d'action en indo-européen* (1948), p. 45 et suiv.

3. C'est-à-dire des travaux publics.

συμμάχων συνεροῦντες. Καὶ ἔδοξε τοὺς ἐντίμους ἀεὶ παρεῖναι ἐπὶ θύρας καὶ παρέχειν αὑτοὺς χρῆσθαι ὅ τι ἂν βούληται, ἕως ἀφείη Κῦρος. Ὡς δὲ τότε ἔδοξεν, οὕτω καὶ νῦν ἔτι ποιοῦσιν οἱ κατὰ τὴν Ἀσίαν ὑπὸ βασιλεῖ ὄντες, θεραπεύουσι τὰς τῶν ἀρχόντων θύρας. **7** Ὡς δ' ἐν τῷ λόγῳ δεδήλωται Κῦρος καταστησάμενος εἰς τὸ διαφυλάττειν ἑαυτῷ τε καὶ Πέρσαις τὴν ἀρχήν, ταὐτὰ καὶ οἱ μετ' ἐκεῖνον βασιλεῖς νόμιμα ἔτι καὶ νῦν διατελοῦσι ποιοῦντες. **8** Οὕτω δ' ἔχει καὶ ταῦτα ὥσπερ καὶ τἆλλα· ὅταν μὲν ὁ ἐπιστάτης βελτίων γένηται, καθαρώτερον τὰ νόμιμα πράττεται· ὅταν δὲ χείρων, φαυλότερον.

Ἐφοίτων μὲν οὖν ἐπὶ τὰς θύρας Κύρου οἱ ἔντιμοι σὺν τοῖς ἵπποις καὶ ταῖς αἰχμαῖς, συνδόξαν πᾶσι τοῖς ἀρίστοις τῶν συγκαταστρεψαμένων τὴν ἀρχήν. **9** Κῦρος δ' ἐπὶ μὲν τἆλλα καθίστη ἄλλους ἐπιμελητάς, καὶ ἦσαν αὐτῷ καὶ προσόδων ἀποδεκτῆρες καὶ δαπανημάτων δοτῆρες καὶ ἔργων ἐπιστάται καὶ κτημάτων φύλακες καὶ τῶν εἰς τὴν δίαιταν ἐπιτηδείων ἐπιμεληταί. Καὶ ἵππων δὲ καὶ κυνῶν ἐπιμελητὰς καθίστη οὓς ἐνόμιζε ταῦτα τὰ βοσκήματα βέλτιστ' ἂν παρέχειν ἑαυτῷ χρῆσθαι. **10** Οὓς δὲ συμφύλακας τῆς εὐδαιμονίας οἱ ᾤετο χρῆναι ἔχειν, τούτους ὅπως ὡς βέλτιστοι ἔσοιντο οὐκέτι τούτου τὴν ἐπιμέλειαν ἄλλοις προσέταττεν, ἀλλ' ἑαυτοῦ ἐνόμιζε τοῦτο ἔργον εἶναι. Ἤιδει γὰρ ὅτι, εἴ τι μάχης ποτὲ δεή-

I **6** 4 αὑτοὺς edd. : αὐτοὺς yz ‖ ὅ τι ἄν βούληται zW mg. m. rec. : om. WF ‖ 5 ἂν om. VHA ‖ ἀφείη z : ἂν ἀφίῃ y ‖ τότε G : τόδε VHA τοῦτο y ‖ 6 βασιλεῖ z : βασιλέα y ‖ **7** 3 ἑαυτῷ y : αὑτῷ V^2 ut uid. αὐτῷ z ‖ ταὐτὰ edd. : τὰ αὐτὰ y ταῦτα z ‖ 4 ante νόμιμα add. ὡς y ‖ **8** 1 δ' yV^2 mg. HAG : δὴ V ‖ ἔχει zDF : ἔχεται W ‖ 2 βελτίων yV^2G : βελτίω VHA ‖ 5 Κύρου post θύρας transp. y ‖ 6 τοῖς ἵπποις καὶ ταῖς αἰχμαῖς z : τ. α. κ. τ. ἵ. y ‖ **9** 6 ante ταῦτα add. καὶ z ‖ 7 ἑαυτῷ y : αὐτῷ z ‖ **10** 2 τῆς y VG : om. A del. H ‖ οἱ om. y ‖ 3 post ἔσοιντο add. αὐτὸς ἐσκόπει καὶ F αὐτῷ ἐσκόπει καὶ WD ‖ 4 ἑαυτοῦ y : αὑτοῦ V^2 ut uid. G αὐτοῦ HA ‖ 5 τι V^2HAG : τε y γε xV ut uid. ‖ μάχης yV^2 · μάχῃ z.

jour en découdre, c'est chez eux qu'il devrait prendre des hommes pour combattre à ses côtés et derrière lui, ceux-là précisément avec lesquels on affronte les plus grands dangers. Il se rendait compte aussi qu'il fallait prendre chez eux les hommes à nommer capitaines des fantassins et des cavaliers. **11** En outre, s'il y avait à commander des détachements loin de lui, il savait qu'il fallait prendre chez eux des chefs de la mission ; il savait encore que certains d'entre eux devaient lui fournir les surveillants et les satrapes de cités et de peuples entiers, et même des ambassadeurs, un choix qu'il estimait essentiel pour se procurer ce dont il avait besoin sans recourir aux armes. **12** Au cas où ne répondraient pas aux qualités requises les chargés des affaires les plus graves et les plus nombreuses, il estimait que son gouvernement irait mal. Mais il pensait que tout irait bien s'ils y répondaient. Cette idée le fit se plonger dans l'entreprise. Il jugeait que c'était en même temps pour lui un entraînement à la vertu ; car si l'on n'a pas soi-même pour son compte les qualités requises, il était selon lui impossible d'inciter d'autres hommes aux belles et bonnes actions.

13 Cette conclusion admise, il estima qu'il avait d'abord besoin de loisir[1], s'il voulait être en état de s'occuper des grands problèmes. Il trouvait impossible de négliger les revenus[2], prévoyant qu'un grand empire exigerait de grosses dépenses ; mais il savait d'un autre côté que le soin constant de ses immenses possessions lui enlèverait le loisir de s'occuper du salut général. **14** Alors, visant à la fois la bonne administration des affaires économiques et pour lui la possession du loisir, il prit certaines idées à l'organisation militaire : normalement

1. Ce développement sur le loisir a été prévu dès VII, 5, 42 et 52. L'insistance montre que Xénophon tient l'idée pour essentielle.

2. Πρόσοδοι est le titre du traité de Xénophon sur les *Revenus*, écrit en 355/354, c'est-à-dire trois ou quatre ans après la fin de la *Cyropédie*, et un ou deux ans avant sa mort. Dans ce traité, Xénophon reprend le problème financier amorcé précisément dans le présent passage (voir mon *Essai...*, p. 472), ce qui montre une fois de plus que les préoccupations qu'il prête à Cyrus sont souvent les siennes au sujet d'Athènes.

σοι, ἐκ τούτων αὐτῷ καὶ παραστάτας καὶ ἐπιστάτας ληπτέον εἴη, σὺν οἷσπερ οἱ μέγιστοι κίνδυνοι. Καὶ ταξιάρχους δὲ καὶ πεζῶν καὶ ἱππέων ἐγίγνωσκεν ἐκ τούτων καταστατέον εἶναι. **11** Εἰ δὲ δέοι καὶ στρατηγῶν που ἄνευ αὐτοῦ, ᾔδει ὅτι ἐκ τούτων πεμπτέον εἴη · καὶ πόλεων δὲ καὶ ὅλων ἐθνῶν φύλαξι καὶ σατράπαις ᾔδει ὅτι τούτων τισὶν εἴη χρηστέον καὶ πρέσβεις γε τούτων τινὰς πεμπτέον, ὅπερ ἐν τοῖς μεγίστοις ἡγεῖτο εἶναι εἰς τὸ ἄνευ πολέμου τυγχάνειν ὧν δέοιτο. **12** Μὴ ὄντων μὲν οὖν οἵων δεῖ δι' ὧν αἱ μέγισται καὶ πλεῖσται πράξεις ἔμελλον εἶναι, κακῶς ἡγεῖτο τὰ ἑαυτοῦ ἕξειν. Εἰ δ' οὗτοι εἶεν οἵους δέοι, πάντα ἐνόμιζε καλῶς ἔσεσθαι. Ἐνέδυ μὲν οὖν οὕτω γνοὺς εἰς ταύτην τὴν ἐπιμέλειαν. Ἐνόμιζε δὲ τὴν αὐτὴν καὶ αὐτῷ ἄσκησιν εἶναι τῆς ἀρετῆς · οὐ γὰρ ᾤετο οἷόν τε εἶναι μὴ αὐτόν τινα ὄντα οἷον δεῖ ἄλλους παρορμᾶν ἐπὶ τὰ καλὰ καὶ ἀγαθὰ ἔργα.

13 Ὡς δὲ ταῦτα διενοήθη, ἡγήσατο σχολῆς πρῶτον δεῖν, εἰ μέλλοι δυνήσεσθαι τῶν κρατίστων ἐπιμελεῖσθαι. Τὸ μὲν οὖν προσόδων ἀμελεῖν οὐχ οἷόν τε ἐνόμιζεν εἶναι, προνοῶν ὅτι πολλὰ καὶ τελεῖν ἀνάγκη ἔσοιτο εἰς μεγάλην ἀρχήν · τὸ δ' αὖ πολλῶν κτημάτων ὄντων ἀμφὶ ταῦτα αὐτὸν ἀεὶ ἔχειν ᾔδει ὅτι ἀσχολίαν παρέξοι τῆς τῶν ὅλων σωτηρίας ἐπιμελεῖσθαι. **14** Οὕτω δὴ σκοπῶν, ὅπως ἂν τά τε οἰκονομικὰ καλῶς ἔχοι καί οἱ σχολὴ γένοιτο, κατενόησέ πως τὴν στρατιωτικὴν σύνταξιν · ὡς

I **11** 1 δὲ δέοι yV² : δέοι z ‖ 2 αὐτοῦ z : ἑαυτοῦ y ‖ ᾔδει ὅτι yV² : ἥδιόν τι z ‖ 4 εἴη z : ἦν F om. WD ‖ 6 δέοιτο y : δέοιντο z ‖ **12** 3 ἔμελλον yV² ut uid. : ἤμελλον z ‖ τὰ yG : τ' VHA ‖ ἑαυτοῦ : y αὑτοῦ V² αὐτοῦ z ‖ 4 οἵους zDF : οὓς W ‖ ἐνόμιζε z : ἐλογίζετο y ‖ 6 ἐνόμιζε z : ἐνόμισε y ‖ αὐτῷ z WD : ἑαυτῷ F ‖ 8 τὰ καλὰ καὶ ἀγαθὰ edd. : τὰ καλὰ καὶ τἀγαθὰ z τὰ ἀ[τά- F]γαθὰ καὶ καλὰ y ‖ **13** 2 μέλλοι yHAG : μέλλει V ‖ 3 ἐνόμιζεν zD : ἐνόμισεν WF ‖ 6 αὐτὸν ἀεὶ z : αἰεὶ αὐτὸν WD ἑαυτὸν F ‖ post ᾔδει add. τε W ‖ παρέξοι WVH²G : παρέξει DFHA ‖ **14** 2 ὅπως ἂν om. y ‖ οἱ Gemoll : ἡ codd.

le chef de groupe s'occupe du groupe, le lieutenant des chefs de groupe, le capitaine[1] des lieutenants, le général des colonels, et ainsi personne n'est négligé, même s'il y a des dizaines et des dizaines de milliers d'hommes ; et quand le commandant suprême envisage une opération quelconque avec son armée, il suffit qu'il donne ses instructions aux généraux. **15** Cyrus centralisa les affaires économiques sur ce modèle, si bien qu'il obtint ce même résultat, d'avoir peu d'interlocuteurs et de ne rien négliger de ses intérêts personnels. Il tira du système plus de loisir qu'un homme responsable[2] d'une seule maison ou d'un seul navire. Et une fois qu'il eut organisé son commandement, il apprit à son entourage à adopter cette organisation.

16 C'est ainsi qu'il se ménagea du loisir, pour lui et pour son entourage, et il entreprit de s'appliquer à donner à son équipe les qualités requises. D'abord tous ceux qui, ayant les moyens de vivre du travail des autres, ne se présentaient pas à sa porte[3], étaient l'objet d'une enquête de sa part, car il estimait que les assidus ne voudraient commettre aucune action mauvaise ou vile en raison à la fois de la proximité du souverain et du fait que leur conduite, ils le savaient, serait observée par l'élite. Quant aux absences, il les attribuait à quelque intempérance, faute ou relâchement.

Les exigences de Cyrus et son exemple

17 Nous exposerons en premier lieu sa méthode pour obtenir l'assiduité de pareilles gens. A l'un de ses plus chers amis il faisait prendre les

1. Comme Xénophon ne vise pas l'armée de Cyrus dans son organisation décimale mais dans celle du commandement et de la hiérarchie (cf. II, 1, 23), il paraît nécessaire de corriger le texte ; la chaîne étant longue, il n'y a pas lieu de s'étonner outre mesure que Xénophon en omette un maillon : le colonel s'occupant des capitaines.

2. Même expression VIII, 6, 14.

3. C'est-à-dire les personnages influents assez riches pour se dispenser d'une excuse à ne pas fréquenter la cour. Cyrus est le premier à comprendre la nécessité de tenir en main, près de lui, les plus puissants de ses sujets.

γὰρ τὰ πολλὰ δεκάδαρχοι μὲν δεκάδων ἐπιμέλονται, λοχαγοὶ δὲ δεκαδάρχων, ταξίαρχοι δὲ λοχαγῶν, μυρίαρχοι δὲ χιλιάρχων, καὶ οὕτως οὐδεὶς ἀτημέλητος γίγνεται, οὐδ᾽ ἢν πάνυ πολλαὶ μυριάδες ἀνθρώπων ὦσι· καὶ ὅταν ὁ στρατηγὸς βούληται χρήσασθαί τι τῇ στρατιᾷ, ἀρκεῖ ἢν τοῖς μυριάρχοις παραγγείλῃ. **15** Ὥσπερ οὖν ταῦτ᾽ ἔχει, οὕτω καὶ ὁ Κῦρος συνεκεφαλαιώσατο τὰς οἰκονομικὰς πράξεις· ὥστε καὶ τῷ Κύρῳ ἐγένετο ὀλίγοις διαλεγομένῳ μηδὲν τῶν οἰκείων ἀτημελήτως ἔχειν. Καὶ ἐκ τούτου ἤδη σχολὴν ἦγε πλείω ἢ ἄλλος μιᾶς οἰκίας καὶ μιᾶς νεὼς ἐπιμελούμενος. Οὕτω δὴ καταστησάμενος τὸ ἑαυτοῦ ἐδίδαξε καὶ τοὺς περὶ αὐτὸν ταύτῃ τῇ καταστάσει χρῆσθαι.

16 Τὴν μὲν δὴ σχολὴν οὕτω κατεσκευάσατο ἑαυτῷ τε καὶ τοῖς περὶ αὐτόν, ἤρχετο δ᾽ ἐπιστατεῖν τοῦ εἶναι οἵους δεῖ τοὺς κοινῶνας. Πρῶτον μὲν ὁπόσοι ὄντες ἱκανοὶ ἄλλων ἐργαζομένων τρέφεσθαι μὴ παρεῖεν ἐπὶ τὰς θύρας, τούτους ἐπεζήτει, νομίζων τοὺς μὲν παρόντας οὐκ ἂν ἐθέλειν οὔτε κακὸν οὔτε αἰσχρὸν οὐδὲν ἂν πράττειν καὶ διὰ τὸ παρ᾽ ἄρχοντι εἶναι καὶ διὰ τὸ εἰδέναι ὅτι ὁρῷντ᾽ ἂν ὅ τι πράττοιεν ὑπὸ τῶν βελτίστων. Οἳ δὲ μὴ παρεῖεν, τούτους ἡγεῖτο ἢ ἀκρατείᾳ τινὶ ἢ ἀδικίᾳ ἢ ἀμελείᾳ ἀπεῖναι.

17 Τοῦτο οὖν πρῶτον διηγησόμεθα ὡς προσηνάγκαζε

I 14 4 δεκάδων z : δεκαδέων WD δέκα δὲ ὧν F ‖ 5 ταξίαρχοι ego : χιλίαρχοι codd. uide adn. ‖ 5 μυρίαρχοι δὲ χιλιάρχων yV² mg. : om z ‖ 6 οὐδεὶς z : οὐδὲ εἷς y ‖ **15** 3 μηδὲν WD : μηδὲ cett. ‖ 4 ἦγε zDF : εἶχε W ‖ 5 ἄλλος y HAG : ἄλλως V ‖ 6 δὴ z : δὲ y ‖ τὸ DHAG : τὰ WFV ‖ ἑαυτοῦ y : αὑτοῦ V² ut uid. αὐτοῦ z ‖ ἐδίδαξε z : ἐδίδασκε y ‖ **16** 1 ἑαυτῷ yV² : αὑτῷ VG οὕτω HA ‖ 3 post δεῖ add. εἶναι y ‖ 4 μὴ yVH : καὶ μὴ H²A καὶ G ‖ παρεῖεν yV²G in ras. : περιιέναι VH περιέναι A ‖ 6 alt. ἂν om. y ‖ 7 καὶ διὰ τὸ εἰδέναι yV² : om. z ‖ 8 ὁρῷντ᾽ ἂν y : ὁρῶνται z ‖ 9 ἢ om. y ‖ ἀκρατείᾳ z : ἀκρασ[-τ-F]ίᾳ y ‖ post ἀδικίᾳ add. τινὶ z del. V² ‖ **17** 1 διηγησόμεθα ὡς z : ἡγησόμεθα ὡς F ἡγησάμενος WD ‖ προσηνάγκαζε WDHA : -κάζετο FVG

biens du défaillant[1] et déclarer qu'il ne prenait là que son bien. Le dépossédé, en ce cas, arrivait immédiatement comme une victime. **18** Cyrus, d'abord, longtemps n'avait pas le loisir de lui prêter l'oreille[2] ; puis, quand il l'avait écouté, il ajournait longtemps son arbitrage. Ce procédé, selon lui, donnait l'habitude à chacun de faire sa cour et suscitait moins d'animosité qu'une présence obtenue par la contrainte de sanctions. **19** Telle était une de ses méthodes pour enseigner l'assiduité ; une autre consistait à confier les emplois les plus faciles et les plus lucratifs aux habitués du Palais ; une autre, à ne rien accorder aux défaillants. **20** Mais de tous ces moyens de contrainte, le meilleur, si l'on restait sourd à tous, était de vous enlever votre bien pour le donner à un autre, à celui qu'il croyait capable de présence au moment voulu ; il y gagnait, à la place d'un ami futile, un ami utile. Le Roi actuel[3] fait une enquête analogue s'il y a défaillance de ceux dont le devoir exige la présence.

21 Tel était son comportement envers les défaillants. Quant à ceux qui se présentaient à la cour, il pensa que le meilleur moyen de les enflammer pour le bon et le beau consistait, puisqu'il était leur souverain, à s'efforcer de s'afficher lui-même, aux yeux de ses sujets, comme étant plus que tous paré de la vertu. **22** Il croyait remarquer que les hommes devenaient meilleurs grâce encore aux lois écrites, et il pensa que le bon souverain était,

1. On aimerait savoir comment Cyrus opérait cette confiscation mais Xénophon ne le dit pas.

2. Dans son sens particulier, le verbe ὑπακούειν se dit du portier qui prête l'oreille pour « répondre » à celui qui frappe à la porte ; il ne fait pas la « sourde oreille » ; de là son sens figuré ; voir ci-dessous VIII, 1, 20 ; 3, 21 ; 4, 9 ; 7, 16.

3. Ce roi est Artaxerxès II, qui clôt la série des rois que Xénophon mentionne comme successeurs de Cyrus : VIII, 1, 7 ; 24 ; 2, 7. La phrase implique une observation portant sur une longue période et Xénophon, mort peu de temps après 354, n'a jamais eu le temps ni les moyens d'être bien informé sur Artaxerxès III Ochos. Il faut, par suite, tenir l'année 358, date de l'avènement de celui-ci, pour un *terminus ante quem* de cette partie finale de la *Cyropédie* ; voir *Essai*..., p. 399.

τοὺς τοιούτους παρεῖναι. Τῶν γὰρ ἑαυτοῦ μάλιστα φίλων ἐκέλευσεν ἄν τινα λαβεῖν τὰ τοῦ μὴ φοιτῶντος, φάσκοντα λαμβάνειν τὰ ἑαυτοῦ. Ἐπεὶ οὖν τοῦτο γένοιτο, ἧκον ἂν εὐθὺς οἱ στερόμενοι ὡς ἠδικημένοι. **18** Ὁ δὲ Κῦρος πολὺν μὲν χρόνον οὐκ ἐσχόλαζε τοῖς τοιούτοις ὑπακούειν · ἐπεὶ δὲ ἀκούσειεν αὐτῶν, πολὺν χρόνον ἀνεβάλλετο τὴν διαδικασίαν. Ταῦτα δὲ ποιῶν ἡγεῖτο προσεθίζειν αὐτοὺς θεραπεύειν, ἧττον δὲ ἐχθρῶς ἢ εἰ αὐτὸς κολάζων ἠνάγκαζε παρεῖναι. **19** Εἷς μὲν τρόπος διδασκαλίας ἦν αὐτῷ οὗτος τοῦ παρεῖναι · ἄλλος δὲ τὸ τὰ ῥᾷστα καὶ κερδαλεώτατα τοῖς παροῦσι προστάττειν · ἄλλος δὲ τὸ μηδέν ποτε τοῖς ἀποῦσι νέμειν. **20** Ὁ δὲ δὴ μέγιστος τρόπος τῆς ἀνάγκης ἦν, εἰ τούτων μηδενός τις ὑπακούοι, ἀφελόμενος ἂν τοῦτον ἃ ἔχοι ἄλλῳ ἐδίδου ὃν ᾤετο δύνασθαι ἂν ἐν τῷ δέοντι παρεῖναι · καὶ οὕτως ἐγίγνετο αὐτῷ φίλος χρήσιμος ἀντὶ ἀχρήστου. Ἐπιζητεῖ δὲ καὶ ὁ νῦν βασιλεύς, ἤν τις ἀπῇ οἷς παρεῖναι καθήκει.

21 Τοῖς μὲν δὴ μὴ παροῦσιν οὕτω προσεφέρετο. Τοὺς δὲ παρέχοντας ἑαυτοὺς ἐνόμισε μάλιστ' ἂν ἐπὶ τὰ καλὰ καὶ ἀγαθὰ ἐπαίρειν, ἐπείπερ ἄρχων ἦν αὐτῶν, εἰ αὐτὸς ἑαυτὸν ἐπιδεικνύειν πειρῷτο τοῖς ἀρχομένοις πάντων μάλιστα κεκοσμημένον τῇ ἀρετῇ. **22** Αἰσθάνεσθαι μὲν γὰρ ἐδόκει καὶ διὰ τοὺς γραφομένους νόμους βελτίους γιγνομένους ἀνθρώπους · τὸν δὲ ἀγαθὸν

I **17** 2 γὰρ y : παρ' z γὰρ παρ' x ‖ ἑαυτοῦ yVHA : ἑαυτῷ G ‖ 3 ἄν τινα λαβεῖν z : ἄν τι λαβεῖν F ἀντιλαβεῖν WD ‖ τὰ yAG : τι VH ‖ 4 φάσκοντα codd. : φάσκων coni. Hartman ‖ **18** 4 διαδικασίαν zDF : δικασίαν W ‖ 5 ἐχθρῶς zF : ἐχθρούς WDV² ut uid. ‖ **19** 2 οὗτος post τρόπος transp. y ‖ 3 τὰ ῥᾷστα y : τἀρεστὰ z ‖ κερδαλεώτατα zDF : -τερα W ‖ **20** 2 ante τούτων transp. τις WD ‖ 2 μηδενὸς codd. : μηδὲν coni. Hertlein ‖ 4 δύνασθαι codd. : del. Nitsche ‖ 6 post νῦν add. ἔτι WD ‖ **21** 2 post ἂν add. παρορμᾶν y ‖ 3 ἐπαίρειν z : ἔργα y ‖ ἄρχων ἦν αὐτῶν yV² : ἄρχων αὐτῶν z ‖ post αὐτῶν add. ἐνόμιζε δικαίως εἶναι H² s. l. AG ‖ 5 κεκοσμημένον z : -μένος y.

pour des hommes, une loi pourvue d'yeux*, parce qu'il est capable d'imposer une discipline, de voir l'indiscipliné et de le ramener dans l'ordre.

23 Avec de telles conceptions, il s'affichait d'abord, à cette époque, puisqu'il avait une plus grande fortune, comme s'évertuant davantage à remplir à la perfection ses devoirs envers les dieux*. Alors pour la première fois les mages[1] furent mis en devoir de chanter, au lever du soleil, des hymnes à tous les dieux, et chaque jour il faisait sacrifier à ceux que désignaient les mages. **24** Les institutions créées alors sont restées pareilles aujourd'hui, de Roi en Roi. Sur ce point il fut suivi tout de suite par le reste des Perses, car ils estimaient que, s'ils rendaient un culte aux dieux, ils auraient eux aussi une félicité supérieure, comparable à la parfaite félicité de leur souverain ; ils pensaient aussi que leur conduite plairait là à Cyrus. **25** Cyrus estimait que la piété de son entourage avait aussi pour lui des avantages, par un calcul analogue à celui des voyageurs qui préfèrent avoir en mer des compagnons pieux plutôt que d'être avec des passagers qui passent pour coupables de quelque impiété[2]. Il calculait en outre que, si toute son équipe honorait les dieux, elle aurait moins de chances d'admettre une impiété envers l'un de ses membres et envers lui-même, puisqu'il se jugeait le bienfaiteur de l'équipe. **26** Il pensait que s'il montrait clairement son attachement à ne léser aucun ami ni allié, et en revanche sa vigilance attentive à l'égard du droit, les autres aussi pourraient davantage renoncer aux profits illicites et vouloir marcher dans les voies de l'honnêteté. **27** Il estimait

1. Pour les mages, voir la note sur VII, 3, 1. — Le texte de la phrase n'est pas sûr, mais il n'y a pas lieu de supposer, avec Hug suivi en général par les éditeurs, une lacune après le mot μάγοι si l'on admet qu'ici, comme quelquefois ailleurs, sont coordonnés des membres de phrase qui ne sont pas sur le même plan (cf. VIII, 4, 36 ; avec μὲν /δέ VI, 2, 2-14-23 ; VIII, 1, 16 ; avec ἀλλά ci-dessous 26, 3).

2. L'idée qu'il est dangereux de naviguer au contact d'hommes impies à bord est dans Eschyle, *Sept*, 602-604 ; Euripide, *Él.*, 1349-1353 (on voit dans les *Suppl.*, 226-228, que la souillure est contagieuse) ; Antiphon, *Meurtre d'Hérode*, 82.

ἄρχοντα βλέποντα νόμον ἀνθρώποις ἐνόμισεν, ὅτι καὶ τάττειν ἱκανός ἐστι καὶ ὁρᾶν τὸν ἀτακτοῦντα καὶ κολάζειν.

23 Οὕτω δὴ γιγνώσκων πρῶτον μὲν τὰ περὶ τοὺς θεοὺς μᾶλλον ἐκπονοῦντα ἐπεδείκνυεν ἑαυτὸν ἐν τούτῳ τῷ χρόνῳ, ἐπεὶ εὐδαιμονέστερος ἦν. Καὶ τότε πρῶτον κατεστάθησαν οἱ μάγοι ὑμνεῖν τε ἀεὶ ἅμα τῇ ἡμέρᾳ τοὺς θεοὺς ἅπαντας καὶ ἔθυεν ἀν' ἑκάστην ἡμέραν οἷς οἱ μάγοι θεοῖς εἴποιεν. 24 Οὕτω δὴ τὰ τότε κατασταθέντα ἔτι καὶ νῦν διαμένει παρὰ τῷ ἀεὶ ὄντι βασιλεῖ. Ταῦτ' οὖν πρῶτον ἐμιμοῦντο αὐτὸν καὶ οἱ ἄλλοι Πέρσαι, νομίζοντες καὶ αὐτοὶ εὐδαιμονέστεροι ἔσεσθαι, ἢν θεραπεύωσι τοὺς θεούς, ὥσπερ ὁ εὐδαιμονέστατός τε ὢν καὶ ἄρχων· καὶ Κύρῳ δ' ἂν ἡγοῦντο ταῦτα ποιοῦντες ἀρέσκειν. 25 Ὁ δὲ Κῦρος τὴν τῶν μεθ' αὑτοῦ εὐσέβειαν καὶ ἑαυτῷ ἀγαθὸν ἐνόμιζε, λογιζόμενος ὥσπερ οἱ πλεῖν αἱρούμενοι μετὰ τῶν εὐσεβῶν μᾶλλον ἢ μετὰ τῶν ἠσεβηκέναι τι δοκούντων. Πρὸς δὲ τούτοις ἐλογίζετο ὡς εἰ πάντες οἱ κοινῶνες θεοσεβεῖς εἶεν, ἧττον ἂν αὐτοὺς ἐθέλειν περί τε ἀλλήλους ἀνόσιόν τι ποιεῖν καὶ περὶ ἑαυτόν, εὐεργέτης νομίζων εἶναι τῶν κοινώνων. 26 Ἐμφανίζων δὲ καὶ τοῦτο ὅτι περὶ πολλοῦ ἐποιεῖτο μηδένα μήτε φίλον ἀδικεῖν μήτε σύμμαχον, ἀλλὰ τὸ δίκαιον ἰσχυρῶς ἀθρῶν, μᾶλλον καὶ τοὺς ἄλλους ᾤετ' ἂν τῶν μὲν αἰσχρῶν κερδῶν ἀπέχεσθαι, διὰ τοῦ δικαίου δ' ἐθέλειν πορεύεσθαι. 27 Καὶ αἰδοῦς δ' ἂν ἡγεῖτο

I 23 1 μὲν om. W ‖ 3-4 Καὶ — μάγοι codd. : susp. Lincke ‖ 4 post μάγοι lacunam ind. Hug ‖ ὑμνεῖν y : ὕμνει z ‖ 5 post θεοὺς om. ἅπαντας z ‖ ἔθυεν z : θύειν y ‖ 6 εἴποιεν z : εἶπον y ‖ 24 1-2 Οὕτω — βασιλεῖ codd. : susp. Lincke ‖ 1 τὰ om. y ‖ 2 ὄντι βασιλεῖ zD : βασιλεύοντι WF ‖ 5 θεραπεύωσι yHAG : -σωσι V ‖ 25 1 μεθ' αὑτοῦ z : μεθ' ἑαυτοῦ x μετ' αὐτοῦ F μετ' αὐτὸν WD ‖ 5 ἧττον ἂν DFV² : ἥττονα z ‖ ἂν om. W ‖ 7 κοινώνων WDV : κοινωνῶν FHAG ‖ 26 2 μηδένα z : μηθένα y ‖ 3 ἀθρῶν y : ὁρῶν z ‖ 5 πορεύεσθαι y : πορίζεσθαι z.

qu'il pourrait mieux inspirer à tous le respect d'autrui si on le voyait lui-même toujours assez respecter les gens pour s'abstenir de toute parole et de tout acte malhonnête[1]. **28** Sa certitude du résultat était fondée sur le raisonnement suivant : sans parler du cas du souverain, on a plus de respect même envers les gens qui n'inspirent pas de crainte, quand ils pratiquent le respect, que s'ils l'ignorent ; et aussi les femmes chez qui l'on constate le respect envers les autres, on consent à les considérer à leur tour avec davantage de respect[2].

29 Pour l'obéissance, il croyait que le meilleur moyen de la voir ancrée autour de lui consistait à honorer publiquement l'obéissance immédiate, plus que l'affectation de détenir les plus grandes et les plus difficiles vertus ; et ses actes demeuraient constamment en harmonie avec sa réflexion.

30 En affichant, d'autre part, la maîtrise de ses sentiments, il obtenait mieux qu'elle fût l'objet d'un exercice général. Quand on voit en effet gouverner ses passions celui qui, plus que quiconque, peut oublier la mesure, alors, de leur côté, les moins sûrs d'eux-mêmes évitent davantage de se montrer oublieux de la mesure. **31** Il fondait sa distinction entre le respect des autres et la maîtrise de soi sur l'idée qu'avec le respect l'on évite peut-être de faire le mal apparent, tandis qu'avec la maîtrise on évite le mal même caché. **32** Il croyait encore qu'il verrait la tempérance cultivée surtout s'il affichait une conduite que les jouissances du moment ne détournaient jamais de la vertu, mais qui consentait des efforts préalables ouvrant la voie aux plaisirs dans l'honneur*. **33** Aussi un tel comportement créait-il, à la cour, chez les inférieurs, un exact sentiment de leur rang, qui les faisait céder à leurs supérieurs, et, entre eux,

1. Depuis le § 25 jusqu'au § 34 inclus, Xénophon nous montre un Cyrus se comportant comme s'il avait suivi l'enseignement de Socrate, notamment en matière de justice, de maîtrise de soi et de tempérance.

2. Dans toute son œuvre, Xénophon manifeste une parfaite délicatesse envers les femmes.

μᾶλλον πάντας ἐμπιμπλάναι, εἰ αὐτὸς φανερὸς εἴη πάντας οὕτως αἰδούμενος ὡς μήτ' εἰπεῖν ἂν μήτε ποιῆσαι μηδὲν αἰσχρόν. **28** Ἐτεκμαίρετο δὲ τοῦτο οὕτως ἕξειν ἐκ τοῦδε · μὴ γὰρ ὅτι ἄρχοντα, ἀλλὰ καὶ οὓς οὐ φοβοῦνται, μᾶλλον τοὺς αἰδουμένους αἰδοῦνται τῶν ἀναιδῶν οἱ ἄνθρωποι · καὶ γυναῖκας δὲ ἃς ἂν αἰδουμένας αἰσθάνωνται, ἀνταιδεῖσθαι μᾶλλον ἐθέλουσιν ὁρῶντες.

29 Τὸ δ' αὖ πείθεσθαι οὕτω μάλιστ' ἂν ᾤετο ἔμμονον εἶναι τοῖς περὶ αὐτόν, εἰ τοὺς ἀπροφασίστως πειθομένους φανερὸς εἴη μᾶλλον τιμῶν τῶν τὰς μεγίστας ἀρετὰς καὶ ἐπιπονωτάτας δοκούντων παρέχεσθαι · γιγνώσκων δ' οὕτω καὶ ποιῶν διετέλει.

30 Καὶ σωφροσύνην δ' αὑτοῦ ἐπιδεικνὺς μᾶλλον ἐποίει καὶ ταύτην πάντας ἀσκεῖν. Ὅταν γὰρ ὁρῶσιν, ᾧ μάλιστα ἔξεστιν ὑβρίζειν, τοῦτον σωφρονοῦντα, οὕτω μᾶλλον οἵ γε ἀσθενέστεροι ἐθέλουσιν οὐδὲν ὑβριστικὸν ποιοῦντες φανεροὶ εἶναι. **31** Διῄρει δὲ αἰδῶ καὶ σωφροσύνην τῇδε, ὡς τοὺς μὲν αἰδουμένους ἴσως τὰ ἐν τῷ φανερῷ αἰσχρὰ φεύγοντας, τοὺς δὲ σώφρονας καὶ τὰ ἐν τῷ ἀφανεῖ. **32** Καὶ ἐγκράτειαν δὲ οὕτω μάλιστ' ἂν ᾤετο ἀσκεῖσθαι, εἰ αὐτὸς ἐπιδεικνύοι ἑαυτὸν μὴ ὑπὸ τῶν παραυτίκα ἡδονῶν ἑλκόμενον ἀπὸ τῶν ἀγαθῶν, ἀλλὰ προπονεῖν ἐθέλοντα πρῶτον σὺν τῷ καλῷ τῶν εὐφροσυνῶν. **33** Τοιγαροῦν τοιοῦτος ὢν ἐποίησεν ἐπὶ ταῖς θύραις πολλὴν μὲν τῶν χειρόνων εὐταξίαν, ὑπεικόντων τοῖς ἀμείνοσι, πολλὴν δ' αἰδῶ καὶ εὐκοσμίαν

I 27 2 εἴη zDF : εἴην W ‖ 3 οὕτως om. y ‖ **28** 1 δὲ τοῦτο οὕτως z : δ' οὕτως τοῦτο y ‖ 2 οὐ om. y ‖ 3 μᾶλλον τοὺς αἰδουμένους αἰδοῦνται zW[1] mg. DF : om. W ‖ 4 δὲ z : γε y ‖ 5 ἀνταιδεῖσθαι yHAG : ἀντεδεῖσθαι V ‖ ante ὁρῶντες add. οἱ y ‖ **29** 1 ἔμμονον yV[2] s. l. et mg. HAG : μόνον V ‖ 3 φανερὸς zD : -ρῶς WF ‖ **30** 1 αὑτοῦ V[2] : αὐτοῦ codd. ‖ 2 ἀσκεῖν z : λέγειν y ‖ 3 οὕτω μᾶλλον z : οὐ μάλα y ‖ 4 ὑβριστικὸν zF : -τικώτερον WD ‖ **31** 2 ἴσως om. z ‖ **32** 2 ἐπιδεικνύοι FHA : -κνύει WDVG ‖ **33** 1 post ἐποίησεν add. μὲν W.

un exact sentiment de respect et de courtoisie. Jamais on n'aurait pu entendre là quelqu'un vociférer dans sa colère ou, dans sa joie, rire à gorge déployée, mais on aurait dit, en les voyant, qu'ils avaient la beauté pour modèle de vie*.

34 Tels étaient leur conduite et leurs spectacles dans leur existence à la cour. Pour l'entraînement à la guerre, Cyrus emmenait à la chasse* ceux dont il estimait qu'ils devaient s'exercer en vue de la guerre, car il pensait que c'était là l'exercice de choix par excellence pour l'art militaire et le plus sûr pour l'équitation. **35** La chasse est en effet sans rivale pour donner de l'assiette en terrain varié grâce à la poursuite des animaux en fuite, sans rivale aussi pour donner de l'allant aux cavaliers à cheval, grâce à la haute passion et à l'envie de la prise. **36** C'est par elle surtout qu'il entraînait son équipe à la tempérance, à l'endurcissement aux fatigues, au chaud et au froid, à la faim et à la soif. Aujourd'hui encore, le Roi ainsi que son entourage y consacrent leur temps.

37 Son idée que personne ne doit se mêler de commander s'il n'est supérieur aux subordonnés est démontrée par tout ce que j'ai dit plus haut, par le fait aussi que, tout en exerçant comme on l'a vu son entourage, lui-même s'évertuait avant tout à la perfection dans la tempérance et dans les arts et travaux de la guerre. **38** Car non seulement il emmenait à la chasse quand il n'était pas retenu par quelque obligation, mais quand il l'était, il chassait lui-même dans sa résidence les animaux élevés dans les paradis[1] ; et jamais il ne prenait un repas sans s'être mis en nage[2], pas plus qu'il ne faisait donner aux chevaux leur avoine sans qu'ils eussent travaillé ; à ces dernières chasses il invitait encore les

1. Les « paradis » sont des réserves de chasse ; voir I, 3, 14, et, dans l'*Éc.*, IV, 20-25, la visite que Cyrus le Jeune fit faire à Lysandre de son paradis de Sardes ; voir aussi, dans *Hell.*, IV, 1, 15-16, la description enthousiaste du paradis de Pharnabaze à Dascyleion, où Agésilas avait pris ses quartiers d'hiver en 395. Xénophon n'a peut-être pas eu la permission de chasser dans ces réserves, mais il en a vu.

2. De même Cyrus le Jeune dans *Éc.*, IV, 24.

πρὸς ἀλλήλους · ἐπέγνως δ' ἂν ἐκεῖ οὐδένα οὔτε ὀργιζόμενον κραυγῇ οὔτε χαίροντα ὑβριστικῷ γέλωτι, ἀλλὰ ἰδὼν ἂν αὐτοὺς ἡγήσω τῷ ὄντι εἰς κάλλος ζῆν.

34 Τοιαῦτα μὲν δὴ ποιοῦντες καὶ ὁρῶντες ἐπὶ θύραις διῆγον. Τῆς πολεμικῆς δ' ἕνεκα ἀσκήσεως ἐπὶ θήραν ἐξῆγεν οὕσπερ ἀσκεῖν ταῦτα ᾤετο χρῆναι, ταύτην ἡγούμενος καὶ ὅλως ἀρίστην ἄσκησιν πολεμικῶν εἶναι, καὶ ἱππικῆς δὲ ἀληθεστάτην. 35 Καὶ γὰρ ἐπόχους ἐν παντοδαποῖς χωρίοις αὕτη μάλιστα ἀποδείκνυσι διὰ τὸ θηρίοις φεύγουσιν ἐφέπεσθαι, καὶ ἀπὸ τῶν ἵππων ἐνεργοὺς αὕτη μάλιστα ἀπεργάζεται διὰ τὴν τοῦ λαμβάνειν φιλοτιμίαν καὶ ἐπιθυμίαν. 36 Καὶ τὴν ἐγκράτειαν δὲ καὶ πόνους καὶ ψύχη καὶ θάλπη καὶ λιμὸν καὶ δίψος δύνασθαι φέρειν ἐνταῦθα μάλιστα προσείθιζε τοὺς κοινῶνας. Καὶ νῦν δ' ἔτι βασιλεὺς καὶ οἱ ἄλλοι οἱ περὶ βασιλέα ταῦτα ποιοῦντες διατελοῦσιν.

37 Ὅτι μὲν οὖν οὐκ ᾤετο προσήκειν οὐδενὶ ἀρχῆς ὅστις μὴ βελτίων εἴη τῶν ἀρχομένων καὶ τοῖς προειρημένοις πᾶσι δῆλον, καὶ ὅτι οὕτως ἀσκῶν τοὺς περὶ αὐτὸν πολὺ μάλιστα αὐτὸς ἐξεπόνει καὶ τὴν ἐγκράτειαν καὶ τὰς πολεμικὰς τέχνας καὶ [τὰς] μελέτας. 38 Καὶ γὰρ ἐπὶ θήραν τοὺς μὲν ἄλλους ἐξῆγεν, ὁπότε μὴ μένειν ἀνάγκη τις εἴη · αὐτὸς δὲ καὶ ὁπότε ἀνάγκη εἴη, οἴκοι ἐθήρα τὰ ἐν τοῖς παραδείσοις θηρία τρεφόμενα · καὶ οὔτ' αὐτός ποτε πρὶν ἱδρῶσαι δεῖπνον ᾑρεῖτο οὔτε ἵπποις ἀγυμνάστοις σῖτον ἐνέβαλλε · συμπαρεκάλει δὲ καὶ εἰς ταύτην τὴν θήραν τοὺς περὶ αὐτὸν σκηπτούχους.

I 33 5 ὑβριστικῷ yG : -κῶς VHA || 34 2 διῆγον y : διῆκον z || 3 post ταύτην add. αὖ VHA οὖν G || 4 ἀρίστην ἄσκησιν yV² mg. : ἀρετὴν z || 35 2 αὕτη yV : αὐτὴ A αυτη H || 36 1 ἐγκράτειαν yV² : ἐπικράτησιν z || 2 ante πόνους add. πρὸς y || ante λιμὸν add. πρὸς τὸ y || 3 ἐνταῦθα yV² : ἔτι τ' αὖ z || 37 1 οὐδενὶ yV² : οὐδὲν z || 3 ante τοὺς add. πάντας y || 5 τὰς del. Dindorf || 38 2 post μένειν add. οἴκοι y || 3 καὶ yV² : om. z || 7 αὑτὸν z : ἑαυτὸν y.

grands massiers* de son entourage. **39** En conséquence, s'il excellait lui-même en toutes les nobles activités, il en allait pareillement pour son entourage en raison d'un travail constant. Telle est la façon dont il se donnait en exemple. En outre, ceux qu'il voyait les premiers à la poursuite des occupations nobles, il les gratifiait de présents, de hautes fonctions, de préséances et de toute espèce d'honneurs[1] ; aussi inspirait-il à tous la passion de disputer chacun le premier rang devant ses yeux.

Les moyens d'en imposer.

40* Nous croyons avoir découvert de Cyrus que ce n'est pas par ce seul moyen, la supériorité sur les autres, qu'il estimait que les chefs devaient se distinguer des sujets, mais qu'il jugeait nécessaire de frapper ceux-ci par une mise en scène. En tous les cas, il choisit d'abord de revêtir lui-même la robe médique* et persuada son équipe de s'habiller de même ; — cette robe, en effet, lui paraissait dissimuler les imperfections possibles du corps, et mettre en valeur la taille et la beauté de ceux qui la portent ; **41** car ils ont des souliers tels qu'ils peuvent y ajuster, sans qu'on le sache, des semelles qui les font paraître plus grands qu'ils ne sont. — Ensuite, il admettait les yeux fardés, pour qu'ils eussent l'air d'avoir des yeux plus beaux qu'ils n'étaient, et le maquillage, pour qu'on leur vît un teint plus beau que nature. **42** Il prit soin encore de leur défendre de cracher, de se moucher, de se retourner, en hommes que rien n'étonne, sur aucun spectacle, en public*. Il pensait que toutes ces mesures contribuaient à les faire apparaître aux sujets comme des hommes à ne pas mépriser.

Conduite envers les serviteurs et mesures de sûreté.

43 Il forma ainsi à sa manière ceux qu'il destinait à un commandement, tant par l'entraînement que par une prééminence inspirant le respect. Quant à ceux qu'il

1. Sur ces honneurs, voir *Éc.*, IV, 8.

39 Τοιγαροῦν πολὺ μὲν αὐτὸς διέφερεν ἐν πᾶσι τοῖς καλοῖς ἔργοις, πολὺ δὲ οἱ περὶ ἐκεῖνον, διὰ τὴν ἀεὶ μελέτην. Παράδειγμα μὲν δὴ τοιοῦτον ἑαυτὸν παρείχετο. Πρὸς δὲ τούτῳ καὶ τῶν ἄλλων οὕστινας μάλιστα ὁρῴη τὰ καλὰ διώκοντας, τούτους καὶ δώροις καὶ ἀρχαῖς καὶ ἕδραις καὶ πάσαις τιμαῖς ἐγέραιρεν· ὥστε πολλὴν πᾶσι φιλοτιμίαν ἐνέβαλλεν ὅπως ἕκαστος ὅτι ἄριστος φανήσοιτο Κύρῳ.

40 Καταμαθεῖν δὲ τοῦ Κύρου δοκοῦμεν ὡς οὐ τούτῳ μόνῳ ἐνόμιζε χρῆναι τοὺς ἄρχοντας τῶν ἀρχομένων διαφέρειν, τῷ βελτίονας αὐτῶν εἶναι, ἀλλὰ καὶ καταγοητεύειν ᾤετο χρῆναι αὐτούς. Στολήν τε γοῦν εἵλετο τὴν Μηδικὴν αὐτός τε φορεῖν καὶ τοὺς κοινῶνας ταύτην ἔπεισεν ἐνδύεσθαι· — αὕτη γὰρ αὐτῷ συγκρύπτειν ἐδόκει εἴ τίς τι ἐν τῷ σώματι ἐνδεὲς ἔχοι, καὶ καλλίστους καὶ μεγίστους ἐπιδεικνύναι τοὺς φοροῦντας· **41** καὶ γὰρ τὰ ὑποδήματα τοιαῦτα ἔχουσιν ἐν οἷς μάλιστα λαθεῖν ἔστι καὶ ὑποτιθεμένους τι, ὥστε δοκεῖν μείζους εἶναι ἢ εἰσί. — Καὶ ὑποχρίεσθαι δὲ τοὺς ὀφθαλμοὺς προσίετο, ὡς εὐοφθαλμότεροι φαίνοιντο ἢ εἰσί, καὶ ἐντρίβεσθαι, ὡς εὐχροώτεροι ὁρῷντο ἢ πεφύκασιν. **42** Ἐμελέτησε δὲ καὶ ὡς μὴ πτύοντες μηδὲ ἀπομυττόμενοι φανεροὶ εἶεν, μηδὲ μεταστρεφόμενοι ἐπὶ θέαν μηδενός, ὡς οὐδὲν θαυμάζοντες. Πάντα δὲ ταῦτα ᾤετο φέρειν τι εἰς τὸ δυσκαταφρονητοτέρους φαίνεσθαι τοῖς ἀρχομένοις.

43 Οὓς μὲν δὴ ἄρχειν ᾤετο χρῆναι, δι' ἑαυτοῦ οὕτω κατεσκεύασε καὶ μελέτῃ καὶ τῷ σεμνῶς προεστάναι

I **39** 3 τοιοῦτον y : τοιόνδε z || 7 ἐνέβαλλεν FVHG : -έβαλεν WDA || ὅτι WF om. cett. || 8 φανήσοιτο yVH : φανείη τῷ H²AG || **40** 1 τούτῳ V²HAG : τοῦτο yV || 2 μόνῳ ἐνόμιζε z : μόνον ἐνόμισε y || 3 τῷ zF : τὸ WD || 6 ἐνδύεσθαι zDF : -σεσθαι W || post συγκρύπτειν add. τε W ut uid. DF || 8 φοροῦντας zDF : φρονοῦντας W || **41** 2 λαθεῖν z : λανθάνειν y || **42** 1 ἐμελέτησε yV² ut uid. -τησαν z || 2 μὴ y : μηδὲ z || 4 τι yV² : τε z || **43** 2 μελέτῃ καὶ τῷ z : μελέτῃ καὶ F μελέτηκε W ἐμελέτησε D.

formait pour le service, il évitait à la fois de les pousser aux travaux d'hommes libres, et de leur permettre l'acquisition d'armes ; mais il prenait soin que les activités d'hommes libres ne fussent pas un motif pour leur contester le boire et le manger*. **44** Car quand ils rabattaient le gibier pour les cavaliers vers les plaines, à eux il permettait d'emporter des provisions pour la chasse, mais jamais à des hommes libres[1] ; et quand il y avait une marche, il les conduisait, comme les bêtes de somme, aux points d'eau. Quand c'était l'heure de déjeuner, il attendait patiemment qu'ils eussent pris quelque nourriture, pour les empêcher de souffrir de la faim ; aussi ceux-là également, comme l'élite, lui décernaient le nom de père, parce qu'il prenait soin de leur faire accepter, leur vie durant, la condition d'esclave*.

45 Il organisait ainsi l'équilibre[2] de tout l'empire perse. Pour lui, il éprouvait la parfaite certitude qu'il ne risquait pas de souffrir du moindre trouble venant des hommes qu'il avait soumis ; car il les jugeait sans vaillance et les voyait sans cohésion, et en outre personne d'entre eux n'approchait de lui ni de jour ni de nuit. **46** Mais ceux qu'il jugeait intrépides, qu'il voyait armés[3] et unis — et ceux-là, il savait qu'ils avaient les uns des cavaliers, les autres des fantassins sous leurs ordres ; il remarquait qu'un bon nombre manifestait de la présomption à l'idée qu'ils étaient aptes au commandement ; c'est eux qui approchaient le plus de ses gardes et beaucoup avaient souvent des contacts avec Cyrus lui-même, chose inévitable dans la mesure où il avait besoin de leurs services — ceux-là donc possédaient les premiers mille façons de lui faire courir un risque de trouble.

1. La chasse, « école de guerre » (cf. ci-dessus § 34), les entraîne à l'endurance ; voir I, 2, 10-11. C'est toujours le principe du « noblesse oblige ».

2. Pour Xénophon, l'équilibre est dans une hiérarchie bien comprise et fondée sur la justice.

3. Cyrus distingue, parmi les hommes qu'il a soumis, ceux qui sont dénués de caractère et ceux qui en ont. A ces derniers il laisse leurs armes (cf. § 47), car il entend se préserver du danger qu'ils sont pour lui non par la force mais en suscitant leur affection.

αὐτῶν. Οὓς δ' αὖ κατεσκεύαζεν εἰς τὸ δουλεύειν, τούτους οὔτε μελετᾶν τῶν ἐλευθερίων πόνων οὐδένα παρώρμα οὔθ' ὅπλα κεκτῆσθαι ἐπέτρεπεν· ἐπεμελεῖτο δὲ ὅπως μήτε ἄσιτοι μήτε ἄποτοί ποτε ἔσοιντο ἐλευθερίων ἕνεκα μελετημάτων. **44** Καὶ γὰρ ὁπότε ἐλαύνοιεν τὰ θηρία τοῖς ἱππεῦσιν εἰς τὰ πεδία, φέρεσθαι σῖτον εἰς θήραν τούτοις ἐπέτρεπε, τῶν δὲ ἐλευθέρων οὐδενί· καὶ ὁπότε πορεία εἴη, ἦγεν αὐτοὺς πρὸς τὰ ὕδατα ὥσπερ τὰ ὑποζύγια. Καὶ ὁπότε δὲ ὥρα εἴη ἀρίστου, ἀνέμενεν αὐτοὺς ἔστ' ἐμφάγοιέν τι, ὡς μὴ βουλιμιῷεν· ὥστε καὶ οὗτοι αὐτὸν ὥσπερ οἱ ἄριστοι πατέρα ἐκάλουν, ὅτι ἐπεμέλετο αὐτῶν ὅπως ἀναμφιλόγως ἀεὶ ἀνδράποδα διατελοῖεν.

45 Τῇ μὲν δὴ ὅλῃ Περσῶν ἀρχῇ οὕτω τὴν ἀσφάλειαν κατεσκεύαζεν. Ἑαυτῷ δὲ ὅτι μὲν οὐχ ὑπὸ τῶν καταστραφέντων κίνδυνος εἴη παθεῖν τι ἰσχυρῶς ἐθάρρει· καὶ γὰρ ἀνάλκιδας ἡγεῖτο εἶναι αὐτοὺς καὶ ἀσυντάκτους ὄντας ἑώρα, καὶ πρὸς τούτοις οὐδ' ἐπλησίαζε τούτων οὐδεὶς αὐτῷ οὔτε νυκτὸς οὔτε ἡμέρας. **46** Οὓς δὲ κρατίστους τε ἡγεῖτο καὶ ὡπλισμένους καὶ ἁθρόους ὄντας ἑώρα — καὶ τοὺς μὲν αὐτῶν ᾔδει ἱππέων ἡγεμόνας ὄντας, τοὺς δὲ πεζῶν· πολλοὺς δὲ αὐτῶν καὶ φρονήματα ἔχοντας ᾐσθάνετο ὡς ἱκανοὺς ὄντας ἄρχειν· καὶ τοῖς φύλαξι δὲ αὐτοῦ οὗτοι μάλιστα ἐπλησίαζον, καὶ αὐτῷ δὲ τῷ Κύρῳ τούτων πολλοὶ πολλάκις συνεμίγνυσαν· ἀνάγκη γὰρ ἦν, ὅ τι καὶ χρῆσθαι ἔμελλεν αὐτοῖς — ὑπὸ τούτων οὖν καὶ κίνδυνος ἦν αὐτὸν μάλιστα

I **43** 3 κατεσκεύαζεν z : -ασεν y ‖ 5 ἐπεμελεῖτο z : -μέλετο y ‖ 6 μήτε... μήτε z : μὴ... μηδὲ DF μὴ... μήτε W ‖ ποτε om. W ‖ **44** 1 ὁπότε yV² : ὁπόταν z ‖ 2 ante θήραν add. τὴν y ‖ 5 δὲ om. y ‖ εἴη zDF : ᾖ W ‖ 6 ἐμφάγοιέν zDF : ἐμφάγοιάν W ‖ **45** 2 κατεσκεύαζεν VHG : -σεν y A ‖ Ἑαυτῷ z : αὑτῷ W αὐτῷ DF ‖ 4 ἡγεῖτο εἶναι z : εἶναι ἡγεῖτο y ‖ 6 αὐτῷ yV²G : αὐτῶν VHA ‖ **46** 2 τε om. y ‖ 3 ᾔδει yV² mg. : om. z ‖ 8 ὅ τι yV : εἴ τι HAG ‖ καὶ χρῆσθαι z : κεχρῆσθαι y ‖ 9 αὐτὸν z : αὐτῷ y.

47 Étudiant alors les moyens d'empêcher que les services attendus d'eux fussent un danger pour lui, il rejeta l'idée de les dépouiller de leurs armes et de les rendre inaptes à la guerre, parce qu'il pensait qu'il n'en avait pas le droit et que c'était là détruire son empire. D'un autre côté, manifester sa défiance et ne pas les admettre était, jugeait-il, ouvrir une guerre. **48** Mieux que toutes ces mesures, il décida qu'il y en avait une, la plus efficace pour sa sûreté, la plus élégante aussi, c'était de pouvoir accroître envers lui plutôt qu'entre eux l'amitié des puissants. Alors les moyens qui nous semblent lui avoir permis de se faire aimer, nous allons tâcher de les exposer.

II

La conquête des cœurs.

1 D'abord, de toute sa force, il déployait une continuelle bonté d'âme car, selon lui, de même qu'il est malaisé d'aimer qui a l'air de vous haïr, et de montrer de la bienveillance envers les malveillants, de même les hommes connus pour leur amour et leur bienveillance envers les autres ne pourraient être haïs par ceux qui pensent qu'ils sont aimés. **2** Aussi longtemps qu'il n'eut pas encore tous les moyens[1] de manifester par des largesses sa bienveillance, son procédé pour essayer de capturer[2] l'amitié des gens de son entourage était de prévoir leur bien, de devancer leur peine, de montrer qu'il partageait leurs joies et leurs chagrins ; mais quand il lui advint de pouvoir accorder ses bienfaits en largesses, il comprit tout de suite, croyons-nous, qu'en guise de bienfait d'homme à homme, il n'en est pas de plus gracieux, moyennant même dépense, qu'un partage de mets et boissons.

1. C'est-à-dire avant la prise de Sardes et de Babylone et l'entrée en possession de la fortune de Crésus.

2. Θηρεύειν fait une image évoquant la chasse, mais ne figure pas dans le traité de la *Chasse*, le verbe technique étant θηρᾶν.

παθεῖν τι κατὰ πολλοὺς τρόπους. **47** Σκοπῶν οὖν ὅπως ἂν αὐτῷ καὶ τὰ ἀπὸ τούτων ἀκίνδυνα γένοιτο, τὸ μὲν περιελέσθαι αὐτῶν τὰ ὅπλα καὶ ἀπολέμους ποιῆσαι ἀπεδοκίμασε, καὶ ἄδικον ἡγούμενος καὶ κατάλυσιν τῆς ἀρχῆς ταύτην νομίζων. Τὸ δ' αὖ μὴ προσίεσθαι αὐτοὺς καὶ τὸ ἀπιστοῦντα φανερὸν εἶναι ἀρχὴν ἡγήσατο πολέμου. **48** Ἓν δὲ ἀντὶ πάντων τούτων ἔγνω καὶ κράτιστον εἶναι πρὸς τὴν ἑαυτοῦ ἀσφάλειαν καὶ κάλλιστον, εἰ δύναιτο ποιῆσαι τοὺς κρατίστους ἑαυτῷ μᾶλλον φίλους ἢ ἀλλήλοις. Ὡς οὖν ἐπὶ τὸ φιλεῖσθαι δοκεῖ ἡμῖν ἐλθεῖν, τοῦτο πειρασόμεθα διηγήσασθαι.

II

1 Πρῶτον μὲν γὰρ διὰ παντὸς ἀεὶ τοῦ χρόνου φιλανθρωπίαν τῆς ψυχῆς ὡς ἐδύνατο μάλιστα ἐνεφάνιζεν, ἡγούμενος, ὥσπερ οὐ ῥᾴδιόν ἐστι φιλεῖν τοὺς μισεῖν δοκοῦντας οὐδ' εὐνοεῖν τοῖς κακόνοις, οὕτω καὶ τοὺς γνωσθέντας ὡς φιλοῦσι καὶ εὐνοοῦσιν, οὐκ ἂν δύνασθαι μισεῖσθαι ὑπὸ τῶν φιλεῖσθαι ἡγουμένων. **2** Ἕως μὲν οὖν χρήμασιν ἀδυνατώτερος ἦν εὐεργετεῖν, τῷ τε προνοεῖν τῶν συνόντων καὶ τῷ προπονεῖν καὶ τῷ συνηδόμενος μὲν ἐπὶ τοῖς ἀγαθοῖς φανερὸς εἶναι, συναχθόμενος δ' ἐπὶ τοῖς κακοῖς, τούτοις ἐπειρᾶτο θηρεύειν τὴν φιλίαν· ἐπειδὴ δὲ ἐγένετο αὐτῷ ὥστε χρήμασιν εὐεργετεῖν, δοκεῖ ἡμῖν γνῶναι πρῶτον μὲν ὡς εὐεργέτημα ἀνθρώποις πρὸς ἀλλήλους οὐδέν ἐστιν ἀπὸ τῆς αὐτῆς δαπάνης ἐπιχαριτώτερον ἢ σίτων καὶ ποτῶν μετάδοσις.

I 46 10 παθεῖν τι κατὰ zW² mg. : om. y ‖ 47 2 γένοιτο yVH²AG : γένοιντο H ‖ 3 περιελέσθαι z : παρελέσθαι WD γὰρ παρελέσθαι F ‖ 7 ante πολέμου add. ἀντὶ z del. V² ‖ 48 4 φιλεῖσθαι z : φείδεσθαι y ‖ 4 δοκεῖ ἡμῖν zW : ἡμῖν δοκεῖ DF.

II 1 1 γὰρ om. y ‖ 4 κακόνοις x edd. : -νόοις yz ‖ 2 2 τῷ τε z : τὸ y ‖ 3 καὶ τῷ προπονεῖν z : καὶ τὸ προπονεῖν W² mg. F om. W ‖ προπονεῖν καὶ τῷ om. D ‖ alt. τῷ zF : τὸ W ‖ 6 τὴν φιλίαν yV² s. l. ante θηρεύειν : om. z ‖ ἐπειδὴ δὲ zDF : ἐπεὶ δὲ W.

3 Appliquant le principe, il disposa d'abord que serait toujours présenté, sur sa table, un menu analogue au sien, suffisant pour un grand nombre de personnes ; et tous les plats présentés, sauf les siens et ceux de ses commensaux, il les distribuait[1] à ceux de ses amis pour lesquels il entendait que fût signalée son attention ou sa bonne amitié. Il en distribuait encore à ceux dont les gardes, les services ou une activité quelconque lui était agréable, signifiant par là qu'il était conscient de leur volonté de lui plaire. **4** Il honorait aussi tel de ses serviteurs aux dépens de sa table chaque fois qu'il marquait pour lui son approbation ; de plus, il faisait présenter sur sa table, intégralement, le menu des serviteurs, estimant que c'était, comme avec les chiens[2], enraciner leur dévouement. Et s'il voulait qu'un de ses amis reçût mille prévenances, à lui aussi il envoyait des plats de sa table. Cela s'explique : aujourd'hui encore les gens pour qui l'on voit des dons prélevés sur la table royale bénéficient toujours les premiers de mille prévenances, car on les juge bien en cour et capables de vous obtenir tout ce dont on peut avoir besoin. En outre, ce n'est pas uniquement pour les raisons que j'ai données que ravissent les envois provenant du Roi ; en fait, ce qui a pour origine la table royale possède une saveur[3] toute particulière.

Division du travail. **5** Notez qu'il est absolument normal qu'il en soit ainsi : de même que tous les autres arts atteignent dans

1. Agissaient de même ceux qu'admire Xénophon, Cyrus le Jeune (*Anab.*, I, 9, 25-26), Agésilas (*Agés.*, V, 1) et, d'une manière générale, les rois de Sparte (*Rép. Lac.*, XIV, 4). Une telle conduite témoigne de la vertu de δαπάνη, chère à Xénophon.

2. Xénophon, ami des chiens, s'exprime naturellement sans le moindre mépris ; on a noté plus haut sa mansuétude envers les esclaves, VIII, 1, 44.

3. La phrase d'*Anab.*, II, 3, 16, sur l'ἡδονή particulière du choupalmiste donne à penser qu'ici aussi le mot désigne la « saveur ». La remarque de Xénophon, comme il arrive souvent, est accompagnée d'un sourire.

3 Τοῦτο δ' οὕτω νομίσας πρῶτον μὲν ἐπὶ τὴν αὑτοῦ τράπεζαν συνέταξεν ὅπως οἷς αὐτὸς σιτοῖτο σίτοις, τούτοις ὅμοια ἀεὶ παρατίθοιτο αὐτῷ ἱκανὰ παμπόλλοις ἀνθρώποις· ὅσα δὲ παρατεθείη, ταῦτα πάντα, πλὴν οἷς αὐτὸς καὶ οἱ σύνδειπνοι χρήσαιντο, διεδίδου οἷς δὴ βούλοιτο τῶν φίλων μνήμην ἐνδείκνυσθαι ἢ φιλοφροσύνην. Διέπεμπε δὲ καὶ τούτοις οὓς ἀγασθείη ἢ ἐν φυλακαῖς ἢ ἐν θεραπείαις ἢ ἐν αἱστισινοῦν πράξεσιν, ἐνσημαινόμενος τοῦτο, ὅτι οὐκ ἂν λανθάνοιεν χαρίζεσθαι βουλόμενοι. **4** Ἐτίμα δὲ καὶ τῶν οἰκετῶν ἀπὸ τῆς τραπέζης ὁπότε τινὰ ἐπαινέσειε· καὶ τὸν πάντα δὲ σῖτον τῶν οἰκετῶν ἐπὶ τὴν αὑτοῦ τράπεζαν ἐπετίθετο, οἰόμενος ὥσπερ καὶ τοῖς κυσὶν ἐμποιεῖν τινα καὶ τοῦτο εὔνοιαν. Εἰ δὲ καὶ θεραπεύεσθαί τινα βούλοιτο τῶν φίλων ὑπὸ πολλῶν, καὶ τούτοις ἔπεμπεν ἀπὸ τραπέζης. Καὶ νῦν γὰρ ἔτι οἷς ἂν ὁρῶσι πεμπόμενα ἀπὸ τῆς βασιλέως τραπέζης, τούτους πάντες θεραπεύουσι μᾶλλον, νομίζοντες αὐτοὺς ἐντίμους εἶναι καὶ ἱκανοὺς διαπράττειν, ἤν τι δέωνται. Ἔτι δὲ καὶ οὐ τούτων μόνον ἕνεκα τῶν εἰρημένων εὐφραίνει τὰ πεμπόμενα παρὰ βασιλέως, ἀλλὰ τῷ ὄντι καὶ ἡδονῇ πολὺ διαφέρει τὰ ἀπὸ τῆς βασιλέως τραπέζης.

5 Καὶ τοῦτο μέντοι οὕτως ἔχειν οὐδέν τι θαυμαστόν· ὥσπερ γὰρ καὶ αἱ ἄλλαι τέχναι διαφερόντως ἐν ταῖς

II **3** 1 αὐτοῦ DV² : αὑτοῦ zWF ‖ 3 ἀεὶ zDF : δὴ W ‖ παρατίθοιτο yz : -θεῖτο V² ‖ 5 αὐτὸς yV : αὐτοῖς HAG ‖ 6 δὴ F : ἀεὶ WDV ἂν HAG ‖ βούλοιτο WFV² : βούλοιντο zD ‖ 7 τούτοις οὓς VHA : τούτους οὓς WD τούτοις οἷς FG ‖ 8 αἱστισινοῦν z : ἄλλαις τισὶ y ‖ 9 οὐκ ἂν z : οὐχὶ y ‖ **4** 1 τῆς om. y ‖ 3 αὐτοῦ DV² : αὑτοῦ zWF ‖ 5 θεραπεύεσθαί τινα βούλοιτο z : θεραπεύεσθαι βούλοιτό τινας y ‖ 6 τούτοις zDF : τούτους W ‖ 8 θεραπεύουσι μᾶλλον z : μᾶλλον θεραπεύουσι y ‖ 10 καὶ om. W ‖ μόνον yHA : μόνων VG ‖ 11 εὐφραίνει zDF : εὐφραίνεται W ‖ **5** 2 αἱ om. z.

les grandes villes un degré particulier d'excellence, en cuisine de même la peine que l'on prend pour elle confère à la table royale une particulière perfection. Dans les petites villes c'est le même homme qui fabrique un lit, une porte, une charrue, une table, et souvent c'est lui encore qui construit une maison, et il s'estime heureux si, même alors, il trouve assez d'employeurs pour le faire vivre ; cela étant, il est impossible qu'un artisan qui exerce plusieurs métiers excelle en tous. Dans les grandes villes, du fait que beaucoup de gens ont besoin de chaque objet, chaque spécialité suffit à elle seule pour faire vivre son artisan*, et souvent même une simple branche de spécialité : l'un fabrique des chaussures d'homme, l'autre de femme ; il est des lieux où l'un gagne sa vie à tirer le ligneul, l'autre à tailler les empeignes[1], l'autre à découper simplement les tiges, l'autre ne procédant à aucune de ces façons mais à l'assemblage des pièces. Il est donc nécessaire que celui qui se consacre au travail le plus délimité soit aussi forcé d'être le meilleur fabricant.

6 C'est exactement ce qui se produit en matière de cuisine. Celui pour lequel la même personne dresse le lit[2], compose le menu, fait la pâte, met les divers plats à tour de rôle sur le feu, celui-là doit se contenter, je crois, de faire son travail au petit bonheur ; mais là où un seul homme trouve son service complet à cuire les viandes, un autre à les griller, un autre à cuire le poisson, un autre à le griller, un autre à faire les pains[3] et encore pas toutes les variétés de pain — il suffit qu'il produise une seule espèce renommée — il est à mon sens inévitable que ce qui sort ainsi de la cuisine atteigne dans chaque cas un degré tout particulier d'excellence*.

1. Il semble que le verbe σχίζειν vise une pièce du soulier comme le πρόσχισμα, c'est-à-dire la partie qui va du cou de pied à la pointe ; voir Platon, *Gorg.*, 490 d-e ; Aristote, *Rhét.*, 1392 a 31, où l'on trouve aussi le mot χιτών, la « tige ».

2. Le lit de table, évidemment, comme plus haut, § 5.

3. Sur les divers pains de froment, d'orge, et les gros pains de Thrace enfilés sur des broches, cf. *Anab.*, IV, 5, 31 ; VII, 3, 21.

μεγάλαις πόλεσιν ἐξειργασμέναι εἰσί, κατὰ τὸν αὐτὸν τρόπον καὶ τὰ παρὰ βασιλεῖ σῖτα πολὺ διαφερόντως ἐκπεπόνηται. Ἐν μὲν γὰρ ταῖς μικραῖς πόλεσιν οἱ αὐτοὶ ποιοῦσι κλίνην, θύραν, ἄροτρον, τράπεζαν, πολλάκις δ' ὁ αὐτὸς οὗτος καὶ οἰκοδομεῖ, καὶ ἀγαπᾷ ἢν καὶ οὕτως ἱκανοὺς αὐτὸν τρέφειν ἐργοδότας λαμβάνῃ · ἀδύνατον οὖν πολλὰ τεχνώμενον ἄνθρωπον πάντα καλῶς ποιεῖν. Ἐν δὲ ταῖς μεγάλαις πόλεσι διὰ τὸ πολλοὺς ἑκάστου δεῖσθαι ἀρκεῖ καὶ μία ἑκάστῳ τέχνη εἰς τὸ τρέφεσθαι, πολλάκις δὲ οὐδ' ὅλη μία · ἀλλ' ὑποδήματα ποιεῖ ὁ μὲν ἀνδρεῖα, ὁ δὲ γυναικεῖα · ἔστι δὲ ἔνθα καὶ ὑποδήματα ὁ μὲν νευρορραφῶν μόνον τρέφεται, ὁ δὲ σχίζων, ὁ δὲ χιτῶνας μόνον συντέμνων, ὁ δέ γε τούτων οὐδὲν ποιῶν ἀλλὰ συντιθεὶς ταῦτα. Ἀνάγκη οὖν τὸν ἐν βραχυτάτῳ διατρίβοντα ἔργῳ τοῦτον καὶ ἄριστα δὴ ἠναγκάσθαι τοῦτο ποιεῖν.

6 Τὸ αὐτὸ δὲ τοῦτο πέπονθε καὶ τὰ ἀμφὶ τὴν δίαιταν. Ὧι μὲν γὰρ ὁ αὐτὸς κλίνην στρώννυσι, τράπεζαν κοσμεῖ, μάττει, ὄψα ἄλλοτε ἀλλοῖα ποιεῖ, ἀνάγκη οἶμαι τούτῳ, ὡς ἂν ἕκαστον προχωρῇ, οὕτως ἔχειν · ὅπου δὲ ἱκανὸν ἔργον ἑνὶ ἕψειν κρέα, ἄλλῳ ὀπτᾶν, ἄλλῳ δὲ ἰχθὺν ἕψειν, ἄλλῳ ὀπτᾶν, ἄλλῳ ἄρτους ποιεῖν, καὶ μηδὲ τούτους παντοδαπούς, ἀλλ' ἀρκεῖ ἂν ἓν εἶδος εὐδοκιμοῦν παρέχῃ, ἀνάγκη οἶμαι καὶ ταῦτα οὕτω ποιούμενα πολὺ διαφερόντως ἐξειργάσθαι ἕκαστον.

II 5 3 κατὰ om. WD || 5 μικραῖς yV^2 : αὐταῖς z || 6 κλίνην θύραν z : θύραν κλίνην WDF^2 θύραν καινὴν F || 7 οἰκοδομεῖ yV^2 : οἰκονομεῖ z || 8 οὕτως zDF : οὗτος W || 9 πάντα z : ἅπαντα y || 11 καὶ μία ἑκάστῳ z : ἑκάστῳ μία y || 13 ποιεῖ yV^{2}A : ποιεῖν VHG || post μὲν add. δὴ W || 14 νευρορραφῶν yV^{2}G : εὐροιραφῶν VHA || 17 ἔργῳ yV^2 mg. : om. z || καὶ om. y || 18 δὴ ἠναγκάσθαι Hertlein : διηναγκάσθαι z διενέγκασθαι y δύνασθαι coni. Gemoll || τοῦτο ποιεῖν om. y || 6 3 post μάττει add. πέττει y || ἀλλοῖα z : ἄλλα y || τούτῳ FA : τοῦτο WD τούτων VHG τοῦτον H^2 || 5 ἑνὶ yVA : ἕνι H ἓν H^2 ἓν G || δὲ yVH^2 mg. AG : om. H || 7 ἂν VH ras. G : ἐὰν yA || παρέχῃ y : παράσχῃ z || 8 καὶ om. z || 9 ἐξειργάσθαι z : ἐξεργάσασθαι y.

Libéralités royales.

7 Un tel procédé le rendait sans égal dans les prévenances gastronomiques[1] ; à présent je vais exposer son art d'être sans rival dans toutes ses autres prévenances : car il avait beau surpasser de beaucoup tout le monde par la quantité de ses revenus, il l'emportait encore davantage par la quantité sans pareille de ses dons. Cyrus ouvrit la voie, mais aujourd'hui encore les Rois répandent abondamment les largesses. **8** Chez qui voit-on des amis plus riches que chez le roi de Perse ? Qui voit-on parer son entourage de plus beaux costumes que le Roi ? De qui les présents sont-ils signés comme certains dons du Roi, bracelets, colliers, chevaux embouchés d'or[2] ? Car personne n'a le droit de les détenir s'il ne les a reçus du Roi. **9** Qui d'autre, à ce qu'on dit, se fait préférer par la grandeur de ses dons, avant même des frères, des parents, des enfants ? Qui d'autre fut capable de châtier des ennemis à de longs mois de route[3] autant que le roi de Perse ? Et qui d'autre, après avoir écrasé un empire, mourut avec le titre de Père[4], donné par les sujets écrasés, sinon Cyrus ? Et ce titre est évidemment celui d'un bienfaiteur plus que d'un usurpateur.

Les yeux et les oreilles du Roi.

10 Nous avons pu apprendre aussi qu'il ne se procura pas les hommes dénommés les yeux du Roi et les oreilles du Roi autrement que par des dons et des honneurs ; car en dispensant royalement des bienfaits à ceux qui lui communiquaient les informations opportunes à connaître, il fit à beaucoup prêter l'oreille et les yeux aux renseignements qu'ils pouvaient donner pour le service du Roi. **11** De là

1. En tant que moyen d'acquérir des amis. Cyrus connaît les faiblesses humaines et sait les exploiter.

2. Cyrus le Jeune avait fait les mêmes présents à Syennésis, roi de Cilicie, *Anab.*, I, 2, 27.

3. La remarque prouve que Cyrus pouvait s'absenter longtemps de la capitale sans craindre une révolution.

4. Le même titre de « Père » lui est donné dans Hérodote, III, 89, mais pour sa générosité en matière de tribut.

7 Τῇ μὲν δὴ τῶν σίτων θεραπείᾳ τοιαῦτα ποιῶν πολὺ ὑπερεβάλλετο πάντας· ὡς δὲ καὶ τοῖς ἄλλοις πᾶσι θεραπεύων πολὺ ἐκράτει, τοῦτο νῦν διηγήσομαι· πολὺ γὰρ διενεγκὼν ἀνθρώπων τῷ πλείστας προσόδους λαμβάνειν πολὺ ἔτι πλέον διήνεγκε τῷ πλεῖστα ἀνθρώπων δωρεῖσθαι. Κατῆρξε μὲν οὖν τούτου Κῦρος, διαμένει δ' ἔτι καὶ νῦν τοῖς βασιλεῦσιν ἡ πολυδωρία. **8** Τίνι μὲν γὰρ φίλοι πλουσιώτεροι ὄντες φανεροὶ ἢ Περσῶν βασιλεῖ; Τίς δὲ κοσμῶν κάλλιον φαίνεται στολαῖς τοὺς περὶ αὑτὸν ἢ βασιλεύς; Τίνος δὲ δῶρα γιγνώσκεται ὥσπερ ἔνια τῶν βασιλέως, ψέλια καὶ στρεπτοὶ καὶ ἵπποι χρυσοχάλινοι; Οὐ γὰρ δὴ ἔξεστιν ἐκεῖ ταῦτα ἔχειν ᾧ ἂν μὴ βασιλεὺς δῷ. **9** Τίς δ' ἄλλος λέγεται δώρων μεγέθει ποιεῖν αἱρεῖσθαι αὑτὸν καὶ ἀντ' ἀδελφῶν καὶ ἀντὶ πατέρων καὶ ἀντὶ παίδων; Τίς δ' ἄλλος ἐδυνάσθη ἐχθροὺς ἀπέχοντας πολλῶν μηνῶν ὁδὸν τιμωρεῖσθαι ὡς Περσῶν βασιλεύς; Τίς δ' ἄλλος καταστρεψάμενος ἀρχὴν ὑπὸ τῶν ἀρχομένων πατὴρ καλούμενος ἀπέθανεν ἢ Κῦρος; Τοῦτο δὲ τοὔνομα δῆλον ὅτι εὐεργετοῦντός ἐστι μᾶλλον ἢ ἀφαιρουμένου.

10 Κατεμάθομεν δὲ ὡς καὶ τοὺς βασιλέως καλουμένους ὀφθαλμοὺς καὶ τὰ βασιλέως ὦτα οὐκ ἄλλως ἐκτήσατο ἢ τῷ δωρεῖσθαί τε καὶ τιμᾶν· τοὺς γὰρ ἀπαγγείλαντας ὅσα καιρὸς αὐτῷ εἴη πεπύσθαι μεγάλως εὐεργετῶν πολλοὺς ἐποίησεν ἀνθρώπους καὶ ὠτακουστεῖν καὶ διοπτεύειν τί ἂν ἀγγείλαντες ὠφελήσειαν βασιλέα. **11** Ἐκ τούτου δὴ καὶ πολλοὶ ἐνομίσθησαν βασιλέως

II 8 4 αὑτὸν edd. : αὐτὸν codd. ‖ ante τίνος add. τὰ y ‖ 5 ψέλια FVHA : ψέλλια WDG ‖ 9 2 αὑτὸν WV² : ἑαυτὸν W² ut uid. s. l. DF καὶ αὐτὸν z ‖ 7 τοῦτο δὲ τοὔνομα zDF : τοὔνομα δὲ W ‖ 10 1 κατεμάθομεν z : -έμαθον y ‖ 6 διοπτεύειν z : κατ- y ‖ ἂν om. z ‖ ἀγγείλαντες z : ἀπαγγείλαντες y.

vient que l'on attribua au Roi une grande quantité d'yeux et d'oreilles[1]. Mais quiconque se figure que le Roi choisissait, pour être son œil, un seul homme, fait erreur ; un seul homme ne verrait, un seul homme n'entendrait, que peu de chose ; et c'eût été à peu près donner l'ordre aux autres de fermer les yeux que de charger un seul homme de les ouvrir ; et puis l'on aurait su qu'il fallait se garder de tout homme connu pour être un « œil ». Mais il n'en est pas ainsi, car le Roi écoute quiconque affirme avoir vu ou entendu une chose méritant l'attention. **12** Ainsi attribue-t-on au Roi une grande quantité d'oreilles et d'yeux ; partout on a peur de prononcer des paroles qui desservent le Roi, comme s'il entendait lui-même, ou d'accomplir une action qui le desserve, comme s'il était lui-même présent. Non seulement donc on n'aurait pas osé confier à quelqu'un quelque chose de désagréable sur Cyrus, mais chacun se comportait comme si ses interlocuteurs successifs étaient toujours des yeux et des oreilles du Roi. Ce comportement à son égard ne saurait avoir, à mon sens, de meilleure cause que sa volonté de payer de petits bienfaits par des grands.

Problèmes financiers.

13 Il n'y a rien de surprenant que l'homme le plus riche l'emporte par l'importance de ses dons ; il est plus remarquable qu'avec son métier de roi il l'emportât par les prévenances et les attentions en faveur des amis[2]. On dit que ceci n'était certainement un secret pour personne : rien ne l'aurait fait tant rougir que de n'être pas le premier en matière de prévenances en faveur des amis. **14** On rapporte sa théorie sur l'identité des métiers de bon pasteur et de bon roi[3]. Comme le pasteur devait, selon lui, tirer profit de son troupeau en

1. Sur les yeux et les oreilles du roi, voir encore Hérodote, I, 100 ; 114.

2. Même éloge, et dans les mêmes termes, des qualités de Cyrus le Jeune, *Anab.*, I, 9, 24.

3. Une comparaison du même genre est prise à son compte par Xénophon dans le prologue de la *Cyropédie*, I, 1, 2.

ὀφθαλμοὶ καὶ πολλὰ ὦτα. Εἰ δέ τις οἴεται ἕνα αἱρετὸν εἶναι ὀφθαλμὸν βασιλεῖ, οὐκ ὀρθῶς οἴεται· ὀλίγα γὰρ εἷς γ' ἂν ἴδοι καὶ εἷς ἀκούσειε· καὶ τοῖς ἄλλοις ὥσπερ ἀμελεῖν ἂν παραγγελλόμενον εἴη, εἰ ἑνὶ τοῦτο προστεταγμένον εἴη· πρὸς δὲ καὶ ὅντινα γιγνώσκοιεν ὀφθαλμὸν ὄντα, τοῦτον ἂν εἰδεῖεν ὅτι φυλάττεσθαι δεῖ. Ἀλλ' οὐχ οὕτως ἔχει, ἀλλὰ τοῦ φάσκοντος ἀκοῦσαί τι ἢ ἰδεῖν ἄξιον ἐπιμελείας παντὸς βασιλεὺς ἀκούει. **12** Οὕτω δὴ πολλὰ μὲν βασιλέως ὦτα, πολλοὶ δ' ὀφθαλμοὶ νομίζονται· καὶ φοβοῦνται πανταχοῦ λέγειν τὰ μὴ σύμφορα βασιλεῖ, ὥσπερ αὐτοῦ ἀκούοντος, καὶ ποιεῖν ἃ μὴ σύμφορα, ὥσπερ αὐτοῦ παρόντος. Οὔκουν ὅπως μνησθῆναι ἄν τις ἐτόλμησε πρός τινα περὶ Κύρου φλαῦρόν τι, ἀλλ' ὡς ἐν ὀφθαλμοῖς πᾶσι καὶ ὠσὶ βασιλέως τοῖς ἀεὶ παροῦσιν οὕτως ἕκαστος διέκειτο. Τὸ δὲ οὕτω διακεῖσθαι τοὺς ἀνθρώπους πρὸς αὐτὸν ἐγὼ μὲν οὐκ οἶδα ὅ τι ἄν τις αἰτιάσαιτο μᾶλλον ἢ ὅτι μεγάλα ἤθελεν ἀντὶ μικρῶν εὐεργετεῖν.

13 Καὶ τὸ μὲν δὴ μεγέθει δώρων ὑπερβάλλειν πλουσιώτατον ὄντα οὐ θαυμαστόν· τὸ δὲ τῇ θεραπείᾳ καὶ τῇ ἐπιμελείᾳ τῶν φίλων βασιλεύοντα περιγίγνεσθαι, τοῦτο ἀξιολογώτερον. Ἐκεῖνος τοίνυν λέγεται πᾶσι κατάδηλος εἶναι μηδενὶ ἂν οὕτως αἰσχυνθεὶς ἡττώμενος ὡς φίλων θεραπείᾳ. **14** Καὶ λόγος δὲ αὐτοῦ ἀπομνημονεύεται ὡς λέγοι παραπλήσια ἔργα εἶναι νομέως ἀγαθοῦ καὶ βασιλέως ἀγαθοῦ. Τόν τε γὰρ νομέα χρη-

II 11 2 τις οἴεται... οἴεται z : τινες ᾤοντο... οἴονται y ‖ 5 παραγγελλόμενον codd. : παρηγγελμένον coni. Weckherlin ‖ 5-6 εἰ — εἴη yV² mg. : om. z ‖ 8 ἰδεῖν yHAG : εἰδεῖν V ‖ **12** 2 πολλὰ μὲν βασιλέως ὦτα πολλοὶ δ' ὀφθαλμοὶ νομίζονται z : πολλοὶ μὲν βασιλέως ὀφθαλμοὶ πολλὰ δὲ βασιλέως [om. D] ὦτα νομίζεται y ‖ 3 post λέγειν add. τε y ‖ 4 ἃ μὴ om. z ‖ 8 τὸ y : τοῦ z ‖ 9 οἶδα z : οἶμαι y ‖ **13** 1 τὸ yVH : τῷ AG ‖ ὑπερβάλλειν z : -βάλλεσθαι W -βαλέσθαι DF ‖ 2 τὸ δὲ τῇ y : τῇ δὲ VHG τῇ A ‖ 4 πᾶσι κατάδηλος y : κατάδηλος V² κατάλληλος z ‖ **14** 2 ὡς λέγοι y : ὃς λέγοι V² mg. ut uid. ὡς δέ τοι z ‖ 3 καὶ βασιλέως ἀγαθοῦ y V² mg. : om. z.

assurant son bonheur — dans la mesure où le bétail connaît le bonheur — de même le roi doit tirer parti des cités et des hommes en leur assurant une vie heureuse[1]. Avec ces principes, sa passion de l'emporter sur tous par les prévenances n'a rien de surprenant.

15 Une belle preuve en est fournie par la démonstration publique faite, à ce que l'on raconte, par Cyrus à Crésus, le jour où celui-ci lui remontrait qu'à force de dons il courait à la ruine alors qu'il était le seul homme au monde à pouvoir chez lui rouler sur l'or[2]. **16** L'histoire dit que Cyrus repartit : « Quelle somme, s'il te plaît, possèderais-je, à ton avis, si, comme tu m'y invites depuis que je détiens le pouvoir, j'avais thésaurisé? » Crésus cita un chiffre assez énorme. Alors Cyrus : « Eh ! bien, Crésus, dit-il, envoie avec notre Hystaspe un homme en qui tu aies pleine confiance. Et toi, Hystaspe, fais la tournée des amis et dis-leur que j'ai, pour une certaine affaire, besoin d'argent ; le fait est qu'il m'en faut davantage[3]. Prie-les d'écrire la somme que chacun peut me fournir, d'y mettre leur sceau et de donner leur réponse à porter au serviteur de Crésus[4]. **17** Une fois qu'il eut couché sa déclaration par écrit, apposé son sceau, il chargeait Hystaspe de la porter chez les amis. L'écrit destiné à chacun contenait sa demande d'accueillir Hystaspe

1. Telle n'est pas l'opinion de Thrasymaque dans Platon, *Rép.*, 343 b ; voir aussi Xénophon, *Mém.*, III, 2, 1, sur Agamemnon appelé par Homère « pasteur de peuples ».

2. Xénophon a toujours l'art de rompre une monotonie possible par une anecdote spirituelle et bien enlevée, qui donne du piment à l'idée morale.

3. C'est-à-dire davantage qu'il n'en a présentement à sa disposition et pourtant il possède les trésors des villes conquises, Sardes et Babylone.

4. Il ressort de cette jolie histoire non seulement que la générosité de Cyrus avait rendu généreux ses amis, mais encore que Crésus, le roi riche, avare et intraitable, avait été gagné par l'aménité du jeune conquérant et que les ennemis d'hier étaient devenus des amis presque intimes, en tous les cas qu'ils avaient maintenant pleine confiance l'un dans l'autre. On va le constater davantage à mesure que se développe le récit.

ναι ἔφη εὐδαίμονα τὰ κτήνη ποιοῦντα χρῆσθαι αὐτοῖς, ᾗ δὴ προβάτων εὐδαιμονία, τόν τε βασιλέα ὡσαύτως εὐδαίμονας πόλεις καὶ ἀνθρώπους ποιοῦντα χρῆσθαι αὐτοῖς· οὐδὲν οὖν θαυμαστόν, εἴπερ ταύτην εἶχε τὴν γνώμην, τὸ φιλονίκως ἔχειν πάντων ἀνθρώπων θεραπείᾳ περιγίγνεσθαι.

15 Καλὸν δ' ἐπίδειγμα καὶ τοῦτο λέγεται Κῦρος ἐπιδεῖξαι Κροίσῳ, ὅτε ἐνουθέτει αὐτὸν ὡς διὰ τὸ πολλὰ διδόναι πένης ἔσοιτο, ἐξὸν αὐτῷ θησαυροὺς χρυσοῦ πλείστους ἑνί γε ἀνδρὶ ἐν τῷ οἴκῳ καταθέσθαι. **16** Καὶ τὸν Κῦρον λέγεται ἐρέσθαι· Καὶ πόσα ἂν ἤδη οἴει μοι χρήματα εἶναι, εἰ συνέλεγον χρυσίον ὥσπερ σὺ κελεύεις ἐξ ὅτου ἐν τῇ ἀρχῇ εἰμι; Καὶ τὸν Κροῖσον εἰπεῖν πολύν τινα ἀριθμόν. Καὶ τὸν Κῦρον πρὸς ταῦτα· Ἄγε δή, φάναι, ὦ Κροῖσε, σύμπεμψον ἄνδρα σὺν Ὑστάσπᾳ τούτῳ ὅτῳ σὺ πιστεύεις μάλιστα. Σὺ δέ, ὦ Ὑστάσπα, ἔφη, περιελθὼν πρὸς τοὺς φίλους λέγε αὐτοῖς ὅτι δέομαι χρυσίου πρὸς πρᾶξίν τινα· καὶ γὰρ τῷ ὄντι προσδέομαι. Καὶ κέλευε αὐτοὺς ὁπόσα ἂν ἕκαστος δύνηται πορίσαι μοι χρήματα γράψαντας καὶ κατασημηναμένους δοῦναι τὴν ἐπιστολὴν τῷ Κροίσου θεράποντι φέρειν. **17** Ταῦτα δὲ ὅσα ἔλεγε καὶ γράψας καὶ σημηνάμενος ἐδίδου τῷ Ὑστάσπᾳ φέρειν πρὸς τοὺς φίλους. Ἐνέγραψε δὲ πρὸς πάντας καὶ Ὑστάσπαν ὡς φίλον ἑαυτοῦ δέχεσθαι. Ἐπεὶ δὲ περιῆλθε καὶ ἤνεγκεν ὁ Κροίσου

II **14** 4 ante ἔφη add. ἄρα y ‖ 5 ᾗ δὴ yV² : ἤδη z ‖ 7 εἶχε y : ἔχει z ‖ 8 τὸ φιλονίκως zDF : τῷ φιλονείκως W ‖ 8 θεραπείᾳ ante ἔχειν transp. W ante πάντων DF ‖ **15** 2 τὸ yVH²G : τὰ HA ‖ 3 αὐτῷ yV² : αὖ τοὺς z ‖ **16** 2 ἤδη οἴει z : οἴει ἤδη y ‖ 4 ὅτου FV² : ὅσου zWD ‖ καὶ τὸν z : τὸν δὲ y ‖ 6 σύμπεμψον z : σὺ πέμψον y ‖ τούτῳ codd. : τουτῳὶ coni. Hertlein ‖ 7 ἔφη περιελθὼν z : ἔφατο ἄρα περιελθὼν W ἔφατο ἄρα ἐλθὼν DF ‖ 8 δέομαι z : προσδεήσομαι y ‖ 10 ἂν codd. : del. Dindorf ‖ δύνηται V² : δύναιτο cett. ‖ 10 πορίσαι zDF : προσοίσαι W ‖ **17** 1 γράψας καὶ σημηνάμενος zDF : γράφων καὶ σημαινόμενος W ‖ 2 ἐνέγραψε z : προσενέγραφε y ‖ 3 ἑαυτοῦ y : αὐτοῦ z ‖ 4 ἐπεὶ δὲ z : ἐπειδὴ δὲ y.

comme étant son ami. La tournée accomplie, quand le serviteur de Crésus eut rapporté les réponses, Hystaspe dit : « Cyrus, ô roi, moi aussi, désormais, il faut me traiter en homme riche ; car, grâce à tes écrits, me voici possesseur d'un monceau de présents. » **18** Cyrus dit : « Eh ! bien, en ce seul homme que voilà nous avons, Crésus, un premier trésor ; passe les autres[1] au crible et calcule-moi la somme disponible, en cas de besoin. » Crésus fit son calcul, dit l'histoire, et trouva, fortement multipliée, la somme que, selon lui, Cyrus aurait eue dans ses coffres s'il avait thésaurisé. **19** Quand ce résultat fut indiscutable, Cyrus dit : « Tu vois, Crésus, que j'ai moi aussi des trésors ? Mais tu m'invites à me faire envier et haïr par leur faute en les thésaurisant chez moi, à leur préposer des gardiens appointés en qui avoir confiance. Moi, c'est en rendant mes amis riches que je crois avoir en eux des trésors[2], et en même temps des gardiens de ma personne et de notre fortune, plus sûrs que si je les confiais à des gardiens appointés. **20** Je vais te dire autre chose encore : moi, Crésus, la passion que les dieux ont mise dans l'âme des hommes pour les rendre tous également pauvres, je n'ai pas, moi non plus, la force de la vaincre ; moi aussi, comme tout le monde, je suis insatiable de richesse[3]. **21** Cependant, je crois différer de la plupart en ce sens que, eux, une fois que leurs possessions sont passées du suffisant au superflu, ils enfouissent une partie de leurs biens, en font moisir une autre, et le reste, ils ont des tourments à le compter, mesurer, peser, aérer, surveiller, et pourtant, tout en gardant tant de fortune au logis, ils ne mangent pas plus que ne tolère l'estomac, sous peine d'éclater, ils ne mettent

1. C'est-à-dire les autres trésors que sont ses autres amis. Crésus, si riche et ruiné, est particulièrement apte à comprendre les histoires de trésors.

2. L'idée que le tyran s'enrichit soi-même s'il enrichit ses amis est dans *Hiéron*, XI, 13.

3. Peu à peu Cyrus se sent gagné par un sentiment d'affection envers Crésus puisqu'il en vient à lui faire une confidence. Le lien se resserre entre vainqueur et vaincu. De même Cyrus saura se faire aimer des peuples soumis.

θεράπων τὰς ἐπιστολάς, ὁ δὴ Ὑστάσπας εἶπεν· Ὦ Κῦρε βασιλεῦ, καὶ ἐμοὶ ἤδη χρὴ ὡς πλουσίῳ χρῆσθαι· πάμπολλα γὰρ ἔχων πάρειμι δῶρα διὰ τὰ σὰ γράμματα. **18** Καὶ ὁ Κῦρος εἶπεν· Εἷς μὲν τοίνυν καὶ οὗτος ἤδη θησαυρὸς ἡμῖν, ὦ Κροῖσε· τοὺς δ' ἄλλους καταθεῶ καὶ λόγισαι πόσα ἐστὶν ἕτοιμα χρήματα, ἤν τι δέωμαι χρῆσθαι. Λέγεται δὴ λογισάμενος ὁ Κροῖσος πολλαπλάσια εὑρεῖν ἢ ἔφη Κύρῳ ἂν εἶναι ἐν τοῖς θησαυροῖς ἤδη, εἰ συνέλεγεν. **19** Ἐπεὶ δὲ τοῦτο φανερὸν ἐγένετο, εἰπεῖν λέγεται ὁ Κῦρος· Ὁρᾷς, φάναι, ὦ Κροῖσε, ὡς εἰσὶ καὶ ἐμοὶ θησαυροί; Ἀλλὰ σὺ μὲν κελεύεις με παρ' ἐμοὶ αὐτοὺς συλλέγοντα φθονεῖσθαί τε δι' αὐτοὺς καὶ μισεῖσθαι, καὶ φύλακας αὐτοῖς ἐφιστάντα μισθοφόρους τούτοις πιστεύειν. Ἐγὼ δὲ τοὺς φίλους πλουσίους ποιῶν τούτους μοι νομίζω θησαυροὺς καὶ φύλακας ἅμα ἐμοῦ τε καὶ τῶν ἡμετέρων ἀγαθῶν πιστοτέρους εἶναι ἢ εἰ φρουροὺς μισθοφόρους ἐπεστησάμην. **20** Καὶ ἄλλο δέ σοι ἐρῶ· ἐγὼ γάρ, ὦ Κροῖσε, ὃ μὲν οἱ θεοὶ δόντες εἰς τὰς ψυχὰς τοῖς ἀνθρώποις ἐποίησαν ὁμοίως πάντας πένητας, τούτου μὲν οὐδ' αὐτὸς δύναμαι περιγενέσθαι, ἀλλ' εἰμὶ ἄπληστος κἀγὼ ὥσπερ οἱ ἄλλοι χρημάτων. **21** Τῇδέ γε μέντοι διαφέρειν μοι δοκῶ τῶν πλείστων ὅτι οἱ μὲν ἐπειδὰν τῶν ἀρκούντων περιττὰ κτήσωνται, τὰ μὲν αὐτῶν κατορύττουσι, τὰ δὲ κατασήπουσι, τὰ δὲ ἀριθμοῦντες καὶ μετροῦντες καὶ ἱστάντες καὶ διαψύχοντες καὶ φυλάττοντες πράγματα ἔχουσι, καὶ ὅμως ἔνδον ἔχοντες τοσαῦτα οὔτε ἐσθίουσι

II **17** 5 post ὁ add. μὲν y ‖ **18** 1 post μὲν add. δὴ y ‖ 2 ἤδη om. W ‖ 4 δέωμαι zDF : δεώμεθα W ‖ λογισάμενος y : -ζόμενος z ‖ **19** 5 ἐφιστάντα μισθοφόρους τούτοις zDF : ἐφιστάνειν καὶ μισθοφόροις τούτους W ‖ 8 τε yVH²G : γε HA ‖ 9 ἢ εἰ WF V²H²AG : εἰ ἢ H εἰ V ἢ D ‖ **20** 1 ἄλλο yV² : ἄλλα z ‖ ὃ z : ἃ y ‖ 3 ὁμοίως πάντας πένητας zWD : πάντας ὁμοίως πένητας F ‖ **21** 3 post αὐτῶν add. αὖ z ‖ 4 τὰ z : ἃ y ‖ μετροῦντες καὶ ἱστάντες z : ἱ- κ- μ- y ‖ 6 τοσαῦτα z : αὐτὰ y.

pas plus de vêtements qu'ils ne peuvent en porter, sous peine d'étouffer, mais ils ont dans leur richesse superflue une source de tourments[1]. **22** Pour ma part, si je me plie à cette loi divine en désirant toujours davantage, quand j'acquiers mes possessions, celles que je vois passer du suffisant au superflu, je les prends pour subvenir aux besoins de mes amis — et j'acquiers la bienveillance et l'amitié des gens par les fortunes et les bienfaits que j'apporte — ; elles me font aussi récolter l'estime et la sûreté, ces biens qui ne risquent pas de moisir ni leur trop-plein de gêner : non, plus l'estime s'étend et plus elle gagne en grandeur, en beauté, plus elle devient légère à porter, sans parler des cas nombreux où elle rend plus légers ceux qui la portent[2]. **23** Pour que tu saches cela aussi, Crésus, les plus heureux, selon moi, ne sont pas les hommes qui possèdent le plus et montent la garde sur le plus de biens ; en ce cas[3], monter la garde sur le rempart donnerait le comble du bonheur, puisque c'est garder tout ce que contient la cité. Non, le plus heureux, à mon avis, est l'homme capable de gagner une fortune dans la justice et de la dépenser dans l'honneur. » Et l'on voyait Cyrus conformer ses actes à ses paroles.

Santé publique.

24 Ce n'est pas tout : ayant remarqué que la plupart des hommes, s'ils ont une bonne santé, veillent à posséder les provisions appropriées et se ménagent les réserves utiles au régime des gens bien portants — mais il constatait leur parfaite négligence à réunir les produits

1. Cyrus met beaucoup de délicatesse à décrire des tourments qui doivent être ceux de Crésus lui-même, il a l'art de se mettre à la place des autres.

2. Sur cette façon d'exprimer la légèreté, voir I, 6, 25 : le désir de la gloire rend les fatigues légères pour un chef. L'idée avait frappé Cicéron par sa justesse.

3. « En ce cas » traduit γάρ. L'adverbe οὕτως n'est pas à traduire parce qu'il est explétif. Son seul rôle est de rappeler l'existence d'un participe antérieur même si, comme ici, ce participe le précède immédiatement ; cet emploi, un peu familier et très attique, permet de souligner le rapport entre le participe et l'action principale. Il est fréquent chez Xénophon : *Anab.*, VII, 1, 4 ; *Hell.*, VI, 4, 24 ; *Écon.*, X, 11 ; *Art. éq.*, IX, 3 ; *Mém.*, III, 10, 2, et, entre autres, *Cyrop.*, I, 6, 5 ; II, 1, 1 ; 2, 11 ; 3, 21 (où Weiske corrige heureusement par οὕτως le ἰόντων impossible des manuscrits) ; V, II, 6 ; VIII, 7, 28 (dans une phrase mémorable), etc.

πλείω ἢ δύνανται φέρειν, διαρραγεῖεν γὰρ ἄν, οὔτ' ἀμφιέννυνται πλείω ἢ δύνανται φέρειν, ἀποπνιγεῖεν γὰρ ἄν, ἀλλὰ τὰ περιττὰ χρήματα πράγματα ἔχουσιν. **22** Ἐγὼ δ' ὑπηρετῶ μὲν τοῖς θεοῖς καὶ ὀρέγομαι ἀεὶ πλειόνων· ἐπειδὰν δὲ κτήσωμαι, ἃ ἂν ἴδω περιττὰ ὄντα τῶν ἐμοὶ ἀρκούντων, τούτοις τάς τ' ἐνδείας τῶν φίλων ἐξακοῦμαι — καὶ πλουτίζων καὶ εὐεργετῶν ἀνθρώπους εὔνοιαν ἐξ αὐτῶν κτῶμαι καὶ φιλίαν, — καὶ ἐκ τούτων καρποῦμαι ἀσφάλειαν καὶ εὔκλειαν· ἃ οὔτε κατασήπεται οὔτε ὑπερληροῦντα λυμαίνεται, ἀλλὰ ἡ εὔκλεια ὅσῳ ἂν πλείων ᾖ, τοσούτῳ καὶ μείζων καὶ καλλίων καὶ κουφοτέρα φέρειν γίγνεται, πολλάκις δὲ καὶ τοὺς φέροντας αὐτὴν κουφοτέρους παρέχεται. **23** Ὅπως δὲ καὶ τοῦτο εἰδῇς, ἔφη, ὦ Κροῖσε, ἐγὼ οὐ τοὺς πλεῖστα ἔχοντας καὶ φυλάττοντας πλεῖστα εὐδαιμονεστάτους ἡγοῦμαι· οἱ γὰρ τὰ τείχη φυλάττοντες οὕτως ἂν εὐδαιμονέστατοι εἴησαν· πάντα γὰρ τὰ ἐν ταῖς πόλεσι φυλάττουσιν. Ἀλλ' ὃς ἂν κτᾶσθαί τε πλεῖστα δύνηται σὺν τῷ δικαίῳ καὶ χρῆσθαι πλείστοις σὺν τῷ καλῷ, τοῦτον ἐγὼ εὐδαιμονέστατον νομίζω [καὶ τὰ χρήματα]. Καὶ ταῦτα μὲν δὴ φανερὸς ἦν ὥσπερ καὶ ἔλεγε πράττων.

24 Πρὸς δὲ τούτοις κατανοήσας τοὺς πολλοὺς τῶν ἀνθρώπων ὅτι ἢν μὲν ὑγιαίνοντες διατελῶσι, παρασκευάζονται ὅπως ἕξουσι τὰ ἐπιτήδεια καὶ κατατίθενται τὰ χρήσιμα εἰς τὴν τῶν ὑγιαινόντων δίαιταν — ὅπως δὲ ἢν ἀσθενήσωσι τὰ σύμφορα παρέσται, τούτου οὐ

II 21 7 πλείω y : πλεῖον VH corr. AG ‖ 7-8 διαρραγεῖεν — φέρειν zW² mg. F : om. WD ‖ 8 πλείω y : πλεῖον z ‖ 9 περιττὰ om. W ‖ 22 3 ἴδω V : εἴδω yHAG ‖ 4 ἐξακοῦμαι VF : ἐξασκοῦμαι WD ἐξαρκοῦμαι HAG ‖ 8 ἀλλὰ ἡ z : ἀλλ' ἡ μὲν y ‖ 9 πλείων yVH : πλείω AG ‖ τοσούτῳ yV corr. G : τοσοῦτον HA ‖ 23 2 εἰδῇς z : εἰδείης DF ᾔδείης W ‖ 4 τὰ om. y ‖ οὕτως ἂν z : οὕτω γ' y ‖ 6 κτᾶσθαί τε πλεῖστα FV² : κτᾶσθαι δὲ πλεῖστα D κτᾶσθαί τις πλεῖστα z πλεῖστα κτᾶσθαι δὲ W ‖ 7 καὶ χρῆσθαι y : χρῆσθαί τε G κεχρῆσθαί τε VHA ‖ 8 καὶ τὰ χρήματα del. Schneider ‖ 24 4 ὅπως δὲ ἢν ἀσθενήσωσι z : ἐὰν δὲ ἀσθενήσωσιν ὅπως y.

qui servent en cas de maladie — il décida de s'évertuer à résoudre ce problème* : il rassembla des médecins, les meilleurs de tous, auprès de lui, parce qu'il voulait supporter la dépense, et tout ce que l'un d'entre eux lui déclarait utile, soit comme instrument, soit comme remède, solide ou liquide, il faisait préparer tout, sans exception, pour en constituer un fonds[1]. **25** Chaque fois que tombait malade un de ceux qu'il était important de voir soigner, il le visitait et lui fournissait tout ce dont il avait besoin. Et il savait gré aux médecins chaque fois que l'un d'eux guérissait un malade en puisant dans son fonds.

Popularité de Cyrus.

26 Tels sont les procédés, avec beaucoup d'autres analogues, qu'il imaginait pour avoir le premier rang dans le cœur de ceux dont il tenait à être personnellement* aimé. Les épreuves pour lesquelles il annonçait des concours et offrait des prix, en homme qui voulait inspirer l'émulation du beau et du bien, lui attiraient les louanges parce qu'il veillait à l'exercice de la loyauté ; mais dans l'élite ces concours provoquaient des querelles et des sujets de dispute. **27** Cyrus, là-dessus, institua comme une loi que dans toute affaire qui requérait une décision, soit par jugement soit par concours, ceux qui avaient besoin de la décision devaient s'accorder sur le choix des juges. Alors, naturellement, les parties adverses cherchaient à s'assurer les juges les plus influents et les plus amicalement disposés ; mais la partie perdante en voulait à la gagnante et honnissait les juges qui l'avaient déboutée ; de son côté la partie gagnante affectait si bien d'avoir le dessus en vertu de son bon droit qu'elle pensait ne devoir aucune gratitude à personne[2]. **28** Et ceux qui voulaient occuper la première place dans le cœur de

1. Cyrus — ou Xénophon — est donc l'inventeur de la pharmacie et de l'assistance médicale gratuite puisque c'est lui qui supporte la dépense.

2. Xénophon a bien observé les mœurs des plaideurs dans une Athènes fertile en chicanes, et où l'a frappé un décret d'exil.

πάνυ ἐπιμελομένους ἑώρα — ἔδοξεν οὖν καὶ ταῦτα ἐκπονῆσαι αὐτῷ, καὶ ἰατρούς τε τοὺς ἀρίστους συνεκομίσατο πρὸς ἑαυτὸν τῷ τελεῖν ἐθέλειν καὶ ὁπόσα ἢ ὄργανα χρήσιμα ἔφη τις ἂν αὐτῶν γενέσθαι ἢ φάρμακα ἢ σῖτα ἢ ποτά, οὐδὲν τούτων ὅ τι οὐχὶ παρασκευάσας ἐθησαύριζε παρ' ἑαυτῷ. 25 Καὶ ὁπότε δέ τις ἀσθενήσειε τῶν θεραπεύεσθαι ἐπικαιρίων, ἐπεσκόπει καὶ παρεῖχε πάντα ὅτου ἔδει. Καὶ τοῖς ἰατροῖς δὲ χάριν ᾔδει, ὁπότε τις ἰάσαιτό τινα τοῖς παρ' ἐκείνου λαμβάνων.

26 Ταῦτα μὲν δὴ καὶ τοιαῦτα πολλὰ ἐμηχανᾶτο πρὸς τὸ πρωτεύειν παρ' οἷς ἐβούλετο ἑαυτὸν φιλεῖσθαι. Ὧν δὲ προηγόρευέ τε ἀγῶνας καὶ ἆθλα προυτίθει, φιλονικίας ἐμποιεῖν βουλόμενος περὶ τῶν καλῶν καὶ ἀγαθῶν ἔργων, ταῦτα τῷ μὲν Κύρῳ ἔπαινον παρεῖχεν ὅτι ἐπεμέλετο ὅπως ἀσκοῖτο ἡ ἀρετή· τοῖς μέντοι ἀρίστοις οἱ ἀγῶνες οὗτοι πρὸς ἀλλήλους καὶ ἔριδας καὶ φιλονικίας ἐνέβαλλον. 27 Πρὸς δὲ τούτοις ὥσπερ νόμον κατεστήσατο ὁ Κῦρος, ὅσα διακρίσεως δέοιτο εἴτε δίκῃ εἴτε ἀγωνίσματι, τοὺς δεομένους διακρίσεως συντρέχειν τοῖς κριταῖς. Δῆλον οὖν ὅτι ἐστοχάζοντο μὲν οἱ ἀνταγωνιζόμενοί τι ἀμφότεροι τῶν κρατίστων καὶ τῶν μάλιστα φίλων κριτῶν· ὁ δὲ μὴ νικῶν τοῖς μὲν νικῶσιν ἐφθόνει, τοὺς δὲ μὴ ἑαυτὸν κρίνοντας ἐμίσει· ὁ δ' αὖ νικῶν τῷ δικαίῳ προσεποιεῖτο νικᾶν, ὥστε χάριν οὐδενὶ ἡγεῖτο ὀφείλειν. 28 Καὶ οἱ πρωτεύειν δὲ βουλόμενοι φιλίᾳ παρὰ Κύρῳ, — ὥσπερ ἄλλοι ἐν πόλεσι, —

II 24 6 πάνυ y : πάντας z || 7 αὐτῷ yV² : αὖ z || καὶ ἰατρούς τε y : τούς τε ἰατροὺς z || 8 ἑαυτὸν y : αὑτὸν V² αὐτὸν z || τελεῖν yV² : τε λέγειν z || ἢ z : τε y || 9 χρήσιμα ante γενέσθαι transp. y || αὐτῶν z : αὐτῷ y || 10 ἐθησαύριζε z : -σε y || 11 ἑαυτῷ y : αὑτῷ V² αὐτῷ z || 25 1 τῶν y : τῷ z || 2 θεραπεύεσθαι del. Nikitin fort. recte || 3 ἔδει z : ἐδόκει y || 4 τοῖς z : τῶν yV² || 26 5 τῷ μὲν yV² mg. : μὲν τῷ z || 27 5 ἀνταγωνιζόμενοι yV² mg. : ἀγωνιζό- z || ἀμφότεροι zDF : -τέροις W || 6 κριτῶν yV² : κρείττων H κρεῖττον VH²AG || post μὲν add. μὴν aut fort. μὴ W.

Cyrus, ceux-là aussi — comme il arrive également dans les régimes populaires[1] — se haïssaient si bien les uns les autres qu'en général ils souhaitaient chacun voir l'autre vider les lieux, plutôt que d'agir d'accord en vue d'un bien commun.

Voilà donc montré l'art qu'avait Cyrus de s'y prendre pour que les hommes influents eussent tous moins d'affection entre eux que pour lui.

III

La grande parade.

1 Nous allons maintenant raconter comment Cyrus fit son premier défilé de sortie[2] du Palais royal ; car la solennité du défilé lui-même fut, croyons-nous, un des procédés imaginés par lui pour avoir une autorité imposante. Il convoqua d'abord, avant le défilé, ceux des Perses et ceux aussi des alliés qui détenaient une haute fonction, et leur distribua des robes médiques[3] — c'est alors pour la première fois que l'on vit des Perses revêtir la robe médique. — Au cours de la distribution, il leur annonçait sa volonté de gagner à cheval les enclos consacrés réservés aux dieux[4] et de sacrifier avec eux. **2** « Trouvez-vous à la cour, parés de ces robes-là, avant le lever du soleil, et disposez-vous selon les directives que le Perse Phéraulas vous donnera de ma part ; quand je prendrai la tête, suivez, à la place assignée. Si l'un de vous estime qu'il existe un dispositif plus beau que celui que maintenant nous allons prendre, qu'il me l'indique à notre retour ; car il faut que chaque élément soit disposé de la façon qui vous semblera la plus belle et la plus glorieuse. »

1. C'est-à-dire dans les cités grecques où l'on cherche à flatter le peuple souverain.

2. Le verbe ἐξελαύνειν désigne la sortie solennelle en public d'un grand personnage, comme, à l'inverse, en français, le mot « entrée » s'applique à la cérémonie de réception d'un grand personnage dans une ville, amie ou vaincue.

3. Sur cette « robe », voir I, 3, 3 ; 4, 26 ; II, 4, 1, et ci-dessus VIII, 1, 40 avec la note.

4. Cette volonté fait suite aux ordres donnés VII, 5, 35. »

καὶ οὗτοι ἐπιφθόνως πρὸς ἀλλήλους εἶχον, ὥσθ' οἱ πλείονες ἐκποδὼν ἐβούλοντο ὁ ἕτερος τὸν ἕτερον γενέσθαι μᾶλλον ἢ συνέπραξαν ἄν τι ἀλλήλοις ἀγαθόν. Καὶ ταῦτα μὲν δεδήλωται ὡς ἐμηχανᾶτο τοὺς κρατίστους αὐτὸν μᾶλλον πάντας φιλεῖν ἢ ἀλλήλους.

III

1 Νῦν δὲ ἤδη διηγησόμεθα ὡς τὸ πρῶτον ἐξήλασε Κῦρος ἐκ τῶν βασιλείων · καὶ γὰρ αὐτῆς τῆς ἐξελάσεως ἡ σεμνότης ἡμῖν δοκεῖ μία τῶν τεχνῶν εἶναι τῶν μεμηχανημένων τὴν ἀρχὴν μὴ εὐκαταφρόνητον εἶναι. Πρῶτον μὲν οὖν πρὸ τῆς ἐξελάσεως εἰσκαλέσας πρὸς ἑαυτὸν τοὺς τὰς ἀρχὰς ἔχοντας Περσῶν τε καὶ τῶν ἄλλων συμμάχων διέδωκεν αὐτοῖς τὰς Μηδικὰς στολάς — καὶ τότε πρῶτον Πέρσαι Μηδικὴν στολὴν ἐνέδυσαν —. Διαδιδούς τε ἅμα τάδε ἔλεγεν αὐτοῖς ὅτι ἐλάσαι βούλοιτο εἰς τὰ τεμένη τὰ τοῖς θεοῖς ἐξῃρημένα καὶ θῦσαι μετ' ἐκείνων. **2** Πάρεστε οὖν, ἔφη, ἐπὶ τὰς θύρας κοσμηθέντες ταῖς στολαῖς ταύταις πρὶν ἥλιον ἀνατέλλειν, καὶ καθίστασθε ὡς ἂν ὑμῖν Φεραύλας ὁ Πέρσης ἐξαγγείλῃ παρ' ἐμοῦ · καὶ ἐπειδάν, ἔφη, ἐγὼ ἡγῶμαι, ἕπεσθε ἐν τῇ ῥηθείσῃ χώρᾳ. Ἢν δ' ἄρα τινὶ δοκῇ ὑμῶν ἄλλῃ κάλλιον εἶναι ἢ ὡς ἂν νῦν ἐλαύνωμεν, ἐπειδὰν πάλιν ἔλθωμεν, διδασκέτω με · ὅπῃ γὰρ ἂν κάλλιστον καὶ ἄριστον ὑμῖν δοκῇ εἶναι, ταύτῃ ἕκαστα δεῖ καταστήσασθαι.

II 28 7 αὐτὸν μᾶλλον πάντας z : ἑαυτὸ[-ῶ-W]ν πάντας μᾶλλον y.

III 1 2 ante αὐτῆς add. ἐξ y ‖ 3 ἡμῖν δοκεῖ z : δοκεῖ ἡμῖν y ‖ 5 πρὸς DF HAG : εἰς WV ‖ 5 ἑαυτὸν y : αὐτὸν z ‖ 6 ἔχοντας yz : ἄγοντας V² ‖ 7 συμμάχων om. z ‖ 8 διαδιδούς zD : διαδούς W διδούς F ‖ 9 βούλοιτο z : βουλήσοιτο y ‖ 2 1 ἔφη z : ἔφη αὔριον WD αὔριον F. ‖ 2 καθίστασθε yV² : καθίστατε z ‖ 3 ἐξαγγείλῃ y : -αγγέλλῃ VHA -αγγέλλειν G ‖ 5 ἢν z : ἐὰν y ‖ τινὶ δοκῇ WD HA : δοκῇ τινι FV δοκεῖ G ‖ 6 νῦν yV² : δύνῃ z ‖ ἐλαύνωμεν FV : ἐλαύνομεν WD ἐλαύνωμαι HAG ‖ 7 με z : ἐμέ y ‖ ὑμῖν DFV² mg. : ἡμῖν Wz ‖ 8 δοκῇ WDVH : δοκεῖ FAG.

3 Une fois qu'il eut dispensé les plus belles robes aux personnages influents[1], il produisit d'autres robes médiques, car il en avait préparé une multitude, sans lésiner sur les manteaux pourpres, cramoisis, orangés ou vermeils. Ayant distribué entre ses commandants la part qui revenait à chacun, il les pria d'en parer leurs amis « de la même façon, dit-il, que je vous pare. **4** — Et toi, demanda l'un de ceux qui étaient là, à quel moment te pareras-tu ? » Il répondit : « Est-ce qu'en ce moment vous ne trouvez pas que je me pare quand je vous pare ? Soyez sûrs que, si je puis vous traiter bien, vous mes amis, ma robe, quelle qu'elle soit, me donnera le prestige de la beauté[2]. » **5** Ils s'en allèrent alors et mandaient leurs amis pour les parer.

Cyrus, de son côté, estimant que Phéraulas, cet homme du peuple[3], avait l'esprit vif, du goût, le sens de l'ordre et ne négligait pas de lui plaire, lui qui un jour l'avait soutenu sur la question de proportionner la récompense au mérite[4], il le fit venir et le consultait sur le moyen de donner au défilé un air magnifique pour les gens dévoués, mais redoutable pour les gens dangereux. **6** Lorsque l'examen du problème les eut mis d'accord, Cyrus invita Phéraulas à faire en sorte que le défilé eût lieu le lendemain, conformément aux dispositions arrêtées. « J'ai prescrit, dit-il, que tout le monde t'obéisse sur l'ordonnance du défilé. Pour que l'on écoute plus volontiers tes instructions, prends, dit-il, ces tuniques et porte-les aux commandants des lanciers de la garde ;

1. Xénophon prête à Cyrus sa propre passion admirative pour les cortèges, défilés et cavalcades dans Athènes : hommes et chevaux sont associés pour servir les dieux, la beauté, la cité ; voir les développements, longs et précis, sur ces « merveilleux spectacles », dans *Art éq.*, XI, 8-12 ; *Comm. Cav.*, III, 1-14.

2. Cyrus, comme souvent, s'exprime avec une délicatesse très fine et très attique.

3. Sur cet « homme du peuple » qui plaisait beaucoup à Cyrus et qui « physiquement et moralement avait un air de noblesse », voir II, 3, 7 et suiv.

4. Telle avait été en effet la conclusion de son discours de II, 3, 8-16, sur le thème « à chacun selon son mérite ».

3 Ἐπεὶ δὲ τοῖς κρατίστοις διέδωκε τὰς καλλίστας στολάς, ἐξέφερε δὴ καὶ ἄλλας Μηδικὰς στολάς, παμπόλλας γὰρ παρεσκευάσατο, οὐδὲν φειδόμενος οὔτε πορφυρίδων οὔτε ὀρφνίνων οὔτε φοινικίδων οὔτε καρυκίνων ἱματίων. Νείμας δὲ τούτων τὸ μέρος ἑκάστῳ τῶν ἡγεμόνων ἐκέλευσεν αὐτοὺς τούτοις κοσμεῖν τοὺς αὑτῶν φίλους, ὥσπερ, ἔφη, ἐγὼ ὑμᾶς κοσμῶ. **4** Καί τις τῶν παρόντων ἐπήρετο αὐτόν· Σὺ δέ, ὦ Κῦρε, ἔφη, πότε κοσμήσῃ; Ὁ δ' ἀπεκρίνατο· Οὐ γὰρ νῦν, ἔφη, δοκῶ ὑμῖν αὐτὸς κοσμεῖσθαι ὑμᾶς κοσμῶν; Ἀμέλει, ἔφη, ἢν δύνωμαι ὑμᾶς τοὺς φίλους εὖ ποιεῖν, ὁποίαν ἂν ἔχων τυγχάνω στολήν, ἐν ταύτῃ καλὸς φανοῦμαι. **5** Οὕτω δὴ οἱ μὲν ἀπελθόντες μεταπεμπόμενοι τοὺς φίλους ἐκόσμουν ταῖς στολαῖς.

Ὁ δὲ Κῦρος νομίζων Φεραύλαν τὸν ἐκ τῶν δημοτῶν καὶ συνετὸν εἶναι καὶ φιλόκαλον καὶ εὔτακτον καὶ τοῦ χαρίζεσθαι αὐτῷ οὐκ ἀμελῆ, ὅς ποτε καὶ περὶ τοῦ τιμᾶσθαι ἕκαστον κατὰ τὴν ἀξίαν συνεῖπε, τοῦτον δὴ καλέσας συνεβουλεύετο αὐτῷ πῶς ἂν τοῖς μὲν εὔνοις κάλλιστα ἰδεῖν ποιοῖτο τὴν ἐξέλασιν, τοῖς δὲ δυσμενέσι φοβερώτατα. **6** Ἐπεὶ δὲ σκοποῦντοιν αὐτοῖν τὰ αὐτὰ συνέδοξεν, ἐκέλευσε τὸν Φεραύλαν ἐπιμεληθῆναι ὅπως ἂν οὕτω γένηται αὔριον ἡ ἐξέλασις ὥσπερ ἔδοξε καλῶς ἔχειν. Εἴρηκα δέ, ἔφη, ἐγὼ πάντας πείθεσθαί σοι περὶ τῆς ἐν τῇ ἐξελάσει τάξεως. Ὅπως δ' ἂν ἥδιον παραγγέλλοντός σου ἀκούσωσι, φέρε λαβών, ἔφη, χιτῶνας μὲν τουτουσὶ τοῖς τῶν δορυφόρων ἡγεμόσι, κασᾶς δὲ

III **3** 7 αὑτῶν DFV²A : αὐτῶν WVHG || **4** 6 ἂν om. y || καλὸς WDV² : καλῶς zF || **5** 5 αὐτῷ z : ἑαυτῷ y || ἀμελῆ yV² : ἠμέλει HA ἀμελεῖν G || 6 κατὰ τὴν z : κατ' y || 7 ante κάλλιστα add. ὡς y || **6** 1 τὰ αὐτὰ VHG : τ' αὐτὰ A ταῦτα y || 3 ἡ om. y || 4 ἔφη yV² mg. : om. HA || ἐγὼ ante ἔφη transp. G || 5 δ' DFV² mg. : om. zW || 5 παραγγέλλοντός σου z : σου παραγγέλλοντος y || 6 ἀκούσωσι y : ἀκούωσι z || ἔφη om. HAG || 6 χιτῶνας μὲν yV² mg. : om. z || 7 post δορυφόρων add. δὸς WV || κασᾶς Brodaeus : καλέσας codd.

ces manteaux de cheval[1], fais-en don aux commandants des cavaliers, et ces autres tuniques aux commandants des chars. »

7 Phéraulas les prenait, les portait. En le voyant, les commandants disaient : « Oui, tu es sans doute un homme important[2], Phéraulas, puisque tu vas nous assigner notre rôle. — Nullement, répondait-il, non seulement je ne le suis visiblement pas, mais je vais même devenir une bête de somme[3]. En tous cas, maintenant, j'apporte ici deux manteaux de cheval, un pour toi, le second pour un autre. Prends celui que tu veux. » **8** Du coup l'homme du manteau en avait oublié sa jalousie ; il lui demanda son avis sur celui qu'il devait prendre. Phéraulas donna son avis sur le meilleur et dit : « Si tu révèles que je t'ai donné le choix, tu trouveras en moi un porteur d'une tout autre composition[4] la prochaine fois que je le serai. » Ayant achevé sa distribution conformément aux ordres, il prenait soin sans retard d'assurer dans chacun de ses éléments la perfection du défilé.

9 Le lendemain, tout, avant le jour, était nettoyé ; des rangs de soldats se tenaient de part et d'autre de la route — comme ils se tiennent aujourd'hui encore aux endroits où le Roi doit passer* — et ces rangs, personne n'a le droit de les franchir s'il n'est des dignitaires. Des porte-fouet étaient installés, pour frapper

1. Le mot κασᾶς est une correction pour le καλέσας douteux des manuscrits ; il est très rare, tardif, mais confirmé par sa présence aux §§ 7 et 8. Il ne signifie sans doute pas une « schabraque », qui n'aurait pas grand effet pour parer les commandants à cheval, mais désigne plutôt un grand manteau qui protège le cavalier contre le froid et les intempéries et qui couvre jusqu'au dos du cheval.

2. Les commandants, qui font partie des Pairs, parlent avec une ironie teintée d'amertume en voyant le rôle assigné par Cyrus à un « homme du peuple ».

3. Avec une aménité spirituelle Phéraulas répond à la remarque des commandants : en tant que « porteur » (§ 8) ou « bête de somme », il fera partie de cet élément non combattant, donc moins noble, qu'est le train des équipages.

4. En ce sens que Phéraulas ne donnera plus à choisir.

τούσδε τοὺς ἐφιππίους τοῖς τῶν ἱππέων ἡγεμόσι δός, καὶ τῶν ἁρμάτων τοῖς ἡγεμόσιν ἄλλους τούσδε χιτῶνας.

7 Ὁ μὲν δὴ ἔφερε λαβών. Οἱ δὲ ἡγεμόνες ἐπεὶ ἴδοιεν αὐτόν, ἔλεγον· Μέγας δὴ σύγε, ὦ Φεραύλα, ὁπότε γε καὶ ἡμῖν τάξεις ἃ ἂν δέῃ ποιεῖν. Οὐ μὰ Δί', ἔφη ὁ Φεραύλας, οὐ μόνον γε, ὡς ἔοικεν, ἀλλὰ καὶ συσκευοφορήσω. Νῦν γοῦν φέρω τώδε δύο κασᾶ, τὸν μὲν σοί, τὸν δὲ ἄλλῳ. Σὺ μέντοι τούτων λαβὲ ὁπότερον βούλει. **8** Ἐκ τούτου δὴ ὁ μὲν λαμβάνων τὸν κασᾶν τοῦ μὲν φθόνου ἐπελέληστο, εὐθὺς δὲ συνεβουλεύσατο αὐτῷ ὁπότερον λαμβάνοι. Ὁ δὲ συμβουλεύσας ἂν ὁπότερος βελτίων εἴη καὶ εἰπών· Ἤν μου κατηγορήσῃς ὅτι αἵρεσίν σοι ἔδωκα, εἰς αὖθις ὅταν διακονῶ, ἑτέρῳ χρήσῃ μοι διακόνῳ. Ὁ μὲν δὴ Φεραύλας οὕτω διαδοὺς ᾗ ἐτάχθη εὐθὺς ἐπεμελεῖτο τῶν εἰς τὴν ἐξέλασιν ὅπως ὡς κάλλιστα ἕκαστα ἔξοι.

9 Ἡνίκα δ' ἡ ὑστεραία ἧκε, καθαρὰ μὲν ἦν πάντα πρὸ ἡμέρας, στοῖχοι δὲ εἱστήκεσαν ἔνθεν καὶ ἔνθεν τῆς ὁδοῦ, ὥσπερ καὶ νῦν ἔτι ἵστανται ᾗ ἂν βασιλεὺς μέλλῃ ἐλαύνειν· ὧν ἐντὸς οὐδενὶ ἔστιν εἰσιέναι τῶν μὴ τετιμημένων. Μαστιγοφόροι δὲ καθέστασαν, οἳ ἔπαιον εἴ τις

III **6** 8 τούσδε om. z ‖ ἐφιππίους yG : ἐφίππους VHA ‖ 8-9 δὸς — ἡγεμόσι om. z ‖ post δὸς add. δὲ y ‖ **7** 2 σύγε FVHA : σὺ WDG ‖ ὁπότε zF : ὁπόταν WD ‖ 3 τάξεις ἃ FG² : τάξῃς ἃ WD τὰ ἴσα z ‖ 4 συσκευοφορήσω y : σκευο- z ‖ 5 γοῦν yHAG : οὖν V ‖ φέρω τώδε z : φερέτω DF φερέτω τῷδε W ‖ τὸν μὲν — ἄλλῳ yV² mg. : om. V ‖ pr. τὸν yG : τῶν HA ‖ σοί yG : τοι HA ‖ 5-6 τὸν δὲ — τούτων om. HAG ‖ 6 ante μέντοι add. τῶν H ‖ τούτων yV² mg. : om. V ‖ λαβὲ edd. : λάβε codd. ‖ **8** 3 συνεβουλεύσατο yV : -βουλεύετο A -βούλευτο HG ‖ 4 ὁπότερος yV² : -ρον z ‖ 5 εἴη zDF : εἶ W ‖ 6 ἔδωκα yHAG : δέδωκα V ‖ χρήσῃ μοι VHA : μοι χρήσῃ yG ‖ 7 διαδοὺς DVHA : διαδιδοὺς WFG ‖ 8 ἐπεμελεῖτο z : -μέλετο y ‖ 9 ἕξοι VHA : ἕξει yG ‖ **9** 1 καθαρὰ μὲν ἦν yV² : καθηράμενοι z ‖ 2 στοῖχοι yV² : στίχοι z ‖ εἱστήκεσαν y : ἑστή- z ‖ 3 μέλλῃ yV : μέλλοι HAG.

toute personne gênante. D'abord, sur quatre rangs, se tenaient près de quatre mille lanciers de la garde, en avant de la porte, et deux mille de chaque côté. **10** Les cavaliers étaient là, tous, pied à terre, les mains passées à travers la redingote[1], comme ils font encore aujourd'hui quand le Roi voit. Les Perses se tenaient sur la droite de la route, les alliés, d'autre part, sur la gauche, et les chars, de même, par moitié de chaque côté.

11 Lorsque fut ouverte en grand la porte du Palais royal, en tête, sur quatre rangs, étaient menés des taureaux d'une parfaite beauté, destinés à Zeus et à ceux des autres dieux que prescrivaient les mages — car les Perses pensent que dans tout ce qui touche aux dieux il faut, bien plus qu'ailleurs, recourir aux experts—. **12** Derrière ces bêtes étaient menés des chevaux, en offrande au Soleil[2] ; derrière eux débouchait, attelé de chevaux blancs sous un joug d'or, un char couronné, consacré à Zeus ; derrière lui, un char du Soleil avec un attelage blanc, également couronné, comme le précédent ; derrière lui débouchait à son tour un troisième char, les chevaux enveloppés d'un caparaçon de pourpre[3], et par derrière suivaient des hommes portant du feu sur un grand autel.

13 Après eux, alors, sortant de la porte, en char, Cyrus attirait les regards[4] ; il portait la tiare droite[5] et une tunique de pourpre avec des reflets blancs — sauf lui personne n'a le droit d'avoir des reflets blancs — le pantalon bouffant teint d'écarlate autour des jambes,

1. C'est-à-dire à travers ses manches. Devant le roi de Perse, chacun doit avoir les mains prisonnières dans les manches du vêtement ; voir l'interpolation d'*Hell.*, II, 1, 8, et ci-dessous, § 14.

2. Même coutume chez les Massagètes (Hérodote, I, 216), en Laconie (Pausanias, III, 20) et en Arménie (*Anab.*, IV, 5, 35) ; cf. Strabon, XI, 8, 6. Déjà dans l'*Iliade* Homère associe le cheval et le soleil : F. Cumont, *Lux perpetua*, p. 286 et suiv.

3. Sur la φοινικίς, housse ou caparaçon de pourpre, voir F. Chamoux, *Mélanges Seston*, p. 83-84.

4. Le verbe προφαίνομαι implique l'idée de « s'exposer aux regards », ou d' « être en vue » ; cf. IV, 3, 4 ; VI, 3, 12 ; VII, 5, 39.

5. Seul le roi a le droit de porter la κύταρις droite ; cf. *Anab.*, II, 5, 23 ; Aristophane, *Ois.*, 487 ; Plut., *Thém.*, 29, 7.

ἐνοχλοίη. Ἕστασαν δὲ πρῶτον μὲν τῶν δορυφόρων εἰς τετρακισχιλίους ἔμπροσθεν τῶν πυλῶν εἰς τέτταρας, δισχίλιοι δ' ἑκατέρωθεν τῶν πυλῶν. **10** Καὶ οἱ ἱππεῖς δὲ πάντες παρῆσαν καταβεβηκότες ἀπὸ τῶν ἵππων, καὶ διειρκότες τὰς χεῖρας διὰ τῶν κανδύων, ὥσπερ καὶ νῦν ἔτι διείρουσιν, ὅταν ὁρᾷ βασιλεύς. Ἕστασαν δὲ Πέρσαι μὲν ἐκ δεξιᾶς, οἱ δὲ ἄλλοι σύμμαχοι ἐξ ἀριστερᾶς τῆς ὁδοῦ, καὶ τὰ ἅρματα ὡσαύτως τὰ ἡμίσεα ἑκατέρωθεν.

11 Ἐπεὶ δ' ἀνεπετάννυντο αἱ τοῦ βασιλείου πύλαι, πρῶτον μὲν ἤγοντο τῷ Διὶ ταῦροι πάγκαλοι εἰς τέτταρας καὶ οἷς τῶν ἄλλων θεῶν οἱ μάγοι ἐξηγοῦντο· — πολὺ γὰρ οἴονται Πέρσαι χρῆναι τοῖς περὶ τοὺς θεοὺς μᾶλλον τεχνίταις χρῆσθαι ἢ περὶ τἆλλα —. **12** Μετὰ δὲ τοὺς βοῦς ἵπποι ἤγοντο θῦμα τῷ Ἡλίῳ· μετὰ δὲ τούτους ἐξήγετο ἅρμα λευκὸν χρυσόζυγον ἐστεμμένον Διὸς ἱερόν· μετὰ δὲ τοῦτο Ἡλίου ἅρμα λευκόν, καὶ τοῦτο ἐστεμμένον ὥσπερ τὸ πρόσθεν· μετὰ δὲ τοῦτο ἄλλο τρίτον ἅρμα ἐξήγετο, φοινικίσι καταπεπταμένοι οἱ ἵπποι, καὶ πῦρ ὄπισθεν αὐτοῦ ἐπ' ἐσχάρας μεγάλης ἄνδρες εἵποντο φέροντες.

13 Ἐπὶ δὲ τούτοις ἤδη αὐτὸς ἐκ τῶν πυλῶν προυφαίνετο ὁ Κῦρος ἐφ' ἅρματος ὀρθὴν ἔχων τὴν τιάραν καὶ χιτῶνα πορφυροῦν μεσόλευκον — ἄλλῳ δ' οὐκ ἔξεστι μεσόλευκον ἔχειν — καὶ περὶ τοῖς σκέλεσιν ἀναξυρίδας ὑσγινοβαφεῖς, καὶ κάνδυν ὁλοπόρφυρον. Εἶχε δὲ καὶ

III **9** 7 post ἔμπροσθεν add. δὲ z ‖ τῶν om. HA ‖ **10** 1 καὶ om. y ‖ 3 διειρκότες WD : διηρκότες zF ‖ 4 διείρουσι DV : διειροῦσι WFHAG ‖ 6 post ἅρματα add. δὲ y ‖ **11** 3 οἷς yV² : τοῖς z ‖ τῶν ἄλλων z : ἄλλοις y ‖ πολὺ yV² : πολλοὶ z ‖ **12** 2 θῦμα z : θύματα y ‖ 4 pr. τοῦτο y V² : τόδε G τὸ VHA ‖ Ἡλίου yV² : om. z ‖ **13** 1 τούτοις yV² : τοῖς z ‖ 2 post ὀρθὴν add. τ' y ‖ 4 ἀναξυρίδας zDF : ξυρίδας W ‖ 5 ὑσγινοβαφεῖς yV corr. : βυσσινοβαφεῖς HA κυσθινοβαφεῖς G.

et un surtout[1] entièrement pourpre. Il avait aussi un diadème autour de la tiare ; les personnes du sang avaient le même emblème, et l'ont toujours aujourd'hui. **14** Il avait les mains hors des manches. Sur le char, à son côté, se trouvait un cocher de grande taille, moins grand que lui cependant, soit de nature, soit en vertu de quelque artifice ; en tout cas Cyrus apparut beaucoup plus grand. En le voyant, tout le monde fit la prosternation, soit que certains eussent reçu l'ordre de donner l'exemple, soit encore que la mise en scène et l'air de grandeur et de beauté que Cyrus présentait aux regards eut stupéfié la foule. Avant ce jour aucun Perse n'avait fait la prosternation[2] devant le Roi. **15** Le char de Cyrus avançait, les premiers quatre mille lanciers de la garde[3] détachés en tête, les deux mille autres faisant escorte de chaque côté du char ; suivaient, à cheval, les grands-massiers de sa personne, en tenue de parade, avec leurs javelots, au nombre d'environ trois cents. **16** Après quoi se déployaient les chevaux de l'écurie royale, avec des mors en or, enveloppés de leur couverture rayée, au nombre d'environ deux cents ; derrière eux, deux mille lanciers ; derrière eux, des cavaliers, les dix mille du début[4], formés sur cent de chaque côté, Chrysantas à leur tête. **17** Derrière eux, dix mille autres cavaliers perses, en formation analogue, Hystaspe à leur tête ; derrière eux, dix mille autres, de même, Datamas à leur tête ; derrière eux, dix mille encore, Gadatas à leur tête ; **18** derrière eux, des cavaliers mèdes, derrière eux arméniens, après eux hyrcaniens, après eux cadusiens, derrière eux saces ; après les cavaliers, des chars formés sur quatre rangs, le perse Artabatas à leur tête.

1. Voir I, 3, 2 et la note ; *Anab.*, I, 5, 8.
2. Sur la « prosternation », rituelle en Perse, voir VII, 5, 32 et la note, et aussi IV, 4, 13.
3. On notera l'admiration de Xénophon pour un tel foisonnement de cavaliers, quand Athènes avait de la peine à mobiliser l'effectif légal de mille cavaliers.
4. Sur les effectifs initiaux de Cyrus, voir I, 1, 5 et II, 1, 2 ; les dix mille cavaliers du début doivent être ceux de l'armée mède que Cyaxare mit à la disposition de Cyrus, II, 1, 6 ; voir aussi VII, 4, 14.

διάδημα περὶ τῇ τιάρᾳ· καὶ οἱ συγγενεῖς δὲ αὐτοῦ τὸ αὐτὸ τοῦτο σημεῖον εἶχον, καὶ νῦν τὸ αὐτὸ τοῦτο ἔχουσι. **14** Τὰς δὲ χεῖρας ἔξω τῶν χειρίδων εἶχε. Παρωχεῖτο δὲ αὐτῷ ἡνίοχος μέγας μέν, μείων δ' ἐκείνου εἴτε καὶ τῷ ὄντι εἴτε καὶ ὁπωσοῦν· μείζων δ' ἐφάνη πολὺ Κῦρος. Ἰδόντες δὲ πάντες προσεκύνησαν, εἴτε καὶ ἄρξαι τινὲς κεκελευσμένοι εἴτε καὶ ἐκπλαγέντες τῇ παρασκευῇ καὶ τῷ δόξαι μέγαν τε καὶ καλὸν φανῆναι τὸν Κῦρον. Πρόσθεν δὲ Περσῶν οὐδεὶς Κῦρον προσεκύνει. **15** Ἐπεὶ δὲ προῄει τὸ τοῦ Κύρου ἅρμα, προηγοῦντο μὲν οἱ τετρακισχίλιοι δορυφόροι, παρείποντο δὲ οἱ δισχίλιοι ἑκατέρωθεν τοῦ ἅρματος· ἐφείποντο δὲ οἱ περὶ αὐτὸν σκηπτοῦχοι ἐφ' ἵππων κεκοσμημένοι σὺν τοῖς παλτοῖς ἀμφὶ τοὺς τριακοσίους. **16** Οἱ δ' αὖ τῷ Κύρῳ τρεφόμενοι ἵπποι παρήγοντο χρυσοχάλινοι, ῥαβδωτοῖς ἱματίοις καταπεπταμένοι, ἀμφὶ τοὺς διακοσίους· ἐπὶ δὲ τούτοις δισχίλιοι ξυστοφόροι· ἐπὶ δὲ τούτοις ἱππεῖς οἱ πρῶτοι γενόμενοι μύριοι, εἰς ἑκατὸν πανταχῇ τεταγμένοι· ἡγεῖτο δ' αὐτῶν Χρυσάντας. **17** Ἐπὶ δὲ τούτοις μύριοι ἄλλοι Περσῶν ἱππεῖς τεταγμένοι ὡσαύτως, ἡγεῖτο δ' αὐτῶν Ὑστάσπας· ἐπὶ δὲ τούτοις ἄλλοι μύριοι ὡσαύτως, ἡγεῖτο δ' αὐτῶν Δατάμας· ἐπὶ δὲ τούτοις ἄλλοι, ἡγεῖτο δ' αὐτῶν Γαδάτας· **18** ἐπὶ δὲ τούτοις Μῆδοι ἱππεῖς, ἐπὶ δὲ τούτοις Ἀρμένιοι, μετὰ δὲ τούτους Ὑρκάνιοι, μετὰ δὲ τούτους Καδούσιοι, ἐπὶ δὲ τούτοις Σάκαι· μετὰ δὲ τοὺς ἱππέας ἅρματα ἐπὶ τεττάρων τεταγμένα, ἡγεῖτο δ' αὐτῶν Ἀρταβάτας Πέρσης.

III **13** 7 post αὐτὸ add. δὴ VH²AG δὲ H ‖ **14** 3 ὁπωσοῦν zDF : πῶς οὖν W ‖ **15** 1 ἐπεὶ δὲ V²A : ἐπειδὴ δὲ y ἐπειδὴ VHG ‖ 4-6 ἐφεG ποντο — τριακοσίους yV² mg. : om. z ‖ **16** 1 αὖ τῷ VA : αὐτῷ DFHι- ἑαυτῷ W ‖ 5 εἰς ἑκατὸν πανταχῇ z : π. εἰς ἑ. y ‖ **17** 4 ante ὡσαύτως add. Περσῶν ἱππεῖς τεταγμένοι W τεταγμένοι D post ὡσαύτως add. τεταγμένοι F ‖ δ' αὐτῶν yV² : δ' ἐπ' αὐτῶν z ‖ 4-5 Δατάμας — ἄλλοι yV² mg. : om. z ‖ 5 post ἄλλοι add. ,ι Gemoll μύριοι uel τοσοῦτοι Hertlein ‖ **18** 2-3 μετὰ — Ὑρκάνιοι om. HAG ‖ 3 Ὑρκάνιοι — τούτους yV² mg. HAG : om. V ‖ 3-4 ἐπὶ — Σάκαι yV² mg. : om. z.

Autre conquête des cœurs.

19 Tandis qu'il avançait, des foules d'hommes faisaient escorte sur le côté, à l'extérieur des rangs de soldats[1], ayant chacun sa pétition pour Cyrus. Alors il leur envoya quelques-uns des grands-massiers, qui l'escortaient trois de chaque côté du char précisément pour porter les messages, avec l'ordre de dire à tous ceux qui avaient une pétition pour lui d'exposer leurs désirs à l'un quelconque des commandants de cavalerie ; ceux-ci le lui diraient. Refluant aussitôt, les gens passaient parmi les cavaliers et se demandaient chacun quel commandant il irait trouver. **20** Quant à Cyrus, il envoyait appeler à lui, un par un, ceux de ses amis qu'il voulait voir, de la part des gens, l'objet des attentions les plus empressées, et leur parlait en ces termes : « Si l'un de ceux-là qui font escorte vous expose une affaire, ne prêtez aucune attention à celui qui vous semblera dire des sornettes ; mais venez m'annoncer toute pétition à vos yeux justifiée, pour que nous voyions ensemble à la satisfaire[2]. » **21** Ils répondaient tous à l'appel en courant à vive allure[3], donnant par là de l'ampleur à l'autorité de Cyrus et signifiant leur parfaite obéissance ; par exception, un certain Daïphernès, plutôt grossier dans ses manières, croyait afficher son indépendance en faisant un certain temps la sourde oreille. **22** Cyrus remarqua la chose et, avant que Daïphernès ne fût venu s'entretenir avec lui, envoya discrètement l'un de ses grands-massiers lui dire qu'il n'avait plus besoin de lui ; désormais il ne l'appelait plus. **23** Mais

1. Les soldats sont alignés pour empêcher le public de pénétrer dans le passage interdit. La scène et vivante : les porteurs de pétitions avancent donc parallèlement à Cyrus en char en longeant la haie des soldats protecteurs.

2. Voir l'apparat critique : la conjecture ici proposée du moyen semble nécessaire parce qu'en ce sens on a toujours le moyen διαπράττεσθαι, chez Xénophon et ailleurs. La voix moyenne concourt avec le préverbe pour souligner l'intérêt que présente pour les personnes la réalisation de l'action (J. Brunel, *L'aspect verbal*..., p. 225).

3. L'exemple de personnages même importants qui courent pour obéir aux magistrats est donné à Sparte selon Xénophon, *Rép. Lac.*, VIII, 2.

19 Πορευομένου δὲ αὐτοῦ πάμπολλοι ἄνθρωποι παρείποντο ἔξω τῶν σημείων, δεόμενοι Κύρου ἄλλος ἄλλης πράξεως. Πέμψας οὖν πρὸς αὐτοὺς τῶν σκηπτούχων τινάς, οἳ παρείποντο αὐτῷ τρεῖς ἑκατέρωθεν τοῦ ἅρματος αὐτοῦ τούτου ἕνεκα τοῦ διαγγέλλειν, ἐκέλευσεν εἰπεῖν αὐτοῖς, εἴ τίς τι αὐτοῦ δέοιτο, διδάσκειν τῶν ἱππάρχων τινὰ ὅ τι τις βούλοιτο · ἐκείνους δ' ἔφη πρὸς αὐτὸν ἐρεῖν. Οἱ μὲν δὴ ἀπιόντες εὐθὺς κατὰ τοὺς ἱππέας ἐπορεύοντο καὶ ἐβουλεύοντο τίνι ἕκαστος προσίοι. **20** Ὁ δὲ Κῦρος οὓς ἐβούλετο μάλιστα θεραπεύεσθαι τῶν φίλων ὑπὸ τῶν ἀνθρώπων, τούτους πέμπων τινὰ πρὸς αὑτὸν ἐκάλει καθ' ἕνα ἕκαστον καὶ ἔλεγεν αὐτοῖς οὕτως · Ἤν τις ὑμᾶς διδάσκῃ τι τούτων τῶν παρεπομένων, ὃς μὲν ἂν μηδὲν δοκῇ ὑμῖν λέγειν, μὴ προσέχετε αὐτῷ τὸν νοῦν · ὃς δ' ἂν δικαίων δεῖσθαι δοκῇ, εἰσαγγέλλετε πρὸς ἐμέ, ἵνα κοινῇ βουλευόμενοι διαπράττωμεθ' αὐτοῖς. **21** Οἱ μὲν δὴ ἄλλοι, ἐπεὶ καλέσειεν, ἀνὰ κράτος ἐλαύνοντες ὑπήκουον, συναύξοντες τὴν ἀρχὴν τῷ Κύρῳ καὶ ἐνδεικνύμενοι ὅτι σφόδρα πείθοιντο · Δαϊφέρνης δέ τις ἦν σολοικότερος ἄνθρωπος τῷ τρόπῳ, ὃς ᾤετο, εἰ μὴ ταχὺ ὑπακούοι, ἐλευθερώτερος ἂν φαίνεσθαι. **22** Αἰσθόμενος οὖν ὁ Κῦρος τοῦτο, πρὶν προσελθεῖν αὐτὸν καὶ διαλεχθῆναι αὐτῷ ὑποπέμψας τινὰ τῶν σκηπτούχων εἰπεῖν ἐκέλευσε πρὸς αὐτὸν ὅτι οὐδὲν ἔτι δέοιτο · καὶ τὸ λοιπὸν οὐκ ἐκάλει. **23** Ὡς δ' ὁ

III **19** 3 αὐτοὺς zDF : αὐτὸν W || 6 ἱππάρχων x : ὑπάρχων yz || **20** 3 αὑτὸν edd. : αὐτὸν codd. || ἐκάλει zDF : ἐκαλεῖτο W || 4 οὕτως om. z || Ἤν... διδάσκῃ zDF : εἰ... διδάσκει W || post τι add. τῶν W || 5 ὃς yHAG : οἳ V || δοκῇ ὑμῖν zDF : δοκοίη ἡμῖν W || 7 διαπραττώμεθ' ego : -πράττωμεν yA -πράττοιμεν VHG || **21** 2 ἀνὰ κράτος zF : ἀκρατῶς W || 4 Δαϊφέρνης z : δατίνης WD δάτινις F || τῷ τρόπῳ z : τὸν τρόπον y || 5 μὴ om. y || ὑπακούοι zWD : ὑπακούοιεν D || ἐλευθερώτερος zF : ἀνελευθερώτερος W ἂν ἐλευθερώτερος D || **23** 1 Ὡς δ' z : ὁ δὲ y.

comme l'ami appelé après Daïphernès était accouru avant lui, Cyrus lui donna le cheval d'un des gens de l'escorte et pria l'un de ses grands-massiers de le faire conduire à l'endroit de son choix. Les spectateurs virent là un honneur, et dès lors l'homme ainsi honoré se trouvait l'objet d'attentions beaucoup plus empressées.

Sacrifices, concours; le cheval du Sace donné à Phéraulas.

24 Quand le cortège eut atteint les enclos consacrés, on offrit à Zeus les taureaux, en holocauste, puis au Soleil les chevaux, également en holocauste ; ensuite on égorgea des victimes en l'honneur de la Terre, suivant les prescriptions des mages, puis en l'honneur des héros qui habitent l'Assyrie[1]. **25** Après quoi, le terrain étant propice, Cyrus, désignant une arrivée à quinze stades environ[2] à travers champs, prescrivit des courses* par nation. Il prit lui-même le départ avec les Perses, et remporta de loin la victoire ; car il avait, du cheval, une pratique achevée. Chez les Mèdes, c'est Artabaze qui gagna : car son cheval était un don de Cyrus ; chez ceux des Assyriens ralliés*, ce fut Gadatas ; chez les Arméniens Tigrane ; chez les Hyrcaniens le fils du commandant de la cavalerie. Mais chez les Saces on vit le cheval d'un simple soldat distancer les autres de près de la moitié du parcours. **26** On raconte que Cyrus, là-dessus, demanda au jeune homme s'il accepterait un royaume pour son cheval ; mais il répondit : « Un

1. La traduction de cette phrase est prise à J. Casabona, *Recherches sur le vocabulaire des sacrifices...*, p. 164, où l'auteur explique l'opposition entre les verbes θύω et σφάζω : le feu est pour les Ouraniens, le sang pour les Chthoniens. — Sur les héros tutélaires de l'Assyrie cf. III, 3, 22.

2. Les manuscrits donnent cinq stades, distance trop courte pour être vraisemblable. De là la correction proposée, possible après le iôta de ἐπί : ιε' (= πεντεκαίδεκα) au lieu de ε' (= πέντε). D'autre part le second χωρίου est supprimé par Schneider, suivi par plusieurs éditeurs. Mieux vaudrait supposer la chute, après lui, d'un adjectif comme ἐπιτηδείου, ou encore ἱππασίμου (cf. I, 4, 14 ; *Hell.*, VII, 2, 12 ; Énée le Tact., *Poliorc.*, VI, 6) ; mais χωρίου tout seul peut se justifier si on lui donne le sens de « hors des voies », ou « à travers champs » : cf. *Comm. Cav.*, IV, 4, διὰ δυσχωριῶν.

ὕστερος κληθεὶς αὐτοῦ πρότερος αὐτῷ προσήλασεν, ὁ Κῦρος καὶ ἵππον αὐτῷ ἔδωκε τῶν παρεπομένων καὶ ἐκέλευσε τῶν σκηπτούχων τινὰ συναπαγαγεῖν αὐτῷ ὅποι κελεύσειε. Τοῖς δὲ ἰδοῦσιν ἔντιμόν τι τοῦτο ἔδοξεν εἶναι, καὶ πολὺ πλείονες ἐκ τούτου αὐτὸν ἐθεράπευον ἀνθρώπων.

24 Ἐπεὶ δὲ ἀφίκοντο πρὸς τὰ τεμένη, ἔθυσαν τῷ Διὶ καὶ ὡλοκαύτησαν τοὺς ταύρους, ἔπειτα τῷ Ἡλίῳ καὶ ὡλοκαύτησαν τοὺς ἵππους · ἔπειτα Γῇ σφάξαντες ὡς ἐξηγοῦντο οἱ μάγοι ἐποίησαν, ἔπειτα δὲ ἥρωσι τοῖς Συρίαν ἔχουσι. **25** Μετὰ δὲ ταῦτα καλοῦ ὄντος τοῦ χωρίου ἔδειξε τέρμα ὡς ἐπὶ πεντεκαίδεκα σταδίων χωρίου, καὶ εἶπε κατὰ φῦλα ἀνὰ κράτος ἐνταῦθα ἀφεῖναι τοὺς ἵππους. Σὺν μὲν οὖν τοῖς Πέρσαις αὐτὸς ἤλασε καὶ ἐνίκα πολύ · μάλιστα γὰρ ἐμεμελήκει αὐτῷ ἱππικῆς. Μήδων δὲ Ἀρτάβαζος ἐνίκα · Κῦρος γὰρ αὐτῷ τὸν ἵππον ἐδεδώκει · Σύρων δὲ τῶν ἀποστάντων Γαδάτας · Ἀρμενίων δὲ Τιγράνης · Ὑρκανίων δὲ ὁ υἱὸς τοῦ ἱππάρχου · Σακῶν δὲ ἰδιώτης ἀνὴρ ἀπέλιπεν ἄρα τῷ ἵππῳ τοὺς ἄλλους ἵππους ἐγγὺς τῷ ἡμίσει τοῦ δρόμου. **26** Ἔνθα δὴ λέγεται ὁ Κῦρος ἐρέσθαι τὸν νεανίσκον εἰ δέξαιτ' ἂν βασιλείαν ἀντὶ τοῦ ἵππου · τὸν δ' ἀποκρίνασθαι ὅτι

III **23** 2 ὕστερος FV² : ὕστερον zWD ‖ αὐτοῦ κληθεὶς W ‖ πρότερος DFV²HAG : -ον WV ‖ post αὐτῷ add. ὑπήκουσε z ‖ 3 pr. καὶ ante ὁ transp. y ‖ 5 ὅποι Dind. : ὅπου yz ‖ 6 πλείονες ἐκ τούτου z : πλείονες εἰς τοῦτο WD ἢ πλείονες τούτου F ‖ 7 ἀνθρώπων VH corr. AG ἄνθρωποι y ‖ **24** 1 τεμένη zDF : μένη W ‖ 2 ὡλοκαύτησαν y : -τωσαν z ‖ τῷ om. W ‖ 3 ὡλοκαύτησαν y : -τωσαν z ‖ 4 ἐξηγοῦντο y : -ηγήσαντο z ‖ **25** 2 πεντεκαίδεκα ego : πέντε codd. uide adn. ‖ χωρίου del. Schneider ‖ 3 κατὰ φῦλα WD : κατὰ φυλὰς z καὶ τὰς φυλὰς F ‖ ἀφεῖναι z : ἀφιέναι y ‖ 5 πολύ · μάλιστα DF : πολὺ μάλιστα zW ‖ ἱππικῆς yV² : ἵππου z ‖ 6 Ἀρτάβαζος y : ἀρταβάτης z ‖ αὐτῷ post ἐδεδώκει W ‖ 7 τῶν ἀποστάντων Γαδάτας Madvig : τῶν πάντων Γαδάτας y ὁ προστατῶν z an τῶν παραστάντων Γαδάτας? ‖ 9 post ἀνὴρ interp. W ‖ ἀπέλιπεν yV² : -λειπεν z ‖ ἄρα zDF : γὰρ W ‖ 10 τῷ ἡμίσει zDF : τὸ ἥμισυ W.

royaume, je n'en voudrais pas, mais j'accepterais de spéculer sur la reconnaissance d'un homme de bien[1]. » **27** Cyrus dit : « Tiens, je veux bien te montrer à quel endroit tirer les yeux fermés sans manquer un homme de bien[2]. — Bon, dit le Sace, il faut absolument me le montrer ; car je vais tirer avec ceci », dit-il en ramassant une motte[3]. **28** Cyrus lui montre alors où se tenait un groupe important de ses amis. Le Sace, fermant les yeux, tire avec sa motte et touche Phéraulas qui passait à cheval — car le hasard voulut que Phéraulas portât des instructions données par Cyrus. Touché, il ne se retourna même pas : il continuait sa mission. **29** Rouvrant les yeux, le Sace demandait quel homme il avait touché. « Par Zeus ! dit Cyrus, pas un des présents. — Pourtant, dit le jeune homme, pas davantage un des absents ! — Si, par Zeus, tu as touché celui-là qui passe au galop le long des chars. — Et comment se fait-il qu'il ne se retourne même pas ? **30** Apparemment, dit Cyrus, c'est qu'il est fou. » Le jeune homme, à ces mots, s'éloignait afin de voir qui était l'homme. Il trouve Phéraulas le menton couvert de terre et de sang — car le coup l'avait fait saigner du nez. **31** S'approchant, le Sace lui demanda s'il avait reçu un coup. « Comme tu vois », répondit Phéraulas. « Eh ! bien, dit l'autre, je te fais don de ce cheval. — Pour quelle raison ? » Alors le Sace racontait l'histoire ; et il conclut : « Je crois vraiment n'avoir pas manqué d'atteindre un homme de bien. » **32** Phéraulas dit : « Allons, si tu n'étais pas fou[4], tu le donnerais à un riche plutôt qu'à moi ; finalement, je vais accepter. Et je prie tous les dieux, qui m'ont

1. Le jeune Sace vise Cyrus, mais celui-ci s'efface au profit de Phéraulas, l'homme du peuple et l'homme de bien qu'il veut voir récompensé, et qu'il va récompenser encore au § 33.

2. Il ne manquera pas un homme de bien, parce que Cyrus lui désigne l'endroit où se tient un groupe de ses amis, et ses amis ne peuvent être que des hommes de bien.

3. On a vu, en II, 3, 17-20, d'autres lancers de mottes de terre.

4. Phéraulas traité — par supposition — de fou par Cyrus, taxe à son tour le Sace de folie. Mais le récit va se développer en une jolie histoire qu'il prépare en piquant la curiosité sur la pauvreté, réelle ou non, de Phéraulas.

Βασιλείαν μὲν οὐκ ἂν δεξαίμην, χάριν δὲ ἀνδρὶ ἀγαθῷ καταθέσθαι δεξαίμην ἄν. **27** Καὶ ὁ Κῦρος εἶπε· Καὶ μὴν ἐγώ δεῖξαί σοι θέλω ἔνθα κἂν μύων βάλῃς, οὐκ ἂν ἁμάρτοις ἀνδρὸς ἀγαθοῦ. Πάντως τοίνυν, ὁ Σάκας ἔφη, δεῖξόν μοι· ὡς βαλῶ γε ταύτῃ τῇ βώλῳ, ἔφη ἀνελόμενος. **28** Καὶ ὁ μὲν Κῦρος δείκνυσιν αὐτῷ ὅπου ἦσαν πλεῖστοι τῶν φίλων. Ὁ δὲ καταμύων ἵησι τῇ βώλῳ καὶ παρελαύνοντος Φεραύλα τυγχάνει· ἔτυχε γὰρ ὁ Φεραύλας παραγγέλλων τι τακτὸς παρὰ τοῦ Κύρου. Βληθεὶς δὲ οὐδὲ μετεστράφη, ἀλλ' ᾤχετο ἐφ' ὅπερ ἐτάχθη. **29** Ἀναβλέψας δὲ ὁ Σάκας ἐρωτᾷ τίνος ἔτυχεν. Οὐ μὰ τὸν Δί', ἔφη ὁ Κῦρος, οὐδενὸς τῶν παρόντων. Ἀλλ' οὐ μέντοι, ἔφη ὁ νεανίσκος, τῶν γε ἀπόντων. Ναὶ μὰ Δί', ἔφη ὁ Κῦρος, σύγε ἐκείνου τοῦ παρὰ τὰ ἅρματα ταχὺ ἐλαύνοντος τὸν ἵππον. Καὶ πῶς, ἔφη, οὐδὲ μεταστρέφεται; **30** Καὶ ὁ Κῦρος ἔφη· Μαινόμενος γάρ τίς ἐστιν, ὡς ἔοικεν. Ἀκούσας ὁ νεανίσκος ᾤχετο σκεψόμενος τίς εἴη. Καὶ εὑρίσκει τὸν Φεραύλαν γῆς τε κατάπλεων τὸ γένειον καὶ αἵματος· ἐρρύη γὰρ αὐτῷ ἐκ τῆς ῥινὸς βληθέντι. **31** Ἐπεὶ δὲ προσῆλθεν, ἤρετο αὐτὸν εἰ βληθείη. Ὁ δὲ ἀπεκρίνατο· Ὡς ὁρᾷς. Δίδωμι τοίνυν σοι, ἔφη, τοῦτον τὸν ἵππον. Ὁ δ' ἐπήρετο· Ἀντὶ τοῦ; Ἐκ τούτου δὴ διηγεῖτο ὁ Σάκας τὸ πρᾶγμα, καὶ τέλος εἶπε· Καὶ οἶμαί γε οὐχ ἡμαρτηκέναι ἀνδρὸς ἀγαθοῦ. **32** Καὶ ὁ Φεραύλας εἶπεν· Ἀλλὰ πλουσιωτέρῳ μὲν ἄν, εἰ ἐσωφρόνεις, ἢ ἐμοὶ ἐδίδους· νῦν δὲ κἀγὼ δέξομαι. Ἐπεύχομαι δὲ πᾶσι τοῖς θεοῖς, οἵπερ με ἐποίησαν

III **26** 5 δεξαίμην zDF : δέξαιμι W ‖ **27** 2 δεῖξαί σοι z : σοι δεῖξαι y ‖ μύων z : καμμύων y ‖ 3 πάντως yHAG : πάντας V ‖ post ἔφη add. ἀνελόμενος z ‖ 4 ταύτῃ om. z ‖ βώλῳ yVAG : βόλῳ H ‖ 4 ἔφη ἀνελόμενος y : ἀνελών z ‖ **28** 4 τακτὸς z : τακτικὸν y ‖ παρὰ τοῦ z : ὑπὸ y ‖ **29** 1 ἔτυχεν y : ἔτυχε V ἔτυχες HAG ‖ 2 ὁ Κῦρος yV² mg. : om. z ‖ 5 οὐδὲ y : οὐ z ‖ **30** 2 post ἀκούσας add. δὲ WD ‖ 4 ἐρρύη WDVHG : ἐρρύει FA ‖ **31** 3 τὸν om. W ‖ 4 τούτου y : τοῦ z ‖ **32** 1 ὁ om. y ‖ 2 ἐδίδους zDF : ἐδίδως W ‖ 3 πᾶσι y : ἔφη z.

fait recevoir ton coup, de me donner de faire que tu ne regrettes pas ton don. — A présent, dit le Sace, monte sur mon cheval et va. Tu me retrouveras un de ces jours près de toi. » Ainsi finit leur échange[1].

Et la course, chez les Cadusiens, fut gagnée par Rhatinès.

33 Cyrus mettait aussi, par nation, des chars en lice. A tous les vainqueurs il donnait des bœufs, pour qu'un sacrifice leur permît de banqueter, et aussi des coupes. Lui-même reçut également le bœuf de sa propre victoire ; mais il fit don de sa part de coupes à Phéraulas, parce qu'il trouva qu'il avait ordonné le cortège parti du Palais royal de façon magnifique. **34** Le cortège du Roi ainsi alors institué par Cyrus subsiste de même aujourd'hui encore, à ceci près que les victimes manquent lorsque le Roi ne doit pas sacrifier[2]. La cérémonie achevée, on regagna la ville et l'on se mit à table, les donataires d'une maison chacun dans la sienne, les autres dans leur unité.

Le Sace, Phéraulas et l'argent.

35 Phéraulas, ayant invité le Sace donateur du cheval, lui faisait accueil et le comblait d'attentions diverses ; une fois qu'ils eurent soupé, remplissant les coupes reçues de Cyrus il buvait à sa santé[3] et lui en faisait don. **36** Le Sace, voyant une profusion de lits luxueux, une profusion de mobilier luxueux, et une foule de serviteurs, « Dis-moi, Phéraulas, dit-il, est-ce que tu comptais, chez toi aussi, parmi les

1. Le sens de « là-dessus ils se séparèrent » peut se défendre.

2. Sur les sacrifices des §§ 33 et 34, voir J. Casabona, *op. cit.*, p. 80-81 et 15 : le verbe θύω désigne (comme ἱερεύω chez Homère), un sacrifice accompli suivant les rites et suivi d'un repas, plus ou moins solennel, dont, en principe, les dieux doivent recevoir leur part. Quant au mot τὰ ἱερά, nous avons ici un exemple de son sens extrêmement rare : il signifie les « victimes », bêtes vivantes sacrifiées. Il est alors synonyme de τὰ ἱερεῖα.

3. Dans l'*Anabase*, VII, 3, 26, on voit un Thrace entrer chez Seuthès, boire à la santé du roi et lui faire don d'un cheval blanc ; Xénophon a été témoin de la scène et celle-ci l'a frappé parce que, s'il faut l'en croire, il était à ce moment-là si démuni d'argent qu'il avait envisagé de vendre son propre cheval (*Anab.*, VII, 8, 2).

βληθῆναι ὑπὸ σοῦ, δοῦναί μοι ποιῆσαι μὴ μεταμέλειν σοι τῆς ἐμῆς δωρεᾶς. Καὶ νῦν μέν, ἔφη, ἄπελα, ἀναβὰς ἐπὶ τὸν ἐμὸν ἵππον. Αὖθις δ' ἐγὼ παρέσομαι πρὸς σέ. Οἱ μὲν δὴ οὕτω διηλλάξαντο.

Καδουσίων δὲ ἐνίκα 'Ραθίνης.

33 'Αφίει δὲ καὶ τὰ ἅρματα καθ' ἕκαστον. Τοῖς δὲ νικῶσι πᾶσιν ἐδίδου βοῦς τε, ὅπως ἂν θύσαντες ἑστιῷντο, καὶ ἐκπώματα. Τὸν μὲν οὖν βοῦν ἔλαβε καὶ αὐτὸς τὸ νικητήριον · τῶν δ' ἐκπωμάτων τὸ αὑτοῦ μέρος Φεραύλᾳ ἔδωκεν, ὅτι καλῶς ἔδοξεν αὐτῷ τὴν ἐκ τοῦ βασιλείου ἔλασιν διατάξαι. 34 Οὕτω δὴ τότε ὑπὸ Κύρου κατασταθεῖσα ἡ βασιλέως ἔλασις οὕτως ἔτι καὶ νῦν διαμένει, πλὴν τὰ ἱερὰ ἄπεστιν, ὅταν μὴ θύῃ. 'Ως δὲ ταῦτα τέλος εἶχεν, ἀφικνοῦνται πάλιν εἰς τὴν πόλιν, καὶ ἐσκήνησαν, οἷς μὲν ἐδόθησαν οἰκίαι, κατ' οἰκίας, οἷς δὲ μή, ἐν τάξει.

35 Καλέσας δὲ καὶ ὁ Φεραύλας τὸν Σάκαν τὸν δόντα τὸν ἵππον ἐξένιζε, καὶ τἆλλά τε παρεῖχεν ἔκπλεω · καὶ ἐπεὶ ἐδεδειπνήκεσαν, τὰ ἐκπώματα αὐτῷ ἃ ἔλαβε παρὰ Κύρου ἐμπιμπλὰς προύπινε καὶ ἐδωρεῖτο. 36 Καὶ ὁ Σάκας ὁρῶν πολλὴν μὲν καὶ καλὴν στρωμνήν, πολλὴν δὲ καὶ καλὴν κατασκευήν, καὶ οἰκέτας δὲ πολλούς, Εἰπέ μοι, ἔφη, ὦ Φεραύλα, ἦ καὶ οἴκοι τῶν πλουσίων

III 32 5 ἄπελα zF : ἀπέλασον WD ‖ 6 ante τὸν add. τόνδε y ‖ 7 οἱ z : οὗτοι y ‖ οὕτω zDF : οὐ W ‖ 8 'Ραθίνης Dindorf : ῥαδίνης z ῥαθίης F ῥαθινίκης WD ‖ 33 2 ἐδίδου om. y ‖ ἂν om. y ‖ 4 αὑτοῦ V² : ἑαυτοῦ y αὐτοῦ z ‖ 5 αὐτῷ y : αὐτοῦ z ‖ 6 διατάξαι VH²AG : διαταγεῦσαι y H ut uid. ‖ 34 1-3 οὕτω — διαμένει Hug : οὕτω δὴ ἡ τότε ὑπὸ κύρου κατασταθεῖσα ἔλασις οὕτως ἔτι καὶ νῦν διαμένει ἡ βασιλέως ἔλασις VHA οὕτω δὴ τότε ἡ ἔλασις V² mg. οὕτω δὴ ἡ τότε ὑπὸ κύρου κατασταθεῖσα ἔλασις G οὕτω δὴ τότε ὑπὸ κύρου κατασταθεῖσα ἡ ἔλασις ἔτι καὶ νῦν οὕτω διαμένει ἡ βασιλέως ἔλασις y ‖ 4 εἰς τὴν πόλιν yV² : om. z ‖ 4 ἐσκήνησαν V²HAG : -νωσαν yV ‖ 35 2 τε om. WDE ‖ 3 αὐτῷ zDF : αὐτὸν W ‖ 4 ἐμπιμπλὰς y : ἐκ- z ‖ 36 4 ἦ z : εἰ yV² mg.

riches ? » **37** Phéraulas répondit : « Les riches, dis-tu? Dis plutôt ceux qui vraiment vivent du travail de leurs mains. Car mon père m'élevait enfant à la sueur d'un front de paysan pauvre, à table pauvre. Une fois devenu jeune homme, ne pouvant pas être nourri à ne rien faire, il m'emmena à la campagne et me fit travailler aux champs[1]. **38** Alors, tant qu'il vécut, je le nourris à son tour, à force de défoncer et d'ensemencer un lopin de terre, non pas mauvais, certes, mais plus juste qu'ailleurs : car ce qu'il recevait de semence, il le rendait exactement, tout honnête et tout juste[2], avec un intérêt qui n'avait rien de copieux ; une fois déjà, dans un élan de générosité, il avait même rapporté le double de la semence reçue. A la maison, donc, c'est ainsi que je vivais ; aujourd'hui, tout ce que tu vois, je le tiens de Cyrus. »

39 Le Sace dit : « Heureux es-tu, Phéraulas, en toute chose, et en ceci notamment que de pauvre tu es devenu riche ; car je crois que tu jouis bien plus de ta fortune présente du fait que te voilà riche après avoir eu faim d'argent. » **40** Phéraulas répondit : « Alors, comme cela, tu te figures, ami Sace, que plus je possède et plus je jouis de la vie? Ne sais-tu pas que ni nourriture, ni boisson, ni sommeil ne me procurent absolument pas plus de jouissance aujourd'hui que du temps que j'étais pauvre? Le seul avantage que je retire de mes possessions, c'est que j'ai davantage à garder, davantage à distribuer, et les tracas d'entretenir davantage[3]. **41** Maintenant des serviteurs sans nombre me réclament ici de la nourriture, là de la boisson, ailleurs des vêtements ; d'autres ont besoin du médecin ; l'un arrive avec une histoire de troupeaux dévorés par les loups, de bœufs

1. La coûteuse éducation des jeunes Perses, dont Phéraulas n'a pas bénéficié en raison de ses origines modestes, est décrite I, 2, 15.
2. Sur l'honnêteté de la terre, qui enseigne la justice, voir *Éc.*, V, 12. Xénophon s'exprime ici en terrien qui a l'expérience des champs, mais aussi avec une finesse mêlée d'ironie et d'humour tendre. Un rendement « juste » peut être aussi « trop juste ».
3. Xénophon donne la première version de l'histoire du savetier et du financier.

ἦσθα; **37** Καὶ ὁ Φεραύλας εἶπε· Ποίων πλουσίων; Τῶν μὲν οὖν σαφῶς ἀποχειροβιώτων. Ἐμὲ γάρ τοι ὁ πατὴρ τὴν μὲν τῶν παίδων παιδείαν γλίσχρως αὐτὸς ἐργαζόμενος καὶ τρέφων ἐπαίδευεν. Ἐπεὶ δὲ μειράκιον ἐγενόμην, οὐ δυνάμενος τρέφειν ἀργόν, εἰς ἀγρὸν ἀπαγαγὼν ἐκέλευσεν ἐργάζεσθαι. **38** Ἔνθα δὴ ἐγὼ ἀντέτρεφον ἐκεῖνον, ἕως ἔζη, αὐτὸς σκάπτων καὶ σπείρων καὶ μάλα μικρὸν γῄδιον, οὐ μέντοι πονηρόν γε, ἀλλὰ πάντων δικαιότατον· ὅ τι γὰρ λάβοι σπέρμα, καλῶς καὶ δικαίως ἀπεδίδου αὐτό τε καὶ τόκον οὐδέν τι πολύν· ἤδη δέ ποτε ὑπὸ γενναιότητος καὶ διπλάσια ἀπέδωκεν ὧν ἔλαβεν. Οἴκοι μὲν οὖν ἔγωγε οὕτως ἔζων· νῦν δὲ ταῦτα πάντα ἃ ὁρᾷς Κῦρός μοι ἔδωκε.

39 Καὶ ὁ Σάκας εἶπεν· Ὦ μακάριε σὺ τά τε ἄλλα καὶ αὐτὸ τοῦτο ὅτι ἐκ πένητος πλούσιος γεγένησαι· πολὺ γὰρ οἴομαί σε καὶ διὰ τοῦτο ἥδιον πλουτεῖν ὅτι πεινήσας χρημάτων πεπλούτηκας. **40** Καὶ ὁ Φεραύλας εἶπεν· Ἦ γὰρ οὕτως, ὦ Σάκα, ὑπολαμβάνεις ὡς ἐγὼ νῦν τοσούτῳ ἥδιον ζῶ ὅσῳ πλείω κέκτημαι; Οὐκ οἶσθα, ἔφη, ὅτι ἐσθίω μὲν καὶ πίνω καὶ καθεύδω οὐδ' ὁτιοῦν νῦν ἥδιον ἢ τότε ὅτε πένης ἦν; Ὅτι δὲ ταῦτα πολλά ἐστι, τοσοῦτον κερδαίνω, πλείω μὲν φυλάττειν δεῖ, πλείω δὲ ἄλλοις διανέμειν, πλειόνων δὲ ἐπιμελούμενον πράγματα ἔχειν. **41** Νῦν γὰρ δὴ ἐμὲ πολλοὶ μὲν οἰκέται σῖτον αἰτοῦσι, πολλοὶ δὲ πιεῖν, πολλοὶ δὲ ἱμάτια· οἱ δὲ ἰατρῶν δέονται· ἥκει δέ τις ἢ τῶν προβάτων λελυκωμένα φέρων ἢ τῶν βοῶν κατακεκρημνισμένα ἢ νόσον

III 37 5 ἐγενόμην y : ἐγιγνόμην z || 38 3 γε zDF : τε W || 4 γὰρ yV^2 : γὰρ ἂν z || 7 οὖν z : δὴ y || ἔγωγε οὕτως y : οὕτως ἔγωγε z || 39 4 πεπλούτηκας codd. : ἐπλούτησας coni. Hertlein || 40 2 Ἦ zDF : εἰ W || Σάκα yV^2 : σάκα οὕτως z || 3 ὅσῳ yV^2 : ὅσα z || πλείω z : πλείονα y || 5 νῦν ἥδιον z : ἥδιον νῦν y || τότε om. y || ταῦτα πολλά z : πολλὰ ταῦτά y || 6 δεῖ om. W || 7 πλειόνων yV^2 : πλείονα z || **41** 2 πολλοὶ δὲ πιεῖν yV^2 mg. : om. z.

précipités dans un ravin, ou l'annonce d'une épidémie tombée sur le bétail. Aussi ai-je l'impression qu'avec leur abondance mes possessions me valent plus d'ennuis que du temps qu'elles étaient rares[1]. **42** — Mais par Zeus, dit le Sace, quand elles sont préservées, à en voir l'abondance, tu éprouves une satisfaction cent fois supérieure à la mienne. » Et Phéraulas dit : « Le plaisir de posséder une fortune n'égale pas la tristesse de la perdre. Tu sauras que je dis vrai : car il n'est personne des gens riches que le plaisir prive de sommeil, mais tu ne verras personne de ceux qui perdent de l'argent que l'affliction n'empêche de dormir. **43** — Mais par Zeus, dit le Sace, tu ne verrais personne même non plus de ceux qui reçoivent de l'argent que le plaisir endorme. **44** — Tu dis vrai ; car si posséder donnait autant de plaisir que recevoir, les riches seraient infiniment plus heureux que les pauvres. Il est fatal, ami Sace, que celui qui possède beaucoup dépense aussi beaucoup, pour les dieux, les amis, les hôtes ; quiconque trouve donc force plaisir dans l'argent, sache-le bien, trouve aussi force tristesse dans la dépense[2]. **45** — Sans doute, par Zeus, dit le Sace, mais je ne suis pas de cette espèce : selon moi le bonheur consiste à beaucoup posséder pour beaucoup dépenser. **46** — Alors, dit Phéraulas, qu'attends-tu, par les dieux, pour toucher tout de suite au comble du bonheur et pour me rendre heureux? Prends-moi tout cela, sois-en le possesseur et fais-en ce que tu veux. Moi, tu n'as qu'à m'entretenir comme un hôte* et même plus frugalement qu'un hôte ; il me suffira d'avoir part à ce que tu as. **47** — Tu veux rire, dit

1. Xénophon parle d'expérience : du temps de Scillonte il a dû connaître tous les ennuis qui assaillent le propriétaire terrien, sur le domaine dont il n'était d'ailleurs pas véritablement propriétaire.

2. Les trois grandes vertus de l'homme libre sont πόνος, l'effort, κίνδυνος, le danger (VIII, 1, 45 et la note), et l'aptitude à la dépense, δαπάνη, par le moyen de largesses en l'honneur des dieux ou en faveur des hommes.

φάσκων ἐμπεπτωκέναι τοῖς κτήνεσιν. Ὥστε μοι δοκῶ, ἔφη ὁ Φεραύλας, νῦν διὰ τὸ πολλὰ ἔχειν πλείω λυπεῖσθαι ἢ πρόσθεν διὰ τὸ ὀλίγα ἔχειν. **42** Καὶ ὁ Σάκας, Ἀλλὰ ναὶ μὰ Δί', ἔφη, ὅταν σῶα ᾖ, πολλὰ ὁρῶν πολλαπλάσια ἐμοῦ εὐφραίνῃ. Καὶ ὁ Φεραύλας εἶπεν· Οὔτοι, ὦ Σάκα, οὕτως ἡδύ ἐστι τὸ ἔχειν χρήματα ὡς ἀνιαρὸν τὸ ἀποβάλλειν. Γνώσῃ δ' ὅτι ἐγὼ ἀληθῆ λέγω· τῶν μὲν γὰρ πλουτούντων οὐδεὶς ἀναγκάζεται ὑφ' ἡδονῆς ἀγρυπνεῖν, τῶν δὲ ἀποβαλλόντων τι ὄψει οὐδένα δυνάμενον καθεύδειν ὑπὸ λύπης. **43** Μὰ Δί', ἔφη ὁ Σάκας, οὐδέ γε τῶν λαμβανόντων τι νυστάζοντα οὐδένα ἂν ἴδοις ὑφ' ἡδονῆς. **44** Ἀληθῆ, ἔφη, λέγεις· εἰ γάρ τοι τὸ ἔχειν οὕτως ὥσπερ τὸ λαμβάνειν ἡδὺ ἦν, πολὺ ἂν διέφερον εὐδαιμονίᾳ οἱ πλούσιοι τῶν πενήτων. Καὶ ἀνάγκη δέ τοί ἐστιν, ἔφη, ὦ Σάκα, τὸν πολλὰ ἔχοντα πολλὰ καὶ δαπανᾶν καὶ εἰς θεοὺς καὶ εἰς φίλους καὶ εἰς ξένους· ὅστις οὖν ἰσχυρῶς χρήμασιν ἥδεται, εὖ ἴσθι τοῦτον καὶ δαπανῶντα ἰσχυρῶς ἀνιᾶσθαι. **45** ⟨Ναὶ⟩ μὰ Δί', ἔφη ὁ Σάκας, ἀλλ' οὐκ ἐγὼ τούτων εἰμί, ἀλλὰ καὶ εὐδαιμονίαν τοῦτο νομίζω τὸ πολλὰ ἔχοντα πολλὰ καὶ δαπανᾶν. **46** Τί οὖν, ἔφη, πρὸς τῶν θεῶν, ὁ Φεραύλας, οὐχὶ σύγε αὐτίκα μάλα εὐδαίμων ἐγένου καὶ ἐμὲ εὐδαίμονα ἐποίησας; Λαβὼν γάρ, ἔφη, ταῦτα πάντα κέκτησο, καὶ χρῶ ὅπως βούλει αὐτοῖς. Ἐμὲ δὲ μηδὲν ἄλλο ἢ ὥσπερ ξένον τρέφε, καὶ ἔτι εὐτελέστερον ἢ ξένον· ἀρκέσει γάρ μοι ὅ τι ἂν καὶ σὺ ἔχῃς τούτων μετέχειν. **47** Παίζεις, ἔφη ὁ Σάκας. Καὶ ὁ Φεραύλας ὀμόσας

III **41** 5 ὥστε μοι z : ὥστ' ἔμοιγε y || **42** 1 post Σάκας add. εἶπεν y || 2 post ἔφη add. ὁ Σάκας W || ᾖ zDF : εἴη W || 4 οὕτως yV² mg. : om. z || ὡς z : ὥσπερ y || ἀποβάλλειν z : ἀποβαλεῖν yV² || 5 ἐγὼ om. y || μὲν om. y || 7 ἀποβαλλόντων yHAG : -βαλόντων V corr. ut uid. || **43** 1 οὐδέ γε y : οὐδέ τι HAG οὐδ' ἔτι z || 2 τι om. y || **44** 1 τοι y HAG : τι V || 2 πολὺ iter. W || 4 ὦ om. WF || **45** 1 ante μὰ add. Ναὶ Hertlein || 3 post alt. πολλὰ add. καὶ W || **46** 2 εὐδαίμων y : εὐδαιμονῶν z || 4 post χρῶ add. τε z || ὅπως z : ὥσπερ y || 5 ὥσπερ zDF : ὡς W.

le Sace. » Phéraulas jura ses grands dieux qu'il parlait sérieusement. « Et même, ami Sace, j'obtiendrai pour toi de Cyrus d'autres avantages, aussi bien de ne pas lui faire la cour que de ne pas faire la guerre. Toi, tu restes au logis avec ta fortune, moi je m'acquitterai de ces devoirs à ta place, tant pour toi que pour moi ; et s'il m'arrive de recevoir quelque nouvel avantage du fait de mon service auprès de Cyrus ou d'une campagne, je te l'apporterai, pour que tu disposes d'une fortune encore plus grosse. Délivre-moi seulement d'un tel fardeau ; car si cette délivrance me vaut du loisir*, je crois que tu rendras un grand service à Cyrus aussi bien qu'à moi. »
48 Ces paroles prononcées, ils se mirent d'accord sur les termes et passaient à l'exécution. Et l'un se croyait devenu heureux parce qu'il se trouvait disposer d'une grande fortune ; l'autre s'estimait au comble de la félicité à l'idée d'avoir un homme de confiance lui donnant le loisir de faire ce qui lui plairait.

49 Or Phéraulas était par nature un bon camarade, et rien n'était à ses yeux plus plaisant ou plus utile que d'avoir des attentions pour autrui. Il estimait, en effet, que, de toutes les créatures[1], l'homme l'emportait par le cœur et la gratitude, car il voyait les gens complimentés s'empresser de renvoyer le compliment, les gens obligés s'efforcer d'être obligeants en retour, ceux dont ils connaissaient la bienveillance recevoir de bons offices, ceux dont ils savaient l'affection incapables de les détester ; il voyait en l'homme la créature déterminée plus que toute autre à repayer de leurs soins ses parents vivants ou défunts[2]. Les autres créatures étaient toutes, il le savait, plus ingrates et moins délicates que l'homme.
50 C'est pourquoi Phéraulas était ivre de joie à l'idée qu'il allait pouvoir secouer le fardeau du reste de ses

1. Xénophon compare volontiers les ζῷα entre eux, pour faire ressortir la supériorité, ou l'infériorité, de l'homme par rapport aux animaux, en opposant leurs qualités ou défauts respectifs ; cf. *Cyrop.*, I, 1, 2 ; *Éc.*, XIII, 6 à 9.

2. Voir la leçon de Socrate à son fils sur les devoirs des enfants envers leurs parents en vie et après leur mort, *Mém.*, II, 2, 13.

εἶπεν ἦ μὴν σπουδῇ λέγειν. Καὶ ἄλλα γέ σοι, ὦ Σάκα, προσδιαπράξομαι παρὰ Κύρου, μήτε θύρας τὰς Κύρου θεραπεύειν μήτε στρατεύεσθαι. Ἀλλὰ σὺ μὲν πλουτῶν οἴκοι μένε· ἐγὼ δὲ ταῦτα ποιήσω καὶ ὑπὲρ σοῦ καὶ ὑπὲρ ἐμοῦ· καὶ ἐάν τι ἀγαθὸν προσλαμβάνω διὰ τὴν Κύρου θεραπείαν ἢ καὶ ἀπὸ στρατείας τινός, οἴσω πρὸς σέ, ἵνα ἔτι πλειόνων ἄρχῃς. Μόνον, ἔφη, ἐμὲ ἀπόλυσον ταύτης τῆς ἐπιμελείας· ἣν γὰρ ἐγὼ σχολὴν ἄγω ἀπὸ τούτων, ἐμοί τέ σε οἴομαι πολλὰ καὶ Κύρῳ χρήσιμον ἔσεσθαι. **48** Τούτων οὕτω ῥηθέντων ταῦτα συνέθεντο καὶ ταῦτα ἐποίουν. Καὶ ὁ μὲν ἡγεῖτο εὐδαίμων γεγενῆσθαι, ὅτι πολλῶν ἦρχε χρημάτων· ὁ δ' αὖ ἐνόμιζε μακαριώτατος εἶναι, ὅτι ἐπίτροπον ἕξοι σχολὴν παρέχοντα πράττειν ὅ τι ἂν αὐτῷ ἡδὺ ᾖ.

49 Ἦν δὲ τοῦ Φεραύλα ὁ τρόπος φιλέταιρός τε καὶ θεραπεύειν οὐδὲν ἡδὺ αὐτῷ οὕτως ἐδόκει εἶναι οὐδ' ὠφέλιμον ὡς ἀνθρώπους. Καὶ γὰρ βέλτιστον πάντων τῶν ζῴων ἡγεῖτο ἄνθρωπον εἶναι καὶ εὐχαριστότατον, ὅτι ἑώρα τούς τε ἐπαινουμένους ὑπό τινος ἀντεπαινοῦντας τούτους προθύμως τοῖς τε χαριζομένοις πειρωμένους ἀντιχαρίζεσθαι, καὶ οὓς γνοῖεν εὐνοϊκῶς ἔχοντας, τούτοις ἀντ' εὖ νοοῦντας, καὶ οὓς εἰδεῖεν φιλοῦντας αὐτούς, τούτους μισεῖν οὐ δυναμένους, καὶ γονέας δὲ πολὺ μᾶλλον ἀντιθεραπεύειν πάντων τῶν ζῴων ἐθέλοντας καὶ ζῶντας καὶ τελευτήσαντας. Τὰ δ' ἄλλα πάντα ζῷα καὶ ἀχαριστότερα καὶ ἀγνωμονέστερα ἀνθρώπων ἐγίγνωσκεν εἶναι. **50** Οὕτω δὴ ὅ τε Φεραύλας ὑπερήδετο ὅτι ἐξέσοιτο αὐτῷ ἀπαλλαγέντι τῆς τῶν ἄλλων

III 47 5 μένε z : μενεῖς y || 6 ἐμοῦ z : ἐμαυτοῦ y || ἐάν z : ἄν y || 7 ἢ om. W || 48 2 εὐδαίμων y : -δαιμονῶν VA -δαιμόνων H -δαιμονίαν G || 5 παρέχοντα z : -έξοντα y || ᾖ y : εἴη z || 49 2 ante θεραπεύειν add. τὸ y || 8 εἰδεῖεν zDF : ἴδοιεν W || 11 καὶ ζῶντας yV² mg. : om. z || 12 pr. καὶ om. y || ἀχαριστότερα καὶ ἀγνωμονέστερα z : ἀγ. κ. ἀχ. y.

biens pour se consacrer à ses amis*, et le Sace parce qu'il allait, ayant de grands moyens, faire un sort à de grands moyens. Et puis le Sace aimait Phéraulas parce qu'il ne cessait d'ajouter quelque nouveau don, et Phéraulas aimait le Sace parce qu'il voulait bien ne rien refuser et que, malgré des charges toujours croissantes, il n'y voyait pas une raison pour lui enlever son loisir. Ainsi pour eux passait le temps.

IV

Banquet et entretien sur les préséances.

1 Après le sacrifice, Cyrus, donnant un banquet de victoire, convia ceux des amis qui se montraient les plus ardents à vouloir sa grandeur et à l'honorer d'une particulière affection*. Avec eux il convia le Mède Artabaze, l'Arménien Tigrane, le commandant de la cavalerie hyrcanienne* et Gobryas. **2** Gadatas était le chef de ses grands-massiers[1] et la vie du palais était organisée entièrement selon les dispositions qu'il avait arrangées ; chaque fois qu'il y avait du monde à dîner, Gadatas, sans même s'asseoir, veillait à tout ; quand ils étaient entre eux, il se mettait à table avec Cyrus, car Cyrus aimait sa compagnie. Pour ces services il était honoré d'une foule de présents magnifiques par Cyrus, et aussi, à travers le roi, par d'autres.

3 Quand les invités furent arrivés pour le repas, Cyrus ne plaça personne au petit bonheur, mais le premier dans son estime fut mis à sa gauche[2], cette place étant plus que la droite exposée aux agressions, le second à sa droite, le troisième encore à gauche, le quatrième à droite,

1. Cyrus l'a élevé à cette fonction sans doute en récompense des services rendus, peut-être aussi à cause du traitement que lui a fait subir le roi d'Assyrie en V, 2, 28 ; voir VII, 3, 15, et la note.

2. Le côté gauche est plus dangereux car un assassin vise le cœur. Cyrus, qui sait pratiquer le « noblesse oblige », le fait pratiquer autour de lui et ne vexe ainsi personne. S'il est préoccupé de sa sûreté, c'est moins pour lui que pour l'intérêt de l'État : le problème de la succession n'est pas réglé ; voir VII, 5, 58-59 ; 66 et suiv.

κτημάτων ἐπιμελείας ἀμφὶ τοὺς φίλους ἔχειν, ὅ τε Σάκας ὅτι ἔμελλε πολλὰ ἔχων πολλοῖς χρήσεσθαι. Ἐφίλει δὲ ὁ μὲν Σάκας τὸν Φεραύλαν, ὅτι προσέφερέ τι ἀεί· ὁ δὲ τὸν Σάκαν, ὅτι παραλαμβάνειν πάντα ἤθελε καὶ ἀεὶ πλειόνων ἐπιμελούμενος οὐδὲν μᾶλλον αὐτῷ ἀσχολίαν παρεῖχε. Καὶ οὗτοι μὲν δὴ οὕτω διῆγον.

IV

1 Θύσας δὲ καὶ ὁ Κῦρος νικητήρια ἑστιῶν ἐκάλεσε τῶν φίλων οἳ μάλιστ' αὐτὸν αὔξειν τε βουλόμενοι φανεροὶ ἦσαν καὶ τιμῶντες εὐνοϊκώτατα. Συνεκάλεσε δὲ αὐτοῖς καὶ Ἀρτάβαζον τὸν Μῆδον καὶ Τιγράνην τὸν Ἀρμένιον καὶ τὸν Ὑρκάνιον ἵππαρχον καὶ Γωβρύαν. **2** Γαδάτας δὲ τῶν σκηπτούχων ἦρχεν αὐτῷ, καὶ ᾗ ἐκεῖνος διεκόσμησεν ἡ πᾶσα ἔνδον δίαιτα καθειστήκει· καὶ ὁπότε μὲν συνδειπνοῖέν τινες, οὐδ' ἐκάθιζε Γαδάτας, ἀλλ' ἐπεμελεῖτο· ὁπότε δὲ αὐτοὶ εἶεν, καὶ συνεδείπνει· ἥδετο γὰρ αὐτῷ συνών. Ἀντὶ δὲ τούτων πολλοῖς καὶ μεγάλοις δώροις ἐτιμᾶτο ὑπὸ τοῦ Κύρου, διὰ δὲ Κῦρον καὶ ὑπ' ἄλλων.

3 Ὡς δ' ἦλθον οἱ κληθέντες ἐπὶ τὸ δεῖπνον, οὐχ ὅπου ἔτυχεν ἕκαστον ἐκάθιζεν, ἀλλ' ὃν μὲν μάλιστα ἐτίμα, παρὰ τὴν ἀριστερὰν χεῖρα, ὡς εὐεπιβουλευτοτέρας ταύτης οὔσης ἢ τῆς δεξιᾶς, τὸν δὲ δεύτερον παρὰ τὴν δεξιάν, τὸν δὲ τρίτον πάλιν παρὰ τὴν ἀριστεράν, τὸν δὲ τέταρτον παρὰ τὴν δεξιάν· — καὶ ἢν πλέονες ὦσιν,

III 50 3 post τοὺς add. ἄλλους y || 6 ante πάντα add. τε y || 7 ἀεὶ z : δὴ y || ἐπιμελούμενος z : -λόμενος W -λομένους DF || 8 οὗτοι y : αὐτοὶ z || δὴ om. y.

IV 1 1 καὶ ὁ Κῦρος zF : καὶ ὁ κῦρος καὶ W ὁ κῦρος καὶ D || 4 post Μῆδον add. καὶ τιγράνην τὸν μῆδον z || 5 ἵππαρχον y : ὕπαρχον z || 2 5 ante αὐτοὶ add. μὴ H^2 s. l. AG || 7 δώροις om. z || ἐτιμᾶτο z : ἐτετίμητο y || 3 1 ὅπου y : ὅποι z || 3 εὐεπιβουλευτοτέρας FVHA : ἐπιβουλευτοτέρας WDG || 4 ταύτης z : αὐτῆς y || 6 πλέονες zF : πλείονες WD.

— et ainsi de suite s'ils sont davantage[1]. **4** Proclamer de la sorte son degré d'estime pour chacun lui semblait précieux, pour cette raison que là où les hommes pensent que celui qui excelle ne doit ni voir son mérite affiché ni recevoir de récompense, il est évident qu'ils n'ont aucun penchant à l'émulation ; tandis que là où l'on constate que l'excellence est payante au suprême degré, c'est là qu'on voit tout le monde avoir la plus grande envie de rivaliser[2]. **5** Cyrus proclamait ainsi ceux qui à ses yeux excellaient, en commençant par un droit de proximité pour les gens assis ou debout. Mais, au lieu d'instituer l'assignation d'une place à perpétuité, il créa l'usage des promotions pour belle conduite à une place plus honorifique et, en cas de laisser aller, celui de faire rétrograder à une place moins honorable. Il mettait son point d'honneur à ce que la préséance entraînat publiquement, de sa part, une foule d'avantages. Ces mesures, qui furent prises du temps de Cyrus, nous remarquons qu'elles subsistent aujourd'hui encore.

6 Comme ils dînaient[3], l'abondance de tout n'avait rien de surprenant aux yeux de Gobryas chez un souverain de grand empire ; l'étonnement était qu'un homme jouissant, comme Cyrus, d'une si haute fortune[4] ne finît jamais à lui seul aucun des plats de son goût, mais se donnât personnellement la peine d'inviter les personnes présentes à lui tenir compagnie[5], et souvent Gobryas le voyait envoyer lui-même à tel ou tel de ses amis absents les mets qu'il se trouvait aimer. **7** Aussi, lorsque le repas fut terminé et que Cyrus eut envoyé de sa table

1. Au lieu de l'optatif sans ἄν attendu, Xénophon emploie ἄν et le subjonctif : la remarque s'applique donc, selon toute vraisemblance, à l'époque de Xénophon.

2. C'est toujours le principe de l'émulation, associé, § 5, à la récompense selon le mérite ; voir II, 1, 22-24 ; 2, 18-27 ; 3, 1-16.

3. C'est probablement une des étapes de cette soirée qui suit le sacrifice, soirée mémorable, unique, mais reconstruite par contamination à partir de plusieurs soirées.

4. « Fortune », aux deux sens du mot : bonheur et richesse.

5. C'est-à-dire prendre part à son repas.

ὡσαύτως. **4** Σαφηνίζεσθαι δὲ ὡς ἕκαστον ἐτίμα τοῦτο ἐδόκει αὐτῷ ἀγαθὸν εἶναι, ὅτι ὅπου μὲν οἴονται οἱ ἄνθρωποι τὸν κρατιστεύοντα μήτε κηρυχθήσεσθαι μήτε ἆθλα λήψεσθαι, δῆλοί εἰσιν ἐνταῦθα οὐ φιλονίκως πρὸς ἀλλήλους ἔχοντες· ὅπου δὲ μάλιστα πλεονεκτῶν ὁ κράτιστος φαίνεται, ἐνταῦθα προθυμότατα φανεροί εἰσιν ἀγωνιζόμενοι πάντες. **5** Καὶ ὁ Κῦρος δὲ οὕτως ἐσαφήνιζε μὲν τοὺς κρατιστεύοντας παρ' ἑαυτῷ, εὐθὺς ἀρξάμενος ἐξ ἕδρας καὶ παραστάσεως. Οὐ μέντοι ἀθάνατον τὴν ταχθεῖσαν ἕδραν κατεστήσατο, ἀλλὰ νόμιμον ἐποιήσατο καὶ ἀγαθοῖς ἔργοις προβῆναι εἰς τὴν τιμιωτέραν ἕδραν, καὶ εἴ τις ῥᾳδιουργοίη, ἀναχωρῆσαι εἰς τὴν ἀτιμοτέραν. Τὸν δὲ πρωτεύοντα ἐν ἕδρᾳ ᾐσχύνετο μὴ οὐ πλεῖστα καὶ ἀγαθὰ ἔχοντα παρ' αὑτοῦ φαίνεσθαι. Καὶ ταῦτα δὲ ἐπὶ Κύρου γενόμενα οὕτως ἔτι καὶ νῦν διαμένοντα αἰσθανόμεθα.

6 Ἐπεὶ δὲ ἐδείπνουν, ἐδόκει τῷ Γωβρύᾳ τὸ μὲν πολλὰ ἕκαστα εἶναι οὐδέν τι θαυμαστὸν παρ' ἀνδρὶ πολλῶν ἄρχοντι· τὸ δὲ τὸν Κῦρον οὕτω μεγάλα πράττοντα, εἴ τι ἡδὺ δόξειε λαβεῖν, μηδὲν τούτων μόνον καταδαπανᾶν, ἀλλ' ἔργον ἔχειν δεόμενον τούτου κοινωνεῖν τοὺς παρόντας, πολλάκις δὲ καὶ τῶν ἀπόντων φίλων ἔστιν οἷς ἑώρα πέμποντα ταῦτα αὐτὸν οἷς ἡσθεὶς τύχοι. **7** Ὥστε ἐπεὶ ἐδεδειπνήκεσαν καὶ τὰ πάντα πάμπολλα ὄντα διεπεπόμφει ὁ Κῦρος ἀπὸ τῆς τραπέζης,

IV 4 2 ὅτι yV^2 mg. : om. z || post ὅπου add. ἔτι HAG || 2 οἱ ἄνθρωποι HAG : ἄνθρωποι yV || 6 προθυμότατα yV^2 : φρονιμώτατα z || 6 ἀγωνιζόμενοι πάντες z : πάντες ἀγωνιζόμενοι y || **5** 1 δὲ z : δὴ F μὲν δὴ WD || 4 ἐποιήσατο zDF : ἐποιήσαντο W || 5 τιμιωτέραν yV^2 : -τάτην z || 6 τις yV : τι HAG || 7 ἐν ἕδρᾳ z : ἕδραις y || οὐ om. z || 8 pr. καὶ om. DF || αὑτοῦ yVHA : αὐτοῦ V^2 αὐτῷ G || 9 ἐπὶ z : ὑπὸ y || **6** 5 δεόμενον z : τὸν δεόμενον y αὐτὸν δεόμενον coni. Richards αὐτὸν ἐδόμενον Marchant || **7** 1 ἐπεὶ DFHAG : ἐπειδὴ WV || τὰ πάντα πάμπολλα ὄντα y : πάντα τὰ πολλὰ ὄντα z ubi post τὰ add. λοιπὰ Hug || 2 διεπεπόμφει yHAG : δια- V.

distribuer tout ce qu'il y avait de surabondant, Gobryas dit tout de go : « Eh ! bien moi, Cyrus, je pensais autrefois que la qualité qui te mettait plus que quiconque au premier rang était celle de stratège sans égal. Maintenant, j'en fais le serment par les dieux, il me semble que tu l'emportes moins par tes dons de stratège que par ta bonté. **8** — Par Zeus ! dit Cyrus, et bien plus, c'est un fait que j'ai infiniment plus de plaisir à manifester dans mes actes la bonté plus que le don de stratégie. — Comment cela ? dit Gobryas. — C'est que, dit Cyrus, pour manifester ce don-ci, il faut faire du mal, ces actes-là, du bien. » **9** Après cela, comme ils vidaient une dernière coupe[1], Hystaspe interrogea Cyrus : « Est-ce que tu m'en voudrais, Cyrus, si je te demandais une chose que je veux savoir de toi ? — Non, par dieu ! mais je t'en voudrais tout au contraire si je me rendais compte que tu tais ce que tu veux demander. — Eh ! bien, dis-moi, est-ce que jamais je ne suis pas venu à ton appel ? — Ne dis pas cela, dit Cyrus. — Et t'ai-je fait un brin* de sourde oreille ? — Pas davantage. — Est-il arrivé qu'ayant reçu un ordre je ne l'aie pas exécuté ? — Je ne t'en accuse pas. — Et ce que j'exécutais, m'as-tu jamais surpris à l'exécuter sans entrain ou à contre-cœur ? — Cela justement moins que tout, dit Cyrus. **10** — Alors, pour quelle raison, par les dieux ! Cyrus, as-tu décrété que Chrysantas siégeât à la place d'honneur qui a le pas sur la mienne[2] ? — Dois-je le dire ? dit Cyrus. — A coup sûr. — Et toi, tu ne m'en voudras pas d'entendre la vérité ? **11** — Au contraire, je serai ravi si je sais qu'il ne m'est pas fait tort.

— Eh ! bien donc, dit Cyrus, Chrysantas que voici, d'abord, au lieu d'attendre un appel, était là, pour

1. Le verbe ὑποπίνειν signifie « boire à la fin du repas », ou « boire après le repas » ; le contexte montre qu'ici le repas est fini ; cf. § 7, et 13 où le repas, achevé, se prolonge en « banquet ». Les convives sont au moment de l'euphorie, sans qu'ils aient nécessairement bu à l'excès ; mais le verbe s'applique quelquefois à des gens qui ont bu un peu trop ; voir *Anab.*, VII, 3, 29 ; *Hell.*, V, 4, 40 ; VI, 4, 8 ; Aristophane, *Ois.*, 494 ; *Paix*, 874 ; *Lys.*, 395 ; Platon, *Lys.*, 204 d ; 223 b ; *Rép.*, 372 d (sans excès).

2. La jalousie est le signe de l'amour.

εἶπεν ἄρα ὁ Γωβρύας· Ἀλλ', ἐγώ, ὦ Κῦρε, πρόσθεν μὲν ἡγούμην τούτῳ σε πλεῖστον διαφέρειν ἀνθρώπων τῷ στρατηγικώτατον εἶναι. Νῦν δὲ θεοὺς ὄμνυμι ἦ μὴν ἐμοὶ δοκεῖν πλέον σε διαφέρειν φιλανθρωπίᾳ ἢ στρατηγίᾳ. **8** Νὴ Δί', ἔφη ὁ Κῦρος, καὶ μὲν δὴ καὶ ἐπιδείκνυμαι τὰ ἔργα πολὺ ἥδιον φιλανθρωπίας ἢ στρατηγίας. Πῶς δή; ἔφη ὁ Γωβρύας. Ὅτι, ἔφη, τὰ μὲν κακῶς ποιοῦντα ἀνθρώπους δεῖ ἐπιδείκνυσθαι, τὰ δὲ εὖ. **9** Ἐκ τούτου δὴ ἐπεὶ ὑπέπινον, ἤρετο ὁ Ὑστάσπας τὸν Κῦρον· Ἆρ' ἄν, ἔφη, ὦ Κῦρε, ἀχθεσθείης μοι, εἴ σε ἐροίμην ὃ βούλομαί σου πυθέσθαι; Ἀλλὰ ναὶ μὰ τοὺς θεούς, ἔφη, τοὐναντίον τούτου ἀχθοίμην ἄν σοι, εἴ αἰσθοίμην σιωπῶντα ἃ βούλοιο ἐρέσθαι. Λέγε δή μοι, ἔφη, ἤδη πώποτε καλέσαντός σου οὐκ ἦλθον; Εὐφήμει, ἔφη ὁ Κῦρος. Ἀλλ' ὑπακούων σχολῇ ὑπήκουσα; Οὐδὲ τοῦτο. Προσταχθὲν δέ τι ἤδη σοι οὐκ ἔπραξα; Οὐκ αἰτιῶμαι, ἔφη. Ὃ δὲ πράττοιμι, ἔστιν ὅ τι πώποτε οὐ προθύμως ἢ οὐχ ἡδομένως πράττοντά με κατέγνως; Τοῦτο δὴ πάντων ἥκιστα, ἔφη ὁ Κῦρος. **10** Τίνος μὴν ἕνεκα, ἔφη, πρὸς τῶν θεῶν, ὦ Κῦρε, Χρυσάνταν ἔγραψας ὥστε εἰς τὴν τιμιωτέραν ἐμοῦ χώραν ἱδρυθῆναι; Ἦ λέγω; ἔφη ὁ Κῦρος. Πάντως, ἔφη ὁ Ὑστάσπας. Καὶ σὺ αὖ οὐκ ἀχθεσθήσῃ μοι ἀκούων τἀληθῆ; **11** Ἡσθήσομαι μὲν οὖν, ἔφη, ἢν εἰδῶ ὅτι οὐκ ἀδικοῦμαι.

Χρυσάντας τοίνυν, ἔφη, οὑτοσὶ πρῶτον μὲν οὐ κλῆσιν ἀνέμενεν, ἀλλὰ πρὶν καλεῖσθαι παρῆν τῶν ἡμετέρων

IV 7 4 μὲν om. y ‖ 5 τῷ zDF : τὸ W ‖ νῦν y V corr. ut uid. : τοὺς HAG ‖ post ὄμνυμί add. ὑμῖν y ‖ 6 δοκεῖν y : δοκεῖ z ‖ 8 1 ἐπιδείκνυμαι V²HAG : ἐπιδείκνυμαί γε F ἐπιδείκνυμι V ἐπιδείκνυμί γε WD ‖ 3 δὴ WDVH : δὲ FAG ‖ 4 post εὖ lacuna fere 12 litt. in W ‖ 9 2 δὴ zD : δῆτα WF ‖ ἤρετο z : ἐπήρετο y ‖ Ἆρ' ἄν z : ἆρα y ‖ 3 σε zDF : γε W ‖ 8 ante σχολῇ add. ἔφη y ‖ 9 τι ἤδη z : μοι ἤδη τι y ‖ Ὃ z : ἃ y ‖ 9 πράττοιμι zDF : πραττοίμην W ‖ **10** 2 Χρυσάνταν ἔγραψας yV² : χρυσάντας σε ἔρεψεν z ‖ 3 ἐμοῦ χώραν z : ἕδραν ἐμοῦ y ‖ ἱδρυθῆναι z : ἱδρυνθῆναι yV² ‖ 4 ἀχθεσθήσῃ [-ει F] yVcorr. HAG : ἀχθέσῃ edd. plerique a Dindorf.

l'amour de nous, avant d'être appelé. Ensuite, il n'exécutait pas seulement les ordres qu'il recevait, mais encore ce qu'il savait lui-même qu'il valait mieux que nous ayons fait. Chaque fois qu'il y avait quelque chose à dire aux alliés, il me suggérait les paroles qu'il estimait convenable que je prononce ; toutes celles en revanche dont il voyait bien que je voulais que les alliés eussent connaissance, mais que j'avais scrupule à prononcer à mon propre sujet, c'est lui qui les disait en les prenant à son compte ; aussi, en pareille matière du moins, qu'est-ce qui l'empêche d'être plus utile pour moi-même que moi ? Pour lui, il soutient toujours que tout ce qu'il a [1] lui suffit, pour moi il se montre toujours à la recherche du surplus qui pourrait me servir ; et puis mes succès lui font mille fois plus de plaisir qu'à moi. »

12 A cela Hystaspe répondit : « Par Héra ! Cyrus, je suis heureux de t'avoir fait cette question. — Pourquoi, au juste ? dit Cyrus. — Parce que je tâcherai, moi aussi, d'agir de même ; il y a seulement une chose que j'ignore, c'est le moyen de manifester ma joie de ton bonheur. Dois-je battre des deux mains, ou rire, bref, que faire ? » Artabaze dit : « Tu dois danser la persique*. » Là-dessus on se mit à rire.

Problèmes matrimoniaux. **13** Le banquet se prolongeant, Cyrus interrogea Gobryas : « Dis-moi, Gobryas, crois-tu que maintenant tu pourrais donner ta fille à l'un des convives ici présents de meilleure grâce que lorsque tu vins pour la première fois [2] te joindre à nous ? — Faut-il donc, dit Gobryas, que je dise moi aussi la vérité ? — Oui, par Zeus ! dit Cyrus, car il n'existe pas de question qui veuille un mensonge. — Eh ! bien donc, sache que je la donnerais maintenant de bien meilleure grâce. — Est-ce que tu pourrais aussi, dit Cyrus, dire pourquoi ? — Parfaitement. — Parle donc. **14** — C'est qu'alors je les voyais sup-

1. « Ce qu'il a », c'est ce que Cyrus lui a donné ; il ne désire jamais rien de plus.
2. Voir V, 2, 12-13.

ἕνεκα. Ἔπειτα δὲ οὐ τὸ κελευόμενον μόνον, ἀλλὰ καὶ ὅ τι αὐτὸς γνοίη ἄμεινον εἶναι πεπραγμένον ἡμῖν τοῦτο ἔπραττεν. Ὁπότε δὲ εἰπεῖν τι δέοι εἰς τοὺς συμμάχους, ἃ μὲν ἐμὲ ᾤετο πρέπειν λέγειν ἐμοὶ συνεβούλευεν · ἃ δὲ ἐμὲ αἴσθοιτο βουλόμενον μὲν εἰδέναι τοὺς συμμάχους, αὐτὸν δέ με αἰσχυνόμενον περὶ ἐμαυτοῦ λέγειν, ταῦτα οὗτος λέγων ὡς ἑαυτοῦ γνώμην ἀπεφαίνετο · ὥστ' ἔν γε τούτοις τί κωλύει αὐτὸν καὶ ἐμοῦ ἐμοὶ κρείττονα εἶναι; Καὶ ἑαυτῷ μὲν ἀεί φησι πάντα τὰ παρόντα ἀρκεῖν, ἐμοὶ δὲ ἀεὶ φανερός ἐστι σκοπῶν τί ἂν προσγενόμενον ὀνήσειεν, ἐπί τε τοῖς ἐμοῖς καλοῖς πολὺ μᾶλλον ἐμοῦ ἀγάλλεται καὶ ἥδεται.

12 Πρὸς ταῦτα ὁ Ὑστάσπας εἶπε · Νὴ τὴν Ἥραν, ὦ Κῦρε, ἥδομαί γε ταῦτά σε ἐρωτήσας. Τί μάλιστα; ἔφη ὁ Κῦρος. Ὅτι κἀγὼ πειράσομαι ταῦτα ποιεῖν · ἓν μόνον, ἔφη, ἀγνοῶ, πῶς ἂν εἴην δῆλος χαίρων ἐπὶ τοῖς σοῖς ἀγαθοῖς. Πότερον κροτεῖν δεῖ τὼ χεῖρε ἢ γελᾶν ἢ τί ποιεῖν. Καὶ ὁ Ἀρτάβαζος εἶπεν · Ὀρχεῖσθαι δεῖ τὸ Περσικόν. Ἐπὶ τούτοις μὲν δὴ γέλως ἐγένετο.

13 Προϊόντος δὲ τοῦ συμποσίου ὁ Κῦρος τὸν Γωβρύαν ἐπήρετο · Εἰπέ μοι, ἔφη, ὦ Γωβρύα, νῦν ἂν δοκεῖς ἥδιον τῶνδέ τῳ τὴν θυγατέρα δοῦναι ἢ ὅτε τὸ πρῶτον ἡμῖν συνεγένου; Οὐκοῦν, ἔφη ὁ Γωβρύας, κἀγὼ τἀληθῆ λέγω; Νὴ Δί', ἔφη ὁ Κῦρος, ὡς ψεύδους γε οὐδεμία ἐρώτησις δεῖται. Εὖ τοίνυν, ἔφη, ἴσθι ὅτι νῦν ἂν πολὺ ἥδιον. Ἦ καὶ ἔχοις ἄν, ἔφη ὁ Κῦρος, εἰπεῖν διότι; Ἔγωγε. Λέγε δή. **14** Ὅτι τότε μὲν ἑώρων τοὺς πόνους καὶ τοὺς

IV 11 10 με om. y || 12 τούτοις z : τοῖς τοιούτοις y || 13 ἑαυτῷ yV² : ἑαυτὸν z || 15 ὀνήσειεν zDF : ἥσειεν W || ἐμοῖς yV² mg. : om. z || πολὺ om. z || **12** 1 post Ἥραν add. ἔφη y || 6 post Ὀρχεῖσθαι add. ἔφη y || **13** 1 ante ὁ add. καὶ y || 2 δοκεῖς F : δοκῇς WD δοκοίης z || 3 τῶνδέ yV : τῷδε HAG || τῳ zD : τῶν W om. F || 6 Ἦ καὶ yV² mg. : om. z || 7 ἄν om. VHA || εἰπεῖν zDF : εἴποι W.

porter avec cœur les peines et les dangers, et que maintenant je les vois porter avec modération le poids du bonheur ; et je crois, Cyrus, qu'il est plus difficile de découvrir un homme sachant supporter le bonheur que le malheur ; car celui-là inspire en général la démesure, et celui-ci toujours la mesure. » **15** Cyrus dit : « Tu as entendu, Hystaspe, la parole de Gobryas ? — Oui, par Zeus ! et même s'il en prononce beaucoup de ce genre, il trouvera en moi un prétendant à la main de sa fille cent fois plus que s'il fait pour moi un grand étalage de coupes[1]. **16** Ma foi ! dit Gobryas, je possède toute une collection de pensées[2] de ce genre et, si ma fille devient ta femme, je ne te les marchanderai pas. Mais les coupes, comme tu m'as l'air de ne pas les souffrir, je ne sais pas si je ne vais pas les donner à Chrysantas que voici puisqu'aussi bien il a, sous ton séant, escamoté ton siège*. **17** — Il y a plus, Hystaspe, dit Cyrus, et vous autres ici présents : si vous me faites savoir le moment où l'un de vous entreprendra de se marier, vous verrez quel concours je vous apporterai personnellement. »

18 Gobryas dit : « Et si quelqu'un veut marier sa fille, à qui doit-il le dire ? — A moi encore, dit Cyrus ; car je suis grand expert en cet art[3]. — Quel art ? dit Chrysantas. **19** — L'art d'ajuster les époux. » Chrysantas dit : « S'il te plaît, Cyrus, par les dieux ! quelle espèce de femme, crois-tu, me serait le plus exactement ajustée ? **20** — Ce serait d'abord, dit Cyrus, une femme de petite taille ; car tu es petit toi-même ; si tu épouses une grande et si jamais tu veux l'embrasser quand elle est debout, il te faudra sauter en l'air, comme les jeunes

1. Voir V, 2, 7, où Gobryas présente à Cyrus sa fille, d'une grande beauté, et avec elle un grand nombre d'objets de prix, indice de richesse, comme on le voit par la conduite des Ségestains en 415 : ils avaient fait tout un étalage d'ἐκπώματα καὶ χρυσᾶ καὶ ἀργυρᾶ aux yeux des envoyés d'Athènes (Thucydide, VI, 46, 3).

2. De même, il est dit dans les *Mém.*, IV, 2, 1 et 8, qu'Euthydème avait fait une collection écrite des pensées de poètes et de sophistes.

3. Cyrus plaisante, après ce que Chrysantas a dit de lui, célibataire, en VII, 5, 56.

κινδύνους εὐθύμως αὐτοὺς φέροντας, νῦν δὲ ὁρῶ αὐτοὺς τἀγαθὰ σωφρόνως φέροντας· δοκεῖ δέ μοι, ὦ Κῦρε, χαλεπώτερον εἶναι εὑρεῖν ἄνδρα τἀγαθὰ καλῶς φέροντα ἢ τὰ κακά· τὰ μὲν γὰρ ὕβριν τοῖς πολλοῖς, τὰ δὲ σωφροσύνην τοῖς πᾶσιν ἐμποιεῖ. **15** Καὶ ὁ Κῦρος εἶπεν· Ἤκουσας, ὦ Ὑστάσπα, Γωβρύου τὸ ῥῆμα; Ναὶ μὰ Δί', ἔφη, καὶ ἐὰν πολλά γε τοιαῦτα λέγῃ, πολὺ μᾶλλόν με τῆς θυγατρὸς μνηστῆρα λήψεται ἢ ἐὰν ἐκπώματα πολλά μοι ἐπιδεικνύῃ. **16** Ἦ μήν, ἔφη ὁ Γωβρύας, πολλά γέ μοί ἐστι τοιαῦτα συγγεγραμμένα, ὧν ἐγώ σοι οὐ φθονήσω, ἢν τὴν θυγατέρα μου γυναῖκα λαμβάνῃς. Τὰ δ' ἐκπώματα, ἔφη, ἐπειδὴ οὐκ ἀνέχεσθαί μοι φαίνῃ, οὐκ οἶδ' εἰ Χρυσάντᾳ τουτῳὶ δῶ, ἐπεὶ καὶ τὴν ἕδραν σου ὑφήρπασε. **17** Καὶ μὲν δή, ἔφη ὁ Κῦρος, ὦ Ὑστάσπα, καὶ οἱ ἄλλοι δὲ οἱ παρόντες, ἢν ἐμοὶ λέγητε, ὅταν τις ὑμῶν γαμεῖν ἐπιχειρήσῃ, γνώσεσθε ὁποῖός τις κἀγὼ συνεργὸς ὑμῖν ἔσομαι.

18 Καὶ ὁ Γωβρύας εἶπεν· Ἢν δέ τις ἐκδοῦναι βούληται θυγατέρα, πρὸς τίνα δεῖ λέγειν; Πρὸς ἐμέ, ἔφη ὁ Κῦρος, καὶ τοῦτο· πάνυ γάρ, ἔφη, δεινός εἰμι ταύτην τὴν τέχνην. Ποίαν; ἔφη ὁ Χρυσάντας. **19** Τὸ γνῶναι ὁποῖος ἂν γάμος ἑκάστῳ συναρμόσειε. Καὶ ὁ Χρυσάντας ἔφη· Λέγε δὴ πρὸς τῶν θεῶν ποίαν τινὰ οἴει γυναῖκα ἐμοὶ συναρμόσειν κάλλιστα. **20** Πρῶτον μέν, ἔφη, μικράν· μικρὸς γὰρ καὶ αὐτὸς εἶ· εἰ δὲ μεγάλην γαμεῖς, ἤν ποτε βούλῃ αὐτὴν ὀρθὴν φιλῆσαι, προσάλλεσθαί σε δεήσει ὥσπερ τὰ κυνάρια. Τοῦτο μὲν δή, ἔφη, ὀρθῶς

IV 15 3 γε τοιαῦτα z : τοιαῦτά γε y ‖ 5 μοι yV² : om. z ‖ **16** 3 ἢν zD : ἢ εἰ W εἰ F ‖ 5 τουτῳὶ Hertlein : τούτῳ codd. ‖ δῶ DFVHA : δῶς W V γρ. G ‖ **17** 2 pr. οἱ om. y ‖ 3 γαμεῖν ἐπιχειρήσῃ z : γαμεῖν ἐπιθυμήσῃ WD ἐπιθυμῇ γαμήσειν F ‖ 4 ἔσομαι zWD : γενήσομαι F ‖ **18** 2 θυγατέρα post τις transp. y ‖ **19** 3 οἴει yV² mg. sed post γυναῖκα : om. z ‖ **20** 1 post μὲν add. γὰρ y ‖ 2 γαμεῖς y : γαμήσειας z ‖ 3 ἢν z : ἐάν y ‖ βούλῃ DF VH : βούλει WH²AG ‖ 4 ὥσπερ y : ὡς z.

chiens. — Sur ce point, ta précaution est juste ; car je n'ai rien du tout d'un sauteur. **21** — Ensuite, dit Cyrus, la femme qui t'irait à merveille aurait le nez en creux. — Pourquoi donc, maintenant ? — Parce que, dit Cyrus, tu as le nez en bosse ; sache donc que rien, sur le creux, ne s'adapte mieux que la bosse. — Tu veux dire qu'à un homme qui, comme moi maintenant, a bien dîné, une femme à jeun serait bien ajustée ? — Oui par Zeus ! dit Cyrus ; car les gens rassasiés ont le ventre en bosse, les gens à jeun, en creux. » **22** Chrysantas dit : « Et avec un roi froid, pourrais-tu me dire, par les dieux, quelle femme sera accordée ? » Alors Cyrus éclata de rire [1] et tout le monde également. **23** On riait encore quand Hystaspe dit : « C'est pour cela surtout, Cyrus, que je t'envie dans ta royauté. — Pour quelle raison ? dit Cyrus. — Parce que tu peux nous faire rire, tout froid que tu es. » Cyrus dit : « Alors, est-ce que tu ne donnerais pas beaucoup pour être l'auteur, toi, de toutes ces choses spirituelles, et les voir rapporter à la dame aux yeux de qui tu tiens à posséder une réputation d'esprit ? » Tels étaient [2] leurs assauts de joyeusetés.

Divers présents de Cyrus à ses invités.

24 Après quoi, pour Tigrane, Cyrus produisit une parure féminine, et le pria de la donner à son épouse, pour avoir virilement fait la campagne avec son mari* ; pour Artabaze ce fut une coupe d'or, pour l'Hyrcanien un cheval ; suivirent une foule d'autres présents superbes : « Toi, quant à ta fille, Gobryas, dit-il, je lui donnerai un mari. **25** — C'est moi qu'il faut donner*, Cyrus, dit Hystaspe, pour que j'y gagne aussi la collection* de pensées. — Mais as-tu de la fortune en harmonie avec celle de la jeune fille ? — Tu peux dire, plutôt, par Zeus !

1. Cyrus rit pour n'avoir pas à répondre que, selon l'art qu'il vient d'exposer lui-même, il lui faudrait une femme chaude ; nouvelle allusion à VII, 5, 56.

2. L'imparfait s'applique aussi bien à des joyeusetés habituelles qu'à celles de « ce soir-là » ; on se rappelle l'expression de VI, 1, 6, ἔπαιζον σπουδῇ.

προνοεῖς· καὶ γὰρ οὐδ' ὁπωστιοῦν ἁλτικός εἰμι. **21** Ἔπειτα δ', ἔφη, σιμὴ ἄν σοι ἰσχυρῶς συμφέροι. Πρὸς τί δὴ αὖ τοῦτο; Ὅτι, ἔφη, σὺ γρυπὸς εἶ· πρὸς οὖν τὴν σιμότητα σάφ' ἴσθι ὅτι ἡ γρυπότης ἄριστ' ἂν προσαρμόσειε. Λέγεις σύ, ἔφη, ὡς καὶ τῷ εὖ δεδειπνηκότι ὥσπερ καὶ ἐγὼ νῦν ἄδειπνος ἂν συναρμόττοι. Ναὶ μὰ Δί', ἔφη ὁ Κῦρος· τῶν μὲν γὰρ μεστῶν γρυπὴ ἡ γαστὴρ γίγνεται, τῶν δὲ ἀδείπνων σιμή. **22** Καὶ ὁ Χρυσάντας ἔφη· Ψυχρῷ δ' ἄν, πρὸς τῶν θεῶν, βασιλεῖ ἔχοις ἂν εἰπεῖν ποία τις συνοίσει; Ἐνταῦθα μὲν δὴ ὅ τε Κῦρος ἐξεγέλασε καὶ οἱ ἄλλοι ὁμοίως. **23** Γελώντων δὲ ἅμα εἶπεν ὁ Ὑστάσπας· Πολύ γ', ἔφη, μάλιστα τούτου σε, ὦ Κῦρε, ζηλῶ ἐν τῇ βασιλείᾳ. Τίνος; ἔφη ὁ Κῦρος. Ὅτι δύνασαι καὶ ψυχρὸς ὢν γέλωτα παρέχειν. Καὶ ὁ Κῦρος εἶπεν· Ἔπειτ' οὐκ ἂν πρίαιό γε παμπόλλου ὥστε σοὶ ταῦτ' εἰρῆσθαι, καὶ ἀπαγγελθῆναι παρ' ᾗ εὐδοκιμεῖν βούλει ὅτι ἀστεῖος εἶ; Καὶ ταῦτα μὲν δὴ οὕτω διεσκώπτετο.

24 Μετὰ δὲ ταῦτα Τιγράνῃ μὲν ἐξήνεγκε γυναικεῖον κόσμον, καὶ ἐκέλευσε τῇ γυναικὶ δοῦναι, ὅτι ἀνδρείως συνεστρατεύετο τῷ ἀνδρί, Ἀρταβάζῳ δὲ χρυσοῦν ἔκπωμα, τῷ δ' Ὑρκανίῳ ἵππον καὶ ἄλλα πολλὰ καὶ καλὰ ἐδωρήσατο. Σοὶ δέ, ἔφη, ὦ Γωβρύα, δώσω ἄνδρα τῇ θυγατρί. **25** Οὐκοῦν ἐμέ, ἔφη ὁ Ὑστάσπας, δώσεις, ἵνα καὶ τὰ συγγράμματα λάβω. Ἦ καὶ ἔστι σοι, ἔφη ὁ Κῦρος, οὐσία ἀξία τῶν τῆς παιδός; Νὴ Δί', ἔφη, πολλαπλασίων μὲν οὖν χρημάτων. Καὶ ποῦ, ἔφη ὁ Κῦρος, ἔστι σοι αὕτη

IV **21** 1 σιμὴ FV²mg. G : σιμὴν VHA εἰ μὴ WD ‖ συμφέροι zDF : συμφέρῃ W ‖ 2 δὴ om. y ‖ 3 ἂν om. HG ‖ 4 προσαρμόσειε z : συναρμόσειε y ‖ 5 συναρμόττοι edd. a Dindorf : -μόζοι codd. ‖ **22** 2 post θεῶν add. ἔφη y ‖ 3 συνοίσει yHAG : συνήσει V ‖ **23** 3 τούτου z : τοῦτό y ‖ ὦ Κῦρε z : ἐγὼ κῦρε y ‖ 4 post δύνασαι add. ἔφη y ‖ 5 ἔπειτ' yV² mg. : ἐπεὶ z ‖ **24** 5 Σοὶ yVH : σὺ AG ‖ **25** 3 τῆς zDF : τοῦ W ‖ 4 αὕ[-ὑ-F]τη[-ὴF] y ante ἐστί transp. y.

que j'en ai cent fois plus. — Et où se trouve-t-elle, dit Cyrus, cette fortune ? — Elle est là, exactement sur ton siège, Cyrus, puisque tu es mon ami[1]. — Il me va », dit Gobryas, et aussitôt, tendant la main droite : « Donne-le comme gendre, Cyrus, j'accepte. » **26** Et Cyrus, prenant la main droite d'Hystaspe, la donna à Gobryas, qui l'accepta. Après quoi il fit une foule de dons superbes à Hystaspe, pour qu'il les fît tenir à sa fille. Quant à Chrysantas, il l'attira à lui et ce fut un baiser qu'il lui donna[2]. **27** Artabaze dit : « La coupe que tu m'as donnée n'est pas du même or que ton présent à Chrysantas. — Eh ! bien, je te ferai le même don, à toi aussi. » L'autre demanda : « Quand ? — Aux calendes grecques. — Prépare-toi donc à me voir attendre, et toujours gaillard. » Ainsi prit fin la soirée sous la tente[3]. Comme les invités se levaient, Cyrus se leva aussi et les accompagna jusqu'à la porte.

Destin des alliés. Du don usage de la fortune.

28 Le lendemain, il renvoya chacun chez soi les alliés volontaires, sauf ceux d'entre eux qui voulaient se fixer dans son voisinage*. A ceux-là il donna un territoire et des maisons, et les descendants de ceux qui restèrent alors les occupent encore aujourd'hui ; ils sont une majorité de Mèdes et d'Hyrcaniens. Ceux qui partaient, soldats aussi bien qu'officiers, il ne les renvoya pas sans les avoir comblés de présents ni leur avoir donné des motifs de satisfaction. **29** Après quoi, il distribua aussi aux soldats de ses propres troupes l'argent qu'il avait pris à Sardes ; aux généraux et à ses aides de camp il en donnait une part de choix selon le mérite de chacun, puis il répartit les autres prises ; lorsqu'il eut donné ce qui revenait à chacun des généraux, il les chargea d'une répartition analogue à celle qu'il avait faite pour eux.

1. Le plus grand des biens est un ami, selon Socrate, *Mém.*, II, 4, 1.
2. Sur l'histoire d'un baiser, voir I, 4, 27-28.
3. Le mot σκηνή signifie proprement la tente mais aussi, par extension, un repas, banquet, divertissement, une réception sous la tente ; cf. II, 3, 1 ; 22 ; III, 2, 31, et peut-être IV, 2, 34.

ἡ οὐσία; Ἐνταῦθα, ἔφη, ὅπουπερ καὶ σὺ κάθησαι φίλος ὢν ἐμοί. Ἀρκεῖ μοι, ἔφη ὁ Γωβρύας· καὶ εὐθὺς ἐκτείνας τὴν δεξιάν· Δίδου, ἔφη, ὦ Κῦρε· δέχομαι γάρ. **26** Καὶ ὁ Κῦρος λαβὼν τὴν τοῦ Ὑστάσπου δεξιὰν ἔδωκε τῷ Γωβρύᾳ, ὁ δ' ἐδέξατο. Ἐκ δὲ τούτου πολλὰ καὶ καλὰ ἔδωκε δῶρα τῷ Ὑστάσπᾳ, ὅπως τῇ παιδὶ πέμψειε· Χρυσάνταν δ' ἐφίλησε προσαγαγόμενος. **27** Καὶ ὁ Ἀρτάβαζος εἶπε· Μὰ Δί', ἔφη, ὦ Κῦρε, οὐχ ὁμοίου γε χρυσοῦ ἐμοί τε τὸ ἔκπωμα δέδωκας καὶ Χρυσάντᾳ τὸ δῶρον. Ἀλλὰ καὶ σοί, ἔφη, δώσω. Ἐπήρετο ἐκεῖνος· Πότε; Εἰς τριακοστόν, ἔφη, ἔτος. Ὡς ἀναμενοῦντος, ἔφη, καὶ οὐκ ἀποθανουμένου οὕτω, παρασκευάζου. Καὶ τότε μὲν δὴ οὕτως ἔληξεν ἡ σκηνή. Ἐξανισταμένων δ' αὐτῶν ἐξανέστη καὶ ὁ Κῦρος καὶ ξυμπρούπεμψεν αὐτοὺς ἐπὶ τὰς θύρας.

28 Τῇ δὲ ὑστεραίᾳ τοὺς ἐθελουσίους συμμάχους γενομένους ἀπέπεμπεν οἴκαδε ἑκάστους, πλὴν ὅσοι αὐτῶν οἰκεῖν ἐβούλοντο παρ' αὐτῷ. Τούτοις δὲ χώραν καὶ οἴκους ἔδωκε, καὶ νῦν ἔτι ἔχουσιν οἱ τῶν καταμεινάντων τότε ἀπόγονοι· πλεῖστοι δ' εἰσὶ Μήδων καὶ Ὑρκανίων. Τοῖς δ' ἀπιοῦσι δωρησάμενος πολλὰ καὶ ἀμέμπτους ποιησάμενος καὶ ἄρχοντας καὶ στρατιώτας ἀπεπέμψατο. **29** Ἐκ τούτου δὲ διέδωκε καὶ τοῖς περὶ ἑαυτὸν στρατιώταις τὰ χρήματα ὅσα ἐκ Σάρδεων ἔλαβε· καὶ τοῖς μὲν μυριάρχοις καὶ τοῖς περὶ αὐτὸν ὑπηρέταις ἐξαίρετα ἐδίδου πρὸς τὴν ἀξίαν ἑκάστου, τὰ δ' ἄλλα διένειμε· καὶ τὸ μέρος ἑκάστῳ δοὺς τῶν μυριάρχων ἐπέτρεψεν αὐτοῖς διανέμειν ὥσπερ αὐτὸς ἐκείνοις διέ-

IV 25 5 κάθησαι WDF²VHA : κάθισαι FH²G || 26 2 δὲ om. WD del. V || 27 6 παρασκευάζου zDF : παρεσκευάζου W || 8 ἐξανέστη z : συνεξ- y || 28 3 αὐτῷ z : ἑαυτῷ y || post χώραν add. τε y || 5 ante τότε add. τούτων HAG || τότε om. x || 29 1 περὶ ἑαυτὸν z : παρ' ἑαυτῷ WD παρ' ἑαυτοῦ F || 3 αὐτὸν FV : ἑαυτὸν G αὐτὸν WDHA || 4 ἑκάστου y : -τῳ z || 6 αὐτοῖς z : αὐτῷ y.

30 Les officiers, chacun pesant les mérites de ses subalternes, donnaient la totalité de l'argent, sauf ce qui restait à la fin, que les caporaux distribuaient aux simples soldats sous leurs ordres, à chacun selon son mérite* ; ainsi tout le monde reçut sa juste part.

31 Quand on eut reçu ce qui fut alors donné, il y en eut qui faisaient à Cyrus des remarques de cet ordre : « Faut-il qu'il ait son magot, lui, pour avoir à chacun de nous donné tout ça ! » D'autres répondaient : « Son magot, qu'est-ce à dire ? Ce n'est pas dans les façons de Cyrus de s'enrichir : il a plus de plaisir à donner qu'à prendre. »

32 Informé de ces propos et des opinions exprimées sur lui, Cyrus réunit ses amis avec les principaux chefs et leur tint ce langage : « Mes amis, j'ai déjà vu des hommes qui veulent avoir l'air de posséder plus qu'ils n'ont ; ils se figurent que c'est le moyen d'avoir, aux yeux des gens, une distinction supérieure ; à moi, ils ont l'air de s'attirer le contraire de ce qu'ils veulent. Paraître posséder une belle fortune sans montrer qu'on rend service à ses amis selon ses moyens me paraît*, à moi du moins, conférer une marque de bassesse. **33** Il en est, au contraire, qui veulent qu'on ne voie pas tout ce qu'ils possèdent ; il me semble que ceux-là aussi sont pernicieux pour leurs amis. Car du fait qu'ils ignorent la fortune réelle, les amis, souvent, dans le besoin, au lieu d'avertir leurs camarades, acceptent tous les échecs[1]. **34** Il me semble que c'est le devoir de l'homme loyal de laisser

1. On rejette la conjecture de Dindorf, même séduisante, parce qu'on ne voit pas pourquoi Xénophon aurait brusquement choisi un verbe poétique dont on n'a, en cet emploi absolu, que deux exemples, dans Hésiode, *Trav.*, 408, et Sophocle, *Él.*, 265. On préfère croire que les quatre mots supposés écrits par Xénophon ont provoqué la faute ἀλλ' ἀπατῶνται ἡττῶνται ; l'incompatibilité des deux verbes juxtaposés aurait entraîné deux corrections différentes — passées chacune dans une famille de manuscrits — la suppression du premier dans z, et du second dans y. — Cyrus blâme ceux qui, par la faute de ces camarades riches trop secrets sur leur fortune, en viennent à se laisser abattre par les moindres difficultés, financières ou autres.

νειμεν. **30** Ἐδίδοσαν δὲ τὰ μὲν ἄλλα χρήματα ἄρχων ἄρχοντας τοὺς ὑφ' ἑαυτῷ δοκιμάζων· τὰ δὲ τελευταῖα οἱ ἐξάδαρχοι τοὺς ὑφ' ἑαυτοῖς ἰδιώτας δοκιμάσαντες πρὸς τὴν ἀξίαν ἑκάστῳ διεδίδοσαν· καὶ οὕτω πάντες εἰλήφεσαν τὸ δίκαιον μέρος.

31 Ἐπεὶ δὲ εἰλήφεσαν τὰ τότε δοθέντα, οἱ μέν τινες ἔλεγον περὶ τοῦ Κύρου τοιάδε· Ἦ που αὐτός γε πολλὰ ἔχει, ὅπου γε καὶ ἡμῶν ἑκάστῳ τοσαῦτα δέδωκεν. Οἱ δέ τινες αὐτῶν ἔλεγον· Ποῖα πολλὰ ἔχει; Οὐχ ὁ Κύρου τρόπος τοιοῦτος οἷος χρηματίζεσθαι, ἀλλὰ διδοὺς μᾶλλον ἢ κτώμενος ἥδεται.

32 Αἰσθόμενος δὲ ὁ Κῦρος τούτους τοὺς λόγους καὶ τὰς δόξας τὰς περὶ ἑαυτοῦ συνέλεξε τούς φίλους τε καὶ τοὺς ἐπικαιρίους ἅπαντας καὶ ἔλεξεν ὧδε· Ὦ ἄνδρες φίλοι, ἑώρακα μὲν ἤδη ἀνθρώπους οἳ βούλονται δοκεῖν πλείω κεκτῆσθαι ἢ ἔχουσιν, ἐλευθεριώτεροι ἂν οἰόμενοι οὕτω φαίνεσθαι· ἐμοὶ δὲ δοκοῦσιν, ἔφη, οὗτοι τοὔμπαλιν οὗ βούλονται ἐφέλκεσθαι. Τὸ γὰρ πολλὰ δοκοῦντα ἔχειν μὴ κατ' ἀξίαν τῆς οὐσίας φαίνεσθαι ὠφελοῦντα τοὺς φίλους ἀνελευθερίαν ἔμοιγε δοκεῖ περιάπτειν. **33** Εἰσὶ δ' αὖ, ἔφη, οἳ λεληθέναι βούλονται ὅσα ἂν ἔχωσι· πονηροὶ οὖν καὶ οὗτοι τοῖς φίλοις ἔμοιγε δοκοῦσιν εἶναι. Διὰ γὰρ τὸ μὴ εἰδέναι τὰ ὄντα πολλάκις δεόμενοι οὐκ ἐπαγγέλλουσιν οἱ φίλοι τοῖς ἑταίροις, ἀλλ' ἀπάντων καὶ ἡττῶνται. **34** Ἁπλουστάτου δέ μοι, ἔφη, δοκεῖ εἶναι τὸ τὴν δύναμιν φανερὰν

IV 30 1 ἐδίδοσαν y : ἔδοσαν z ‖ 3 ἑαυτοῖς yV² : ἑαυτοὺς z ‖ 4 διεδίδοσαν WD : διέδοσαν F ἐδίδοσαν x ἔδοσαν z ‖ **31** 1 ἐπεὶ δὲ εἰλήφεσαν z : ἐπειδὴ δὲ διειλήφεσαν y ‖ 3 ἡμῶν z : ἡμῖν y ‖ 5 οἷος y : ὅλος z ‖ **32** 1 αἰσθόμενος y : αἰσθανό- z ‖ 2 ἑαυτοῦ WD : αὑτοῦ V αὐτοῦ FHAG ‖ 3 ἅπαντας z : πάντας y ‖ **33** 5 ἀλλ' ἀπάντων καὶ ἡττῶνται ego : ἀλλ' ἀπατῶνται yV² ἀλλὰ ἡττῶνται z ἀλλὰ τητῶνται coni. Dindorf uide adn. ‖ **34** 2 ἔφη δοκεῖ z : δοκεῖ ἔφη y.

voir ses moyens et de les employer à devancer les autres par la noblesse d'âme. Je tiens donc, moi, à vous montrer tout ce qui est visible de mes biens, et à vous rendre compte de ce qui ne l'est pas[1]. »

35 Là-dessus, il leur montrait un grand nombre de possessions magnifiques ; les trésors trop bien mis à l'abri pour être visibles, il en rendait compte. A la fin, il s'exprima en ces termes : **36** « Toutes ces richesses, Messieurs, il faut que vous les teniez pour vôtres autant que miennes ; car si je les amasse, ce n'est ni pour les jeter tout seul par les fenêtres, ni pour les consommer tout seul — j'en serais incapable — mais pour pouvoir récompenser par des dons, à tour de rôle, tout auteur, parmi vous, d'une belle action, et pour que, si l'un de vous juge qu'il manque de quoi que ce soit, il vienne me trouver et reçoive ce dont il se trouve manquer[2]. » Telles furent les paroles prononcées.

V

Voyage en Perse : l'art de camper.

1 Quand il lui sembla que la situation était assez bonne à Babylone pour lui permettre de sortir du pays, il faisait ses bagages pour le voyage en Perse et donnait ses instructions en ce sens ; lorsqu'il crut avoir assez de ce dont il pensait qu'il aurait besoin, il reprenait la route. **2** Nous exposerons aussi[3] l'ordre que le convoi, malgré son importance, mettait à déballer et emballer, et sa vitesse à organiser une halte[4] au point

1. Décision qui sort de l'ordinaire et qui va passer dans les actes, non moins extraordinaires.

2. Sur le problème de l'argent, Xénophon brosse un portrait de Cyrus qui est exactement à l'opposé de Crésus, du Crésus antérieur à sa défaite. Mais maintenant le souverain déchu et le jeune roi, on le sait, sont devenus amis intimes.

3. Xénophon aime beaucoup annoncer un développement qu'il va faire, comme il aime préciser qu'un développement est fini.

4. Xénophon, fort de son expérience, notamment dans les troupes peu disciplinées des Dix-mille, est toujours préoccupé de l'ordre dans les marches en temps de paix comme en temps de guerre : cf. VI, 2, 25, où il emploie les mêmes verbes.

ποιήσαντα ἐκ ταύτης ἀγωνίζεσθαι περὶ καλοκἀγαθίας. Κἀγὼ οὖν, ἔφη, βούλομαι ὑμῖν ὅσα μὲν οἷόν τ' ἐστὶν ἰδεῖν τῶν ἐμοὶ ὄντων δεῖξαι, ὅσα δὲ μὴ οἷόν τε ἰδεῖν, διηγήσασθαι.

35 Ταῦτα εἰπὼν τὰ μὲν ἐδείκνυε πολλὰ καὶ καλὰ κτήματα · τὰ δὲ κείμενα ὡς μὴ ῥᾴδια εἶναι ἰδεῖν διηγεῖτο · τέλος δ' εἶπεν ὧδε · **36** Ταῦτα, ὦ ἄνδρες, ἅπαντα δεῖ ὑμᾶς οὐδὲν μᾶλλον ἐμὰ ἡγεῖσθαι ἢ καὶ ὑμέτερα · ἐγὼ γάρ, ἔφη, ταῦτα ἀθροίζω οὔθ' ὅπως αὐτὸς καταδαπανήσω οὔθ' ὅπως αὐτὸς κατατρίψω — οὐ γὰρ ἂν δυναίμην — ἀλλ' ὅπως ἔχω τῷ τε ἀεὶ καλόν τι ὑμῶν ποιοῦντι διδόναι καὶ ὅπως, ἤν τις ὑμῶν τινος ἐνδεῖσθαι νομίσῃ, πρὸς ἐμὲ ἐλθὼν λάβῃ οὗ ἂν ἐνδεὴς τυγχάνῃ ὤν. Καὶ ταῦτα μὲν δὴ οὕτως ἐλέχθη.

V

1 Ἡνίκα δὲ ἤδη αὐτῷ ἐδόκει καλῶς ἔχειν τὰ ἐν Βαβυλῶνι ὡς καὶ ἀποδημεῖν, συνεσκευάζετο τὴν εἰς Πέρσας πορείαν καὶ τοῖς ἄλλοις παρήγγειλεν · ἐπεὶ δ' ἐνόμισεν ἱκανὰ ἔχειν ὧν ᾤετο δεήσεσθαι, οὕτω δὴ ἀνεζεύγνυε. **2** Διηγησόμεθα δὲ καὶ ταῦτα ὡς πολὺς στόλος ὢν εὐτάκτως μὲν κατεσκευάζετο καὶ πάλιν ἀνεσκευάζετο, ταχὺ δὲ κατεχωρίζετο ὅπου δέοι. Ὅπου γὰρ ἂν στρατοπεδεύηται βασιλεύς, σκηνὰς μὲν δὴ ἔχοντες πάντες

IV **35** 2-3 διηγεῖτο · τέλος δ' [δ' om. WD]yV² mg. : om. z || **36** 1 post ταῦτα add. ἔφη zF || 3-4 καταδαπανήσω — αὐτὸς yV² : om. z || 5 τε ἀεὶ z : τέλει y || 6 τις ὑμῶν τινος z : τινος ὑμῶν τις y || 7 νομίσῃ zDF : νομίσοι W || οὗ z : οὗ δ' F οὐδ' WD || ἂν om. z || τυγχάνῃ HAG : -νει V -νοι y || 8 δὴ om. z.

V **1** 1 δὲ ἤδη V corr. : δὲ δὴ y δὲ τὰ ἤθη HAG || αὐτῷ yV² : αὐτῶν z post ἐδόκει transp. y || 2 post ἀποδημεῖν add. ἑαυτῷ y || τὴν yV² mg. : om. z || 4 ὧν z : ὅσων y || **2** 1 διηγησόμεθα zF : -σώμεθα WD || post δὲ add. δὴ y || πολὺς στόλος WD : πολύστολος zF || 2 καὶ πάλιν ἀνεσκευάζετο om. F || 3 δέοι z : δέοιτο y,

propice. Partout où le Roi campe, en effet, tout l'état-major a ses tentes pour l'expédition, hiver comme été.

3 Cyrus institua tout de suite la règle de faire dresser sa tente face à l'orient ; ensuite il détermina la distance de la tente royale à laquelle doivent camper les lanciers de la garde ; puis, comme emplacement, il assigna aux boulangers la droite, aux cuisiniers la gauche, puis aux chevaux la droite, et la gauche d'autre part pour les bêtes de somme ; et tout fut réparti de manière que chacun connût son emplacement, tant pour la surface que pour l'endroit. **4** Quand ils remballent, ils rassemblent chacun l'équipement qui lui est confié, et d'autres à leur tour les chargent sur les bêtes de somme, si bien que les hommes des bagages se rendent tous ensemble aux animaux formés en vue du transport, et chargent tous ensemble chacun le sien. Ainsi le temps nécessaire pour enlever une seule tente suffit également pour toutes[1]. **5** La méthode est la même pour déballer. Et pour que tous les approvisionnements soient prêts en temps voulu, les rôles sont tous distribués d'une façon analogue ; c'est la raison pour laquelle le même temps suffit pour une seule partie des approvisionnements comme pour le tout.

6 Comme les gens préposés à ce service[2] avaient un emplacement, celui qui convenait à chacun, de même les fantassins de Cyrus avaient, comme place au campement, celle que requérait chaque genre d'armement, la connaissaient d'avance, et tout le monde organisait sa halte sans qu'il y eût une place contestée[3]. **7** Cyrus, en effet, pouvait penser que le soin de l'ordre, jusque

1. La théorie est excellente, mais idéale ; elle ne tient pas compte des réalités, même de celles que Xénophon a connues au cours de ses propres campagnes ; au moins dénonce-t-il des erreurs.

2. Le mot « service » désigne les boulangers et cuisiniers du § 3.

3. Xénophon, témoin de l'anarchie qui régnait souvent dans les camps des Dix-mille, a montré plus haut, en IV, 2, 28-32, les effets du désordre dans le camp assyrien. De là, à partir du § 8, la description du camp idéal de Cyrus ; sur le camp des Assyriens, voir aussi III, 3, 26-28.

οἱ ἀμφὶ βασιλέα στρατεύονται καὶ θέρους καὶ χειμῶνος.

3 Εὐθὺς δὲ τοῦτο ἐνόμιζε Κῦρος, πρὸς ἕω βλέπουσαν ἵστασθαι τὴν σκηνήν· ἔπειτα ἔταξε πρῶτον μὲν πόσον δεῖ ἀπολιπόντας σκηνοῦν τοὺς δορυφόρους τῆς βασιλικῆς σκηνῆς· ἔπειτα σιτοποιοῖς μὲν χώραν ἀπέδειξε τὴν δεξίαν, ὀψοποιοῖς δὲ τὴν ἀριστεράν, ἵπποις δὲ τὴν δεξιάν, ὑποζυγίοις δὲ τοῖς ἄλλοις τὴν ἀριστεράν· καὶ τἆλλα δὲ διετέτακτο ὥστε εἰδέναι ἕκαστον τὴν ἑαυτοῦ χώραν καὶ μέτρῳ καὶ τόπῳ. 4 Ὅταν δὲ ἀνασκευάζωνται, συντίθησι μὲν ἕκαστος σκεύη οἷσπερ τέτακται χρῆσθαι, ἀνατίθενται δ' αὖ ἄλλοι ἐπὶ τὰ ὑποζύγια, ὥσθ' ἅμα μὲν πάντες ἔρχονται οἱ σκευαγωγοὶ ἐπὶ τὰ τεταγμένα ἄγειν, ἅμα δὲ πάντες ἀνατιθέασιν ἐπὶ τὰ ἑαυτοῦ ἕκαστος. Οὕτω δὴ ὁ αὐτὸς χρόνος ἀρκεῖ μιᾷ τε σκηνῇ καὶ πάσαις ἀνῃρῆσθαι. 5 Ὡσαύτως οὕτως ἔχει καὶ περὶ κατασκευῆς. Καὶ περὶ τοῦ πεποιῆσθαι δὲ τὰ ἐπιτήδεια πάντα ἐν καιρῷ ὡσαύτως διατέτακται ἑκάστοις τὰ ποιητέα· καὶ διὰ τοῦτο ὁ αὐτὸς χρόνος ἀρκεῖ ἑνί τε μέρει καὶ πᾶσι πεποιῆσθαι.

6 Ὥσπερ δὲ οἱ περὶ τὰ ἐπιτήδεια θεράποντες χώραν εἶχον τὴν προσήκουσαν ἕκαστοι, οὕτω καὶ οἱ ὁπλοφόροι αὐτῷ ἐν τῇ στρατοπεδεύσει χώραν τε εἶχον τὴν τῇ ὁπλίσει ἑκάστῃ ἐπιτηδείαν, καὶ ᾔδεσαν ταύτην ὁποία ἦν, καὶ ἐπ' ἀναμφισβήτητον πάντες κατεχωρίζοντο. 7 Καλὸν μὲν γὰρ ἡγεῖτο ὁ Κῦρος καὶ ἐν οἰκίᾳ εἶναι ἐπιτήδευμα τὴν εὐθημοσύνην· — ὅταν γάρ τίς του δέη-

V 3 3 πόσον z : ὁπόσον y ‖ δεῖ ἀπολιπόντας zDF : δὴ ἀπολείποντας W ‖ 5 τὴν ἀριστεράν ante ὀψοποιοῖς transp. W ‖ 6 τοῖς ἄλλοις zW² DF : om. W ‖ 7 δὲ z : δὴ F om. WD ‖ 4 5 ἀνατιθέασιν z ἐπιτιθέασιν y ‖ 5 1 post ὡσαύτως add. δὲ y ‖ 6 1 post δὲ add. καὶ y ‖ 2 ἕκαστοι zF : -τος WD ‖ 3 post τὴν add. ἐν y ‖ 4 ἑκάστῃ zDF : ἑκάστην W ‖ 5 ἐπ' z : εἰς y ‖ 7 2 εὐθημοσύνην WDV² ut infra l. 4 et 10 : εὐθυ- zF ‖ ὅταν γάρ z : ὥστε ὅτι ἄν D ὥστε ἄν W ὅτι ἄν F.

dans une maison, est une excellente habitude — lorsque l'on a besoin d'une chose, on sait où aller la chercher — mais il estimait plus excellent encore le soin de l'ordre[1] dans les éléments qui composaient l'armée, d'autant plus que les occasions de les employer au combat sont plus soudaines, et plus graves les fautes provoquées par ceux qui tardent à les saisir ; il constatait aussi qu'à la guerre des avantages de tout premier ordre venaient des troupes qui surviennent à point nommé. Aussi soignait-il surtout cet ordre-là.

8 Lui-même, cette place étant la plus sûre[2], s'installait au centre du camp. Ensuite il gardait autour de lui, comme il faisait toujours, les plus fidèles, et à leur suite, en cercle, des cavaliers et des charriers. **9** Il pensait que ceux-là aussi ont besoin d'un emplacement sûr, parce qu'ils campent sans avoir sous la main aucune des armes qui sont les leurs au combat, et il leur faut beaucoup de temps s'ils doivent être en état de servir. **10** Il y avait, à droite et à gauche de Cyrus, l'emplacement des peltastes ; celui des archers était en avant et en arrière du roi et des cavaliers. **11** Il gardait en cercle, autour de l'ensemble, comme une muraille, les hoplites et les soldats armés de boucliers longs, afin que, s'il y avait nécessité de s'équiper pour les cavaliers, les hommes stables par excellence, étant placés par devant, leur fournissent le moyen de s'armer en sûreté.

12 Il faisait aussi dormir à leur poste[3] les peltastes et les archers, comme les hoplites, pour que, après la

1. Depuis les désordres dont il a eu le triste spectacle dans la campagne des Dix-mille, Xénophon a la hantise de l'ordre ; Ischomaque, dans l'*Éc.*, VIII, 1-23, fait un long cours sur la vertu de l'ordre dans une maison, dans une armée, à bord d'un bateau. Xénophon peut en outre se souvenir des *Travaux*, 471, où Hésiode fait l'éloge de l'εὐθημοσύνη.

2. Ce n'est pas — on l'a déjà vu — que Cyrus craigne pour sa vie, mais il sait que l'ordre ne sera maintenu dans l'empire comme dans l'armée que s'il reste au pouvoir.

3. Xénophon est toujours préoccupé de voir les troupes à l'abri d'une surprise, la nuit plus encore que le jour.

ται, δῆλόν ἐστι ὅπου δεῖ ἐλθόντα λαβεῖν· — πολὺ δ' ἔτι κάλλιον ἐνόμιζε τὴν τῶν στρατιωτικῶν φύλων εὐθημοσύνην εἶναι, ὅσῳ τε ὀξύτεροι οἱ καιροὶ τῶν εἰς τὰ πολεμικὰ χρήσεων καὶ μείζω τὰ σφάλματα ⟨τὰ⟩ ἀπὸ τῶν ὑστεριζόντων ἐν αὐτοῖς· ἀπὸ δὲ τῶν ἐν καιρῷ παραγιγνομένων πλείστου ἄξια πλεονεκτήματα ἑώρα γιγνόμενα ἐν τοῖς πολεμικοῖς· διὰ ταῦτα οὖν καὶ ἐπεμελεῖτο ταύτης τῆς εὐθημοσύνης μάλιστα.

8 Καὶ αὐτὸς μὲν δὴ πρῶτον ἑαυτὸν ἐν μέσῳ κατετίθετο τοῦ στρατοπέδου, ὡς ταύτης τῆς χώρας ἐχυρωτάτης οὔσης. Ἔπειτα δὲ τοὺς μὲν πιστοτάτους ὥσπερ εἰώθει περὶ ἑαυτὸν εἶχε, τούτων δ' ἐν κύκλῳ ἐχομένους ἱππέας τ' εἶχε καὶ ἁρματηλάτας. 9 Καὶ γὰρ τούτους ἐχυρᾶς ἐνόμιζε χώρας δεῖσθαι, ὅτι σὺν οἷς μάχονται ὅπλοις οὐδὲν πρόχειρον ἔχοντες τούτων στρατοπεδεύονται, ἀλλὰ πολλοῦ χρόνου δέονται εἰς τὴν ἐξόπλισιν, εἰ μέλλουσι χρησίμως ἕξειν. 10 Ἐν δεξιᾷ δὲ καὶ ἐν ἀριστερᾷ αὐτοῦ τε καὶ τῶν ἱππέων πελτασταῖς χώρα ἦν· τοξοτῶν δ' αὖ χώρα ἡ πρόσθεν ἦν καὶ ὄπισθεν αὐτοῦ τε καὶ τῶν ἱππέων. 11 Ὁπλίτας δὲ καὶ τοὺς τὰ μεγάλα γέρρα ἔχοντας κύκλῳ πάντων εἶχεν ὥσπερ τεῖχος, ὅπως καὶ εἰ δέοι τι ἐνσκευάζεσθαι τοὺς ἱππέας, οἱ μονιμώτατοι πρόσθεν ὄντες παρέχοιεν αὐτοῖς ἀσφαλῆ τὴν καθόπλισιν.

12 Ἐκάθευδον δὲ αὐτῷ ἐν τάξει ὥσπερ οἱ ὁπλῖται, οὕτω δὲ καὶ οἱ πελτασταὶ καὶ οἱ τοξόται, ὅπως καὶ ἐκ

V 7 4 φύλων DF : φυλῶν zW ‖ 4 εὐθημοσύνην εἶναι z : εἶναι εὐθημοσύνην y ‖ 5 τὰ add. Holden ‖ 8 πλεονεκτήματα Schneider : ταῦτα τὰ κτήματα WDV² ταῦτα κτήματα F τὰ κτήματα z ‖ 9 ἐπεμελεῖτο z : -μέλετο y ‖ 8 1 πρῶτον ἑαυτὸν ἐν μέσῳ z : πρῶτος ἐν μέσῳ ἑαυτὸν y ‖ 2 ἐχυρωτάτης οὔσης z : οὔσης ἐχυρωτάτης y ‖ 9 2 σὺν yV² mg. : om. z ‖ 5 ἕξειν yV² mg. : ἐξοίσειν z ‖ 10 2 αὐτοῦ z : αὐτοῦ V² ἑαυτοῦ y ‖ ἱππέων yV² : ἵππων ‖ post χώρα praua iteratione add. ἦν W ‖ 11 3 ἐνσκευάζεσθαι zDF : σκευάσασθαι W ‖ 4 πρόσθεν ὄντες y V²: προσιόντες z ‖ 5 καθόπλισιν z : ἐξόπλισιν y ‖ 12 1-2 οἱ — δὲ z : καὶ οἱ ὁπλῖται οὕτως y.

tombée de la nuit, en cas de besoin, à la façon des hoplites toujours prêts à frapper quiconque vient au corps à corps, les archers et les tireurs, en cas d'approche ennemie, tirassent instantanément traits et flèches par dessus les hoplites. **13** Les officiers avaient tous une enseigne sur leur tente ; et de même qu'en ville les aides de camp avisés sont renseignés sur le domicile de la plupart des personnes, et surtout des personnes importantes, de même les sous-ordre de Cyrus savaient la place des commandants au camp et connaissaient les enseignes de chacun d'eux ; aussi ne cherchaient-ils jamais celui dont Cyrus avait besoin, mais couraient[1] toujours à lui par le plus court chemin. **14** Comme chaque élément avait sa place distincte, on n'en voyait que mieux les points où l'ordre était respecté, ainsi que tous les hommes qui n'exécutaient pas les ordres. Avec de telles dispositions, Cyrus pensait qu'en cas d'attaque de nuit ou de jour, les attaquants tomberaient sur le camp comme dans une embuscade[2].

15 Il estimait encore que la tactique[3] ne consistait pas uniquement à être capable d'étendre la ligne de bataille ou de la rendre profonde, ou bien de passer de la colonne à la ligne ou, si l'ennemi débouche à l'improviste de la droite, de la gauche ou par derrière, de faire correctement une volte-face[4], mais il estimait encore d'ordre tactique les dispersions opportunes, la mise en place de chaque subdivision là où elle rendrait le plus de services, les marches forcées quand il fallait devancer l'ennemi ; tous ces mouvements et leurs pareils appartenaient, à ses yeux, à l'art du tacticien et il donnait à tous égale-

1. Sur la course dans l'obéissance, voir VIII, 3, 21 et la note.

2. Xénophon s'intéresse beaucoup aux embuscades, vraies ou fausses : *Anab.*, V, 2, 28 ; *Comm. Cav.*, IV, 10 ; 12 ; V, 8 ; VIII, 15 ; 20.

3. La tactique fait partie de l'art du rangement ; elle répond, dans le domaine militaire, au souci de l'ordre.

4. Élien, *Tact.*, 27, explique en quoi consiste l'ἐξελιγμός : c'est une conversion ou changement de front soit des seules ailes soit de tous les rangs de l'armée ; les hoplites de Sparte y excellent ; cf. *Rép. Lac.*, XI, 8. En 394, Xénophon a pu voir Agésilas réussir c[illegible] manœuvre délicate à Coronée, *Hell.*, IV, 3, 18.

νυκτῶν, εἰ δέοι τι, ὥσπερ καὶ οἱ ὁπλῖται παρεσκευασμένοι εἰσὶ παίειν τὸν εἰς χεῖρας ἰόντα, οὕτω καὶ οἱ τοξόται καὶ οἱ ἀκοντισταί, εἴ τινες προσίοιεν, ἐξ ἑτοίμου ἀκοντίζοιεν καὶ τοξεύοιεν ὑπὲρ τῶν ὁπλιτῶν. **13** Εἶχον δὲ καὶ σημεῖα πάντες οἱ ἄρχοντες ἐπὶ ταῖς σκηναῖς· οἱ δ' ὑπηρέται ὥσπερ καὶ ἐν ταῖς πόλεσιν οἱ σώφρονες ἴσασι μὲν καὶ τῶν πλείστων τὰς οἰκήσεις, μάλιστα δὲ τῶν ἐπικαιρίων, οὕτω καὶ τῶν ἐν τοῖς στρατοπέδοις τάς τε χώρας τὰς τῶν ἡγεμόνων ἠπίσταντο οἱ Κύρου ὑπηρέται καὶ τὰ σημεῖα ἐγίγνωσκον ἃ ἑκάστοις ἦν· ὥστε ὅτου δέοιτο Κῦρος, οὐκ ἐζήτουν, ἀλλὰ τὴν συντομωτάτην ἐφ' ἕκαστον ἔθεον. **14** Καὶ διὰ τὸ εἰλικρινῆ ἕκαστα εἶναι τὰ φῦλα πολὺ μᾶλλον ἦν δῆλα καὶ ὁπότε τις εὐτακτοίη καὶ εἴ τις μὴ πράττοι τὸ προσταττόμενον. Οὕτω δὴ ἐχόντων ἡγεῖτο, εἴ τις καὶ ἐπίθοιτο νυκτὸς ἢ ἡμέρας, ὥσπερ ἂν εἰς ἐνέδραν εἰς τὸ στρατόπεδον τοὺς ἐπιτιθεμένους ἐμπίπτειν.

15 Καὶ τὸ τακτικὸν δὲ εἶναι οὐ τοῦτο μόνον ἡγεῖτο εἴ τις ἐκτεῖναι φάλαγγα εὐπόρως δύναιτο ἢ βαθῦναι ἢ ἐκ κέρατος εἰς φάλαγγα καταστῆσαι ἢ ἐκ δεξιᾶς ἢ ἀριστερᾶς ἢ ὄπισθεν ἐπιφανέντων πολεμίων ὀρθῶς ἐξελίξαι, ἀλλὰ καὶ τὸ διασπᾶν ὁπότε δέοι τακτικὸν ἡγεῖτο, καὶ τὸ τιθέναι γε τὸ μέρος ἕκαστον ὅπου μάλιστα ἐν ὠφελείᾳ ἂν εἴη, καὶ τὸ ταχύνειν δὲ ὅπου φθάσαι δέοι, πάντα ταῦτα καὶ τὰ τοιαῦτα τακτικοῦ ἀνδρὸς ἐνόμιζεν

V **12** 3 post τι add. σκευάσασθαι τοὺς ἱππέας W ‖ 4 καὶ ο τοξόται yV² mg. : om. z ‖ 5 εἴ zDF : οἵ W ‖ προσίοιεν y : προίοιεν VH corr. AG ‖ **13** 6 ἠπίσταντο yV²G : ἐπί- VHA ‖ post ἠπίσταντο add. καὶ y ‖ 7 post σημεῖα add. δ' y ‖ ἑκάστοις z : ἑκάστῳ y ‖ **14** 2 τὰ φῦλα yV² mg. : om. z ‖ 4 καὶ om. V ‖ ἐπίθοιτο yV² : πίθειτο V ut uid. πείθοιτο HAG ‖ 5-6 alt. εἰς — ἐμπίπτειν z : ἐμπίπτειν τοὺς ἐπιτι [-τι- om. F] θεμένους εἰς τὸ στρατόπεδον y ‖ **15** 1 τοῦτο μόνον z : μόνον τοῦτο y ‖ 2 φάλαγγα y : φάλαγγας z ‖ 4 ante ἀριστερᾶς add. ἐξ y ‖ 6 pr. τὸ yV² s. l. : om. z ‖ γε om. y ‖ 7 ἂν om. y.

ment ses soins. **16** Dans les marches il progressait en répartissant les unités selon la succession des circonstances, mais au campement il arrêtait en général la troupe selon l'ordre que j'ai dit.

En Médie : Cyrus et la fille de Cyaxare.

17 Lorsque leur marche les conduisit à proximité de la Médie, Cyrus prit la direction de la résidence de Cyaxare*. Quand ils se furent embrassés, Cyrus d'abord dit à Cyaxare qu'il y avait, réservée pour lui à Babylone, une maison, avec une résidence officielle, lui permettant, quand il viendrait, de descendre là comme chez lui ; puis il lui donna une quantité de présents magnifiques. **18** Cyaxare les acceptait et envoya vers lui sa fille, portant une couronne d'or, des bracelets, une chaîne de cou et une robe médique d'une insurpassable beauté. **19** Tandis que la jeune enfant posait une couronne [1] sur la tête de Cyrus, Cyaxare dit : « Elle aussi je te la donne [2], pour femme, elle qui est ma fille, à toi dont le père épousa la fille de mon père, et c'est d'elle que tu es le fils ; celle-ci, c'est elle que souvent tu cajolas lorsque tu étais, enfant, chez nous ; chaque fois qu'on lui demandait qui elle épouserait, elle répondait 'Cyrus'. La dot que je lui donne est la Médie tout entière ; car je n'ai pas d'enfant mâle légitime. »

20 Telles furent ses paroles, et Cyrus répondit : « Eh ! bien, Cyaxare, ta famille, ta fille, tes présents sont un honneur pour moi ; mais je ne veux ici t'engager ma foi qu'avec le consentement de mon père et de ma mère [3]. » Ainsi s'exprima Cyrus, ce qui ne l'empêcha pas de faire à la jeune fille tous les présents qu'il pensait de

1. La coutume de couronner le vainqueur est grecque.

2. Cyaxare est prudent ; il a voulu attendre la victoire de Cyrus avant de lui donner la main de sa fille ; pour décider son neveu, il lui rappelle des souvenirs d'enfance ; l'argument peut-il porter?

3. Cyrus, resté fils parfait, tient au consentement de Cambyse et de Mandane ; de toute façon il ne manifeste pas beaucoup d'empressement pour ce mariage.

εἶναι καὶ ἐπεμελεῖτο τούτων πάντων ὁμοίως. **16** Καὶ ἐν μὲν ταῖς πορείαις πρὸς τὸ συμπῖπτον ἀεὶ διατάττων ἐπορεύετο, ἐν δὲ τῇ στρατοπεδεύσει ὡς τὰ πολλὰ ὥσπερ εἴρηται κατεχώριζεν.

17 Ἐπεὶ δὲ πορευόμενοι γίγνονται κατὰ τὴν Μηδικήν, τρέπεται ὁ Κῦρος πρὸς Κυαξάρην. Ἐπεὶ δὲ ἠσπάσαντο ἀλλήλους, πρῶτον μὲν δὴ ὁ Κῦρος εἶπε τῷ Κυαξάρῃ ὅτι οἶκος αὐτῷ ἐξῃρημένος εἴη ἐν Βαβυλῶνι καὶ ἀρχεῖα, ὅπως ἔχῃ καὶ ὅταν ἐκεῖσε ἔλθῃ εἰς οἰκεῖα κατάγεσθαι · ἔπειτα δὲ καὶ ἄλλα δῶρα ἔδωκεν αὐτῷ πολλὰ καὶ καλά. **18** Ὁ δὲ Κυαξάρης ταῦτα μὲν ἐδέχετο, προσέπεμψε δὲ αὐτῷ τὴν θυγατέρα στέφανόν τε χρυσοῦν καὶ ψέλια φέρουσαν καὶ στρεπτὸν καὶ στολὴν Μηδικὴν ὡς δυνατὸν καλλίστην. **19** Καὶ ἡ μὲν δὴ παῖς ἐστεφάνου τὸν Κῦρον, ὁ δὲ Κυαξάρης εἶπε · Δίδωμί σοι, ἔφη, ὦ Κῦρε, καὶ αὐτὴν ταύτην γυναῖκα, ἐμὴν οὖσαν θυγατέρα · καὶ ὁ σὸς δὲ πατὴρ ἔγημε τὴν τοῦ ἐμοῦ πατρὸς θυγατέρα, ἐξ ἧς σὺ ἐγένου · αὕτη δ' ἐστὶν ἣν σὺ πολλάκις παῖς ὢν ὅτε παρ' ἡμῖν ἦσθα ἐτιθηνήσω · καὶ ὁπότε τις ἐρωτῴη αὐτὴν τίνι γαμοῖτο, ἔλεγεν ὅτι Κύρῳ. Ἐπιδίδωμι δὲ αὐτῇ ἐγὼ καὶ φερνὴν Μηδίαν τὴν πᾶσαν · οὐδὲ γάρ ἔστι μοι ἄρρην παῖς γνήσιος.

20 Ὁ μὲν οὕτως εἶπεν · ὁ δὲ Κῦρος ἀπεκρίνατο · Ἀλλ', ὦ Κυαξάρη, τό τε γένος ἐπαινῶ καὶ τὴν παῖδα καὶ τὰ δῶρα · βούλομαι δέ, ἔφη, σὺν τῇ τοῦ πατρὸς γνώμῃ καὶ τῇ τῆς μητρὸς ταῦτά σοι συναινέσαι. Εἶπε μὲν οὖν οὕτως ὁ Κῦρος, ὅμως δὲ τῇ παιδὶ πάντα ἐδωρήσατο

V **16** 3 ὡς om. y ‖ **17** 1 Ἐπεὶ z : ἐπειδὴ y ‖ γίγνονται z : ἐγίγνοντο y ‖ 2 Ἐπεὶ z : ἐπειδὴ y ‖ 3 δὴ om. y ‖ 4 εἴη ante αὐτῷ transp. y ‖ **18** 1 ἐδέχετο z : ἐδέξατο y ‖ 3 ψέλια zF : ψέλλια WDV^2 ‖ **19** 2 post Δίδωμι add. δὲ zF ‖ 4 ἔγημε zDF : ἔχει μὲν W ‖ 6 σὺ πολλάκις z : πολλάκις σὺ y ‖ 8 αὐτῇ ἐγὼ καὶ z : ἐγὼ αὐτῇ W αὐτῇ D ἐγὼ αὐτὴν F ‖ τὴν om. y ‖ **20** 1 οὕτως zDF : οὗτος W ‖ 2 τε yV^2 HAG : om. V ‖ 3 τὰ om. HAG ‖ 4 γνώμῃ post μητρὸς transp. y ‖ 5 μὲν οὖν WFVHA : μὲν G οὖν D.

nature à être agréables à Cyaxare lui aussi. Après quoi, il poursuivait sa route sur la Perse.

Cyrus à Persépolis : discours de Cambyse.

21 Lorsque sa marche l'eut conduit aux frontières de la Perse, il laissa là toute son armée sauf les amis avec lesquels il se dirigeait sur la capitale[1], en amenant une quantité de bétail suffisante pour permettre à tous les Perses de sacrifier et de banqueter[2] ; il apportait aussi les dons tels qu'il les fallait pour son père, sa mère et aussi pour ses amis, tels qu'il les fallait encore pour de hauts fonctionnaires, des Anciens et pour tous les Pairs ; aux Perses, hommes et femmes, il donna aussi tout ce que l'on donne aujourd'hui encore quand le Roi arrive en Perse[3]. **22** Là-dessus, Cambyse réunit les Anciens des Perses et les hauts fonctionnaires de rang supérieur ; il invita également Cyrus, et dit à peu près ceci :

« Messieurs les Perses, Cyrus, à vous et à toi je veux naturellement du bien : vous, je suis votre roi, et toi, Cyrus, tu es mon enfant. Il est donc juste que je vous dise publiquement toutes les bonnes choses que je crois connaître pour vous comme pour toi. **23** Dans le domaine du passé, vous avez grandi Cyrus en lui donnant une armée, en le mettant à sa tête[4], et Cyrus, en la conduisant, vous a rendus, Perses, les dieux aidant, célèbres dans le monde entier, honorés dans l'Asie entière ; de ceux qui ont fait campagne avec lui il a enrichi les plus valeureux, à la masse des soldats il a fourni solde et ravitaillement ; en créant une cavalerie perse[5] il a donné aux Perses la jouissance des plaines*. **24** Si vous gardez à l'avenir ces dispositions-là, vous susciterez

1. Le grec dit « la ville » ; Xénophon ne précise pas si c'est Pasargades ou Persépolis.

2. Depuis Homère, sacrifice et banquet sont étroitement associés : J. Casabona, *op. cit.*, p. 32, montre que l'usage ici visé « rappelle exactement » *Od.*, XIV, 250-251.

3. C'est-à-dire quand il arrive d'une de ses résidences, indiquées en VIII, 6, 22, Babylone, Ecbatane et Suse.

4. Voir I, 5, 4-5.

5. Voir IV, 3, 4-14.

ὁπόσα ᾤετο καὶ τῷ Κυαξάρῃ χαριεῖσθαι. Ταῦτα δὲ ποιήσας εἰς Πέρσας ἐπορεύετο.

21 Ἐπεὶ δ᾽ ἐπὶ τοῖς Περσῶν ὁρίοις ἐγένετο πορευόμενος, τὸ μὲν ἄλλο στράτευμα αὐτοῦ κατέλιπεν, αὐτὸς δὲ σὺν τοῖς φίλοις εἰς τὴν πόλιν ἐπορεύετο, ἱερεῖα μὲν ἄγων ὡς πᾶσι Πέρσαις ἱκανὰ θύειν τε καὶ ἑστιᾶσθαι· δῶρα δ᾽ ἦγεν οἷα μὲν ἔπρεπε τῷ πατρὶ καὶ τῇ μητρὶ καὶ τοῖς ἄλλοις φίλοις, οἷα δ᾽ ἔπρεπεν ἀρχαῖς καὶ γεραιτέροις καὶ τοῖς ὁμοτίμοις πᾶσιν· ἔδωκε δὲ καὶ πᾶσι Πέρσαις καὶ Περσίσιν ὅσαπερ καὶ νῦν ἔτι δίδωσιν ὅτανπερ ἀφίκηται βασιλεὺς εἰς Πέρσας. **22** Ἐκ δὲ τούτου συνέλεξε Καμβύσης τούς τε γεραιτέρους Περσῶν καὶ τὰς ἀρχάς, οἵπερ τῶν μεγίστων κύριοί εἰσι· παρεκάλεσε δὲ καὶ Κῦρον, καὶ ἔλεξε τοιάδε·

Ἄνδρες Πέρσαι καὶ σύ, ὦ Κῦρε, ἐγὼ ἀμφοτέροις ὑμῖν εἰκότως εὔνους εἰμί· ὑμῶν μὲν γὰρ βασιλεύω, σὺ δέ, ὦ Κῦρε, παῖς ἐμὸς εἶ. Δίκαιος οὖν εἰμι, ὅσα γιγνώσκειν δοκῶ ἀγαθὰ ἀμφοτέροις, ταῦτα εἰς τὸ μέσον λέγειν. **23** Τὰ μὲν γὰρ παρελθόντα ὑμεῖς μὲν Κῦρον ηὐξήσατε στράτευμα δόντες καὶ ἄρχοντα τούτου αὐτὸν καταστήσαντες, Κῦρος δὲ ἡγούμενος τούτου σὺν θεοῖς εὐκλεεῖς μὲν ὑμᾶς, ὦ Πέρσαι, ἐν πᾶσιν ἀνθρώποις ἐποίησεν, ἐντίμους δ᾽ ἐν τῇ Ἀσίᾳ πάσῃ· τῶν δὲ συστρατευσαμένων αὐτῷ τοὺς μὲν ἀρίστους καὶ πεπλούτικε, τοῖς δὲ πολλοῖς μισθὸν καὶ τροφὴν παρεσκεύακεν· ἱππικὸν δὲ καταστήσας Περσῶν πεποίηκε Πέρσαις καὶ πεδίων εἶναι μετουσίαν. **24** Ἢν μὲν οὖν καὶ τὸ λοιπὸν οὕτω γιγνώσκητε, πολλῶν καὶ ἀγαθῶν αἴτιοι ἀλλήλοις ἔσεσθε.

V 20 6 καὶ τῷ yV² mg. : om. z ‖ χαριεῖσθαι yV² mg. : χαρίζεσθαι z ‖ **21** 2 κατέλιπεν yV²H²AG : -έλειπεν VH ‖ 6 ante ἀρχαῖς add. ταῖς y ‖ ante γεραιτέροις add. τοῖς y ‖ **22** 2 τε om. z ‖ 5 ante Κῦρε add. παῖ y ‖ ἀμφοτέροις yHAG : -τέρους V ‖ **23** 3 ante θεοῖς add. τοῖς y ‖ 6 αὐτῷ WDV² mg. : αὐτῶν F om. z ‖ καὶ om. V ‖ πεπλούτικε W : -τηκε DFz.

entre vous une quantité de bonnes choses. Mais si toi, Cyrus, exalté par tes succès actuels, tu dois tenter de gouverner les Perses, comme les autres peuples, dans un esprit de convoitise, et si vous, concitoyens, jalousant sa puissance, vous devez essayer de renverser son empire, sachez bien que vous serez, entre vous, un obstacle à une quantité de bonnes choses. **25** Alors, pour éviter cela et pour que vienne le bonheur, je pense qu'il vous faut, après avoir sacrifié en commun et pris les dieux à témoin, convenir de ceci : toi, Cyrus, que si quelque ennemi entre en campagne contre le territoire perse ou essaye de déchirer les lois des Perses, tu interviendras de toutes tes forces, et que vous, Perses, si quelque ennemi tente de mettre fin à l'empire de Cyrus, ou quelque peuple soumis de faire défection, vous interviendrez, et pour vous-mêmes et pour Cyrus, conformément aux ordres qu'il vous donnera. **26** Tant que je vivrai, le trône de Perse sera mon trône ; à ma mort, il appartiendra, naturellement, à Cyrus, s'il est en vie. Quand Cyrus viendra chez les Perses, ce serait une œuvre pie à votre actif de lui faire offrir en votre faveur ces sacrifices d'usage[1] précisément que j'offre aujourd'hui ; quand il sera hors de Perse, ce serait, je crois, une œuvre utile à votre actif que le personnage du sang[2] que vous jugerez le plus digne accomplisse les offices divins. »

27 Après ces paroles de Cambyse, Cyrus donna son accord ainsi que les autorités perses ; la convention alors conclue et les dieux pris à témoin, l'usage persiste encore aujourd'hui entre les Perses et le Roi. Cela fait, Cyrus repartait.

28 Lorsque, au cours de son retour, il fut chez les Mèdes, comme son père et sa mère avaient donné leur

1. Cyrus, comme les anciens rois, est l'intercesseur de ses sujets auprès des dieux : voir VI, 4, 19 et VIII, 7, 1. Ce dernier passage (voir sa note) donne l'expression complète θύειν τὰ νομιζόμενα ἱερά. Le participe ici est sous-entendu. Les exemples réunis par J. Casabona, *op. cit.*, p. 9 et 10 montrent bien que ἱερά ne signifie que rarement « victimes ».

2. Sur l'emploi du mot γένος pour désigner la race royale, voir *Hell.*, III, 3, 24 ; IV, 2, 9.

Εἰ δὲ ἢ σύ, ὦ Κῦρε, ἐπαρθεὶς ταῖς παρούσαις τύχαις ἐπιχειρήσεις καὶ Περσῶν ἄρχειν ἐπὶ πλεονεξίᾳ ὥσπερ τῶν ἄλλων, ἢ ὑμεῖς, ὦ πολῖται, φθονήσαντες τούτῳ τῆς δυνάμεως καταλύειν πειράσεσθε τοῦτον τῆς ἀρχῆς, εὖ ἴστε ὅτι ἐμποδὼν ἀλλήλοις πολλῶν καὶ ἀγαθῶν ἔσεσθε. **25** Ὡς οὖν μὴ ταῦτα γίγνηται, ἀλλὰ τἀγαθά, ἐμοὶ δοκεῖ, ἔφη, θύσαντας ὑμᾶς κοινῇ καὶ θεοὺς ἐπιμαρτυραμένους συνθέσθαι, σὲ μέν, ὦ Κῦρε, ἤν τις ἐπιστρατεύηται χώρᾳ Περσίδι ἢ Περσῶν νόμους διασπᾶν πειρᾶται, βοηθήσειν παντὶ σθένει, ὑμᾶς δέ, ὦ Πέρσαι, ἤν τις ἢ ἀρχῆς Κῦρον ἐπιχειρῇ καταπαύειν ἢ ἀφίστασθαί τις τῶν ὑποχειρίων, βοηθήσειν καὶ ὑμῖν αὐτοῖς καὶ Κύρῳ καθ' ὅ τι ἂν οὗτος ἐπαγγέλλῃ. **26** Καὶ ἕως μὲν ἂν ἐγὼ ζῶ, ἐμὴ γίγνεται ἡ ἐν Πέρσαις βασιλεία· ὅταν δ' ἐγὼ τελευτήσω, δῆλον ὅτι Κύρου, ἐὰν ζῇ. Καὶ ὅταν μὲν οὗτος ἀφίκηται εἰς Πέρσας, ὁσίως ἂν ὑμῖν ἔχοι τοῦτον θύειν τὰ ἱερὰ ὑπὲρ ὑμῶν ἅπερ νῦν ἐγὼ θύω· ὅταν δ' οὗτος ἔκδημος ᾖ, καλῶς ἂν οἶμαι ὑμῖν ἔχειν εἰ ἐκ τοῦ γένους ὃς ἂν δοκῇ ὑμῖν ἄριστος εἶναι, οὗτος τὰ τῶν θεῶν ἀποτελοίη.

27 Ταῦτα εἰπόντος Καμβύσου συνέδοξε Κύρῳ τε καὶ τοῖς Περσῶν τέλεσι· καὶ συνθέμενοι ταῦτα τότε καὶ θεοὺς ἐπιμαρτυράμενοι οὕτω καὶ νῦν ἔτι διαμένουσι ποιοῦντες πρὸς ἀλλήλους Πέρσαι τε καὶ βασιλεύς. Τούτων δὲ πραχθέντων ἀπῄει ὁ Κῦρος.

28 Ὡς δ' ἀπιὼν ἐγένετο ἐν Μήδοις, συνδόξαν τῷ πατρὶ καὶ τῇ μητρὶ γαμεῖ τὴν Κυαξάρου θυγατέρα, ἧς

V 24 4 post ὥσπερ add. καὶ y || 25 2 ὑμᾶς G : ἡμᾶς yVHA || 2 ἐπιμαρτυραμένους z : -ρομένους y || 4 ante χώρᾳ add. καὶ z || διασπᾶν z : ἀνασπᾶν y || 8 οὗτος yV² mg. : om. z || 26 1 ἕως yV² mg. AG : ὡς VH || 2 γίγνεται y : γίγνηται z || 3 οὗτος om. y || 4 ὑμῖν zDF : ἡμῖν W || ἔχοι z : ἔχειν y || 5 ὑμῶν zDF : ἡμῶν W || 6 εἰ om. y || 8 ἀποτελοίη z : ἐπι- y || 27 1 ταῦτα WDV : ταῦτα τότε HAG τότε ταῦτα F || 28 2 καὶ τῇ μητρὶ yV² mg. : om. z.

accord, Cyrus épousa la fille de Cyaxare, dont on parle encore aujourd'hui comme d'une beauté. [Un certain nombre de chroniqueurs* soutiennent qu'il épousa la sœur de sa mère ; mais la jeune enfant aurait été une très vieille femme.] Aussitôt après le mariage, il reprenait la route avec elle.

VI

Administration de l'empire : les satrapies.

1 Quand il fut à Babylone, il décida d'envoyer tout de suite des satrapes* chez les peuples conquis. Mais il ne voulait pas voir les gouverneurs des citadelles et les colonels des postes de garde répartis dans le pays recevoir leurs ordres d'un autre que lui ; il prenait cette précaution pour que, si l'un des satrapes, la tête tournée par ses richesses ou par le nombre de ses sujets, tentait de se rebeller*, il trouvât immédiatement des opposants sur place. **2** Voulant donc obtenir ce résultat, il décida de convoquer d'abord les principaux chefs et de les informer d'avance, afin que ceux qui allaient à leur poste connussent dans quelles conditions ils y allaient ; il pensait que c'était le moyen de leur faire admettre facilement la chose, tandis que si l'un d'eux l'apprenait une fois installé dans son gouvernement[1], il semblait à Cyrus qu'il pourrait en prendre ombrage à l'idée que le système était dû à la défiance qu'il inspirait. **3** Les ayant donc réunis, il leur tint à peu près ce langage :

« Mes amis, nous avons, dans les États conquis, des gardes et des gouverneurs ; nous les y avons laissés à l'époque ; je ne suis pas parti sans leur avoir confié la mission de ne pas se mêler d'autre chose que d'assurer la sauvegarde de leur forteresse. Je n'ai donc pas l'intention de les relever de leur commandement, puisqu'ils ont été jusqu'au bout fidèles à leur mission ; mais j'entends envoyer en surplus des satrapes, chargés d'admi-

1. Cyrus veut éviter que le satrape apprenne seulement en arrivant à son poste qu'il ne possède pas de pouvoir militaire.

ἔτι καὶ νῦν λόγος ὡς παγκάλης γενομένης. [Ἔνιοι δὲ τῶν λογοποιῶν λέγουσιν ὡς τὴν τῆς μητρὸς ἀδελφὴν ἔγημεν · ἀλλὰ γραῦς ἂν καὶ παντάπασιν ἦν ἡ παῖς.] Γήμας δ' εὐθὺς ἔχων ἀνεζεύγνυεν.

VI

1 Ἐπεὶ δ' ἐν Βαβυλῶνι ἦν, ἐδόκει αὐτῷ σατράπας ἤδη πέμπειν ἐπὶ τὰ κατεστραμμένα ἔθνη. Τοὺς μέντοι ἐν ταῖς ἄκραις φρουράρχους καὶ τοὺς χιλιάρχους τῶν κατὰ τὴν χώραν φυλακῶν οὐκ ἄλλου ἢ ἑαυτοῦ ἐβούλετο ἀκούειν · ταῦτα δὲ προεωρᾶτο ἐννοῶν ὅπως εἴ τις τῶν σατραπῶν ὑπὸ πλούτου καὶ πλήθους ἀνθρώπων ἐξυβρίσειε καὶ ἐπιχειρήσειε μὴ πείθεσθαι, εὐθὺς ἀντιπάλους ἔχοι ἐν τῇ χώρᾳ. **2** Ταῦτ' οὖν βουλόμενος πρᾶξαι ἔγνω συγκαλέσαι πρῶτον τοὺς ἐπικαιρίους καὶ προειπεῖν, ὅπως εἰδεῖεν ἐφ' οἷς ἴασιν οἱ ἰόντες · ἐνόμιζε γὰρ οὕτω ῥᾴδιον φέρειν ἂν αὐτούς · ἐπεὶ δὲ κατασταίη τις ἄρχων καὶ αἰσθάνοιτο ταῦτα, χαλεπῶς ἂν ἐδόκουν αὐτῷ φέρειν, νομίζοντες δι' ἑαυτῶν ἀπιστίαν ταῦτα γενέσθαι. **3** Οὕτω δὴ συλλέξας λέγει αὐτοῖς τοιάδε ·

Ἄνδρες φίλοι, εἰσὶν ἡμῖν ἐν ταῖς κατεστραμμέναις πόλεσι φρουροὶ καὶ φρούραρχοι, οὓς τότε κατελίπομεν · καὶ τούτοις ἐγὼ προστάξας ἀπῆλθον ἄλλο μὲν μηδὲν πολυπραγμονεῖν, τὰ δὲ τείχη διασῴζειν. Τούτους μὲν οὖν οὐ παύσω τῆς ἀρχῆς, ἐπεὶ καλῶς διαπεφυλάχασι τὰ προσταχθέντα · ἄλλους δὲ σατράπας

V 28 3 παγκάλης yV corr. : παγκάλου H παγκάλλου G παγγάλου A || 3-5 Ἔνιοι — παῖς del. Dindorf || 5 καὶ om. y.

VI 1 4 φυλακῶν z : φυλάκων y || ἑαυτοῦ z : αὐτοῦ y || 4 ἐβούλετο zDF : ἐβουλεύετο W || 7 ἀντιπάλους z : ἀντίπαλα y || 8 ἔχοι post χώρᾳ transp. y || 2 3 εἰδεῖεν zDF : ἠδεῖεν W || 4 ῥᾴδιον φέρειν ἂν z : ἂν ῥᾷον φέρειν F ῥᾷον φέρειν WD || 5 αἰσθάνοιτο zF : αἰσθάνοιντο W αἰσθάνοντο D || 6 δι' ἑαυτῶν z : διὰ τὴν αὐτῶν WD δι' αὐτὴν αὐτῶν F || 7 γενέσθαι z : γίγνεσθαι y || 3 3 πόλεσι φρουροὶ καὶ om. F || φρουροὶ καὶ zW² mg. : om. WD || 3 post κατελίπομεν add. τούτου ἕνεκα · W || 4 ante ἄλλο add. ἀλλ' ἐῶμεν W || 6 διαπεφυλάχασι edd. a Buttmann : -πεφυλάκασι yV² -πεφύκασι z.

nistrer les habitants, de percevoir le tribut, de verser leur solde aux gardes et de mener à bien toutes les autres opérations nécessaires[1]. **4** J'entends aussi que ceux d'entre vous qui restent ici, qui auront de mon fait le désagrément d'être envoyés accomplir quelque mission[2] chez ces peuples, trouvent là une terre et une demeure, pour y recevoir une part du tribut et pouvoir, quand ils s'y rendront, descendre là comme chez eux. » **5** Telles furent ses paroles, et à beaucoup de ses amis il distribua dans tous les États conquis des maisons et un train de de maison[3]. Aujourd'hui encore les descendants des donataires d'alors ont, dans leurs territoires respectifs, gardé la possession de leur terre ; mais eux-mêmes résident auprès du Roi.

6 « Et puis, reprit Cyrus, il nous faut découvrir, pour aller comme satrapes dans ces contrées, des hommes ayant à cœur d'envoyer de là-bas jusqu'ici tout ce qu'il y aura de beau et de bon dans chacun de leurs territoires, afin que nous aussi qui restons ici nous ayons notre part de ce qu'il y a d'excellent dans les produits de toute origine ; car si quelque chose tourne mal, ce sera à nous de venir à la rescousse. »

7 Sur ces mots il cessa de parler, puis parmi ses amis qu'il savait désireux de partir aux dites conditions, il choisit les plus qualifiés à ses yeux et les envoyait comme satrapes, Mégabyze en Arabie, Artabatas en Cappadoce, Artacamas en Grande Phrygie, Chrysantas en Lydie et Ionie, Adousios en Carie où il était justement de-

1. Le satrape créé par Cyrus l'Ancien est chargé de l'administration civile, surtout financière. Le gouverneur, φρούραρχος, est chargé de la défense de sa ville en temps de guerre. Sur les fonctions réparties entre satrape et gouverneur et sur leurs relations, voir *Éc.*, IV, 10-11, où Socrate admire l'organisation administrative du Roi ; mais à l'époque envisagée dans le dialogue, le satrape cumule les pouvoirs militaire et civil.

2. C'est-à-dire ceux qui ne sont pas envoyés comme satrapes dans les provinces, les ἔφοδοι du § 16 ci-dessous ; cf. *Éc.*, IV, 6.

3. Il ne leur donne donc pas seulement une οἰκία, mais un οἶκος avec des serviteurs, pour qu'ils y vivent « comme chez eux ».

πέμψαι μοι δοκεῖ, οἵτινες ἄρξουσι τῶν ἐνοικούντων καὶ τὸν δασμὸν λαμβάνοντες τοῖς τε φρουροῖς δώσουσι μισθὸν καὶ ἄλλο τελοῦσιν ὅ τι ἂν δέῃ. 4 Δοκεῖ δέ μοι καὶ τῶν ἐνθάδε μενόντων ὑμῶν, οἷς ἂν ἐγὼ πράγματα παρέχω πέμπων πράξοντάς τι ἐπὶ ταῦτα τὰ ἔθνη, χώρας γενέσθαι καὶ οἴκους ἐκεῖ, ὅπως δασμοφορῆταί τε αὐτοῖς δεῦρο, ὅταν τε ἴωσιν ἐκεῖσε, εἰς οἰκεῖα ἔχωσι κατάγεσθαι. 5 Ταῦτα εἶπε καὶ ἔδωκε πολλοῖς τῶν φίλων κατὰ πάσας τὰς καταστραφείσας πόλεις οἴκους καὶ ὑπηκόους. Καὶ νῦν εἰσιν ἔτι τοῖς ἀπογόνοις τῶν τότε λαβόντων αἱ χῶραι καταμένουσαι ἄλλαι ἐν ἄλλῃ γῇ· αὐτοὶ δὲ οἰκοῦσι παρὰ βασιλεῖ.

6 Δεῖ δέ, ἔφη, τοὺς ἰόντας σατράπας ἐπὶ ταύτας τὰς χώρας τοιούτους ἡμᾶς σκοπεῖν οἵτινες ὅ τι ἂν ἐν τῇ γῇ ἑκάστῃ καλὸν ἢ ἀγαθὸν ᾖ, μεμνήσονται καὶ δεῦρο ἀποπέμπειν, ὡς μετέχωμεν καὶ οἱ ἐνθάδε ὄντες τῶν πανταχοῦ γιγνομένων ἀγαθῶν· καὶ γὰρ ἤν τί που δεινὸν γίγνηται, ἡμῖν ἔσται ἀμυντέον.

7 Ταῦτ' εἰπὼν τότε μὲν ἔπαυσε τὸν λόγον, ἔπειτα δὲ οὓς ἐγίγνωσκε τῶν φίλων ἐπὶ τοῖς εἰρημένοις ἐπιθυμοῦντας ἰέναι, ἐκλεξάμενος αὐτῶν τοὺς δοκοῦντας ἐπιτηδειοτάτους εἶναι ἔπεμπε σατράπας εἰς Ἀραβίαν μὲν Μεγάβυζον, εἰς Καππαδοκίαν δὲ Ἀρταβάταν, εἰς Φρυγίαν δὲ τὴν μεγάλην Ἀρτακάμαν, εἰς Λυδίαν δὲ καὶ Ἰωνίαν Χρυσάνταν, εἰς Καρίαν δὲ Ἀδούσιον, ὅνπερ

VI 3 9 ante φρουροῖς add. πρώτοις y || 10 ἄλλο z : ἄλλως F ἄλλοις οἷ WD || τελοῦσιν y : τελέσουσιν z || 4 2 μενόντων WD : μὲν ὄντων F om. z || ὑμῶν zDF : ὑμῖν W || 3 παρέχω πέμπων z : παρέχων πέμπω y || 4 δασμοφορῆταί τε zF[2] : -φορῆτέ τε F -φοροῖτε D -φοροῖ τε W || 5 ante ὅταν add. καὶ y || 5 2 πόλεις z : χώρας y || καὶ ὑπηκόους yV[2] mg. : om. z || 3 εἰσιν ἔτι V[2] : ἔτι εἰσὶν y εἰσιν ἐπὶ z || 6 3 ᾖ ante ἢ transp. y || 4 μετέχωμεν z : -έχομεν y || 7 2 ἐπιθυμοῦντας zDF : ἐπιθυμοῦσιν W || 3 δοκοῦντας ἐπιτηδειοτάτους z : ἐπιτηδειοτάτους δοκοῦντας y || 6 Λυδίαν y : λυκίαν z.

mandé*, Pharnouchos en Éolie et Phrygie d'Hellespont. **8** Chez les Ciliciens, Cypriotes et Paphlagoniens il n'envoya point de satrape perse, car à ses yeux ils avaient volontairement pris part à la campagne contre Babylone ; il prescrivit cependant qu'ils payassent eux aussi tribut. **9** Selon l'organisation arrêtée alors par Cyrus, aujourd'hui encore les postes de garde dans les citadelles sont sous les ordres[1] du Roi, les colonels de ces postes tiennent leur commandement du Roi et sont inscrits sur les matricules du Roi.

10 A tous ceux qu'il envoyait comme satrapes il prescrivit de l'imiter en tout ce qu'ils le voyaient faire : ils devaient d'abord constituer une cavalerie avec les Perses et les alliés qui les accompagnaient, ainsi qu'une charrerie ; obliger tous ceux qui recevraient une terre et une résidence officielle à fréquenter la cour[2] du satrape et à se mettre à sa disposition, pour toute éventualité, en cultivant la sagesse ; élever à cette cour, comme auprès de lui-même, les enfants venant à naître ; tirer, lui satrape, les courtisans de sa cour et les emmener à la chasse, et pratiquer, lui et son entourage, les exercices de la guerre. **11** « Et celui, dit Cyrus, qui, à la mesure de sa puissance, me produira le plus grand nombre de chars, le plus grand nombre de braves cavaliers, celui-là je l'honorerai en bon allié et bon compagnon des défenseurs de l'empire[3] pour le bien des Perses et de moi, même. Qu'il y ait chez vous à la fois des préséances[4], à la façon dont chez moi le mérite reçoit la place d'honneur, et une table comme la mienne, donnant d'abord

1. C'est-à-dire qu'ils dépendent directement du Roi, sans passer par le satrape.

2. La phrase grecque ne dit pas qu'il s'agit de la cour (ἐπὶ θύρας) du *satrape*, mais il est évident que Xénophon vise une cour de province, qui imite celle du Roi. Cyrus a été élevé à la cour du Roi : voir VIII, 8, 13, et *Anab.*, I, 9, 3. Sur le sens de αἱ θύραι, voir VI, 1, 1.

3. Il se peut que συμφύλαξ soit un titre honorifique décerné par le Roi : cf. VII, 7, 14 ; au fig., VIII, 1, 10. Le datif qui suit le mot indique le bénéficiaire de la défense. Thucydide et Platon l'emploient dans un sens moins précis ; il désigne chez eux un corps de gardiens.

4. Malgré l'argument qu'on peut tirer du § 14, le texte des manuscrits semble ici préférable à la correction d'H. Estienne. La phrase est peut-être un peu rugueuse, mais le style est parlé. Sur les ἕδραι ἔντιμοι, voir *Éc.*, IV, 8.

ἡτοῦντο, εἰς Φρυγίαν δὲ τὴν παρ' Ἑλλήσποντον καὶ Αἰολίδα Φαρνοῦχον. **8** Κιλικίας δὲ καὶ Κύπρου καὶ Παφλαγόνων οὐκ ἔπεμψε Πέρσας σατράπας, ὅτι ἑκόντες ἐδόκουν συστρατεῦσαι ἐπὶ Βαβυλῶνα · δασμοὺς μέντοι συνέταξεν ἀποφέρειν καὶ τούτους. **9** Ὡς δὲ τότε Κῦρος κατεστήσατο, οὕτως ἔτι καὶ νῦν βασιλέως εἰσὶν αἱ ἐν ταῖς ἄκραις φυλακαὶ καὶ οἱ χιλίαρχοι τῶν φυλακῶν ἐκ βασιλέως εἰσὶ καθεστηκότες καὶ παρὰ βασιλεῖ ἀπογεγραμμένοι.

10 Προεῖπε δὲ πᾶσι τοῖς ἐκπεμπομένοις σατράπαις, ὅσα αὐτὸν ἑώρων ποιοῦντα, πάντα μιμεῖσθαι · πρῶτον μὲν ἱππέας καθιστάναι ἐκ τῶν συνεπισπομένων Περσῶν καὶ συμμάχων καὶ ἁρματηλάτας · ὁπόσοι δ' ἂν γῆν καὶ ἀρχεῖα λάβωσιν, ἀναγκάζειν τούτους ἐπὶ θύρας ἰέναι καὶ σωφροσύνης ἐπιμελουμένους παρέχειν ἑαυτοὺς τῷ σατράπῃ χρῆσθαι, ἤν τι δέηται · παιδεύειν δὲ καὶ τοὺς ἐπιγιγνομένους παῖδας ἐπὶ θύρας, ὥσπερ παρ' αὐτῷ · ἐξάγειν δ' ἐπὶ τὴν θήραν τὸν σατράπην τοὺς ἀπὸ θυρῶν καὶ ἀσκεῖν αὑτόν τε καὶ τοὺς σὺν ἑαυτῷ τὰ πολεμικά. **11** Ὃς δ' ἂν ἐμοί, ἔφη, κατὰ λόγον τῆς δυνάμεως πλεῖστα μὲν ἅρματα, πλείστους δὲ καὶ ἀρίστους ἱππέας ἀποδεικνύῃ, τοῦτον ἐγὼ ὡς ἀγαθὸν σύμμαχον καὶ ὡς ἀγαθὸν συμφύλακα Πέρσαις τε καὶ ἐμοὶ τῆς ἀρχῆς τιμήσω. Ἔστων δὲ παρ' ὑμῖν καὶ ἕδραι ὥσπερ παρ' ἐμοὶ οἱ ἄριστοι προτετιμημένοι, καὶ τρά-

VI 7 8 ἡτοῦντο y : ἤτουν z ‖ **8** 3 συστρατεῦσαι y : συστρατεύεσθαι z ‖ 4 συνέταξεν z : ἔταξεν y ‖ **9** 1 δὲ yV² s. l. : om. z ‖ 2 κατεστήσατο z : κατεσκευάσατο y ‖ 3 αἱ om. D ‖ ταῖς om. y ‖ **10** 2 αὐ[ἑαυ-F]τὸν ἑώρων ποιοῦντα : y δυνατὸν ἑώρων ποιοῦντα ἑαυτὸν z ‖ 3 συνεπισπο[-ω-H]μένων zF : συνεπομένων WDV² ‖ 8 ἐπιγιγνομένους y : γιγνομένους z ‖ θύρας codd. : θύραις coni. Reiske ‖ 9 αὑτῷ HAG : αὐτῷ V ἑαυτῷ y ‖ τὴν om. y ‖ θήραν yV² : θύραν z ‖ 10 αὑτόν A : αὐτόν yVHG ‖ ἑαυτῷ zF : αὐτῷ WD ‖ **11** 3 ante ὡς add. καὶ W ‖ 5 ἕδραι codd. : ἕδραις coni. Stephanus fort. recte uide adn. ‖ 6 οἱ ἄριστοι om. y ‖ προτετιμημένοι z : -μέναι WD -μένοις F.

sa nourriture au personnel* de la maison, ayant ensuite un menu composé en suffisance pour que les amis aient leur part et que soit spécialement reconnu chaque jour quelque service rendu. **12** Acquérez des paradis*, élevez des animaux sauvages, jamais ne vous mettez à table sans avoir pris de l'exercice, comme jamais ne donnez aux chevaux leur fourrage sans qu'ils aient travaillé[1]. Car je ne pourrais à moi seul, avec des vertus humaines, assurer la sauvegarde de vos biens à vous tous ; mais s'il faut que je sois votre soutien par ma valeur associée à celle de mon entourage, il faut de même que vous meniez avec moi le bon combat par votre valeur associée à celle de vos collègues. **13** Je voudrais encore que vous remarquiez ceci : les exhortations que je vous adresse ne sont jamais des ordres donnés à des esclaves ; ce que j'exige de vous, je m'efforce toujours de l'accomplir moi-même. Comme je vous invite à faire comme moi, vous, de même, instruisez ceux qui tiennent de vous de hautes fonctions à faire comme vous. »

14 Aujourd'hui encore[2], selon les dispositions alors prises par Cyrus, identique est la façon dont les postes dépendant du Roi sont gardés, identique celle dont on fréquente toutes les cours des personnages d'autorité, identique celle dont toutes leurs maisons, grandes et petites, sont administrées, et tous accordent aux résidents les plus méritants l'honneur des préséances, tous les déplacements[3] se font selon les mêmes règles et toutes les affaires sont centralisées entre les mains d'une poignée de responsables aux pouvoirs étendus.

15 Après avoir exposé la manière dont chaque satrape devait exécuter ses instructions, après avoir donné

1. Cyrus peut donner des ordres, car ici encore il a donné l'exemple ; voir VIII, 1, 38.

2. Les expressions du type ἔτι καὶ νῦν, en des phrases peut-être ajoutées par Xénophon lui-même à son texte premier, se multiplient à présent, comme pour annoncer le chapitre de la fin où « aujourd'hui tout est différent » ; voir *Essai sur la vie de Xénophon*, p. 395-407.

3. Les déplacements à propos desquels Xénophon a décrit l'art de camper, VIII, 5, 1-16.

πεζα, ὥσπερ ἡ ἐμή, τρέφουσα μὲν πρῶτον τοὺς οἰκέτας, ἔπειτα δὲ καὶ ὡς φίλοις μεταδιδόναι ἱκανῶς κεκοσμημένη καὶ ὡς τὸν καλόν τι ποιοῦντα καθ' ἡμέραν ἐπιγεραίρειν. **12** Κτᾶσθε δὲ καὶ παραδείσους καὶ θηρία τρέφετε, καὶ μήτε αὐτοί ποτε ἄνευ πόνου σῖτον παραθῆσθε μήτε ἵπποις ἀγυμνάστοις χόρτον ἐμβάλλετε· οὐ γὰρ ἂν δυναίμην ἐγὼ εἷς ὢν ἀνθρωπίνῃ ἀρετῇ τὰ πάντων ὑμῶν ἀγαθὰ διασῴζειν, ἀλλὰ δεῖ ἐμὲ μὲν ἀγαθὸν ὄντα σὺν ἀγαθοῖς τοῖς παρ' ἐμοῦ ὑμῖν ἐπίκουρον εἶναι, ὑμᾶς δὲ ὁμοίως αὐτοὺς ἀγαθοὺς ὄντας σὺν ἀγαθοῖς τοῖς μεθ' ὑμῶν ἐμοὶ συμμάχους εἶναι. **13** Βουλοίμην δ' ἂν ὑμᾶς καὶ τοῦτο κατανοῆσαι ὅτι τούτων ὧν νῦν ὑμῖν παρακελεύομαι οὐδὲν τοῖς δούλοις προστάττω· ἃ δ' ὑμᾶς φημι χρῆναι ποιεῖν, ταῦτα καὶ αὐτὸς πειρῶμαι πάντα πράττειν. Ὥσπερ δ' ἐγὼ ὑμᾶς κελεύω ἐμὲ μιμεῖσθαι, οὕτω καὶ ὑμεῖς τοὺς ὑφ' ὑμῶν ἀρχὰς ἔχοντας μιμεῖσθαι ὑμᾶς διδάσκετε.

14 Ταῦτα δὲ Κύρου οὕτω τότε τάξαντος ἔτι καὶ νῦν τῷ αὐτῷ τρόπῳ πᾶσαι μὲν αἱ ὑπὸ βασιλεῖ φυλακαὶ ὁμοίως φυλάττονται, πᾶσαι δὲ αἱ τῶν ἀρχόντων θύραι ὁμοίως θεραπεύονται, πάντες δὲ οἱ οἶκοι καὶ μεγάλοι καὶ μικροὶ ὁμοίως οἰκοῦνται, πᾶσι δὲ οἱ ἄριστοι τῶν παρόντων ἕδραις προτετίμηνται, πᾶσαι δὲ αἱ πορεῖαι συντεταγμέναι κατὰ τὸν αὐτὸν τρόπον εἰσί, πᾶσαι δὲ συγκεφαλαιοῦνται πολλαὶ πράξεις εἰς ὀλίγους ἐπιστάτας.

15 Ταῦτα δ' εἰπὼν ὡς χρὴ ποιεῖν ἑκάστους καὶ δύναμιν ἑκάστῳ προσθεὶς ἐξέπεμπε, καὶ προεῖπεν ἅπασι

VI 12 2 ἄνευ πόνου z : ἄπονοι y || 13 2 post τούτων add. ὄντων y || 6 ἀρχὰς z : ἀρχεῖα y || 14 4 οἱ om. y || 5 πᾶσι zWF : πάντες D || post ἄριστοι add. ὁμοίως yV² mg. ut uid. || 6 πᾶσαι codd. : πᾶσι coni. Dindorf || 7 πᾶσαι yV² mg. ut uid. : πᾶσι z || 8 πολλαὶ codd. : πολιτικαὶ coni. Eichler || εἰς ὀλίγους ἐπιστάτας y : ὀλίγοις ἐπιστάταις z || 15 1 δ' om. y.

une force armée à chacun, il les mettait en route et les prévint tous de se tenir prêts en vue de l'expédition[1] décidée pour l'année suivante et d'une revue des hommes, des armes, des chevaux et des chars.

Création du contrôle des provinces et de la poste.

16 Nous avons remarqué aussi que subsiste encore aujourd'hui la coutume suivante, instituée, dit-on, par Cyrus : tous les ans un homme va en tournée[2], avec une armée, pour venir en aide à tout satrape ayant besoin d'aide, pour corriger tout excès, et pour réparer toute négligence dans une perception de tribut, dans la protection des habitants, dans les moyens d'assurer le rendement de la terre, ainsi que tout manquement à quelque prescription ; il devait, en cas d'impossibilité, en référer au Roi, et lui, à l'audition du rapport, délibérer sur l'indiscipliné. Et ceux de qui l'on dit souvent « il descend[3], le fils du Roi », ou « le frère du Roi », ou « l'œil du Roi », et qui parfois restent invisibles, ceux-là appartiennent au corps des contrôleurs : invisibles parfois parce que chacun fait demi-tour d'où que le Roi le rappelle[4].

17 De Cyrus nous avons observé[1] un autre système ingénieux, remédiant à l'immensité de son empire, qui lui donnait une information rapide sur l'état des provinces les plus reculées. Ayant étudié la distance que peut couvrir par jour un cheval soutenant au mieux les allures vives, il créa des relais[2] respectant la distance, y établit des chevaux avec des gens pour les soigner ; à chaque relais il installa un homme préposé à recueillir et à faire suivre les lettres apportées, à recevoir les cavaliers et les chevaux harassés, et à en mettre en route de frais.

1. En fait, il y eut deux expéditions, selon le § 19 ci-dessous.
2. Sur ces inspecteurs, voir *Éc.*, IV, 6-8, où Socrate les appelle du titre honorifique de Πιστοί, les « Fidèles » du vers 2 des *Perses*.
3. Il « descend » de la capitale au centre vers les provinces du pourtour, plus proches de la mer.
4. Ils sont invisibles, car on les attend pour une inspection, qu'un brusque rappel les empêche souvent d'accomplir. Cyrus donne de l'efficacité par la surprise.

παρασκευάζεσθαι ὡς εἰς νέωτα στρατείας ἐσομένης καὶ ἀποδείξεως ἀνδρῶν καὶ ὅπλων καὶ ἵππων καὶ ἁρμάτων.

16 Κατενοήσαμεν δὲ καὶ τοῦτο ὅτι Κύρου κατάρξαντος, ὥς φασι, καὶ νῦν ἔτι διαμένει· ἐφοδεύει γὰρ ἀνὴρ κατ' ἐνιαυτὸν ἀεὶ στράτευμα ἔχων, ὡς ἢν μέν τις τῶν σατραπῶν ἐπικουρίας δέηται, ἐπικουρῇ, ἢν δέ τις ὑβρίζῃ, σωφρονίζῃ, ἢν δέ τις ἢ δασμῶν φορᾶς ἀμελῇ ἢ τῶν ἐνοίκων φυλακῆς ἢ ὅπως ἡ χώρα ἐνεργὸς ᾖ ἢ ἄλλο τι τῶν τεταγμένων παραλείπῃ, ταῦτα πάντα κατευτρεπίζῃ· ἢν δὲ μὴ δύνηται, βασιλεῖ ἀπαγγέλλῃ, ὁ δὲ ἀκούων βουλεύηται περὶ τοῦ ἀτακτοῦντος. Καὶ οἱ πολλάκις λεγόμενοι ὅτι βασιλέως υἱὸς καταβαίνει, βασιλέως ἀδελφός, βασιλέως ὀφθαλμός, καὶ ἐνίοτε οὐκ ἐκφαινόμενοι, οὗτοι τῶν ἐφόδων εἰσίν· ἀποτρέπεται γὰρ ἕκαστος αὐτῶν ὁπόθεν ἂν βασιλεὺς κελεύῃ.

17 Κατεμάθομεν δὲ αὐτοῦ καὶ ἄλλο μηχάνημα πρὸς τὸ μέγεθος τῆς ἀρχῆς, ἐξ οὗ ταχέως ᾐσθάνετο καὶ τὰ πάμπολυ ἀπέχοντα ὅπως ἔχοι. Σκεψάμενος γὰρ πόσην ἂν ὁδὸν ἵππος κατανύτοι τῆς ἡμέρας ἐλαυνόμενος ὥστε διαρκεῖν, ἐποιήσατο ἱππῶνας τοσοῦτον διαλείποντας καὶ ἵππους ἐν αὐτοῖς κατέστησε καὶ τοὺς ἐπιμελομένους τούτων, καὶ ἄνδρα ἐφ' ἑκάστῳ τῶν τόπων ἔταξε τὸν ἐπιτήδειον παραδέχεσθαι τὰ φερόμενα γράμματα καὶ παραδιδόναι καὶ παραλαμβάνειν τοὺς ἀπειρηκότας ἵππους καὶ ἀνθρώπους καὶ ἄλλους πέμπειν νεαλεῖς.

VI **15** 4 ἀποδείξεως y : ἐπι- z || **16** 2 φασι, καὶ νῦν ἔτι διαμένει z : φασιν ἔτι καὶ νῦν διαμένοιεν y || 4 σατραπῶν z : στρατιωτῶν y || τίς zDF : πως W || 6 ᾖ z DF : εἴη W || 7 παραλείπῃ WD : -λίπῃ z -λείπει F || κατευτρεπίζῃ zWF : -ζει W²D || 8 ἀπαγγέλλῃ zF : -αγγέλ[-λ- D]ει WD || 9 βουλεύηται yz : -εύεται x || 11 ἀδελφός del. W || **17** 4 κατανύτοι zF : -νύτοιτο WD || 5 τοσοῦτον διαλείποντας zDF : διαλείποντας τοσοῦτον W || 7 ἄνδρα zDF : ἄνδρας W || 10 καὶ ἀνθρώπους yV² mg. : om. z.

18 On dit que parfois la nuit même n'interrompt pas le parcours, mais qu'un messager de nuit relaye le messager de jour ; au dire de certains, dans ces conditions ils accomplissent le trajet plus vite que les grues ; s'ils exagèrent là, il reste à tout le moins évident que des parcours accomplis sur terre par des hommes, c'est celui-là le plus rapide ; et il est bon que l'information toujours la plus rapide provoque les mesures les plus rapides[1].

Dernière extension de l'empire.

19 Lorsque l'année fut révolue, il réunit à Babylone une armée dont l'effectif, dit-on, s'élevait environ à cent vingt mille cavaliers, deux mille chars à faux et six cent mille fantassins. **20** Une fois qu'il se fut assuré que tout était prêt pour leur départ, il se lançait dans cette campagne où l'on dit qu'il soumit tous les peuples habitant depuis la sortie de la Syrie jusqu'à l'Océan Indien. Après quoi eut lieu, dit-on, l'expédition d'Égypte[2] au cours de laquelle il soumit ce pays. **21** Son empire eut alors pour limites au levant l'Océan Indien, au nord le Pont Euxin, au couchant Chypre et l'Égypte, au midi l'Éthiopie[3] ; de ces contrées les extrémités sont inhabitables à cause ici de la chaleur, là du froid, ou de l'eau ou de la sécheresse. **22** Mais lui, ayant fixé sa résidence en leur milieu, passait autour de l'hiver sept mois à Babylone, car c'est la région la plus chaude, vers le printemps trois mois à Suse, au plus fort de l'été deux mois à Ecbatane ; ce système lui permettait, dit-on, de vivre dans la tiède fraîcheur d'un éternel printemps.

1. Xénophon, précurseur une fois de plus, exprime une idée qui n'a pas vieilli ; mais il s'agissait alors d'une rapidité raisonnable à la mesure de l'homme.

2. Xénophon se trouve ici en désaccord avec Hérodote, III, 1, où cette expédition d'Égypte est accomplie par le fils de Cyrus, Cambyse II ; Cyrus avait simplement projeté une expédition contre elle (Hérodote, I, 153).

3. Pour être exact, Xénophon aurait dû dire : Chypre et l'Éthiopie exclues ; ni l'île ni le pays n'ont jamais fait partie de l'Empire de Cyrus.

18 Ἔστι δ' ὅτε οὐδὲ τὰς νύκτας φασὶν ἵστασθαι ταύτην τὴν πορείαν, ἀλλὰ τῷ ἡμερινῷ ἀγγέλῳ τὸν νυκτερινὸν διαδέχεσθαι. Τούτων δὲ οὕτω γιγνομένων φασί τινες θᾶττον τῶν γεράνων ταύτην τὴν πορείαν ἀνύτειν· εἰ δὲ τοῦτο ψεύδονται, ἀλλ' ὅτι γε τῶν ἀνθρωπίνων πεζῇ πορειῶν αὕτη ταχίστη, τοῦτο εὔδηλον. Ἀγαθὸν δὲ ὡς τάχιστα ἕκαστον αἰσθανόμενον ὡς τάχιστα ἐπιμελεῖσθαι.

19 Ἐπεὶ δὲ περιῆλθεν ὁ ἐνιαυτός, συνήγειρε στρατιὰν εἰς Βαβυλῶνα, καὶ λέγεται αὐτῷ γενέσθαι εἰς δώδεκα μὲν ἱππέων μυριάδας, εἰς δισχίλια δὲ ἅρματα δρεπανηφόρα, πεζῶν δὲ εἰς μυριάδας ἑξήκοντα. **20** Ἐπεὶ δὲ ταῦτα συνεσκεύαστο αὐτῷ, ὥρμα δὴ ταύτην τὴν στρατείαν ἐν ᾗ λέγεται καταστρέψασθαι πάντα τὰ ἔθνη ὅσα Συρίαν ἐκβάντι οἰκεῖ μέχρι Ἐρυθρᾶς θαλάττης. Μετὰ δὲ ταῦτα ἡ εἰς Αἴγυπτον στρατεία λέγεται γενέσθαι καὶ καταστρέψασθαι Αἴγυπτον. **21** Καὶ ἐκ τούτου τὴν ἀρχὴν ὥριζεν αὐτῷ πρὸς ἕω μὲν ἡ Ἐρυθρὰ θάλαττα, πρὸς ἄρκτον δὲ ὁ Εὔξεινος πόντος, πρὸς ἑσπέραν δὲ Κύπρος καὶ Αἴγυπτος, πρὸς μεσημβρίαν δὲ Αἰθιοπία· τούτων δὲ τὰ πέρατα τὰ μὲν διὰ θάλπος, τὰ δὲ διὰ ψῦχος, τὰ δὲ διὰ ὕδωρ, τὰ δὲ δι' ἀνυδρίαν δυσοίκητα. **22** Αὐτὸς δ' ἐν μέσῳ τούτων τὴν δίαιταν ποιησάμενος, τὸν μὲν ἀμφὶ τὸν χειμῶνα χρόνον διῆγεν ἐν Βαβυλῶνι ἑπτὰ μῆνας· αὕτη γὰρ ἀλεεινὴ ἡ χώρα· τὸν δὲ ἀμφὶ τὸ ἔαρ τρεῖς μῆνας ἐν Σούσοις· τὴν δὲ ἀκμὴν τοῦ θέρους δύο μῆνας ἐν Ἐκβατάνοις· οὕτω δὴ ποιοῦντ' αὐτὸν λέγουσιν ἐν ἐαρινῷ θάλπει καὶ ψύχει διάγειν ἀεί.

VI 18 2 post νυκτερινὸν add. αὐτῶν W ‖ 6 post δὲ add. τὸ WF ‖ 19 3 ἱππέων y : ἵππων z ‖ 20 2 συνεσκεύαστο yV[2] : -εσκευάσατο z ‖ 2 στρατείαν F : στρατιὰν zWD ‖ 3 ante ἐν add. ἔχων y ‖ καταστρέψασθαι πάντα z : πάντα καταστρέψασθαι y ‖ 4 ἐκβάντι y : εἰσβάντι z ‖ οἰκεῖ z : οἰκεῖται y ‖ 21 5 πέρατα zDF : πέραν WF ‖ 22 6 δὴ yHAG : δὲ V ‖ λέγουσιν post ἐαρινῷ transp. W ‖ 7 διάγειν zDF : διαλέγειν W.

23 Partout les dispositions envers lui étaient telles que tout peuple croyait se discréditer s'il n'envoyait pas à Cyrus les plus belles productions de sa terre[1], de son élevage ou de son art ; chaque cité en usait de même, et chaque particulier pensait que c'eût été conquérir un trésor que de rendre un service à Cyrus ; car Cyrus, acceptant de tous ce dont ils avaient abondance, les gratifiait en retour de ce dont il constatait qu'ils avaient disette.

VII

1 La vie s'étant ainsi écoulée, Cyrus, à un grand âge[2], se rendit chez les Perses, pour la septième fois de son règne. Il avait, naturellement, perdu père et mère depuis longtemps. Il offrit les sacrifices du rituel traditionnel[3], donna aux Perses le signal des danses conformes aux usages ancestraux[4], et comme toujours, distribua ses présents à tout le monde.

2 Couché dans le palais royal, il eut en songe la vision que voici à peu près : il lui sembla qu'un homme plus grand que nature, s'étant approché, lui dit : « Fais tes bagages*, Cyrus ; c'est l'heure où tu vas rejoindre les dieux. » Après cette vision, il s'éveilla et il lui sembla presque certain qu'il touchait au terme de sa vie. **3** Prenant aussitôt les victimes, il sacrifiait à Zeus ancestral, au Soleil et aux autres divinités, sur les hauts lieux selon l'usage des sacrifices en Perse*, et priait en ces termes : « O Zeus ancestral, Soleil et tous les dieux ! acceptez ces offrandes en action de grâces pour toutes les œuvres louables que je vous dois et en remerciement

1. On a vu, en VIII, 6, 6, que Cyrus, toujours prévoyant, avait pris à cet effet, en temps utile, les premières mesures nécessaires.

2. D'après les *Persica* de Deinon, citées par Cicéron, *De div.*, I, 23, Cyrus avait atteint l'âge de soixante-dix ans, après trente ans de règne. Sa mort date de 430.

3. La traduction de cette phrase est prise encore à J. Casabona, *op. cit.*, p. 9.

4. Les usages sont ceux des Grecs, transférés en Perse.

23 Οὕτω δὲ διέκειντο πρὸς αὐτὸν οἱ ἄνθρωποι ὡς πᾶν μὲν ἔθνος μειονεκτεῖν ἐδόκει, εἰ μὴ Κύρῳ πέμψειεν ὅ τι καλὸν αὐτοῖς ἐν τῇ χώρᾳ ἢ φύοιτο ἢ τρέφοιτο ἢ τεχνῷτο, πᾶσα δὲ πόλις ὡσαύτως, πᾶς δὲ ἰδιώτης πλούσιος ἂν ᾤετο γενέσθαι, εἴ τι Κύρῳ χαρίσαιτο· καὶ γὰρ ὁ Κῦρος λαμβάνων παρ' ἑκάστων ὧν ἀφθονίαν εἶχον οἱ διδόντες ἀντεδίδου ὧν σπανίζοντας αὐτοὺς αἰσθάνοιτο.

VII

1 Οὕτω δὲ τοῦ αἰῶνος προκεχωρηκότος, μάλα δὴ πρεσβύτης ὢν ὁ Κῦρος ἀφικνεῖται εἰς Πέρσας τὸ ἕβδομον ἐπὶ τῆς αὐτοῦ ἀρχῆς. Καὶ ὁ μὲν πατὴρ καὶ ἡ μήτηρ πάλαι δὴ ὥσπερ εἰκὸς ἐτετελευτήκεσαν αὐτῷ. Ὁ δὲ Κῦρος ἔθυσε τὰ νομιζόμενα ἱερὰ καὶ τοῦ χοροῦ ἡγήσατο Πέρσαις κατὰ τὰ πάτρια καὶ τὰ δῶρα πᾶσι διέδωκεν ὥσπερ εἰώθει.

2 Κοιμηθεὶς δ' ἐν τῷ βασιλείῳ ὄναρ εἶδε τοιόνδε· ἔδοξεν αὐτῷ προσελθὼν κρείττων τις ἢ κατὰ ἄνθρωπον εἰπεῖν· Συσκευάζου, ὦ Κῦρε· ἤδη γὰρ εἰς θεοὺς ἄπει. Τοῦτο δὲ ἰδὼν τὸ ὄναρ ἐξηγέρθη καὶ σχεδὸν ἐδόκει εἰδέναι ὅτι τοῦ βίου ἡ τελευτὴ παρείη. **3** Εὐθὺς οὖν λαβὼν ἱερεῖα ἔθυε Διί τε πατρῴῳ καὶ Ἡλίῳ καὶ τοῖς ἄλλοις θεοῖς ἐπὶ τῶν ἄκρων, ὡς Πέρσαι θύουσιν, ὧδ' ἐπευχόμενος· Ζεῦ πατρῷε καὶ Ἥλιε καὶ πάντες θεοί, δέχεσθε τάδε καὶ τελεστήρια πολλῶν καὶ καλῶν πράξεων καὶ χαριστήρια ὅτι ἐσημήνατέ μοι καὶ ἐν ἱεροῖς καὶ ἐν

VI 23 3 αὐτοῖς zDF : αὐτῷ W || τεχνῷτο yV^2 : τεχνοῖτο z || 4 ἂν yV^2AG : ἄρ' VH.

VII 1 1 δὲ z : δὴ y || 2 post ἕβδομον add. ἤδη y || 3 αὐτοῦ edd. : αὑτοῦ codd. || 5 post Κῦρος add. ἐλθὼν καὶ y || ἱερὰ z : ἱερεῖα y || 2 4 ante εἰδέναι add. εὖ y || 3 5 καὶ καλῶν yV^2 mg. : om. z || 6 ἐσημήνατέ HAG : -μάνατέ V -μαίνετέ y.

pour m'avoir montré par des présages, par des signes célestes, des oiseaux et des voix ce qu'il fallait faire et ne pas faire[1]. Infinie reconnaissance à vous encore pour m'avoir fait constater votre sollicitude et toujours empêché de tirer de mes succès des pensées dépassant la condition humaine. Je vous prie d'accorder maintenant le bonheur à mes enfants, à ma femme, à mes amis, à ma patrie, et à moi une fin conforme à la vie que vous m'avez donnée. »

4 La prière achevée, rentré chez lui, il décida de prendre un doux repos et s'étendit. Quand ce fut l'heure, les gens dont c'était l'office approchèrent et l'invitaient à se baigner. Mais il disait qu'il jouissait de sa détente. A leur tour, ceux dont c'était l'office, quand l'heure fut venue, lui servaient un repas ; mais son appétit ne le tolérait pas ; il lui semblait avoir soif et but volontiers. **5** Voyant les faits se reproduire le lendemain et le surlendemain, il fit venir ses enfants[2], qui justement l'avaient accompagné et se trouvaient en Perse ; il fit venir aussi ses amis et les hauts fonctionnaires perses ; quand tout le monde fut présent, il commença le discours à peu près que voici :

Discours suprême de Cyrus.

6 « Mes enfants, et vous tous mes amis ici présents, je touche maintenant le terme de ma vie : bien des signes m'en expliquent la certitude ; après ma mort il vous faudra, en paroles et en actes, ne me traiter toujours que comme un homme heureux. Enfant, je crois avoir goûté tout le bonheur qu'on peut attendre de l'enfance[3] ; jeune homme, de l'adolescence ; homme fait, de l'âge mûr ; je croyais observer qu'avec la

1. Socrate, selon Xénophon, avait confiance dans les indications données par la Providence ; sur les signes célestes, les oiseaux et les voix, cf. *Mém.*, I, 1, 3-4 ; 9 ; voir aussi, dans la *Cyropédie*, I, 6, 2 ; III, 3, 34.

2. Cambyse II, l'aîné, Tanaoxarès le cadet, qui seront nommés plus loin.

3. Voir I, 2, 15.

οὐρανίοις σημείοις καὶ ἐν οἰωνοῖς καὶ ἐν φήμαις ἅ τ' ἐχρῆν ποιεῖν καὶ ἃ οὐκ ἐχρῆν. Πολλὴ δ' ὑμῖν χάρις ὅτι κἀγὼ ἐγίγνωσκον τὴν ὑμετέραν ἐπιμέλειαν καὶ οὐδεπώποτε ἐπὶ ταῖς εὐτυχίαις ὑπὲρ ἄνθρωπον ἐφρόνησα. Αἰτοῦμαι δ' ὑμᾶς δοῦναι καὶ νῦν παισὶ μὲν καὶ γυναικὶ καὶ φίλοις καὶ πατρίδι εὐδαιμονίαν, ἐμοὶ δὲ οἷόνπερ αἰῶνα δεδώκατε, τοιαύτην καὶ τελευτὴν δοῦναι.

4 Ὁ μὲν δὴ τοιαῦτα ποιήσας καὶ οἴκαδε ἐλθὼν ἔδοξεν ἡδέως ἀναπαύσασθαι καὶ κατεκλίθη. Ἐπεὶ δὲ ὥρα ἦν, οἱ τεταγμένοι προσιόντες λούσασθαι αὐτὸν ἐκέλευον. Ὁ δ' ἔλεγεν ὅτι ἡδέως ἀναπαύοιτο. Οἱ δ' αὖ τεταγμένοι, ἐπεὶ ὥρα ἦν, δεῖπνον παρετίθεσαν· τῷ δὲ ἡ ψυχὴ σῖτον μὲν οὐ προσίετο, διψῆν δ' ἐδόκει, καὶ ἔπιεν ἡδέως. **5** Ὡς δὲ καὶ τῇ ὑστεραίᾳ συνέβαινεν αὐτῷ ταὐτὰ καὶ τῇ τρίτῃ, ἐκάλεσε τοὺς παῖδας· οἱ δ' ἔτυχον συνηκολουθηκότες αὐτῷ καὶ ὄντες ἐν Πέρσαις· ἐκάλεσε δὲ καὶ τοὺς φίλους καὶ τὰς Περσῶν ἀρχάς· παρόντων δὲ πάντων ἤρχετο τοιοῦδε λόγου·

6 Παῖδες ἐμοὶ καὶ πάντες οἱ παρόντες φίλοι, ἐμοὶ μὲν τοῦ βίου τέλος ἤδη πάρεστιν· ἐκ πολλῶν τοῦτο σαφῶς γιγνώσκω· ὑμᾶς δὲ χρή, ὅταν τελευτήσω, ὡς περὶ εὐδαίμονος ἐμοῦ καὶ λέγειν καὶ ποιεῖν πάντα. Ἐγὼ γὰρ παῖς τε ὢν τὰ ἐν παισὶ νομιζόμενα καλὰ δοκῶ κεκαρπῶσθαι, ἐπεί τε ἥβησα, τὰ ἐν νεανίσκοις, τέλειός τε ἀνὴρ γενόμενος τὰ ἐν ἀνδράσι· σὺν τῷ χρόνῳ τε προϊόντι ἀεὶ συναυξανομένην ἐπιγιγνώσκειν ἐδόκουν καὶ τὴν

VII **3** 7 σημείοις yV² mg. : om. z ‖ τ' ἐχρῆν zF : τε χρῆν WD ‖ 8 οὐκ ἐχρῆν z : οὐ χρῆν y ‖ 11 δοῦναι post νῦν transp. y ‖ **4** 1 τοιαῦτα zF : ταῦτα WD ‖ ἐλθὼν z : ἀπ- y ‖ 2 ἀναπαύσασθαι z : -παύεσθαι y -παύσεσθαι coni. Stephanus ‖ **5** 1 ὡς yV² mg. : om. z ‖ ταὐτὰ Zeune : ταὐτὰ ταῦτα F ταῦτα zWD sed ante συνέβαινεν transp. y ‖ **6** 2 ante τέλος add. τὸ z ‖ 3 ὡς περὶ yV² : ὥσπερ z ‖ 6 ἐπεί τε ἥβησα z : ἔπειτα ἡβήσας y.

marche du temps ma force aussi s'accroissait de jour en jour, si bien que jamais je ne me suis aperçu que ma vieillesse perdait la force de ma jeunesse, et je ne sais pas dans laquelle de mes entreprises ou de mes envies je n'ai pas réussi. **7** Mes amis, je les aurai vus* grâce à moi rendus heureux, mes ennemis, réduits par moi en servitude ; la patrie, précédemment au dernier rang de l'Asie, je la laisse au sommet de la gloire ; de mes conquêtes, il n'est aucune que je n'aie réellement maintenue. Dans le temps passé j'agissais à ma guise ; mais la terreur que j'avais à mes trousses[1] de voir, entendre ou subir par la suite quelque tourment, me privait d'assouvir mon enivrement et d'ouvrir mon cœur à l'enchantement.

8 Maintenant, si je meurs, vous, enfants que les dieux m'ont donnés, je vous laisse en pleine vie ; je laisse en plein bonheur amis et patrie ; **9** aussi se peut-il que je ne sois pas jugé bienheureux à juste titre et n'obtienne pas l'immortalité du souvenir ? Mais il me faut aussi ne pas vous laisser le trône sans vous notifier mes intentions à son égard[2], pour que sa contestation ne puisse vous causer des problèmes[3]. Maintenant, moi, je vous aime tous les deux[4] pareillement, mes enfants ; mais la priorité dans le conseil, et la direction dans les cas où l'opportunité semble le vouloir, je les confie au premier-né, qui normalement possède une plus grande expérience. **10** Telle est la formation que j'ai reçue, moi aussi, de ma patrie et de la vôtre : elle consiste à céder le pas, le siège et la parole non seulement aux frères mais aux concitoyens plus âgés ; et vous, mes enfants, je vous ai formés de même, depuis le début, à rendre

1. Le même verbe συμπαρομαρτεῖν fait une même image, celle de l'escorte, en VII, 5, 84, et ci-dessous, § 12 ; ce genre d'image peut soutenir la correction proposée dans le *Comm. Cav.*, V, 14, συνεπαίρῃ.

2. Il est probable que l'accusatif βασιλείαν dépend à la fois de σαφηνίσαντα et de καταλιπεῖν.

3. Xénophon annonce discrètement le chapitre final, déjà visé dans certains cas par l'expression ἔτι καὶ νῦν ; voir VIII, 6, 14.

4. Cambyse et Tanaoxarès.

ἐμὴν δύναμιν, ὥστε καὶ τοὐμὸν γῆρας οὐδεπώποτε ᾐσθόμην τῆς ἐμῆς νεότητος ἀσθενέστερον γιγνόμενον, καὶ οὔτ' ἐπιχειρήσας οὔτ' ἐπιθυμήσας οἶδα ὅτου ἠτύχησα. **7** Καὶ τοὺς μὲν φίλους ἐπεῖδον δι' ἐμοῦ εὐδαίμονας γενομένους, τοὺς δὲ πολεμίους ὑπ' ἐμοῦ δουλωθέντας· καὶ τὴν πατρίδα πρόσθεν ἰδιωτεύουσαν ἐν τῇ Ἀσίᾳ νῦν προτετιμημένην καταλείπω· ὧν τ' ἐκτησάμην οὐδὲν [οἶδα] ὅ τι οὐ διεσωσάμην. Καὶ τὸν μὲν παρελθόντα χρόνον ἔπραττον οὕτως ὥσπερ ηὐχόμην· φόβος δέ μοι συμπαρομαρτῶν μή τι ἐν τῷ ἐπιόντι χρόνῳ ἢ ἴδοιμι ἢ ἀκούσαιμι ἢ πάθοιμι χαλεπόν, οὐκ εἴα τελέως με μέγα φρονεῖν οὐδ' εὐφραίνεσθαι ἐκπεπταμένως.

8 Νῦν δ' ἢν τελευτήσω, καταλείπω μὲν ὑμᾶς, ὦ παῖδες, ζῶντας οὕσπερ ἔδοσάν μοι οἱ θεοὶ γενέσθαι· καταλείπω δὲ πατρίδα καὶ φίλους εὐδαιμονοῦντας· **9** ὥστε πῶς οὐκ ἂν ἐγὼ δικαίως μακαριζόμενος τὸν ἀεὶ χρόνον μνήμης τυγχάνοιμι; Δεῖ δὲ καὶ τὴν βασιλείαν με ἤδη σαφηνίσαντα καταλιπεῖν, ὡς ἂν μὴ ἀμφίλογος γενομένη πράγματα ὑμῖν παράσχῃ. Ἐγὼ οὖν φιλῶ μὲν ἀμφοτέρους ὑμᾶς ὁμοίως, ὦ παῖδες· τὸ δὲ προβουλεύειν καὶ τὸ ἡγεῖσθαι ἐφ' ὅ τι ἂν καιρὸς δοκῇ εἶναι, τοῦτο προστάττω τῷ προτέρῳ γενομένῳ καὶ πλειόνων κατὰ τὸ εἰκὸς ἐμπείρῳ. **10** Ἐπαιδεύθην δὲ καὶ αὐτὸς οὕτως ὑπὸ τῆσδε τῆς ἐμῆς τε καὶ ὑμετέρας πατρίδος, τοῖς πρεσβυτέροις οὐ μόνον ἀδελφοῖς ἀλλὰ καὶ πολίταις καὶ ὁδῶν καὶ θάκων καὶ λόγων ὑπείκειν· καὶ ὑμᾶς δέ, ὦ παῖδες, οὕτως ἐξ ἀρχῆς ἐπαίδευον, τοὺς μὲν γεραι-

VII **6** 9 καὶ om. y ‖ οὐδεπώποτε ᾐσθόμην z : οὐπώποτε ἐπῃσθόμην y ‖ **7** 5 οἶδα del. Dindorf ‖ 7 μή τι zDF : μή τε W ‖ 8 με μέγα coni. Schneider : με z μέγα yV² ‖ **9** 3 με ἤδη y : om. z ‖ 4 ἀμφίλογος zF : ἀμφίβολος WD ‖ 5 οὖν y : δὲ νῦν z δ' οὖν coni. Hertlein ‖ 7 τὸ ἡγεῖσθαι z : προηγεῖσθαι y ‖ καιρὸς δοκῇ zF : δοκῇ καιρὸς WD ‖ τοῦτο z : τούτῳ y ‖ **10** 5 post ἐπαίδευον add. ὥστε y.

honneur à l'âge, à recevoir honneur de la jeunesse[1]. Accueillez mes paroles comme celles d'un homme qui exprime des pensées fondées sur le temps, la tradition et la loi.

11 A toi, Cambyse, de posséder le trône, que te donnent et les dieux et moi-même dans la mesure où je le puis. A toi, Tanaoxarès[2], je te donne d'être le satrape des Mèdes, des Arméniens et, en troisième lieu, des Cadusiens ; par ce don, j'estime que je laisse à ton aîné un pouvoir plus grand et le titre de Roi, mais à toi un bonheur moins traversé de soucis. **12** Je ne vois pas, en effet, de quelle humaine joie de vivre tu seras sevré ; tu disposeras au contraire de tout ce qui passe pour conférer cette joie aux hommes. Mais aimer les obstacles, accumuler les soucis, être incapable de trouver du loisir sous l'aiguillon de l'envie de rivaliser avec mon œuvre, organiser et attirer des complots, tels sont les accidents qui font, plus que pour toi, l'inévitable escorte du possesseur du trône et qui, sache-le bien, apportent plus d'une relâche à la joie de vivre.

13 Toi, Cambyse, tu sais, toi aussi, que ce n'est pas ce sceptre d'or qui assure la sauvegarde du trône, mais que les amis fidèles sont, pour les rois, le sceptre le plus vrai et le plus sûr[3]. Ne t'imagine pas, cependant, que la fidélité soit innée chez l'homme ; autrement ce serait toujours les mêmes que l'on verrait fidèles, comme toujours on voit pareilles les autres qualités innées. Non, chacun doit se créer ses fidèles ; on ne les acquiert jamais en recourant à la force, mais davantage par le bien qu'on fait. **14** Si donc tu cherches à te donner de nouveaux

1. Tel est l'enseignement donné aux jeunes Spartiates, notamment en matière de déférence envers les personnes plus âgées, *Mém.*, II, 3, 6 ; cf. *Rép.*, *Lac.*, III, 4. Comme Cyrus n'avait pas de frère, l'allusion aux frères vise ses fils.

2. Tanaoxarès, appelé par Hérodote Smerdis, par Eschyle Mardos, avait pour nom Bardiya.

3. On retrouve l'idée dans *Mém.*, III, 11, 11 ; elle est reprise par Salluste, *Jug.*, 10.

τέρους προτιμᾶν, τῶν δὲ νεωτέρων προτετιμῆσθαι. Ὡς οὖν παλαιὰ καὶ εἰθισμένα καὶ ἔννομα λέγοντος ἐμοῦ οὕτως ἀποδέχεσθε.

11 Καὶ σὺ μέν, ὦ Καμβύση, τὴν βασιλείαν ἔχε, θεῶν τε διδόντων καὶ ἐμοῦ ὅσον ἐν ἐμοί. Σοὶ δ', ὦ Ταναοξάρη, σατράπην εἶναι δίδωμι Μήδων τε καὶ Ἀρμενίων καὶ τρίτων Καδουσίων· ταῦτα δέ σοι διδοὺς νομίζω ἀρχὴν μὲν μείζω καὶ τοὔνομα τῆς βασιλείας τῷ πρεσβυτέρῳ καταλιπεῖν, εὐδαιμονίαν δὲ σοὶ ἀλυποτέραν. **12** Ὁποίας μὲν γὰρ ἀνθρωπίνης εὐφροσύνης ἐνδεὴς ἔσῃ οὐχ ὁρῶ· ἀλλὰ πάντα σοι τὰ δοκοῦντα ἀνθρώπους εὐφραίνειν παρέσται. Τὸ δὲ δυσκαταπρακτοτέρων τε ἐρᾶν καὶ τὸ πολλὰ μεριμνᾶν καὶ τὸ μὴ δύνασθαι ἡσυχίαν ἔχειν κεντριζόμενον ὑπὸ τῆς πρὸς τἀμὰ ἔργα φιλονικίας καὶ τὸ ἐπιβουλεύειν καὶ τὸ ἐπιβουλεύεσθαι, ταῦτα τῷ βασιλεύοντι ἀνάγκη σοῦ μᾶλλον συμπαρομαρτεῖν, ἅ σάφ' ἴσθι τῷ εὐφραίνεσθαι πολλὰς ἀσχολίας παρέχει.

13 Οἶσθα μὲν οὖν καὶ σύ, ὦ Καμβύση, ὅτι οὐ τόδε τὸ χρυσοῦν σκῆπτρον τὸ τὴν βασιλείαν διασῷζόν ἐστιν, ἀλλ' οἱ πιστοὶ φίλοι σκῆπτρον βασιλεῦσιν ἀληθέστατον καὶ ἀσφαλέστατον. Πιστοὺς δὲ μὴ νόμιζε φύσει φύεσθαι ἀνθρώπους· πᾶσι γὰρ ἂν οἱ αὐτοὶ πιστοὶ φαίνοιντο, ὥσπερ καὶ τἆλλα τὰ πεφυκότα πᾶσι τὰ αὐτὰ φαίνεται. Ἀλλὰ τοὺς πιστοὺς τίθεσθαι δεῖ ἕκαστον ἑαυτῷ· ἡ δὲ κτῆσις αὐτῶν ἐστιν οὐδαμῶς σὺν τῇ βίᾳ, ἀλλὰ μᾶλλον σὺν τῇ εὐεργεσίᾳ. **14** Εἰ οὖν καὶ ἄλλους

VII 10 6 τῶν δὲ z : ὑπὸ δὲ τῶν y ‖ 7 post οὖν add. καὶ y ‖ **11** 1 post ὦ add. παῖ y ‖ 2 σοὶ yV²HAG : σὺ V ‖ 4 τρίτων WDH : τρίτον FVAG ‖ 12 2 ἐνδεὴς y : ἐπιδεὴς z ‖ 4 alt. τὸ z : τὰ y ‖ 9 τῷ codd. : τοῦ coni. Schneider ‖ παρέχει y : -έχειν z ‖ 13 2 ἐστι post σκῆπτρον transp. y ‖ Codicis W folium 192 male legitur a σκῆπτρον ad 18 2 ἐμβάλλουσιν ‖ 3 πιστοὶ y : πολλοὶ z ‖ 4 καὶ ἀσφαλέστατον zW² mg. F : om. WD ‖ φύσει WDV² mg. : om. zF ‖ 6 pr. τὰ yV² s. l. : om. z ‖ 7 φαίνεται y : φαίνεσθαι z ‖ τοὺς om. V ‖ 8 αὐτῶν ἐστιν z : ἐστιν αὐτῶν y.

auxiliaires pour la défense du trône, ne commence par personne d'autre avant celui qui est né du même sang. Toujours des hommes d'une même cité ont entre eux plus de liens intimes que des étrangers, des soldats d'une même tablée* que ceux d'une autre tente ; les hommes issus de la même semence, nourris par la même mère[1], ayant grandi sous le même toit, choyés par les mêmes parents, donnant aux mêmes le nom de père et de mère, se peut-il qu'ils n'aient pas plus d'intimité que quiconque ? **15** Donc, les merveilleux moyens que les dieux ont enseignés pour nouer l'intimité entre frères, ne les réduisez pas à néant ; employez-les tout de suite au contraire pour édifier d'autres œuvres d'amour ; ainsi aucune autre amitié ne pourra surpasser la vôtre. Toujours il prend soin de soi celui qui se préoccupe de son frère ; pour qui la puissance d'un frère est-elle une parure sinon pour un frère ? A qui la puissance d'un homme vaudra-t-elle autant d'honneurs qu'à un frère ? A qui redoutera-t-on de faire du tort, si le frère est puissant, plus qu'à un frère[2] ? **16** En conséquence, que personne ne réponde à l'appel de ce frère plus vite que toi[3], que personne ne mette plus d'empressement à se trouver à ses côtés ; car ses affaires, bonnes ou fâcheuses, ne sont intimement liées à personne plus qu'à toi. Songe encore à ceci : à qui pourrais-tu rendre service pour attendre plus d'avantages sinon à lui ? A qui pourrais-tu porter secours pour recevoir en échange un allié plus fort ? Quel être y a-t-il plus de honte à ne pas aimer sinon un frère ? Qui est-il plus beau d'honorer au premier rang sinon un frère ? Toujours, Cambyse, c'est seulement un frère, quand un frère tient la première place dans son cœur, que la jalousie elle-même ne peut atteindre.

1. Les deux fils de Cyrus avaient sans doute la même mère, Cassandané. La même idée est exprimée par Socrate dans *Mém.*, II, 3, 4.

2. L'insistance remarquable sur la nécessité de l'affection entre frères montre que les fils de Cyrus devaient mal s'entendre ; voir ci-dessous § 24 et la note.

3. Cyrus ne prononce pas les noms mais désigne du geste : le contexte montre qu'il s'adresse maintenant à Tanaoxarès, σου, et parle de Cambyse, τούτῳ) ; mais à la fin du paragraphe, il s'adresse de nouveau à l'aîné, Cambyse.

τινὰς πειράσῃ συμφύλακας τῆς βασιλείας ποιεῖσθαι μηδαμόθεν πρότερον ἄρχου ἢ ἀπὸ τοῦ ὁμόθεν γενομένου. Καὶ πολῖταί τοι ἄνθρωποι ἀλλοδαπῶν οἰκειότεροι καὶ σύσσιτοι ἀποσκήνων · οἱ δὲ ἀπὸ τοῦ αὐτοῦ σπέρματος φύντες καὶ ὑπὸ τῆς αὐτῆς μητρὸς τραφέντες καὶ ἐν τῇ αὐτῇ οἰκίᾳ αὐξηθέντες καὶ ὑπὸ τῶν αὐτῶν γονέων ἀγαπώμενοι καὶ τὴν αὐτὴν μητέρα καὶ τὸν αὐτὸν πατέρα προσαγορεύοντες, πῶς οὐ πάντων οὗτοι οἰκειότατοι; **15** Μὴ οὖν ἃ οἱ θεοὶ ὑφήγηνται ἀγαθὰ εἰς οἰκειότητα ἀδελφοῖς μάταιά ποτε ποιήσητε, ἀλλ' ἐπὶ ταῦτα εὐθὺς οἰκοδομεῖτε ἄλλα φιλικὰ ἔργα · καὶ οὕτως ἀεὶ ἀνυπέρβλητος ἄλλοις ἔσται ἡ ὑμετέρα φιλία. Ἑαυτοῦ τοι κήδεται ὁ προνοῶν ἀδελφοῦ · τίνι γὰρ ἄλλῳ ἀδελφὸς μέγας ὢν οὕτω καλὸν ὡς ἀδελφῷ; Τίς δ' ἄλλος τιμήσεται δι' ἄνδρα μέγα δυνάμενον οὕτως ὡς ἀδελφός; Τίνα δὲ φοβήσεταί τις ἀδικεῖν ἀδελφοῦ μεγάλου ὄντος οὕτως ὡς τὸν ἀδελφόν; **16** Μήτε οὖν θᾶττον μηδεὶς σοῦ τούτῳ ὑπακουέτω μήτε προθυμότερον παρέστω · οὐδενὶ γὰρ οἰκειότερα τὰ τούτου οὔτε ἀγαθὰ οὔτε δεινὰ ἢ σοί. Ἐννόει δὲ καὶ τάδε · τίνι χαρισάμενος ἐλπίσαις ἂν μειζόνων τυχεῖν ἢ τούτῳ; Τίνι δ' ἂν βοηθήσας ἰσχυρότερον σύμμαχον ἀντιλάβοις; Τίνα δ' αἴσχιον μὴ φιλεῖν ἢ τὸν ἀδελφόν; Τίνα δὲ ἁπάντων κάλλιον προτιμᾶν ἢ τὸν ἀδελφόν; Μόνου τοι, ὦ Καμβύση, πρωτεύοντος ἀδελφοῦ παρ' ἀδελφῷ οὐδὲ φθόνος παρὰ τῶν ἄλλων ἐφικνεῖται.

VII 14 5 ἀποσκήνων yV ut uid. : ἀπὸ σκηνῶν HAG ‖ 6 μητρὸς yVH^{2}G : μήτρας HA ‖ 7 ὑπὸ yV^2 mg. : om. z ‖ **15** 2 ante ἀδελφοῖς add. τοῖς y ‖ 4 ἄλλοις y : ἀλλήλοις z ‖ 6 ὢν οὕτω zDF : ἢ οὕτως W ‖ 7 δι' y : δὴ z ‖ μέγα δυνάμενον yV : μεγαλυνάμενον HAG μέγαν δυνάμενον xH^2 ‖ **16** 3 τὰ om. y ‖ ἀγαθὰ... δεινὰ z : τἀγαθὰ... τὰ δεινὰ y ‖ 4 ἐννόει δὲ yV^2 : ἐννοεῖτε VHA ἐννόει τε G ‖ 7 ἁπάντων κάλλιον προτιμᾶν zF : προτιμᾶν πάντων καλὸν WD ‖ 8 πρωτεύοντος yV^2 : πρώτου ὄντος z ‖ 10 ἐφικνεῖται Dindorf : ἀφ- codd.

17 Allons, mes enfants[1], au nom des dieux ancestraux, honorez-vous l'un l'autre, si vous avez encore quelque souci de me faire plaisir : vous êtes bien loin d'avoir l'air d'être sûrs que je n'aurai plus de réalité une fois que j'aurai terminé ma vie humaine[2] ; jusqu'ici vous ne voyiez pas non plus mon âme, mais les actes accomplis par elle vous révélaient son existence. **18** N'avez-vous jamais encore observé dans quelles frayeurs les âmes de leurs victimes jettent ceux qui ont du sang sur les mains, quelles divinités vengeresses[3] elles lancent aux trousses des sacrilèges? Croyez-vous que l'on pourrait continuer à rendre des honneurs aux défunts si leurs âmes ne possédaient aucun pouvoir? **19** Pour moi, mes enfants, je n'ai jamais eu non plus cette conviction que l'âme, vivante tant qu'elle habite un corps mortel, était morte quand elle en est délivrée ; car je constate que c'est l'âme qui, tout le temps qu'elle est en eux, donne aux corps mortels la vie. **20** Quant à la conviction que l'âme sera privée de lumière une fois qu'elle sera dégagée des ténèbres d'un corps, non, je ne la partage pas non plus ; au contraire, quand l'esprit se libère, dans sa pureté sans mélange, c'est alors qu'il trouve, naturellement, la parfaite lumière. Et quand l'homme se dissout, on voit chaque élément retourner à la commune origine, à l'exception de l'âme : elle seule, aussi bien présente que quand elle s'en va, demeure invisible. **21** Considérez encore, dit Cyrus, que rien des choses humaines n'approche plus de la mort que le sommeil[4] ; alors l'âme de l'homme se montre au contact du divin, alors elle a comme un pressentiment de l'avenir* ; alors, apparemment, tombent presque ses entraves.

22 Si donc les choses se passent comme je crois

1. Dans la fin de son discours, §§ 17 à 28, Cyrus examine avec une grande élévation de pensée les problèmes les plus généraux intéressant l'État.

2. Cicéron a traduit ce passage dans le *De senectute*, 22, 79, et plusieurs autres qui suivent, aux §§ 18, 19, 20, 22.

3. Les Érinyes, ou Euménides, chargées de venger le crime, en particulier le crime commis au sein de la famille.

4. Voir Platon, *Apologie*, 40 d.

17 Ἀλλὰ πρὸς θεῶν πατρῴων, ὦ παῖδες, τιμᾶτε ἀλλήλους, εἴ τι καὶ τοῦ ἐμοὶ χαρίζεσθαι μέλει ὑμῖν· οὐ γὰρ δήπου τοῦτό γε σαφῶς δοκεῖτε εἰδέναι ὡς οὐδὲν ἔτι ἐγὼ ἔσομαι, ἐπειδὰν τοῦ ἀνθρωπίνου βίου τελευτήσω· οὐδὲ γὰρ νῦν τοι τήν γ' ἐμὴν ψυχὴν ἑωρᾶτε, ἀλλ' οἷς διεπράττετο, τούτοις αὐτὴν ὡς οὖσαν κατεφωρᾶτε. **18** Τὰς δὲ τῶν ἄδικα παθόντων ψυχὰς οὔπω κατενοήσατε οἵους μὲν φόβους τοῖς μιαιφόνοις ἐμβάλλουσιν, οἵους δὲ παλαμναίους τοῖς ἀνοσίοις ἐπιπέμπουσι; Τοῖς δὲ φθιμένοις τὰς τιμὰς διαμένειν ἔτι ἂν δοκεῖτε, εἰ μηδενὸς αὐτῶν αἱ ψυχαὶ κύριαι ἦσαν; **19** Οὔτοι ἔγωγε, ὦ παῖδες, οὐδὲ τοῦτο πώποτε ἐπείσθην ὡς ἡ ψυχὴ ἕως μὲν ἂν ἐν θνητῷ σώματι ᾖ, ζῇ, ὅταν δὲ τούτου ἀπαλλαγῇ, τέθνηκεν· ὁρῶ γὰρ ὅτι καὶ τὰ θνητὰ σώματα ὅσον ἂν ἐν αὐτοῖς χρόνον ᾖ ἡ ψυχή, ζῶντα παρέχεται. **20** Οὐδέ γε ὅπως ἄφρων ἔσται ἡ ψυχή, ἐπειδὰν τοῦ ἄφρονος σώματος δίχα γένηται, οὐδὲ τοῦτο πέπεισμαι· ἀλλ' ὅταν ἄκρατος καὶ καθαρὸς ὁ νοῦς ἐκκριθῇ, τότε καὶ φρονιμώτατον εἰκὸς αὐτὸν εἶναι. Διαλυομένου δὲ ἀνθρώπου δῆλά ἐστιν ἕκαστα ἀπιόντα πρὸς τὸ ὁμόφυλον πλὴν τῆς ψυχῆς· αὕτη δὲ μόνη οὔτε παροῦσα οὔτε ἀπιοῦσα ὁρᾶται. **21** Ἐννοήσατε δ', ἔφη, ὅτι ἐγγύτερον μὲν τῶν ἀνθρωπίνων θανάτῳ οὐδέν ἐστιν ὕπνου· ἡ δὲ τοῦ ἀνθρώπου ψυχὴ τότε δήπου θειοτάτη καταφαίνεται καὶ τότε τι τῶν μελλόντων προορᾷ· τότε γάρ, ὡς ἔοικε, μάλιστα ἐλευθεροῦται.

22 Εἰ μὲν οὖν οὕτως ἔχει ταῦτα ὥσπερ ἐγὼ οἴομαι

VII 17 1 ὦ om. z ‖ 2 τοῦ yV² : τότε z ‖ μέλει z : μέλλει y ‖ 4 ἔτι ἐγὼ ἔσομαι y : εἶμι ἐγὼ ἔτι z ‖ 5 γὰρ om. DF ‖ 18 2 φόβους DFV²HAG : φόνους WV ut uid. ‖ 4 διαμένειν z : -νέμειν y ‖ δοκεῖτε zF : δοκοίητε WD ‖ 19 1 οὔτοι z : οὕτως y ‖ 3 ᾖ zDF : εἴη W ‖ 20 4 καὶ om. y ‖ φρονιμώτατον zD : -τερον WF ‖ εἰκὸς αὐτὸν zWD : αὐτὸν εἰκὸς F αὐτοῦ εἰκὸς coni. Gemoll fort. recte ‖ 21 2 τῶν ἀνθρωπίνων y : τῷ ἀνθρωπίνῳ z ‖ 4 post τι add. καὶ W.

qu'elles se passent, si l'âme abandonne le corps, respectez mon âme, à moi aussi, et faites ce que je vous demande ; mais s'il en va autrement et si l'âme, restant attachée au corps, meurt avec lui, à tout le moins les dieux éternels, qui voient tout, peuvent tout, qui maintiennent l'ordre de l'univers à l'abri de l'usure[1], de la vieillesse et de l'erreur, dans sa beauté, sa grandeur indescriptibles, ces dieux, craignez-les assez pour ne rien faire ni rien projeter d'impie ni de sacrilège. **23** Ensuite, après les dieux, révérez la totalité du genre humain, qui se succède au fil des générations ; car les dieux ne vous tiennent pas au secret dans les ténèbres, mais vos actes sont astreints à vivre au grand jour aux yeux de tous ; s'ils sont visiblement purs comme exempts de fautes, ces actes proclameront devant tous les hommes votre force ; mais si vous concevez quelque iniquité l'un envers l'autre, vous ruinerez tout votre crédit auprès du monde entier ; car, en dépit même de grands efforts, personne ne pourrait plus avoir confiance en vous s'il voyait victime d'une iniquité celui que les liens de l'affection rapprochent de vous plus que tout autre[2]. **24** Maintenant, si ma leçon sur vos devoirs réciproques est suffisante, tout va bien ; sinon, que le passé vous instruise : là est la meilleure leçon. En général les parents n'ont cessé d'être des amis pour leurs enfants, mais aussi les frères pour les frères ; mais il est arrivé que certains aient agi en ennemis les uns des autres. Alors, raisonnablement, choisissez la conduite de ceux dont vous constatez qu'elle leur a profité[3].

25 En voilà maintenant peut-être assez sur ce point. Quant à mon corps, mes enfants, quand je serai mort,

1. Socrate parle de même dans les *Mém.*, IV, 3, 13. Beaucoup d'idées de Cyrus et de Socrate sont en réalité de Xénophon ; il n'empêche qu'il a été l'élève de Socrate.

2. Cyrus revient avec force et un ton de plus en plus solennel sur l'idée qu'il a déjà exprimée au § 15.

3. Malgré ces conseils, Cambyse tua Tanaoxarès et se fit tout de suite après une blessure mortelle ; cf. Hérodote, III, 64. La prophétie *ex eventu* est justifiée par les révélations divines à Cyrus.

καὶ ἡ ψυχὴ καταλείπει τὸ σῶμα, καὶ τὴν ἐμὴν ψυχὴν καταιδούμενοι ποιεῖτε ἃ ἐγὼ δέομαι· εἰ δὲ μὴ οὕτως, ἀλλὰ μένουσα ἡ ψυχὴ ἐν τῷ σώματι συναποθνῄσκει, ἀλλὰ θεούς γε τοὺς ἀεὶ ὄντας καὶ πάντ' ἐφορῶντας καὶ πάντα δυναμένους, οἳ καὶ τήνδε τὴν τῶν ὅλων τάξιν συνέχουσιν ἀτριβῆ καὶ ἀγήρατον καὶ ἀναμάρτητον καὶ ὑπὸ κάλλους καὶ μεγέθους ἀδιήγητον, τούτους φοβούμενοι μήποτ' ἀσεβὲς μηδὲν μηδὲ ἀνόσιον μήτε ποιήσητε μήτε βουλεύσητε. **23** Μετὰ μέντοι θεοὺς καὶ ἀνθρώπων τὸ πᾶν γένος τὸ ἀεὶ ἐπιγιγνόμενον αἰδεῖσθε· οὐ γὰρ ἐν σκότῳ ὑμᾶς οἱ θεοὶ ἀποκρύπτονται, ἀλλ' ἐμφανῆ πᾶσιν ἀνάγκη ἀεὶ ζῆν τὰ ὑμέτερα ἔργα· ἃ ἢν μὲν καθαρὰ καὶ ἔξω τῶν ἀδίκων φαίνηται, δυνατοὺς ὑμᾶς ἐν πᾶσιν ἀνθρώποις ἀναδείξει· εἰ δὲ εἰς ἀλλήλους ἄδικόν τι φρονήσετε, ἐκ πάντων ἀνθρώπων τὸ ἀξιόπιστοι εἶναι ἀποβαλεῖτε· οὐδεὶς γὰρ ἂν ἔτι πιστεῦσαι δύναιτο ὑμῖν, οὐδ' εἰ πάνυ προθυμοῖτο, ἰδὼν ἀδικούμενον τὸν μάλιστα φιλίᾳ προσήκοντα. **24** Εἰ μὲν οὖν ἐγὼ ὑμᾶς ἱκανῶς διδάσκω οἵους χρὴ πρὸς ἀλλήλους εἶναι· εἰ δὲ μή, καὶ παρὰ τῶν προγεγενημένων μανθάνετε· αὕτη γὰρ ἀρίστη διδασκαλία. Οἱ μὲν γὰρ πολλοὶ διαγεγένηνται φίλοι μὲν γονεῖς παισί, φίλοι δὲ ἀδελφοὶ ἀδελφοῖς· ἤδη δέ τινες τούτων καὶ ἐναντία ἀλλήλοις ἔπραξαν. Ὁποτέροις ἂν οὖν αἰσθάνησθε τὰ πραχθέντα συνενεγκόντα, ταῦτα δὴ αἱρούμενοι ὀρθῶς ἂν βουλεύοισθε.

25 Καὶ τούτων μὲν ἴσως ἤδη ἅλις. Τὸ δ' ἐμὸν σῶμα, ὦ παῖδες, ὅταν τελευτήσω, μήτε ἐν χρυσῷ θῆτε μήτε

VII 22 3 ἃ : ὡς y ‖ 4 ἡ ψυχὴ post σώματι transp. y ‖ 7 ἀτριβῆ y : ἀκριβῆ z ‖ ἀγήρατον WF : ἀκήρατον z ἄκρατον D ‖ 8 κάλλους z : τάχους y ‖ 9 μήποτ' y : μήποι z ‖ **23** 2 αἰδεῖσθε yVG : αἰδεῖσθαι HA ‖ 5 post ἀδίκων add. ἔργων y ‖ 7 ἀξιόπιστοι yV² : -τον z ‖ 9 μάλιστα z : πάνυ y ‖ **24** 3 παρὰ y e correctione V²z ‖ 4 ante ἀρίστη add. ἡ y ‖ 5 ἀδελφοὶ om. z ‖ 6 ἐναντία yV²G : ἐν αἰτίᾳ VHA ‖ 7 ὁποτέροις z : -τέρως y ‖ 8 δὴ z : ἂν y.

ne l'enveloppez ni d'or ni d'argent, ni de rien d'autre, mais hâtez-vous de le rendre à la terre ; existe-t-il une plus grande bénédiction que d'être uni à la terre*, qui produit et nourrit tout ce qui est beau et tout ce qui est bon ? Je fus, de plus, ami des hommes et maintenant il me semble que j'aurais plaisir à m'incorporer à l'élément leur bienfaiteur*.

26 Il suffit, à présent, car il me paraît que mon âme s'en va de là[1] où, pour tous apparemment, elle commence par partir. Si donc l'un d'entre vous veut me toucher la main droite ou tient à fixer les yeux sur mon regard à moi vivant, qu'il avance ; mais quand je me serai voilé[2], je vous le demande, que personne au monde ne regarde ma dépouille, pas même vous, mes enfants. **27** Invitez cependant tous les Perses et les alliés à venir à mon tombeau, afin qu'ils partagent ma joie d'être désormais assez en sûreté pour ne plus pouvoir souffrir d'aucun mal, que je sois en présence des dieux, ou que je ne sois plus rien ; ne renvoyez jamais ceux qui viendront sans les avoir comblés de toutes les gracieusetés* habituelles en mémoire d'un homme bienheureux. **28** De moi, dit-il, rappelez-vous cette parole suprême : si vous faites du bien à vos amis, vous serez en état de châtier vos ennemis*. Adieu, mes chers enfants, allez dire adieu de ma part à votre mère ; adieu aussi, tous mes amis, présents et absents. » Sur ces mots, à tous il tendit une main amie, se voila et mourut.

VIII*

Décadence de l'empire.

1 Que le royaume de Cyrus ait été le plus beau et le plus grand de tous les royaumes d'Asie, il en est sa propre preuve. Car ses

1. C'est-à-dire des extrémités du corps.
2. Le geste est un souvenir probable de la mort de Socrate, telle que la décrit Platon dans la fin du *Phédon* ; Xénophon n'en fut pas témoin, achevant alors en Asie la campagne des Dix-mille.

ἐν ἀργύρῳ μηδὲ ἐν ἄλλῳ μηδενί, ἀλλὰ τῇ γῇ ὡς τάχιστα ἀπόδοτε· τί γὰρ τούτου μακαριώτερον τοῦ γῇ μειχθῆναι, ἣ πάντα μὲν τὰ καλά, πάντα δὲ τἀγαθὰ φύει τε καὶ τρέφει; Ἐγὼ δὲ καὶ ἄλλως φιλάνθρωπος ἐγενόμην καὶ νῦν ἡδέως ἄν μοι δοκῶ κοινωνῆσαι τοῦ εὐεργετοῦντος ἀνθρώπους.

26 Ἀλλὰ γὰρ ἤδη, ἔφη, ἐκλείπειν μοι φαίνεται ἡ ψυχὴ ὅθενπερ, ὡς ἔοικε, πᾶσιν ἄρχεται ἀπολείπουσα. Εἴ τις οὖν ὑμῶν ἢ δεξιᾶς βούλεται τῆς ἐμῆς ἅψασθαι ἢ ὄμμα τοὐμὸν ζῶντος ἔτι προσιδεῖν ἐθέλει, προσίτω· ὅταν δ' ἐγὼ ἐγκαλύψωμαι, αἰτοῦμαι ὑμᾶς, ὦ παῖδες, μηδεὶς ἔτ' ἀνθρώπων τοὐμὸν σῶμα ἰδέτω, μηδ' αὐτοὶ ὑμεῖς. **27** Πέρσας μέντοι πάντας καὶ τοὺς συμμάχους ἐπὶ τὸ μνῆμα τοὐμὸν παρακαλεῖτε συνησθησομένους ἐμοὶ ὅτι ἐν τῷ ἀσφαλεῖ ἤδη ἔσομαι, ὡς μηδὲν ἂν ἔτι κακὸν παθεῖν, μήτε ἢν μετὰ τοῦ θείου γένωμαι μήτε ἢν μηδὲν ἔτι ὦ· ὁπόσοι δ' ἂν ἔλθωσι, τούτους εὖ ποιήσαντες ὁπόσα ἐπ' ἀνδρὶ εὐδαίμονι νομίζεται ἀποπέμπετε. **28** Καὶ τοῦτο, ἔφη, μέμνησθέ μου τελευταῖον, τοὺς φίλους εὐεργετοῦντες καὶ τοὺς ἐχθροὺς δυνήσεσθε κολάζειν. Καὶ χαίρετε, ὦ φίλοι παῖδες, καὶ τῇ μητρὶ ἀπαγγέλλετε ὡς παρ' ἐμοῦ· καὶ πάντες δὲ οἱ παρόντες καὶ οἱ ἀπόντες φίλοι χαίρετε. Ταῦτ' εἰπὼν καὶ πάντας δεξιωσάμενος συνεκαλύψατο καὶ οὕτως ἐτελεύτησεν.

VIII

1 Ὅτι μὲν δὴ καλλίστη καὶ μεγίστη τῶν ἐν τῇ Ἀσίᾳ

VII 25 3 μηδὲ yVHG : μήτε A ‖ 4 μακαριώτερον y V^2 : -τατον z ‖ τοῦ z : ἢ τὸ y ‖ 5 φύει τε zDF : φύεται W ‖ 26 1 ἐκλείπειν yV^2 ut uid. : ἐκλιπεῖν V^1 ut uid. HAG ‖ 3 εἴ τις zDF : ἤ τις W ‖ 4 ἐθέλει yHAG : ἐθέλοι V ‖ 27 1 πάντας om. W ‖ 4 θείου yV^2 mg. HAG : om. V ‖ 6 ὁπόσα zF : ὅσα WD ‖ 28 1 post τελευταῖον add. ἔπος y ‖ 2 εὐεργετοῦντες z : εὖ ποιήσαντες y ‖ 5 οἱ om. V ‖ 6 συνεκαλύψατο codd. : ἐνεκα- coni. Cobet.

VIII 1 1 ante ὅτι add. καὶ W ‖ καλλίστη καὶ μεγίστη z : ἀρίστη καὶ καλλίστη F ἀρίστως καὶ καλλιστως WD.

limites furent[1] au levant la Mer Rouge, au nord le Pont Euxin, au couchant Chypre et l'Égypte, et l'Éthiopie au midi. Avec ces dimensions, il était gouverné par l'unique volonté de Cyrus, lequel honorait et soignait ses subordonnés comme ses propres enfants, tandis que ses sujets le vénéraient comme un père. **2** Mais immédiatement après la mort de Cyrus, on voyait ses enfants se révolter, cités et peuples faire défection, tout se dégrader[2]. En preuve que je dis vrai, je commencerai ma démonstration par ce qui relève du divin.

Je sais qu'autrefois le Roi et ses subalternes[3], fût-ce avec les derniers des scélérats, en cas de foi jurée respectaient leur serment, en cas de promesse tenaient parole. **3** S'ils n'avaient pas été tels, porteurs d'une telle réputation, personne n'aurait eu confiance en eux, comme de nos jours il n'est pas un homme, même un seul, qui ait encore confiance, notoire étant leur impiété. Les stratèges des hommes qui firent l'anabase avec Cyrus (le Jeune)[4] n'auraient pas montré non plus alors une telle confiance ; mais en fait, ils se remirent entre leurs[5] mains parce qu'ils se fiaient à leur ancienne réputation ; conduits au Roi, on leur trancha la tête*. Et beaucoup des Barbares qui avaient pris part à l'expédition, abusés chacun par un engagement différent, périrent.

4 Aujourd'hui, on va le voir, ils sont cent fois pires. Autrefois tous ceux qui, ou bien risquaient leur vie pour le Roi, ou bien soumettaient une cité ou un peuple, ou

1. Voir VIII, 6, 21 : Xénophon se répète, mais il écrit comme un nouveau préambule à la décadence, cette fois, de l'empire perse.

2. Sur l'incapacité des successeurs de Cyrus, Platon et Xénophon sont pour une fois d'accord ; cf. *Lois*, 695 b.

3. Xénophon pense à Tissapherne, comme on va le voir, et semble expliquer la confiance que les stratèges des Dix-mille eurent le tort d'avoir en lui ; cf. *Anab.*, II, 5, 16-34.

4. Il s'agit évidemment de Cyrus le Jeune, dont le frère Artaxerxès n'était pas digne. La phrase implique que c'est ce frère (mort en 359) qui fit naître la défiance envers le Roi. Dans l'*Anabase*, Xénophon peint en couleurs vives la déloyauté de son satrape Tissapherne.

5. C'est-à-dire les mains des rois de Perse, dont il est question dans tout le passage, et des satrapes leurs subalternes.

ἡ Κύρου βασιλεία ἐγένετο αὐτὴ ἑαυτῇ μαρτυρεῖ. Ὡρίσθη γὰρ πρὸς ἕω μὲν τῇ Ἐρυθρᾷ θαλάττῃ, πρὸς ἄρκτον δὲ τῷ Εὐξείνῳ πόντῳ, πρὸς ἑσπέραν δὲ Κύπρῳ καὶ Αἰγύπτῳ, πρὸς μεσημβρίαν δὲ Αἰθιοπίᾳ. Τοσαύτη δὲ γενομένη μιᾷ γνώμῃ τῇ Κύρου ἐκυβερνᾶτο, καὶ ἐκεῖνός τε τοὺς ὑφ' ἑαυτῷ ὥσπερ ἑαυτοῦ παῖδας ἐτίμα τε καὶ ἐθεράπευεν, οἵ τε ἀρχόμενοι Κῦρον ὡς πατέρα ἐσέβοντο. **2** Ἐπεὶ μέντοι Κῦρος ἐτελεύτησεν, εὐθὺς μὲν αὐτοῦ οἱ παῖδες ἐστασίαζον, εὐθὺς δὲ πόλεις καὶ ἔθνη ἀφίσταντο, πάντα δ' ἐπὶ τὸ χεῖρον ἐτρέπετο. Ὡς δ' ἀληθῆ λέγω ἄρξομαι διδάσκων ἐκ τῶν θείων.

Οἶδα γὰρ ὅτι πρότερον μὲν βασιλεὺς καὶ οἱ ὑπ' αὐτῷ καὶ τοῖς τὰ ἔσχατα πεποιηκόσιν εἴτε ὅρκους ὀμόσαιεν, ἠμπέδουν, εἴτε δεξιὰς δοῖεν, ἐβεβαίουν. **3** Εἰ δὲ μὴ τοιοῦτοι ἦσαν καὶ τοιαύτην δόξαν εἶχον οὐδ' ἂν εἷς αὐτοῖς ἐπίστευεν, ὥσπερ οὐδὲ νῦν πιστεύει οὐδὲ εἷς ἔτι, ἐπεὶ ἔγνωσται ἡ ἀσέβεια αὐτῶν. Οὕτως οὐδὲ τότε ἐπίστευσαν ἂν οἱ τῶν σὺν Κύρῳ ἀναβάντων στρατηγοί· νῦν δὲ δὴ τῇ πρόσθεν αὐτῶν δόξῃ πιστεύσαντες ἐνεχείρισαν ἑαυτούς, καὶ ἀναχθέντες πρὸς βασιλέα ἀπετμήθησαν τὰς κεφαλάς. Πολλοὶ δὲ καὶ τῶν συστρατευσάντων βαρβάρων ἄλλοι ἄλλαις πίστεσιν ἐξαπατηθέντες ἀπώλοντο.

4 Πολὺ δὲ καὶ τάδε χείρονες νῦν εἰσι. Πρόσθεν μὲν γὰρ εἴ τις ἢ διακινδυνεύσειε πρὸ βασιλέως ἢ πόλιν ἢ ἔθνος ὑποχείριον ποιήσειεν ἢ ἄλλο τι καλὸν ἢ ἀγαθὸν

VIII **1** 3 γὰρ WD : μὲν zF ‖ μὲν om. z ‖ 4 post πόντῳ add. καὶ προποντίδι καὶ ἑλλησπόντῳ y ‖ 5 μεσημβρίαν yHAG : -βρίᾳ V ‖ **2** 1 αὐτοῦ yV² : αὐτοὶ z ‖ 2 πόλεις καὶ ἔθνη z : ἔθνη καὶ πόλεις y ‖ 3 πάντα zF : πᾶν WD ‖ ἐτρέπετο zWD : ἐτρέποντο F ‖ 4 ἄρξομαι zDF : ἄρξωμαι W ‖ 7 ἠμπέδουν HAG : ἐνεπέδουν yV ‖ **3** 2-3 οὐδ' — ἐπίστευεν yV² mg. : om. z ‖ 3 οὐδὲ εἷς z : οὐδεὶς y ‖ 5 ἂν yV² : om. z ‖ 6 ἐνεχείρισαν zDF : -χείρησαν W ‖ 8 συστρατευσάντων zDF : στρατευσάντων W ‖ **4** 1 πολὺ zF : πολλοὶ WD ‖ 2 πρὸ zF : πρὸς WD ‖ 3 καλὸν ἢ ἀγαθὸν z : ἀγαθὸν ἢ καλὸν y.

accomplissaient pour lui une action brillante ou glorieuse, étaient, eux, les hommes comblés d'honneurs. Aujourd'hui tous ceux qui, comme Mithridate*, qui trahit son père Ariobarzane, tous ceux qui, comme Rhéomitrès[1], lequel livra en otages sa femme, ses enfants, les enfants de ses amis entre les mains de l'Égyptien et viola les serments les plus solennels, tous ceux qui passent pour avoir rendu quelque service au Roi, voilà ceux qui sont récompensés par les distinctions les plus honorifiques. **5** Témoins de ces faits, tous les habitants de l'Asie ont choisi les voies de l'impiété et de l'iniquité ; car, sauf exception, tels chefs, tels sujets. Voilà comment ils en sont venus, aujourd'hui plus qu'avant, à se conduire contre toute morale[2].

6 Et voici comment, en matière d'argent, ils s'écartent de la droiture : en arrêtant non seulement les grands délinquants mais désormais les parfaits innocents, ils les forcent, au mépris du droit, à payer des amendes* ; aussi ceux qui passent pour riches ne sont pas moins terrorisés que les grands coupables ; ils évitent le contact avec plus forts qu'eux, et n'osent pas davantage s'engager dans l'armée royale. **7** C'est pourquoi quiconque va faire la guerre aux Perses peut, sans combat*, se promener tout à son aise dans le pays, à cause de leur impiété envers les dieux, de leur iniquité envers les hommes. Ils ont des principes entièrement corrompus par rapport à ceux qu'ils avaient jadis.

8 Maintenant je vais exposer leur façon de ne même plus pratiquer, comme autrefois, le travail du corps.

1. Rhéomitrès, lieutenant d'Orontès, chef des satrapes rebelles, avait été envoyé par ceux-ci demander de l'aide τῷ Αἰγυπτίῳ, au roi Tachos. Il reçut de lui cinq cents talents et cinquante vaisseaux longs, et lui laissa comme otages sa femme, ses enfants et les fils de plusieurs satrapes révoltés. Revenu en Asie, il trahit, comme Orontès, la cause des rebelles et livra au Roi, avec les fonds reçus de Tachos, les chefs de la révolte ; il rentra ainsi en grâces auprès d'Artaxerxès ; cf. Diodore, XV, 92.

2. L'adjectif ἀθέμιστος est l'épithète donnée par Homère aux Cyclopes, *Od.*, IX, 106 ; cf. ibid., 428.

αὐτῷ διαπράξειεν, οὗτοι ἦσαν οἱ τιμώμενοι. Νῦν δὲ καὶ ἤν τις ὥσπερ Μιθριδάτης τὸν πατέρα Ἀριοβαρζάνην προδούς, καὶ ἤν τις ὥσπερ Ῥεομίθρης τὴν γυναῖκα καὶ τὰ τέκνα καὶ τοὺς τῶν φίλων παῖδας ὁμήρους παρὰ τῷ Αἰγυπτίῳ ἐγκαταλιπὼν καὶ τοὺς μεγίστους ὅρκους παραβὰς βασιλεῖ δόξῃ τι σύμφορον ποιῆσαι, οὗτοί εἰσιν οἱ ταῖς μεγίσταις τιμαῖς γεραιρόμενοι. **5** Ταῦτ' οὖν ὁρῶντες οἱ ἐν τῇ Ἀσίᾳ πάντες ἐπὶ τὸ ἀσεβὲς καὶ τὸ ἄδικον τετραμμένοι εἰσίν· ὁποῖοί τινες γὰρ ἂν οἱ προστάται ὦσι, τοιοῦτοι καὶ οἱ ὑπ' αὐτοὺς ὡς ἐπὶ τὸ πολὺ γίγνονται. Ἀθεμιστότεροι δὲ νῦν ἢ πρόσθεν ταύτῃ ν-γένηνται.

6 Εἴς γε μὴν χρήματα τῇδε ἀδικώτεροι· οὐ γὰρ μόνον τοὺς πολλὰ ἡμαρτηκότας, ἀλλ' ἤδη τοὺς οὐδὲν ἠδικηκότας συλλαμβάνοντες ἀναγκάζουσι πρὸς οὐδὲν δίκαιον χρήματα ἀποτίνειν· ὥστ' οὐδὲν ἧττον οἱ πολλὰ ἔχειν δοκοῦντες τῶν πολλὰ ἠδικηκότων φοβοῦνται· καὶ εἰς χεῖρας οὐδ' οὗτοι ἐθέλουσι τοῖς κρείττοσιν ἰέναι, οὐδέ γε ἁθροίζεσθαι εἰς βασιλικὴν στρατιὰν θαρροῦσι. **7** Τοιγαροῦν ὅστις ἂν πολεμῇ αὐτοῖς, πᾶσιν ἔξεστιν ἐν τῇ χώρᾳ αὐτῶν ἀναστρέφεσθαι ἄνευ μάχης ὅπως ἂν βούλωνται διὰ τὴν ἐκείνων περὶ μὲν θεοὺς ἀσέβειαν, περὶ δὲ ἀνθρώπους ἀδικίαν. Αἱ μὲν δὴ γνῶμαι ταύτῃ τῷ παντὶ χείρους νῦν ἢ τὸ παλαιὸν αὐτῶν.

8 Ὡς δὲ οὐδὲ τῶν σωμάτων ἐπιμέλονται ὥσπερ πρόσθεν, νῦν αὖ τοῦτο διηγήσομαι. Νόμιμον γὰρ δὴ ἦν αὐτοῖς

VIII 4 5 ἤν z : ἄν y || 5-6 Μιθριδάτης — ὥσπερ om. z || 6 Ῥεομίθρης Dindorf : ῥεωμίθρης WD ῥωμίθρης z λεομίθρης F || 8 Αἰγυπτίῳ yVA : αἰγυπτίων HG || 9 παραβὰς z : ὀμόσας παρὰ y || **5** 2 alt. τὸ DFVHA : om. WG || 4 ὡς om. z || 5 ἀθεμιστότεροι yHAG : -τερον V || δὲ z : μὲν γὰρ δὴ DF μὲν γὰρ W δὴ edd. plerique || **6** 1 post μὴν add. δὴ z || 2 post ἤδη add. *καὶ* y || 4 ἀποτίνειν WDVG : -τείνειν FHA || 6 ante οὐδ' add. *καὶ* z quod del. V^2 punctis notauit G || 7 στρατιὰν V : στρατείαν cett. || **7** 4 ταύτῃ yV^2HG : ταυτὶ VH^2AG^2 || **8** 2 αὖ z : αὐτὸ F αὐτῶν WD || δὴ zF : om. WD.

L'usage était chez eux de ne cracher ni de se moucher[1], usage qu'ils n'avaient évidemment pas adopté pour ménager les liquides contenus dans le corps, mais parce qu'ils entendaient s'endurcir physiquement par l'exercice et la sueur. Maintenant subsiste encore la coutume de ne cracher ni se moucher, mais nulle part ne se pratique l'assimilation des aliments par l'exercice*. **9** Autrefois c'était chez eux la coutume de ne prendre qu'un repas par jour[2], afin de consacrer la journée entière et à l'ouvrage et à l'exercice. Aujourd'hui subsiste le repas unique, mais ils se mettent à table à l'heure même du déjeuner des plus matinaux et restent à manger et à boire jusqu'à l'heure même où se lèvent de table les plus tardifs à se mettre au lit.

10 C'était aussi chez eux l'usage de ne pas apporter non plus de pots de chambre dans les banquets, évidemment parce qu'ils pensaient qu'en buvant sans excès, ils pourraient garder davantage le contrôle du corps et de l'esprit ; aujourd'hui de même subsiste l'usage de ne pas les apporter, mais ils boivent tellement qu'au lieu de les apporter c'est eux que l'on emporte, quand ils ne sont plus capables de sortir d'aplomb[3].

11 Ils avaient encore cette coutume nationale de ne pas manger ni boire au cours d'une marche, ni de se laisser voir occupés par les besoins qui en découlent. Maintenant subsiste encore l'usage de s'en abstenir, mais ils font des étapes tellement courtes que personne ne serait plus surpris qu'ils s'abstiennent de leurs besoins.

12 Autrefois encore ils partaient si souvent pour la chasse qu'elle était pour eux et leurs chevaux un exercice suffisant ; mais depuis que le roi Artaxerxès et ses gens

1. Voir VIII, 1, 42.
2. Xénophon est d'accord avec Hérodote, VII, 120, sur ce point, mais dans la *Cyropédie* il fait suivre aux Perses l'usage grec de l'ἄριστον et du δεῖπνον.
3. Xénophon ne déteste pas ce genre de sujets ; cf. VII, 5, 40 et le paragraphe qui suit.

μήτε πτύειν μήτε ἀπομύττεσθαι· δῆλον δὲ ὅτι ταῦτα οὐ τοῦ ἐν τῷ σώματι ὑγροῦ φειδόμενοι ἐνόμισαν, ἀλλὰ βουλόμενοι διὰ πόνων καὶ ἱδρῶτος τὰ σώματα στερεοῦσθαι. Νῦν δὲ τὸ μὲν μὴ πτύειν μηδὲ ἀπομύττεσθαι ἔτι διαμένει, τὸ δ' ἐκπονεῖν οὐδαμοῦ ἐπιτηδεύεται. 9 Καὶ μὴν πρόσθεν μὲν ἦν αὐτοῖς μονοσιτεῖν νόμιμον, ὅπως ὅλῃ τῇ ἡμέρᾳ χρῷντο καὶ εἰς τὰς πράξεις καὶ εἰς τὸ διαπονεῖσθαι. Νῦν γε μὴν τὸ μὲν μονοσιτεῖν ἔτι διαμένει, ἀρχόμενοι δὲ τοῦ σίτου ἡνίκαπερ οἱ πρῳαίτατα ἀριστῶντες μέχρι τούτου ἐσθίοντες καὶ πίνοντες διάγουσιν ἔστεπερ οἱ ὀψιαίτατα κοιμώμενοι.

10 Ἦν δ' αὐτοῖς νόμιμον μηδὲ προχοΐδας εἰσφέρεσθαι εἰς τὰ συμπόσια, δῆλον ὅτι νομίζοντες τὸ μὴ ὑπερπίνειν ἧττον ἂν καὶ σώματα καὶ γνώμας σφάλλειν· νῦν δὲ τὸ μὲν μὴ εἰσφέρεσθαι ἔτι αὖ διαμένει, τοσοῦτον δὲ πίνουσιν ὥστε ἀντὶ τοῦ εἰσφέρειν αὐτοὶ ἐκφέρονται, ἐπειδὰν μηκέτι δύνωνται ὀρθούμενοι ἐξιέναι.

11 Ἀλλὰ μὴν κἀκεῖνο ἦν αὐτοῖς ἐπιχώριον τὸ μεταξὺ πορευομένους μήτε ἐσθίειν μήτε πίνειν μήτε τῶν διὰ ταῦτα ἀναγκαίων μηδὲν ποιοῦντας φανεροὺς εἶναι. Νῦν δ' αὖ τὸ μὲν τούτων ἀπέχεσθαι ἔτι διαμένει, τὰς μέντοι πορείας οὕτω βραχείας ποιοῦνται ὡς μηδέν' ἂν ἔτι θαυμάσαι τὸ ἀπέχεσθαι τῶν ἀναγκαίων.

12 Ἀλλὰ μὴν καὶ ἐπὶ θήραν πρόσθεν μὲν τοσαυτάκις ἐξῇσαν ὥστε ἀρκεῖν αὐτοῖς τε καὶ ἵπποις γυμνάσια τὰς θήρας· ἐπεὶ δὲ Ἀρταξέρξης ὁ βασιλεὺς καὶ

VIII 8 3 πτύειν z : ἀποπτύειν y ‖ 5 ἱδρῶτος FVHA : ἱδρώτων WDG ‖ 6 μὴ om. V ‖ πτύειν z : ἀποπτύειν y ‖ 7 δ' ἐκπονεῖν y : δὲ πονεῖν z ‖ 9 3 χρῷ [-ῶ-HAG] ντο καὶ z : χρῶντο F χρῶνται καὶ WD ‖ 5 ἡνίκαπερ z : ἡνίκα μὲν y ‖ 6 ἔστεπερ yV[2] : ἔσγεπερ z ‖ 10 1 εἰσφέρεσθαι yV[2] : ἐκ- z ‖ 2 τὸ y : τῷ z ‖ 4 μὲν yV[2] mg. : om. z ‖ διαμένει z : καταμένει F -μένειν WD ‖ 11 5 μηδέν' Stephanus : μηδὲν y μηδ' z ‖ 12 2 αὐτοῖς τε z : καὶ αὐτοῖς y ‖ 3 Ἀρταξέρξης y : ἀρτο- z ‖ ὁ βασιλεὺς z : καὶ ὁ βασιλεὺς WD om. F.

furent incapables de porter le vin, ils cessèrent de partir eux-mêmes pour la chasse et d'y emmener les autres, comme jadis[1]; mais si certains aimaient l'effort et chassaient en compagnie des cavaliers de leur entourage*, ils ne cachaient pas qu'ils étaient jaloux de tous ceux-là et détestaient en eux une valeur supérieure à la leur.

13 Subsiste encore l'usage que les enfants soient élevés à la cour[2] ; mais apprendre et pratiquer l'équitation est tombé en désuétude, faute de manifestations de nature à conférer un renom*. Et même l'enseignement qu'autrefois l'on croyait donner de la justice aux enfants en les faisant assister à des procès jugés conformément au droit, il est, lui aussi, complètement mis c'en dessus dessous* ; car ils voient clairement le procès gagné par la partie la plus offrante. **14** Les enfants d'autrefois apprenaient encore les propriétés des produits de la terre pour pouvoir user des utiles et se garder des nocifs ; aujourd'hui, ils ont l'air de l'apprendre afin de faire tout le mal possible ; en tout cas, nulle part plus que là on ne voit les poisons provoquer aussi bien la mort que des infirmités.

15 De plus, ils sont aujourd'hui beaucoup plus efféminés que du temps de Cyrus ; alors ils avaient la formation et la maîtrise de soi venant des Perses, le vêtement et le luxe venant des Mèdes ; maintenant ils tolèrent que la fermeté des Perses ait vécu, mais ils entretiennent la mollesse des Mèdes*. **16** Je tiens encore à proclamer la corruption de leurs mœurs. D'abord

1. On aurait tort de souligner une contradiction entre ce passage et VIII, 1, 36, où il est dit qu'aujourd'hui encore le Roi et son entourage pratiquent la chasse. Elle n'est qu'apparente si, comme il y a lieu de le croire, les νῦν de l'épilogue datent d'une époque où Xénophon a changé d'avis sur la Perse. Les νῦν antérieurs s'appliquent à un temps où Xénophon admirait encore la Perse et ses usages, inaugurés par Cyrus l'Ancien, le héros dont il relatait la vie. De même pour les observations sur l'intempérance (§ 10), l'équitation (§§ 13 et 19), le confort à cheval (§ 19), qui ne contredisent pas réellement V, 2, 17 ni IV, 3, 23 ; voir *Essai*..., p. 405 et suiv.

2. Voir VIII, 6, 10 et la note.

οἱ σὺν αὐτῷ ἥττους τοῦ οἴνου ἐγένοντο, οὐκέτι ὁμοίως οὔτ' αὐτοὶ ἐξῇσαν οὔτε τοὺς ἄλλους ἐξῆγον ἐπὶ τὰς θήρας · ἀλλὰ καὶ εἴ τινες φιλόπονοι γένοιντο καὶ σὺν τοῖς περὶ αὑτοὺς ἱππεῦσι ἅμα θηρῷεν, φθονοῦντες αὐτοῖς δῆλοι ἦσαν καὶ ὡς βελτίονας αὑτῶν ἐμίσουν.

13 'Αλλά τοι καὶ τοὺς παῖδας τὸ μὲν παιδεύεσθαι ἐπὶ ταῖς θύραις ἔτι διαμένει · τὸ μέντοι τὰ ἱππικὰ μανθάνειν καὶ μελετᾶν ἀπέσβηκε διὰ τὸ μὴ εἶναι ὅπου ἂν ἀποφαινόμενοι εὐδοκιμοῖεν. Καὶ ὅτι γε οἱ παῖδες ἀκούοντες ἐκεῖ πρόσθεν τὰς δίκας δικαίως δικαζομένας ἐδόκουν μανθάνειν δικαιότητα, καὶ τοῦτο παντάπασιν ἀνέστραπται · σαφῶς γὰρ ὁρῶσι νικῶντας ὁπότεροι ἂν πλεῖον διδῶσιν. 14 'Αλλὰ καὶ τῶν φυομένων ἐκ τῆς γῆς τὰς δυνάμεις οἱ παῖδες πρόσθεν μὲν ἐμάνθανον, ὅπως τοῖς μὲν ὠφελίμοις χρῷντο, τῶν δὲ βλαβερῶν ἀπέχοιντο · νῦν δὲ ἐοίκασι ταῦτα διδασκομένοις, ὅπως ὅτι πλεῖστα κακοποιῶσιν · οὐδαμοῦ γοῦν πλείους ἢ ἐκεῖ οὔτ' ἀποθνῄσκουσιν οὔτε διαφθείρονται ὑπὸ φαρμάκων.

15 'Αλλὰ μὴν καὶ θρυπτικώτεροι πολὺ νῦν ἢ ἐπὶ Κύρου εἰσί · τότε μὲν γὰρ ἔτι τῇ ἐκ Περσῶν παιδείᾳ καὶ ἐγκρατείᾳ ἐχρῶντο, τῇ δὲ Μήδων στολῇ καὶ ἁβρότητι · νῦν δὲ τὴν μὲν ἐκ Περσῶν καρτερίαν περιορῶσιν ἀποσβεννυμένην, τὴν δὲ τῶν Μήδων μαλακίαν διασῴζονται. 16 Σαφηνίσαι δὲ βούλομαι καὶ τὴν θρύψιν αὐτῶν. 'Εκείνοις γὰρ πρῶτον μὲν τὰς εὐνὰς οὐ μόνον ἀρκεῖ

VIII 12 6 θήρας yV²H²AG : θύρας VH || εἴ yVH : οἵ AG || γένοιντο yV² mg. : γενόμενοι z || καὶ om. cod. Laur. 55, 19 del. Dindorf || 7 αὑτοὺς edd. plerique : αὐτοὺς zWD ἑαυτοῦ F || ἅμα θηρῷεν yVG : μαρτυρῷεν HA θαμὰ θηρῷεν coni. Dindorf || 8 αὑτῶν D : ἑαυτῶν F αὐτῶν zW || 13 1 τοι om. y || 2 θύραις y : θήραις VH corr. AG || 2 post μέντοι add. ἔτι y || 3 εἶναι y : ἰέναι z || 4 εὐδοκιμοῖεν zDF : εὐδόκιμοι εἶεν WV² mg. || 7 ante πλεῖον ut uid. add. εἰς τὸ V² mg. || διδῶσιν yV² : διαδῶσιν z || 14 1 τῆς om. y || 4 διδασκομένοις z : -κόμενοι y || 5 γοῦν z : οὖν y || 15 1 πολὺ νῦν z : γε νῦν πολὺ y || 16 2 τὰς εὐνὰς οὐ z : οὐκέτι τὰς εὐνὰς y.

il ne leur suffit pas seulement d'avoir le dessous de leur couche mollement rembourré mais, bien plus, ils disposent sur des tapis les supports du lit pour que le sol n'offre pas de résistance mais que les tapis prêtent leur souplesse à la pression. Et puis, sans exclure aucune des pâtisseries dont jadis pour la table on avait trouvé le secret, ils en inventent constamment de nouvelles ; de même pour les plats de résistance ; car en ces deux domaines ils ont des créateurs inspirés [1].

17 En hiver, il ne leur suffit pas de tenir abrités la tête, le corps et les pieds, mais ils ont des manchons fourrés pour envelopper jusqu'aux extrémités des mains, et aussi des gants. En été, l'ombre des arbres ni des rochers ne leur suffit, mais sous cette ombre ils ont près d'eux des gens chargés de leur en créer une artificielle [2].

18 D'autre part, la possession d'une collection de coupes [3] leur donne de grands airs ; et si, de notoriété publique, ils se la sont habilement procurée par des voies injustes, ils n'en éprouvent aucune honte, tant se sont développés en eux le mépris du droit et l'amour du gain.

19 Et puis, s'ils observaient autrefois cette coutume nationale de ne pas être vus marcher à pied, c'était avec l'unique intention de devenir des hommes de cheval complets ; aujourd'hui ils ont sur leur cheval plus de matelassure que sur leur lit ; car ils ne s'inquiètent pas tant de la position à cheval que de la mollesse du siège [4].

20 En matière de guerre, comment ne serait-il pas normal qu'ils fussent en tout point inférieurs à ce qu'ils

1. Sur le raffinement des Perses, Xénophon s'exprime de même dans *Agés.*, IX, 3, à une époque sans doute un peu postérieure à l'épilogue de la *Cyropédie*. Xénophon n'y exprime plus tant son mépris que sa colère contre la Perse ; voir *Essai*..., p. 465-466.

2. C'est-à-dire au moyen d'ombrelles ou de parasols.

3. Voir VIII, 4, 15 et la note.

4. Sur le problème de la selle grecque, voir mon édition du traité *De l'art éq.*, Belles Lettres, 1951, appendice 1 et la nouvelle édition de 1978.

μαλακῶς ὑποστρώννυσθαι, ἀλλ' ἤδη καὶ τῶν κλινῶν τοὺς πόδας ἐπὶ ταπίδων τιθέασιν, ὅπως μὴ ἀντερείδῃ τὸ δάπεδον, ἀλλ' ὑπείκωσιν αἱ τάπιδες. Καὶ μὴν τὰ πεττόμενα ἐπὶ τράπεζαν ὅσα τε πρόσθεν ηὕρητο, οὐδὲν αὐτῶν ἀφῄρηται, ἄλλα τε ἀεὶ καινὰ ἐπιμηχανῶνται· καὶ ὄψα γε ὡσαύτως· καὶ γὰρ καινοποιητὰς ἀμφοτέρων τούτων κέκτηνται.

17 Ἀλλὰ μὴν καὶ ἐν τῷ χειμῶνι οὐ μόνον κεφαλὴν καὶ σῶμα καὶ πόδας ἀρκεῖ αὐτοῖς ἐσκεπάσθαι, ἀλλὰ καὶ περὶ ἄκραις ταῖς χερσὶ χειρῖδας δασείας καὶ δακτυλήθρας ἔχουσιν. Ἔν γε μὴν τῷ θέρει οὐκ ἀρκοῦσιν αὐτοῖς οὔθ' αἱ τῶν δένδρων οὔθ' αἱ τῶν πετρῶν σκιαί, ἀλλ' ἐν ταύταις ἑτέρας σκιὰς ἄνθρωποι μηχανώμενοι αὐτοῖς παρεστᾶσι.

18 Καὶ μὴν ἐκπώματα ἢν μὲν ὡς πλεῖστα ἔχωσι, τούτῳ καλλωπίζονται· ἢν δ' ἐξ ἀδίκου φανερῶς ᾖ μεμηχανημένα, οὐδὲν τοῦτο αἰσχύνονται· πολὺ γὰρ ηὔξηται ἐν αὐτοῖς ἡ ἀδικία τε καὶ αἰσχροκέρδεια.

19 Ἀλλὰ καὶ πρόσθεν μὲν ἦν ἐπιχώριον αὐτοῖς μὴ ὁρᾶσθαι πεζῇ πορευομένοις, οὐκ ἄλλου τινὸς ἕνεκα ἢ τοῦ ὡς ἱππικωτάτους γίγνεσθαι· νῦν δὲ στρώματα πλείω ἔχουσιν ἐπὶ τῶν ἵππων ἢ ἐπὶ τῶν εὐνῶν· οὐ γὰρ τῆς ἱππείας οὕτως ὥσπερ τοῦ μαλακῶς καθῆσθαι ἐπιμέλονται.

20 Τά γε μὴν πολεμικὰ πῶς οὐκ εἰκότως νῦν τῷ παντὶ χείρους ἢ πρόσθεν εἰσίν; Οἷς ἐν μὲν τῷ παρελθόντι

VIII 16 3 ὑποστρώννυσθαι V corr. : ὑποστρό [-στόρ- HA]νυσθαι HAG ὑπεστρωννύσθαι WD ὑπεστορνύσθαι F || 4 ταπίδων y : ταπήδων HA ταππήδων V ut uid. ταπήτων G δαπίδων V² || 5 τάπιδες yH : supra τ erasit δ V δάπιδες H²AG || 6 ηὕρητο FHAG : εὕρητο V εὕροιτο WD || 17 3 περὶ om. z || 6 σκιὰς z : σκιάδας y || 19 1 ἦν ἐπιχώριον y : ἐπιχώριον ἦν z || 5 ante οὕτως add. μόνον y || ὥσπερ zD : ὡς WF || 20 1 γε zDF : τε W || ante πολεμικὰ add. τὰ W.

étaient jadis ? Car dans les temps passés il leur fut donné d'avoir comme coutume nationale que les propriétaires fonciers eussent à fournir, sur leur terre, des cavaliers, qui faisaient campagne, s'il y avait lieu d'en faire une, tandis que ceux qui montaient la garde aux frontières étaient régulièrement soldés. Aujourd'hui, ce sont les portiers*, pétrisseurs, cuisiniers, verseurs de vin, verseurs de bain, serveurs et desserveurs de la table, préposés au coucher et au lever, les coiffeurs [1] qui les fardent, maquillent et qui pomponnent le reste du corps, de tous ces gens-là les grands ont fait des cavaliers pour disposer de mercenaires réguliers. **21** Ces gens-là font une foule, sans doute, mais ils n'ont aucune utilité pour la guerre ; les faits ont leur éloquence : car les ennemis se promènent [2] partout dans le pays des Perses plus librement que les amis. **22** Cyrus, en effet, après avoir proscrit le combat de harcèlement, puis armé d'une cuirasse [3] cavaliers et chevaux et donné à chaque homme un javelot, livrait un combat rapproché, au corps à corps ; maintenant c'est fini : la cavalerie ne harcèle pas plus qu'elle ne se bat au corps à corps. **23** Les fantassins ont bien des boucliers d'osier, des cimeterres, des hachettes [4], comme s'ils s'étaient battus du temps de Cyrus ; mais eux non plus ne veulent pas du corps à corps. **24** Les chars à faux, eux aussi, on ne les emploie plus aux missions pour lesquelles Cyrus les avait créés. Il avait, lui, comblé d'honneurs et mis au pinacle les conducteurs de chars et disposait ainsi de guerriers pour charger les hoplites ; les Perses modernes ne connaissent même pas les charriers et se figurent qu'en les improvisant ils en auront d'aussi forts que ceux de métier.

1. Voir I, 3, 2, et VIII, 1, 41.
2. Xénophon l'a déjà dit au § 7.
3. Voir II, 1, 9 ; VI, 2, 16 ; VII, 1, 31 ; *Art éq.*, XII, 1 et 8. Une cuirasse est donnée à chaque cavalier, qui reçoit en outre un javelot, un seul parce qu'il doit déjà tenir les rênes de la main gauche. Dans l'*Art éq.*, XII, 12, Xénophon recommande que l'on donne au cavalier, sans doute plus confirmé, deux javelots, l'un pouvant être lancé, l'autre servir de lance ; cf. *Cyrop.*, IV, 3, 9.
4. Voir II, 1, 9, et la note.

χρόνῳ ἐπιχώριον εἶναι ὑπῆρχε τοὺς μὲν τὴν γῆν ἔχοντας ἀπὸ ταύτης ἱππότας παρέχεσθαι, οἳ δὴ καὶ ἐστρατεύοντο εἰ δέοι στρατεύεσθαι, τοὺς δὲ φρουροῦντας πρὸ τῆς χώρας μισθοφόρους εἶναι. Νῦν δὲ τούς τε θυρωροὺς καὶ τοὺς σιτοποιοὺς καὶ τοὺς ὀψοποιοὺς καὶ οἰνοχόους καὶ λουτροχόους καὶ παρατιθέντας καὶ ἀναιροῦντας καὶ κατακοιμίζοντας καὶ ἀνιστάντας, καὶ τοὺς κοσμητάς, οἳ ὑποχρίουσί τε καὶ ἐντρίβουσιν αὐτοὺς καὶ τἆλλα ῥυθμίζουσι, τούτους πάντας ἱππέας οἱ δυνάσται πεποιήκασιν, ὅπως μισθοφορῶσιν αὐτοῖς. **21** Πλῆθος μὲν οὖν καὶ ἐκ τούτων φαίνεται, οὐ μέντοι ὄφελός γε οὐδὲν αὐτῶν εἰς πόλεμον· δηλοῖ δὲ καὶ αὐτὰ τὰ γιγνόμενα· κατὰ γὰρ τὴν χώραν αὐτῶν ῥᾷον οἱ πολέμιοι ἢ οἱ φίλοι ἀναστρέφονται. **22** Καὶ γὰρ δὴ ὁ Κῦρος τοῦ μὲν ἀκροβολίζεσθαι ἀποπαύσας, θωρακίσας δὲ καὶ αὐτοὺς καὶ ἵππους καὶ ἓν παλτὸν ἑκάστῳ δοὺς εἰς χεῖρα ὁμόθεν τὴν μάχην ἐποιεῖτο· νῦν δὲ οὔτε ἀκροβολίζονται ἔτι οὔτ᾽ εἰς χεῖρας συνιόντες μάχονται. **23** Καὶ οἱ πεζοὶ ἔχουσι μὲν γέρρα καὶ κοπίδας καὶ σαγάρεις ὥσπερ ἐπὶ Κύρου τὴν μάχην ποιησάμενοι· εἰς χεῖρας δὲ ἰέναι οὐδ᾽ οὗτοι ἐθέλουσιν. **24** Οὐδέ γε τοῖς δρεπανηφόροις ἅρμασιν ἔτι χρῶνται ἐφ᾽ ᾧ Κῦρος αὐτὰ ἐποιήσατο. Ὁ μὲν γὰρ τιμαῖς αὐξήσας τοὺς ἡνιόχους καὶ ἀγαστοὺς ποιήσας εἶχε τοὺς εἰς τὰ ὅπλα ἐμβαλοῦντας· οἱ δὲ νῦν οὐδὲ γιγνώσκοντες τοὺς ἐπὶ τοῖς ἅρμασιν οἴονται σφίσιν ὁμοίους τοὺς ἀνασκήτους τοῖς ἠσκηκό-

VIII 20 3 εἶναι ὑπῆρχε z : ἦν y ‖ 5 εἰ δέοι στρατεύεσθαι huc transp. Nitsche post φρουροῦντας habent yV² mg. om. z ‖ 10 κοσμητάς zDF : κωμμωτίας W ‖ 11 post τἆλλα add. ἃ WF ‖ 12 μισθοφορῶσιν zDF : -φοροῦσιν W ‖ 21 2 μὲν οὖν zDF : μέντοι W ‖ 3 οὐδὲν z : οὐθὲν y ‖ 4 ῥᾷον y : ῥᾴδιον z ‖ οἱ yV² s. l. : om. z ‖ 5 ἀναστρέφονται yV : -τρέφονται HAG ‖ 22 4 χεῖρα z : χεῖρας y ‖ 23 2 post μὲν add. δὴ y ‖ 3 post ὥσπερ add. οἱ Nitsche ‖ ποιησάμενοι y : -σόμενοι z ‖ 4 ἐθέλουσιν z : θέλουσιν y ‖ 24 2 ᾧ zDF : ὧν W ‖ 4 ἀγαστοὺς Dindorf : ἀγαθοὺς codd. ‖ post εἶχε add. γε WD τε F.

25 Ces charriers-là s'élancent peut-être, mais, avant d'être au milieu des ennemis, les uns tombent du char volontairement*, les autres en sautent, avec le résultat que souvent des attelages dépourvus de conducteurs font plus de mal aux amis qu'à l'ennemi [1]. **26** C'est pourquoi, dès lors qu'ils savent eux-mêmes ce que valent pour eux les chars de guerre, ils lâchent la partie : jamais ils n'entrent plus en campagne sans des Grecs, ni quand ils se font la guerre entre Perses [2] ni quand ils sont l'objet d'une campagne des Grecs ; et même contre ces Grecs ils ont pris le parti de faire la guerre avec des Grecs*.

27 Eh ! bien, je crois avoir atteint le but que je m'étais fixé. J'affirme avoir montré que les Perses et leurs gens sont aujourd'hui plus impies envers les dieux, plus sacrilèges envers les parents, plus injustes envers autrui et dans les choses de la guerre plus lâches aujourd'hui qu'autrefois. Et si quelqu'un se trouve d'un avis contraire au mien, qu'il observe leur conduite, et il constatera forcément qu'elle justifie mes paroles.

1. Souvenir d'une chose vue du temps des Dix-mille ; cf. *Anab.*, I, 8, 20. Xénophon a, de plus, l'expérience de la rage impuissante des soldats blessés, comme il arrive dans toutes les guerres, par les troupes amies ; ne pas faire du mal aux amis est une de ses préoccupations ; cf. entre autres *Comm. Cav.*, I, 3 ; *Art éq.*, III, 6.

2. Xénophon peut songer à la guerre entreprise par Cyrus le Jeune contre son frère Artaxerxès.

σιν ἔσεσθαι. **25** Οἱ δὲ ὁρμῶσι μέν, πρὶν δ' ἐν τοῖς πολεμίοις εἶναι οἱ μὲν ἑκόντες ἐκπίπτουσιν, οἱ δ' ἐξάλλονται, ὥστε ἄνευ ἡνιόχων γιγνόμενα τὰ ζεύγη πολλάκις πλείω κακὰ τοὺς φίλους ἢ τοὺς πολεμίους ποιεῖ. **26** Ἐπεὶ μέντοι καὶ αὐτοὶ γιγνώσκουσιν οἷα σφίσι τὰ πολεμιστήρια ὑπάρχει, ὑφίενται, καὶ οὐδεὶς ἔτι ἄνευ Ἑλλήνων εἰς πόλεμον καθίσταται, οὔτε ὅταν ἀλλήλοις πολεμῶσιν οὔτε ὅταν οἱ Ἕλληνες αὐτοῖς ἀντιστρατεύωνται· ἀλλὰ καὶ πρὸς τούτους ἐγνώκασι μεθ' Ἑλλήνων τοὺς πολέμους ποιεῖσθαι.

27 Ἐγὼ μὲν δὴ οἶμαι ἅπερ ὑπεθέμην ἀπειργάσθαι μοι. Φημὶ γὰρ Πέρσας καὶ τοὺς σὺν αὐτοῖς καὶ ἀσεβεστέρους περὶ θεοὺς καὶ ἀνοσιωτέρους περὶ συγγενεῖς καὶ ἀδικωτέρους περὶ τοὺς ἄλλους καὶ ἀνανδροτέρους τὰ εἰς τὸν πόλεμον νῦν ἢ πρόσθεν ἀποδεδεῖχθαι. Εἰ δέ τις τἀναντία ἐμοὶ γιγνώσκοι, τὰ ἔργα αὐτῶν ἐπισκοπῶν εὑρήσει αὐτὰ μαρτυροῦντα τοῖς ἐμοῖς λόγοις.

VIII 25 2 ἑκόντες codd. : ἄκοντες coni. Muretus uide adn. || 3 post ἄνευ add. τῶν y || 26 2 post ἄνευ add. τῶν zD || 4 οὔτε ὅταν οἱ z : οὔτ' ἄν ποτε y || 5 τούτους WD : τούτοις cett. || 6 τοὺς πολέμους DH : τοὺς πολεμίους F VA in W non legitur om. G || 27 1 ἀπειργάσθαι z : ἀπείργασταί F ἀπεργάσασθαί D in W non legitur || 3 ἀνοσιωτέρους z : ἀνομωτέρους y || 6 γιγνώσκοι z : -ει y.

NOTES COMPLÉMENTAIRES

Page 1.

§ 1. * Pour que soit clair le début du livre VI de cette *Cyropédie* qui, après avoir été l'éducation de Cyrus, est devenue l'enseignement laissé par Cyrus, il faut faire le point dans le mouvement des armées et le développement de la guerre, qui pose un problème au général en chef.

1) Les armées : l'ennemi est l'assaillant (cf. III, 3, 24 et la n. sur V, 5, 18) ; son armée comprend les Lydiens, commandés par Crésus (I, 5, 2-3), les Arabes (I, 5, 2) et les Assyriens ; le bon roi d'Assyrie a été tué (IV, 1, 8) ; son fils et successeur est cruel (V, 4, 12 ; 35). Les peuples et pays alliés de l'ennemi sont les deux Phrygies, la Cappadoce, les Paphlagoniens, Cariens, Ciliciens, Indiens. Les Hyrcaniens sont passés à Cyrus en IV, 2, 1.

Cyrus est le chef de l'armée médo-perse (cf. la n. sur V, 5, 16), car les Mèdes, spontanément, sont passés de l'armée de Cyaxare, leur roi, oncle de Cyrus, dans l'armée de ce dernier (IV, 1, 19-23 ; 5, 9 ; 21 ; 29), d'où la jalousie de Cyaxare. Dans l'armée de Cyrus se trouve aussi une belle captive, Panthée, princesse de Suse, épouse d'Abradatas (V, 1, 2 et suiv.). Il s'est fait beaucoup d'alliés, les Arméniens (III, 1, 35), les Chaldéens, réconciliés avec ceux-ci (III, 2, 26), les Hyrcaniens (IV, 2, 1 ; 3-10), et aussi Gobryas, Assyrien transfuge, qui entend se venger du jeune roi d'Assyrie meurtrier de son fils (IV, 6, 8). Au livre V, Cyrus acquiert de nouveaux alliés, les Cadusiens, les Saces (V, 2, 25) et l'eunuque Gadatas (V, 5, 28 ; 3, 8 et suiv. ; 18 et suiv.). Xénophon les énumère en V, 3, 38.

2) La guerre : elle a commencé en III, 3, 21. Au cours de la campagne d'été (celle d'hiver a lieu au livre VI), Cyrus a remporté deux victoires et plusieurs succès.

Les deux victoires sont relatées en III, 3, 56 et suiv. et en IV, 2, 27 et suiv. : ce sont les deux étapes de la prise du camp des Assyriens, chacune suivie d'une fuite des ennemis, encore capables de combattre. Le problème qui commence à se poser, car l'été avance, est de savoir s'il y a lieu de continuer la guerre (V, 1, 19 et suiv.). Les Mèdes décident de rester avec Cyrus, ainsi que Tigrane d'Arménie et les Hyrcaniens (V, 1, 26-28). Le reste du livre V décrit la fin de la campagne d'été, jusqu'aux portes de Babylone.

Les premiers succès ont permis à Cyrus de disposer de trois places fortes : la forteresse promise par Gobryas (IV, 6, 9), un fort assyrien avancé, pris avec l'aide de Gadatas, qui va servir de base à Cyrus

(V, 3, 11), la cité fortifiée de Gadatas. Un dernier succès est remporté aux confins de la Médie et de l'Assyrie : Cyrus s'empare de trois forteresses assyriennes (V, 4, 41). Sur l'invitation de Cyrus, Cyaxare rejoint son neveu et se réconcilie avec lui. Il est installé dans la tente somptueuse qui fut celle du roi d'Assyrie (V, 5, 2 ; 38).

Dans la dernière soirée du livre V (5, 41), Cyaxare a soupé sans Cyrus qui, de son côté, déclare que *demain* (le τῇ ὑστεραίᾳ de VI, 1, 1) on délibérera sur la conduite de la guerre (43). C'est en effet le grand problème de l'heure. Cyrus demande à ses amis les plus sûrs s'il est un moyen de faire rester les nouveaux alliés (45) ; et les soldats aussi vont délibérer sur le problème (48). La première phrase du livre VI vise les événements du dernier jour du livre V, où Cyrus s'est entretenu avec ses amis en soupant avec eux (δειπνήσαντες) avant le repos de la nuit (ἀνεπαύοντο).

* L'usage oriental est de faire recevoir les pétitions à la porte du Palais ; cf. Hérodote, III, 119 ; Xén., *Hell.*, I, 6, 7 (cf. III, 1, 2). Ici, en campagne, la porte est celle de la tente. Dans les résidences royales, αἱ θύραι signifie « la cour » (cf. la Sublime Porte) : VIII, 1, 6, 8 ; 34 ; 3, 2 ; 6, 10 (*ter*) ; *Anab.*, I, 6, 7.

* Xénophon prépare un effet de surprise dans ce plaisant récit en ne précisant pas tout de suite que l'idée en question est la prétendue décision prise par Cyrus de regagner la Perse. Mais il la suggère par les mots « qui lui demandaient de rester » et « mort de peur que l'armée ne fût licenciée ».

Page 2.

§ 6. * Cyaxare souligne l'honneur de sa présence, sans insister sur le fait qu'il est venu à la demande de son neveu ; cf. V, 5, 1. Il affecte une autorité que possède Cyrus.

Page 4.

§ 14. * Les conquérants modernes auraient eu intérêt à lire et à méditer la *Cyropédie* avant d'entreprendre une campagne de Russie.

Page 5.

§ 17. * C'est-à-dire, comme on va le voir, les alliés des Perses qui se trouvent éloignés de l'Assyrie, à savoir les Mèdes, Arméniens, Hyrcaniens, Saces et Cadusiens.

* L'Assyrie, pour Xénophon, comprend aussi la Babylonie ; elle se compose des deux pays gouvernés par le roi de Babylone.

Page 6.

§ 22. * Xénophon ne dit pas d'où proviennent ces spécialistes. Y avait-il des unités de génie dans l'armée de Cyrus, dans les corps alliés? Est-ce une conception de notre auteur?

Page 7.

§ 26. * Xénophon songe aux difficultés que rencontre l'hipparque à Athènes pour compléter les effectifs de la cavalerie athénienne ; cf. *Comm. Cav.*, I, 2 ; 9-11, et les notes ; IX, 3-6.

Page 8.

§ 27. * Xénophon ne pense nullement au bige de la guerre de Troie ou au quadrige cyrénéen. Les mots διφρεία, créé par lui, et ἁρματηλασία ne sont pas synonymes ; ils désignent les deux innovations introduites dans une même charrerie par Cyrus, mais Xénophon donne les explications dans l'ordre inverse des deux mots : 1° Cyrus réforme la *tactique* cyrénéenne du harcèlement, qui gaspille les forces et la qualité des combattants ; 2° il réforme la construction du char en supprimant le modèle troyen de la caisse (δίφρος), le « type troyen » du char étant celui de la civilisation homérique et des peuples d'Asie postérieurs à la guerre de Troie (sur le char de l'*Iliade*, cf. E. Delebecque, *Le cheval dans l'Iliade*, p. 90-102, et sur le mot δίφρος, p. 173 et 177). La réforme est unique en ce sens que le modèle nouveau permet, ou détermine, une tactique nouvelle, mais elle a deux éléments, l'un concret, l'autre abstrait. Cyrus est présenté comme le créateur d'une force de rupture cuirassée. En fait, c'est plutôt Xénophon l'inventeur de l'arme blindée et de son emploi massif ; mais il en donne le mérite à son héros et place sa propre invention sous l'autorité du conquérant.

* On donne à πάντες ce sens particulier car il est peu probable que Xénophon ne fasse pas entrer les Mèdes, Syriens et Arabes parmi les peuples de l'Asie.

Page 9.

§ 30. * Xénophon le sait mieux que personne, pour avoir vu de ses yeux les chars à faux d'Artaxerxès à la bataille de Cunaxa en 401 ; cf. *Anab.*, I, 7, 10 ; 8, 10, où la description annonce celle de la *Cyropédie.*

* Παρά est ici synonyme de ὑπό : cf. Kuehner-Gerth, I, p. 128 et 510.

§ 31. * C'est-à-dire pour savoir ce qui se passe en Assyrie.

* Le début de l'histoire de Panthée, la belle Susienne, épouse d'Abradatas, a été conté en V, 1, 2 à 18. Xénophon maintient l'intérêt et met de la variété dans le récit en distribuant sur plusieurs livres les parties successives d'un même épisode.

* En V, 1, 9, Araspas ne croyait pas à cette force.

§ 32. * Lorsque Cyrus s'était emparé du camp du roi d'Assyrie, Abradatas n'y était pas ; il avait été envoyé en ambassadeur conclure une alliance avec le roi de Bactriane, cf. V, 1, 3.

§ 33. * Panthée est une princesse.

§ 34. * H. A. Holden, *The Cyropaedeia of Xenophon*, books VI-VII-VIII, Cambridge Univ. Press, 1890, dont les notes ont été ici plus d'une fois mises à profit, renvoie avec raison à V, 1, 17.

Page 13.

§ 46. * L'imparfait ἦν est ici normal dans une interrogative indirecte introduite par un relatif, le temps, dans ce cas, étant déterminé par le point de vue de l'auteur ; cf. V, 4, 5.

Page 15.

§ 54. * Xénophon précise par l'adjectif τραγικῆς, car il emploie d'habitude le mot σκηνή pour désigner une tente de soldat. La σκηνή du théâtre grec n'est pas la « scène » du nôtre ; ce mot technique n'a pas de correspondant exact dans le théâtre moderne.

* Les 25 talents du texte grec représentent 900 kilos et les 15 environ 540 ; la tour pèse donc moins de 540 × 8, c'est-à-dire quatre tonnes. — Après avoir créé une cavalerie de rupture, Cyrus crée l'arme blindée. Une création de Cyrus correspond à une invention chez Xénophon, véritable créateur des chars d'assaut et de la cavalerie blindée.

§ 55. * Si la πλεονεξία est contestable en temps de paix, dans la famille et la cité, elle est juste et légitime en temps de guerre ; voir I, 3, 18 ; 6, 27 ; 29 ; 31 ; 32 ; 33 ; 35 ; 37 ; II, 2, 20 ; 27 ; IV, 3, 21 ; V, 5, 19 ; *Mém.*, I, 6, 12 ; voir aussi Thucydide, III, 84, 1.

§ 1. * Suite des épisodes commencés en III, 2, 27 et continués en III, 3, 1.

§ 2. * L'expression donne à supposer que les envoyés indiens sont arrivés depuis un temps indéterminé, qu'ils ont reçu une tente où ils ont passé au moins une nuit avant de se présenter à Cyrus.

Page 17.

§ 9. * Encore une phrase interminable, bien faite pour traduire l'accumulation des forces coalisées contre Cyrus ; il faut attendre le § 12 pour atteindre la principale.

§ 10. * Cyrus avait contracté alliance avec le roi d'Égypte Amasis ; voir Hérodote, I, 77.

* Voir VI, 4, 17 ; VII, 1, 33.

Page 18.

§ 13. * Le pluriel semble désigner les contingents alliés qui font partie de l'armée de Cyrus ; voir III, 3, 29.

* Voir *Comm. Cav.*, lexique, *s. u.* ὑπηρέτης.

* Le mot ὁπλοφόρος désigne apparemment les soldats de l'infanterie lourde, c'est-à-dire armés en hoplites ; cf. ci-dessous § 35 ; 3, 3 ; VIII, 5, 6. L'ὁπλίτης est en principe un soldat grec.

Page 19.

§ 15. * Dans la longue période qui s'ouvre, Cyrus fait à l'irréel le tableau de ce que serait l'état d'esprit de ses soldats s'ils avaient à se battre contre l'armée qu'ils sont devenus, plus forte qu'hier où cependant la victoire était allée déjà de leur côté. Le εἰ commande ἤγγελλον et ἠκούετε, puis ὅτι n'est exprimé qu'une fois mais, selon l'usage, commande toutes les propositions coordonnées l'une à l'autre qui suivent.

* Cyrus vise un épisode de sa première victoire sur les Assyriens en le magnifiant quelque peu ; voir III, 3, 60.

* Les « autres » sont les alliés Hyrcaniens (IV, 2, 1 ; 3-10), Caduciens et Saces (V, 2, 25). La valeur « égale » signifie égale à celle de l'armée perse.

§ 16. * 'Ακόντιον n'est pas synonyme de παλτόν ; voir *Comm. Cav.*, lexique, *s. u.* ἀκόντιον ; *Art Eq.*, XII, 12-13. Sur le nombre de παλτά cf. I, 2, 9 ; 13 ; IV, 3, 9 ; VII, 1, 2. Un Grec comme Xénophon estime que le vrai combat est celui du corps à corps.

§ 17. * Avant la réforme de Cyrus, on l'a vu (VI, 1, 27-30), la charrerie n'était qu'une infanterie portée ; arrivé à proximité de l'ennemi, le conducteur faisait faire demi-tour au char pour que le combattant mette pied à terre face à l'ennemi. Il l'attendait, prêt à le ramener, plus ou moins vite, dans les rangs amis ; voir aussi III, 3, 60.

Page 20.

§ 19. * Même imparfait de durée des verbes signifiant « fuir » en IV, 1, 8 ; 2, 30. En outre, le verbe οἴχομαι n'a pas d'aoriste. Même expression dans Lycurgue, *C. Léocr.*, 17.

§ 20. * L'ironie dont Cyrus parsème son discours le fait paraître sans inquiétude et par là remonte le moral des soldats.

Page 21.

§ 21. * On admirera la délicatesse de Chrysantas — et l'on comprend que Cyrus l'ait tenu en haute estime — en voyant comme il s'inclut parmi les soldats démoralisés et son art à colorer leur peur momentanée.

§ 22. * Xénophon a connu, avec les Dix-mille, le vin fait avec des dattes : *Anab.*, I, 5, 10. Voir Théophraste, *Hist. Plant.*, III, 3, 5 : les dattes ne mûrissent pas en Grèce.

* Chrysantas exagère, car Cyrus n'a rien dit de tel dans son discours. Sur les richesses naturelles de la Lydie, voir Hérodote, I, 71 ; Pline, *Hist. Nat.*, V, 29.

* Xénophon dit dans l'*Anabase*, IV, 4, 13, qu'en Arménie plusieurs matières grasses, comme le saindoux et l'huile de sésame tenaient lieu d'huile d'olive. Il alimente souvent le roman historique de ses souvenirs personnels.

Page 23.

§ 30. * Le mot στρώματα s'oppose visiblement au mot ἐσθής, qui doit avoir ici le sens qu'il a dans l'*Odyssée*, XXIII, 290, « couvertures » (cf. IV, 5, 39). Les tapis sont donc les tapis de tente, ou tapis de sol, condamnables aux yeux de Cyrus pour leur confort superflu (cf. VIII, 8, 19) et leur poids inutile. Voir aussi V, 3, 1, et Athénée, *Deipn.*, II, 31 d, sur le confort des tentes perses et les στρώματα πολυτελῆ. Dans la *Cyrop.*, VIII, 3, 36, la στρωμνή est un lit de luxe. Quant aux couvertures, il n'est pas question de les éliminer pour une campagne d'hiver, comme le montre la fin du paragraphe. En somme, il faut supprimer la commodité en faveur des vivres et avoir plus de couvertures sur soi que sous soi de matelas moelleux.

§ 31. * Ces moulins sont faits de deux grosses pierres cylindriques, celle du dessus munie d'une poignée permettant de la faire tourner contre celle du dessous, qui demeure immobile ; le poids de la première et le mouvement circulaire écrasent le grain. On trouve encore de ces petites meules dans les campagnes françaises.

§ 32. * En homme pratique, Xénophon sait l'importance des petites choses comme les courroies. Il y insiste dans le *Comm. Cav.*, VIII, 4, où il invite l'hipparque athénien à prévoir des courroies de rechange ; voir la note sur ce passage.

* Le verbe s'entend au propre et au figuré.

Page 29.

§ 12. * La δεκάς désigne un « groupe » de cavaliers, la moitié du peloton.

§ 13. * La χιλιοστύς, un millier d'hommes, correspond à peu près au « régiment » ; voir VI, 3, 31.

* Tel est le sens militaire du verbe ἐπιφαίνομαι, dit de l'ennemi, chez les historiens, par exemple Hérodote, II, 152 ; Thuc., VIII, 42, 3 ; Xén., *Anab.*, III, 4, 13 ; *Comm. Cav.*, VIII, 15 ; *Cyrop.*, I, 6, 43 ; II, 4, 47 ; VIII, 5, 15 ; cf. *Éc.*, XXI, 19, dit du maître.

* Sur l'expression, voir IV, 2, 17. Ces cavaliers seront Araspas et ses écuyers.

§ 14. * Sur les aides de camp, voir la note en VI, 2, 13.

Page 32.

§ 21. * Les manuscrits donnent Araspas. Mais Araspas n'a jamais commandé une aile de l'armée. De là l'ingénieuse correction de Pantazides qui, se fondant sur VII, 1, 3, propose Arsamas, justifié par VII, 1, 28, en supposant une lacune produite par un saut d'un nom propre à un autre nom propre de même consonance. La suite des idées devient ainsi satisfaisante.

* Le mot φάλαγξ désigne proprement la ligne de bataille, qui est plus ou moins étendue (ἐκτεῖναι τὴν φ.), plus ou moins profonde selon le nombre de ses rangs (βαθῦναι τὴν φ). La ligne se forme « en bataille » quand approche le moment de l'attaque ou qu'il faut faire front à l'ennemi. Le mot s'oppose quelquefois à κέρας pour désigner la « ligne » par opposition à la « colonne » (par exemple I, 6, 43 ; VII, 1, 26), ou le « centre » par opposition aux ailes (par exemple VII, 1, 6). Bien que les cavaliers puissent être rangés eux aussi « en bataille » (ἐπὶ φάλαγγος, *Comm. Cav.*, III, 12 ; IV, 3), le mot φάλαγξ désigne parfois, par opposition à la cavalerie, l'infanterie rangée en ligne dans une marche ou en vue du combat.

§ 23. * Plus une formation est profonde, moins le front peut être étendu ; mais le raisonnement est spécieux car une formation peut changer au cours de la bataille, et de toute façon si les premiers rangs disparaissent, plus la profondeur sera grande et plus les soldats frais seront nombreux. Cyrus, semble-t-il, ne dit pas toute sa pensée pour ne pas révéler prématurément son plan.

§ 24. * Conformément à ce que Cyrus a dit au § 21, il y aura face à l'ennemi deux rangs de soldats armés de cuirasse, soit cavaliers soit fantassins.

Page 33.

§ 24. * Les soldats des troupes légères ne sont pas des « soldats de premier rang » ; Cyrus veut dire qu'il ne faut pas les placer en avant, comme s'ils étaient des troupes de choc ; voir III, 3, 41 ; 57 ; VII, 1, 15, et *Comm. Cav.*, II, 2 et 6, où il s'agit de cavaliers de premier rang.

§ 25. * Le terme d' « ultimes », peut-être un sobriquet généralisé, désigne les soldats expérimentés, les vétérans qui, derrière les autres, ont le rôle qui sera expliqué au § 27 ; voir VII, 1, 34. Xénophon donne toujours beaucoup d'importance aux soldats placés aux derniers rangs ; leur rôle peut être capital dans une guerre de mouvement et dans des batailles où la manœuvre réserve des surprises ; voir III, 3, 41 ; VII, 5, 5, et *Comm. Cav.*, II, 5, sur les serre-file.

Page 37.

§ 9 * Voir VI, 1, 51. Le char d'Abradatas est plus grand que les autres, et l'on apprend ici que dans la caisse est aménagée une porte à deux battants : pluriel θύρας.

Page 40.

§ 1. * Τὰ ἱερά a un sens à la fois précis et étendu ; le mot convient bien s'agissant de la piété de Cyrus, qu'égale celle de Xénophon ; Cyrus a déjà sacrifié de bonne heure ce matin-là (VI, 4, 1) et les présages ont été favorables (*ibid.*, 12). Les soldats ont déjeuné de bonne heure. Cyrus et sa garde ne prennent que maintenant le leur, qui leur est apporté pendant qu'ils « sont aux présages », tandis que les commandants y sont « allés » de leur côté (voir la note sur VI, 4, 19), c'est-à-dire qu'ils se sont mis en rapport avec les dieux soit en sacrifiant soit en attendant des signes favorables pour l'issue de la bataille.

* Xénophon semble généralement faire une différence — mais sans rigueur absolue — entre οἱ ἀμφὶ αὐτόν (souvent Κῦρον), qui désigne plutôt l'état-major (ici et VII, 2, 1 ; VIII, 5, 2 entre autres), et d'autre part οἱ περὶ αὐτόν (souvent Κῦρον), qui s'applique plutôt à la garde, par exemple en VI, 3, 13 ; VII, 1, 1 ; 2 ; 5, 3 ; 59.

Page 41.

§ 6. * Plus exactement de trois côtés, au centre et sur les deux flancs enveloppés par les ailes. Crésus arrête le centre et fait avancer les ailes selon la tactique prévue en VI, 3, 20.

* Le mot καμπτήρ désigne la borne autour de laquelle tournent les chars en course et s'applique ici aux deux extrémités intérieures des deux rayons de cercle constitués par les deux ailes qui, en tournant chacune autour du « pivot » fixe, se rabattent sur les deux flancs de l'adversaire. Mais la manœuvre ne peut être efficace que si cet adversaire est trop près pour pouvoir échapper à l'étau qui se referme sur lui. Les chars alignés décrivent un demi-cercle ; les ailes un quart de cercle, comme un coude qui se plie. Xénophon connaît la figure des ailes du moulin dans un carrousel (*Comm. Cav.*, III, 9) ; le cercle est alors complet et se répète plusieurs fois.

* L'ennemi fait donc deux fautes dans la manœuvre enveloppante ;

celle-ci a lieu trop loin de Cyrus, et les ailes trop éloignées l'une de l'autre ; Cyrus est sensible à la première faute, Chrysantas à la seconde. Cyrus estime en outre que l'ennemi est trop loin pour ne pas avoir des surprises.

Page 47.

§ 25. * Le texte des manuscrits en ce début de phrase ne peut être conservé. La correction la plus économique consiste à corriger καὶ en ὡς avec Hug (car leurs abréviations peuvent se confondre) et ἐπεὶ en ἐκεῖ.

§ 27. * Le sens du verbe ἐξάλλομαι n'est pas le même ici que dans l'*Art éq.*, VIII, 14 ; voir la note sur le § 32 ci-dessous.

Page 48.

§ 29. * Le παραιβάτης est le combattant du char (le conducteur, ἡνίοχος, n'étant pas combattant). Il peut se battre du haut du char, mais aussi, comme on le voit en III, 3, 60, et ici même, il peut, tout en appartenant à la charrerie ou à la cavalerie, se battre à pied en avant du char dont il est descendu. Ainsi se battaient les guerriers de chars sous les murs de Troie ; voir mon *Cheval dans l'Iliade*, p. 94-95 sur la tactique, p. 166 sur le παραιβάτης. — Sur μὲν καὶ... δέ, cf. Denniston, p. 306.

Page 49.

§ 33. * Xénophon a vu à Cunaxa les boucliers d'osier des Perses et les boucliers en bois des Égyptiens : *Anab.*, II, 1, 6. Ces derniers, plus lourds, prennent appui le long du bras gauche jusqu'à l'épaule, à la différence des Perses qui tiennent leurs boucliers, légers, « du bout des mains » (cf. § 34) ; voir VI, 2, 10 ; 4, 17 avec la note.

Page 50.

§ 37. * Seul emploi par Xénophon, qui peut se souvenir d'Eschyle, *Perses*, 194, du verbe poétique σφαδᾴζω, qui appartient aussi au vocabulaire médical et s'applique aux spasmes ou convulsions.

Page 51.

§ 42. * La phrase, jugée suspecte, peut très bien être conservée si l'on considère que εἰ σωθείητε est l'équivalent de ces participes que l'on trouve dans les réponses et qui s'appuient sur le verbe principal de la question qui précède. En l'occurrence l'idée principale de la question est exprimée elle-même par un participe : « Que pourrions-nous faire...? » — Réponse : « Vous le feriez si vous étiez sauvés en... », c'est-à-dire « Vous le feriez en étant sauvés (dans telles et telles conditions) ». — On remarquera la dignité de tout ce dialogue, après la bataille, entre ennemis qui éprouvent une estime réciproque.

Page 52.

§ 45. * Il est fort possible que les soldats égyptiens de l'armée d'Artaxerxès à Cunaxa, comme on le voit dans l'*Anab.*, I, 8, 9, soient les descendants de ces Égyptiens de la *Cyrop.* ; voir mon *Essai sur la vie de Xénophon*, p. 400-403, sur le rôle joué par l'Égypte et les Égyptiens dans la *Cyropédie.*

Page 57.

§ 20. * Hérodote donne son nom, Athys, et raconte les circonstances dramatiques de sa mort dans un accident de chasse, I, 43-46. Crésus avait porté deux ans le deuil de ce fils très cher, jusqu'au moment où il conçut le projet de faire la guerre aux Perses et consulta les oracles sur son opportunité.

§ 22. * Sur l'Assyrien, voir I, 5, 3 et II, 1, 5.

Page 59.

§ 1. * Voir IV, 5, 14, et la note ; 51 ; les mages font partie d'une corporation privilégiée de prêtres ; ils interprètent les phénomènes naturels et les songes.

§ 2. * Une phrase de ce genre peut sembler inutile ; elle n'est pas banale, car elle traduit l'admiration de Xénophon, souvent témoin de l'indiscipline grecque, devant un chef qui a l'art de se faire obéir.

* Personne apparemment n'a osé venir annoncer à Cyrus la mort d'Abradatas.

Page 62.

§ 15. * Les grands-massiers sont des dignitaires de la cour chargés de porter dans les cérémonies le sceptre, ou bâton de commandement. On peut douter que des eunuques puissent exercer une telle fonction, et L. Dindorf peut n'avoir pas tort de condamner comme « absurdum recentioris Graeculi additamentum » la fin du § 15, de καὶ νῦν à σκηπτούχων. Ou la cour de Suse avait-elle des usages particuliers?

Page 65.

§ 7. * Il fallait bien un représentant de Cyrus, formé à son école, pour réussir si parfaitement une mission pacificatrice et mettre un terme à une guerre civile.

Page 67.

§ 1. * Il est probable que Xénophon a vu de ses yeux Babylone, au cours de l'expédition des Dix-mille (*Anab.*, I, 7, 1 ; II, 4, 12). Hérodote aussi, qui décrit longuement cette ville merveilleuse par sa grandeur et sa beauté, I, 178 à 183 (voir les remarques de Legrand dans l'édition des Belles Lettres, t. I, p. 114-116) ; il s'attarde en particulier sur les sanctuaires, la tour de Babel et sur la construction des murs célèbres, qui se confondent avec le mur de Médie de l'*Anabase*, II, 4, 12, surmontés de tours et percés au total de cent portes de bronze. La ville ancienne, bordée d'une triple enceinte fortifiée sur trois côtés, avait la forme d'un carré d'environ 1.500 mètres sur 1.500, le côté ouest étant constitué par l'Euphrate, qui coule du nord au sud entre deux murs de briques. La « ville neuve », un peu plus petite mais de même forme, était bâtie en face de l'autre, sur la rive droite de l'Euphrate. Partout s'élevaient des temples et des maisons à trois et quatre étages. Voir la reconstitution dans Eckhard Hunger, *Babylon, die heilige Stadt*, 2e éd., Berlin, 1970 ; voir aussi *Babylone*, par M. Rutten, P. U. F., 1966.

Page 68.

§ 5. * Voir VI, 3, 25, et *Mém.*, III, 1, 8.

* Cette formation, avec des chars en plus, remonte à Homère ; elle est prise par Nestor, « le vieillard expert aux combats », *Il.*, IV, 297-300, « En tête il a placé ses meneurs de chars, avec leurs chevaux et leurs chars ; en arrière ses gens de pied, braves et nombreux : pour lui, ils doivent être le rempart du combat. Il a poussé les pleutres au centre, afin que, même à contre-cœur, chacun soit forcé de se battre » (trad. P. Mazon).

§ 6. * Cyrus, on l'a vu plus haut § 3, a sa place face au milieu du front.

* Même verbe συσπειρᾶν dans *Anab.*, I, 8, 21 ; *Hell.*, II, 4, 11.

* L'avantage de cette conversion, en soi dangereuse à proximité de l'ennemi, est expliqué dans *Rép. Lac.*, XI, 7 : l'armée peut faire face à une attaque brusquée du front adverse.

Page 69.

§ 7. * Strabon, XVI, 1, 5, donne les dimensions des murs de Babylone et dit qu'au sommet de la muraille était ménagé un espace assez large pour que deux quadriges puissent s'y croiser ; « un tel ouvrage compte, ajoute-t-il, comme le Jardin Suspendu, au nombre des sept merveilles du monde. » Cyrus évite de préciser devant ses auditeurs que ces murs, outre leur solidité à toute épreuve, sont bordés à l'extérieur de fossés larges et profonds qui empêchent toute velléité de sape.

§ 9. * Il importe que la largeur et la profondeur du fossé soient vite suffisantes pour permettre aux travailleurs de creuser sans avoir davantage besoin d'une protection importante qui diminue leur nombre.

§ 11. * La large base des palmiers accolés sur le sol met la tour à l'abri des mouvements d'un terrain humide.

Page 70.

§ 15. * La chance est du côté de Cyrus ; elle lui fournit l'occasion de la surprise ; voir Hérodote, I, 191 : « Le hasard fit que c'était pour les Babyloniens jour de fête ; ils dansaient pendant ce temps-là et faisaient bombance. »

Page 73.

§ 29. * La prise de Babylone date d'octobre 539. Le roi était alors Nabonide, mais il avait été détrôné par Balthasar. Celui-ci fut tué, sans doute par Gobryas, entré dans la ville quelques jours avant Cyrus, lequel épargna Nabonide. Sur le festin de Balthasar, voir le livre de *Daniel*, ch. 5 entier.

Page 77.

§ 48. * Voir I, 4, 27 ; IV, 1, 22 ; V, 1, 24. Avant le présent passage, Artabaze n'est nommé qu'en V, 3, 38 ; VI, 1, 9 et 34.

§ 50. * Voir IV, 2, 1-8.

Page 82.

§ 67. * Les αὐτουργοί sont ceux qui, aidés de leur famille au besoin, travaillent eux-mêmes la terre, faute de moyens pour acquérir et posséder un esclave ; voir *Éc.*, V, 4. Dans *Oreste*, 920, Euripide dit qu'ils assurent, « eux seuls, le salut du pays », et dans son *Électre* il fait de l'αὐτουργός un personnage éminemment sympathique par sa simplicité, sa discrétion, son honnêteté.

Page 88.

§ 2. * La véhémence de Chrysantas semble indiquer que la bonne vie à Babylone après la victoire a provoqué du relâchement dans la discipline ; mais surtout Xénophon écrit en un temps où les Athéniens ont perdu le sens de cette discipline indispensable dans les États : voir *Revenus*, IV, 51-52.

Page 90.

§ 6. * Ces autorités sont, outre le Roi, principalement les satrapes qui, à leur tour, ont chacun une cour à l'image de celle du Roi.

§ 7. * Ces mesures ont été exposées de VII, 5, 72 à 85. Sur l'expression ἐν τῷ λόγῳ, cf. IV, 5, 26.

§ 9. * La charge d'élever les chevaux et les chiens requérait un personnage important et compétent puisque, selon Hérodote, I, 192, le satrape de Babylone fils d'Artabaze avait huit cents chevaux entiers au haras et seize mille poulinières. Quant aux chiens, indiens, ils étaient si nombreux qu'il fallait quatre gros bourgs, dispensés d'autre charge, pour leur fournir leur nourriture. Sur ces chiens indiens, vigoureux, terribles d'aspect, réservés à la chasse au cerf et au sanglier, voir *Chasse*, IX, 1 ; X, 1.

Page 94.

§ 22. * Vu un sens fréquent du verbe βλέπειν, on pourrait traduire aussi bien « loi vivante ».

§ 23. * Cyrus se souvient des conseils reçus de son père au moment de son départ pour l'Assyrie.

Page 95.

§ 32. * Il est entendu que Xénophon dépeint un régime idéal ; mais s'il idéalise et use d'abstraction, il fait preuve aussi de ses qualités de cœur, d'un sentiment très fin des réalités et d'un pur atticisme.

Page 96.

§ 33. * Dans son *Agésilas*, à peine antérieur sans doute aux *Revenus*,

Xénophon montre comment son ami le roi de Sparte, ayant choisi un genre d'existence à l'opposé du roi de Perse, menait au grand jour une « vie pour la beauté », ὁ εἰς κάλλος βίος. Dans cet opuscule la Perse actuelle n'est pas plus ménagée que dans l'épilogue de la *Cyropédie*, mais l'éloge de Cyrus rejoint ici celui d'Agésilas.

§ 34. * Xénophon donne à Cyrus son propre amour de la chasse et du cheval. Cyrus veut former son entourage selon l'éducation qu'il a lui-même reçue. L'éloge que, dans tout ce passage, il fait de la chasse développe les mêmes idées que dans le ch. XII de *L'art de la chasse* ; elle est avant tout une « école de guerre » (*Chasse*, XII, 1). Ces idées s'opposent à celles de Platon, *Lois*, 822 d-824 c.

Page 97.

§ 38. * Sur les grands-massiers, voir VII, 3, 15 et la note. En les mentionnant à part, Xénophon suggère que Cyrus les obligeait à se livrer à des exercices plus actifs, auxquels ils ne tenaient peut-être pas ; cf. VIII, 3, 15 ; 19 ; 4, 2.

§ 40. * Les §§ 40-42 sont souvent jugés apocryphes parce que Xénophon exprime des idées contraires dans *Éc.*, 10, 3-9. Mais dans ce dernier ouvrage c'est le maquillage des femmes qui est réprouvé. Xénophon peut admettre que Cyrus, au milieu d'une ville qui vient d'être conquise, ait besoin d'en imposer par une mise en scène.

* Sur les habits des Mèdes, contrastant avec la sévère tenue perse, voir I, 3, 2. De même sur les yeux fardés ; le cas de la jeune épouse d'Ischomaque dans l'*Éc.* n'est pas le même.

§ 42. * La constitution de Lycurgue imposait les mêmes obligations aux adolescents de Sparte ; cf. *Rép. Lac.*, III, 4.

Page 98.

§ 43. * Les serviteurs d'hommes libres, aidant aux travaux d'hommes libres, doivent boire et manger comme les hommes libres ; on était plus sévère à Sparte.

§ 44. * Plusieurs éditeurs s'indignent de la remarque finale du § 44 et suppriment les cinq derniers mots grecs. Mais terminer la phrase sur αὐτῶν fausse l'emploi du pronom qui, à peu près sûrement mis en prolepse, est le sujet de la complétive qui doit suivre. D'autre part, il importe de comprendre que Xénophon, loin de se moquer, comme on le croit parfois, manifeste ici sa mansuétude : il fait accepter aux esclaves leur condition en les rendant matériellement plus heureux que les hommes libres, auxquels il réserve l'effort et le danger, πόνος et κίνδυνος.

Page 101.

§ 5. * Platon s'intéresse également à la division du travail, *Rép.*, 369 d-370 e ; *Lois*, 846 d-847 b. Pour Xénophon le problème n'est pas de « produire plus, mais mieux » : cf. Cl. Mossé, *Xénophon économiste*, in *Le monde grec* (hommages à Claire Préaux), Bruxelles, 1975, p. 171-172.

§ 6 * Xénophon vise bien non la quantité mais la qualité de la production.

Page 107.

§ 24. * Lié à la notion de πόνος, chère à Xénophon, le verbe ἐκπονεῖν suivi de l'accusatif, et employé de même *Comm. Cav.*, IX, 1, exprime en général l'effort que l'on fait pour obtenir un résultat parfait : I, 5, 7 ; 9 ; II, 3, 4 ; III, 3, 57 ; IV, 3, 11 ; V, 1, 30 ; VIII, 1, 23 ; 37 ; 2, 5 (au passif) ; voir aussi *Chasse*, X, 21, et au passif, *Comm. Cav.*, II, 9 ; VIII, 2, 4 ; 6. Pour l'autre sens du verbe chez Xénophon, voir VIII, 8, 8 et la note.

§ 26. * L'adverbe « personnellement » est destiné à rendre la double anomalie du pronom réfléchi exprimé en grec, et exprimé à l'accusatif quoique réfléchi de la troisième personne, car cette exception est un signe d'insistance ; autres exemples en I, 4, 4 (avec un participe complétif) ; V, 1, 21 (à la première personne, ἐμαυτόν) ; VII, 2, 22 (ibid.).

Page 110.

§ 9. * Passer à cheval ou en char, comme le suggère le verbe ἐλαύνειν (= « reiten », « to ride ») qui n'a pas de correspondant exact en français.

Page 114.

§ 25. * Comme Agésilas et comme Xénophon lui-même, Cyrus aime les courses et les concours, qui provoquent l'émulation ; voir *Anab.*, IV, 8, 28 ; *Éc.*, VII, 9 ; *Hell.*, III 4,, 16 (= *Agés.*, I, 25) ; IV, 2, 5-6 ; et aussi *Banq.*, I, 2.

* Si la correction de Madvig est juste, les Assyriens en question sont ceux qui ont fait défection au roi d'Assyrie et que Gadatas a ralliés à Cyrus ; voir IV, 6, 9 ; V, 1, 21-22.

Page 118.

§ 46. * L'hospitalité, surtout dans l'antiquité grecque, a, depuis Homère, plus d'importance et de sens que de nos jours ; elle crée des liens qui se perpétuent entre les familles de père en fils.

Page 119.

§ 47. * Les propos de Phéraulas font découvrir peu à peu un caractère sympathique et très vivant, parfaitement dévoué à Cyrus, mais ne renonçant pas à ses aises. Il requiert maintenant le loisir, comme Cyrus, mais à la différence de Cyrus, plus pour lui que pour le service de l'État.

Page 120.

§ 50. * Sur le problème de l'amitié, même entre un Perse et un Sace, Phéraulas est encore disciple de Cyrus, et aussi de Socrate : voir *Mém.*, II, chapitres 4, 5 et 6.

§ 1. * Transition toute naturelle, après la conclusion de l'histoire précédente sur l'amitié.

* Ce doit être Artouchas ; voir V, 3, 38 ; VIII, 4, 24.

Page 122.

§ 9. * Σχολῇ est ici l'expression familière que l'on retrouve dans les *Mém.*, III, 14, 3, et dans Sophocle, *Ant.*, 390 ; *O. R.*, 434 ; Andocide, *Myst.*, 102 ; Platon, *Soph.*, 233 b ; 261 b. — Le participe ὑπακούων, accompagnant ὑπήκουσα, est paronomastique, comme en V, 1, 1 ; 4, 51 ; VI, 1, 4 ; 4, 18. Sur le sens du verbe, cf. VIII, 1, 18 et la note.

Page 123.

§ 12. * La persique est une danse accompagnée de force gesticulations acrobatiques. Un passage de l'*Anabase*, VI, 1, 10, montre, semble-t-il, que les danseurs ne claquent pas les mains en dansant mais frappent sur leurs boucliers. Sur les danses armées, voir L. Séchan, *La danse grecque antique* (1930), p. 100-101. Athénée, *Deipn.*, X, 434 e, cite ce qu'écrit Daunis au livre VII de ses *Histoires* : « Il n'y a que la fête que les Perses célèbrent en l'honneur de Mithra, dans laquelle le Roi soit libre de s'enivrer et de danser la persique. »

Page 124.

§ 16. * Allusion à ce qui a été dit ci-dessus, § 10 ; Gobryas emploie spirituellement le verbe ὑφαρπάζειν, qui donne l'image de quelqu'un qui enlève le siège d'une personne qui va s'asseoir, alors que la préséance a été accordée par Cyrus, ou son représentant.

Page 125.

§ 24. * Voir III, 1, 43.

§ 25. * La seconde personne de l'indicatif futur exprime en général la force de l'ordre donné.

* Allusion à la collection de proverbes du § 16.

Page 126,

§ 28. * Du temps des Dix-mille, Xénophon avait envisagé lui-même de se fixer en Babylonie et, avec plus de réalisme, songé à fonder une colonie sur le Pont ; voir *Essai sur la vie de Xénophon*, p. 102-105.

Page 127.

§ 30. * On remarque la répétition de l'expression πρὸς τὴν ἀξίαν : c'est toujours l'application du principe de la récompense proportionnée au mérite ; voir VIII, 3, 5, et la note.

§ 32. * Xénophon joue sur la répétition du verbe δοκεῖν, qu'il oppose dans la même phrase à φαίνεσθαι.

Page 132.

§ 17. * Depuis son départ pour la campagne contre Babylone, Cyrus n'a pas revu son oncle Cyaxare, resté pour la défense de la Médie.

Page 133.

§ 23. * Les services rendus par la cavalerie en plaine sont un souvenir des campagnes de Xénophon avec Agésilas en Asie : *Hell.*, III, 4, 15.

Page 135.

§ 28. * Notamment Ctésias, pour qui la fille d'Astyage, nommée Amytis, fut épousée par Cyrus quand il eut vaincu son père et tué son mari Spitamas. La phrase est une interpolation.

§ 1. * Hérodote, III, 89, relate que Darios Ier créa vingt satrapies dans l'empire perse.

* L'organisation militaire des provinces perses est exposée dans l'*Éc.*, IV, 6-10. Xénophon connaît par expérience les révoltes de satrapes et la difficulté de maintenir l'ordre dans un empire immense si le roi est faible ou ne possède pas une autorité suffisante.

Page 137.

§ 7. * Voir VII, 4, 7 : les Cariens avaient supplié Adousios de rester chez eux, après le succès de sa mission.

Page 138.

§ 11. * Cyrus a donné lui-même l'exemple de ces attentions, VIII, 4, 5 ; sur la nourriture du personnel, cf. VIII, 1, 43.

§ 12. * Sur les paradis, voir VIII, 1, 38 et la note.

Page 139.

§ 17. * Le verbe « observer » peut être à prendre au pied de la lettre : Xénophon a pu voir ces relais de ses yeux au cours de ses campagnes d'Asie.

* Il ne s'agit pas ici d'une invention dont le mérite revienne à Xénophon ; le système des relais (ἀγγαρήιον) est décrit par Hérodote, VIII, 98.

Page 141.

§ 2. * Le personnage de la vision est bien inspiré dans son emploi d'un verbe dont l'image convient parfaitement à Cyrus : il se dit des soldats qui, avant de se mettre en route, « plient » ou « rassemblent leurs bagages » ; cf. VI, 2, 3 ; 40 ; 3, 1 ; VIII, 5, 1. En VI, 2, 25 et 26, il signifie « mettre » ou « rassembler dans ses bagages » ; de là la jolie image, à propos de l'amour, en V, 1, 16. Au passif : VI, 2, 31 ; VIII, 6, 20.

§ 3. * L'usage en Perse est de sacrifier sur de hauts lieux (Hérodote, I, 131 ; Strabon, XV, 3, 13), et c'est ainsi qu'on peut traduire ἐπὶ τῶν ἄκρων. Mais Cyrus mourant va-t-il sur plusieurs « hauts lieux »? En VII, 2, 4, τὰ ἄκρα signifie « citadelle ».

Page 143.

§ 7. * Entendez « avant de mourir ». Le futur antérieur de la phrase française est chargé de rendre la nuance affective particulière du verbe ἐφορᾶν à l'aoriste 2 (et quelquefois au futur), « vivre assez longtemps pour être témoin » d'un bonheur, ou d'un malheur ; cf. Hérodote, VI, 52 ; Esch., *Sept*, 220 ; *Ag.*, 1539 ; Thuc., VII, 61, 1 ; Plat., *Gorg.*, 473 c ; Isocr., *Panég.*, 96 ; Dém., *Cour.*, 205 ; et dans Xénophon : *Anab.*, III, 1, 3 ; *Rev.*, VI, 1. A lui seul, cet aoriste montre que Cyrus est sur son lit de mort.

Page 145.

§ 14. * Le mot montre que Xénophon pense aux syssities de Sparte, *Rép. Lac.*, ch. v ; sur la σκηνή, voir VIII, 4, 27 et la note.

Page 146.

§ 21. * Pour Homère, « le songe est un message de Zeus », *Iliade*, I, 63.

Page 148.

§ 25. * Hérodote, I, 140 — suivi par Cicéron, *Tusc.*, I, 45, 108 — dit que les Perses enduisent les morts de cire avant de les enfouir dans la terre ; c'est une impiété chez eux de brûler un cadavre, Hér., III, 16.

* Haute dignité de cette conclusion : Cyrus « ami des hommes », φιλάνθρωπος, veut s'assimiler, dans la mort, à la terre bienfaitrice des hommes. Il donne une portée générale aux bienfaits de la terre en employant le participe neutre au lieu du féminin εὐεργετούσης attendu.

§ 27. * Ces gracieusetés peuvent inclure des présents en souvenir d'un prince qui eut de la fortune.

§ 28. * Cyrus reprend l'idée du § 7 ci-dessus et Socrate l'exprime encore dans les *Mém.*, II, 1, 19 et 28. Sur la conduite envers les ennemis, Xénophon requiert moins la vengeance que la justice.

ch. VIII

* Le chapitre viii et dernier constitue une addition, mais rien ne force à croire qu'elle n'est pas de Xénophon. Il y a mis sa marque et procède de même dans la *République des Lacédémoniens*, où un chapitre supplémentaire dément l'admiration qui déborde dans le reste du livre. Les ouvrages longs de Xénophon ont une rédaction répartie sur de longues années, et il est naturel que les événements donnent un coup de pouce aux idées et aux intentions de l'auteur, quelquefois même entraînent des contradictions. Le présent épilogue offre un caractère actuel, qui porte à le dater d'avant l'avènement d'Artaxerxès III Ochos en 358. La révolte des provinces perses de 362 était le signe de la décadence de l'empire. Les mesures énergiques prises par le jeune Roi auraient enlevé à Xénophon ses raisons d'un jugement si sévère ; voir *Essai...*, p. 405-409.

Page 149.

§ 3. * Xénophon s'exprime de même dans l'*Anab.*, II, 6, 1 : les stratèges, Proxène, Ménon, Agias, Socrate d'Achaïe, ἀνήχθησαν ὡς βασιλέα καὶ ἀποτμηθέντες τὰς κεφαλὰς ἐτελεύτησαν.

Page 150.

§ 4. * En 362 /361, lors de la révolte générale des provinces occidentales de la Perse contre Artaxerxès II, le satrape rebelle Ariobarzane fut victime de son fils Mithridate qui le livra par trahison au Roi ; conduit à Suse il y fut crucifié.

§ 6. * Le préverbe ἀπο- est éloquent : il faut payer, en échange d'une faute qui n'a pas été commise.

§ 7. * Pour Xénophon, ce qui n'était pas vrai du temps de l'expédition des Dix-mille l'est devenu aujourd'hui, après 362 ; il peut exagérer pour les besoins de la cause, comme Alexandre devait le constater.

Page 151.

§ 8. * Il n'y a pas nécessairement contradiction avec ce qui est dit en I, 2, 16 : c'est l'exercice du corps qui permettait aux Perses de ne pas cracher ni se moucher ; aujourd'hui qu'ils ont renoncé à l'exercice, ils respectent cependant l'usage de ne pas cracher, etc. L'idée porte uniquement sur l'abandon des exercices physiques. — Le verbe ἐκπονεῖν a souvent chez Xénophon un sens médical, avec un mot comme δίαιτα ou σῖτα comme complément à l'accusatif, exprimé ou sous-entendu ; il signifie « assimiler », ou « élaborer », les aliments, grâce à l'exercice physique : I, 2, 16 (*bis*) ; 6, 17 ; *Mém.*, I, 2, 4 ; *Éc.*, XI, 12 (*bis*) et 13, avec la note de l'édition Chantraine, Belles Lettres, p. 81. Sur l'autre sens principal du verbe, voir VIII, 2, 24 et la note.

Page 152.

§ 12. * Voir l'apparat critique : la correction de Dindorf, θαμά, ne s'impose pas parce que la fréquence est déjà marquée par l'optatif sans ἄν. La leçon des manuscrits est à préférer, parce que les courtisans sont jaloux de tous ceux (εἴ τινες) qui, formant tout un groupe (ἅμα), s'entendent pour pratiquer la chasse ; ce groupe leur donne mauvaise conscience.

§ 13. * Ces manifestations sont décrites dans tout le ch. III du *Comm. Cav.* ; voir *Art éq.*, XI, 8-12.

* L'orthographe du tour français est justifiée par le tour grec équivalent, qui n'est pas rare, τὰ ἄνω κάτω τιθέναι, Hérodote, III, 3 ; voir aussi Plat., *Soph.*, 242 a ; Dém., *Amb. inf.*, 261, etc.

§ 15. * Voir la remarque de I, 3, 2.

Page 154.

§ 20. * Dans *Hell.*, VII, 1, 38, Xénophon rapporte les paroles d'Antiochos d'Arcadie sur le luxe du Roi à son retour du congrès de Suse en 367 : le Roi a plus de panetiers, cuisiniers, échansons et portiers que de guerriers.

Page 155.

§ 25. * Voir l'apparat critique : la correction de Muret ne s'impose pas absolument, car l'opposition peut n'être pas entre une chute (involontaire) et un saut (volontaire), mais entre une chute feinte et voulue, due à la peur d'une part, et de l'autre un saut que l'on ne cherche pas à dissimuler.

§ 26. * Xénophon se souvient de ses propres campagnes dans l'armée de Sparte en Perse sous les ordres de Thibron, puis Dercylidas et Agésilas, de 399 à 395, après la retraite des Dix-mille. L'armée de Sparte se battait alors contre les Grecs placés sous les ordres de Tissapherne et d'Artabaze. Comme ci-dessus (note précédente), Xénophon peut se servir d'exemples anciens pour justifier son hostilité présente à la Perse d'aujourd'hui. La remarque restera vraie jusqu'à la bataille d'Issos en 333, où des dizaines de milliers de soldats grecs servaient dans l'armée de Darios.

INDEX DEORVM HOMINVM ET LOCORVM

TABLE DES MATIÈRES

Ce volume,
le deux cent soixante et unième
de la série grecque
de la Collection des Universités de France,
publié aux Éditions Les Belles Lettres,
a été achevé d'imprimer
en juin 2023
par La Manufacture Imprimeur
52202 Langres Cedex, France

N° d'éditeur : 10613
N° d'imprimeur : 230452
Dépôt légal : juin 2023